Iván López Montalbán
Manuel de Castro Vázquez

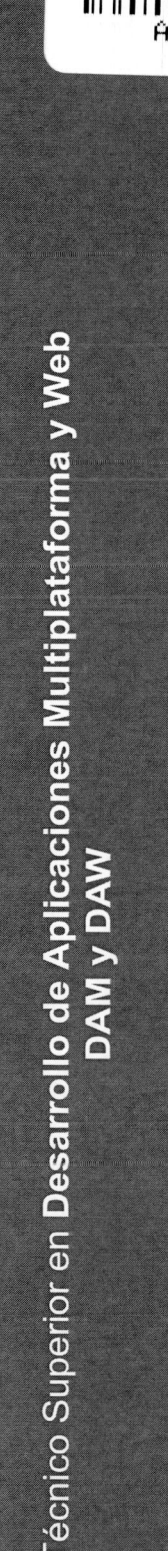

Técnico Superior en Desarrollo de Aplicaciones Multiplataforma y Web
DAM y DAW

Bases de Datos
3ª edición

Garceta
grupo editorial

Bases de Datos. 3.ª Edición

Iván López Montalbán
Manuel de Castro Vázquez

ISBN: 978-84-1903-458-8
IBERGARCETA PUBLICACIONES, S.L., Madrid 2024

Edición: 3.ª
Impresión: 1.ª
N.º de páginas: 412
Formato: 20 x 26 cm

MATERIA THEMA: UN. Bases de datos

COPYRIGHT © 2024 IBERGARCETA PUBLICACIONES, S.L.
info@garceta.es

Bases de Datos. 3.ª Edición

© Iván López Montalbán, Manuel de Castro Vázquez

3.ª edición, 1.ª impresión
OI: 0372/2025
ISBN: 978-84-1903-458-8
Deposito Legal: M-19653-2024
Imagen de cubierta:©Pixabay.com. Palm-1029010 by Peggy_Marco
Impresión: Imprenta Valle del Tiétar, S.L.

IMPRESO EN ESPAÑA - PRINTED IN SPAIN

Bases de Datos
3.ª edición

PRÓLOGO

Este libro está concebido para formar estudiantes de los ciclos de grado superior DAM (Desarrollo de Aplicaciones Multiplataforma) y DAW (Desarrollo de Aplicaciones Web). Más concretamente, está pensado para cubrir la unidad de competencia UC0226_3, programar bases de datos relacionales mediante el módulo *Base de datos* común a ambos ciclos formativos.

Entre los objetivos generales de estos ciclos formativos están el c y el e:

- Interpretar el diseño lógico de bases de datos, analizando y cumpliendo las especificaciones relativas a su aplicación, para gestionar bases de datos.

- Seleccionar y emplear lenguajes, herramientas y librerías, interpretando las especificaciones para desarrollar aplicaciones multiplataforma con acceso a bases de datos.

Desde nuestra experiencia como administradores de bases de datos en empresas multinacionales, como profesores de educación secundaria (Informática) y como profesores asociados de universidad, hemos compuesto esta herramienta complementaria a las clases del módulo de formación profesional e indispensable para lectores independientes que quieran convertirse en programadores de bases de datos.

El contenido del libro tiene una orientación puramente **práctica**, con actividades, consejos y ejercicios resueltos en MySQL y Oracle, que facilitan al profesor del módulo su completo seguimiento. Como novedad en esta edición incorporamos Bases de Datos NoSQL como MongoDB que veremos en la última parte de este libro.

El objetivo del libro no es ser una guía de referencia de un solo SGBD, sino la formación de programadores de bases de datos actualizados, versátiles y competentes.

En esta tercera edición del libro, hemos revisado todos los capítulos para actualizar y adaptar el contenido al Real Decreto 405/2023, de 29 de mayo, por el que se actualizan los títulos de la formación profesional del sistema educativo de Técnico Superior en Desarrollo de Aplicaciones Multiplataforma y Técnico Superior en Desarrollo de Aplicaciones Web, de la familia profesional Informática y Comunicaciones, y se fijan sus enseñanzas mínimas.

El profesorado que utilice este libro puede contactar con la editorial y se le facilitará el acceso al material complementario: bases de datos de ejemplo, actividades, prácticas, etc.

Índice general

## CAPÍTULO 1

Los sistemas de almacenamiento de la información

Objetivos

☞ Analizar los sistemas lógicos de almacenamiento y sus características

☞ Identificar los distintos tipos de bases de datos

☞ Reconocer la utilidad de un sistema gestor de base de datos

☞ Describir la función de los elementos de un sistema gestor de base de datos

☞ Clasificar los sistemas gestores de bases de datos

☞ Conocer la normativa europea y española con respecto a la protección de datos.

Contenidos

☞ Ficheros. Tipos y formatos

☞ Bases de datos. Conceptos, usos y tipos

☞ Sistemas gestores de bases de datos

☞ Normativa Protección de Datos

Este capítulo introduce conceptos sencillos e intuitivos para establecer una cultura básica de bases de datos y poder, de este modo, profundizar en objetivos más avanzados. El estudiante, a modo introductorio, manejará, de forma muy visual, conceptos tales como tablas y relaciones. De esta manera, afrontará capítulos próximos con más experiencia, y entenderá y asimilará mejor el diseño lógico y físico de las bases de datos.

1.1. Ficheros

Un ordenador almacena muchos tipos de información, desde datos administrativos, contables o bancarios hasta música, películas, partidas de videojuegos, páginas webs, etc. Toda esta información está almacenada en los dispositivos de almacenamiento del ordenador, esto es, discos duros, DVD, pen drives, etc. Para poder organizar la información en estos dispositivos, se utilizan los *ficheros o archivos*. Los ficheros son estructuras de información que crean los sistemas operativos de los ordenadores para poder almacenar datos. Suelen tener un nombre y una extensión, que determina el formato de la información que contiene.

1.1.1. Tipos de ficheros y formatos

El formato y tipo de fichero determinan la forma de interpretar la información que contiene, ya que, en definitiva, lo único que se almacena en un fichero es una ristra de bits (ceros y unos), de forma que es necesaria su interpretación para dar sentido a la información que almacena. Así, por ejemplo, para almacenar una imagen en un ordenador, se puede usar un *fichero binario bmp*, que almacena un vector de datos con los colores que tiene cada píxel que forma la imagen. Además, la imagen posee una paleta de colores y unas dimensiones, información que también hay que almacenar en el fichero. Todos estos datos se ordenan según un formato, y el sistema operativo, o la utilidad que trate los gráficos, debe conocer este formato para poder extraer los píxeles y mostrarlos por pantalla en la forma y dimensiones correctas. Si se abre el gráfico con una utilidad como el bloc de notas, que solo sabe interpretar texto, el resultado será ilegible e incomprensible.

◇ **Actividad 1.1**: Busca en tu ordenador un fichero con extensión docx (del procesador de textos Microsoft Word, pueden ser doc en versiones anteriores a 2007), y ábrelo con el bloc de notas, pulsando con el ratón derecho sobre él y seleccionando la opción 'Abrir con'. Observa que el bloc de notas no conoce el formato del fichero tipo docx, y por tanto, no sabe interpretar el contenido del fichero, cosa que sí hace la aplicación de Microsoft.

Tradicionalmente, los ficheros se han clasificado de muchas formas, según su contenido (texto o binario), según su organización (secuencial, directa, indexada) o según su utilidad (maestros, históricos, movimientos).

El *contenido* de un fichero puede ser tratado como texto, o como datos binarios, es decir, los bits almacenados en un fichero pueden ser traducidos por el sistema operativo a caracteres alfabéticos y números que entiende el ser humano, o pueden ser tratados como componentes de estructuras de datos más complejas, como ficheros que almacenan sonido, vídeo, imágenes, etc.

La ***organización*** de un fichero dicta la forma en que se han de acceder a los datos, así, los datos de un fichero con organización secuencial, están dispuestos siguiendo una *secuencia* ordenada, es decir, unos detrás de otros. Se caracterizan por tener que recorrer todos los datos anteriores para llegar a uno en concreto. Los ficheros de organización directa, permiten acceder a un dato en concreto sin necesidad de acceder a todos los anteriores. Finalmente, los de organización indexada acceden a los datos consultando un *índice*, es decir, una estructura de datos que permite acceder a la información rápidamente, simulando la forma en que el índice de un libro facilita el acceso a sus contenidos. Existen también variantes de las anteriores que mezclan las mejores características de cada una de ellas.

Por otro lado, la ***utilidad*** de un fichero indica qué uso se va a hacer de él, por ejemplo, puede contener datos fundamentales para una organización, como los datos de los clientes, que se almacenan en un fichero principal llamada *maestro*. Si hay variaciones (altas, modificaciones o bajas de clientes) en los ficheros maestros, se almacenan en los llamados ficheros de *movimientos* que posteriormente se enfrentan con los maestros para incorporar las modificaciones. Finalmente, cuando existen datos que ya no son necesarios para su proceso diario pasan a formar parte de los ficheros *históricos*.

Hoy en día, estas dos últimas clasificaciones han quedado en desuso. Por ejemplo, desde la aparición de las bases de datos modernas, ya no se clasifican según su utilidad u organización.

Actualmente un sistema operativo trata un fichero desde dos puntos de vista:

1. Según su contenido (texto o datos binarios).

2. Según su tipo (imágenes, ejecutables, clips de videos, etc.).

1.1.2. Ficheros de texto

Los ficheros de texto suelen llamarse también ficheros planos o ficheros *ascii*. El vocablo ascii es un acrónimo de American Standard Code for Information Interchange. Es un estándar que asigna un valor numérico a cada carácter, con lo que se pueden representar los documentos llamados de Texto Plano, es decir, los que son directamente legibles por seres humanos.

La asignación de valores numéricos a caracteres viene dada por la famosa tabla de códigos ascii, que es la más extendida, aunque existen otras. Se caracteriza por utilizar 1 byte para la representación de cada carácter. Con x bits se pueden generar 2^x combinaciones distintas de caracteres, y como 1 byte = 8 bits, existen $2^8 = 256$ caracteres en la tabla de códigos ascii, numerados del 0 al 255.

¿**Sabías que ...?** En un principio el código ASCII era de 7 bits. El ASCII extendido, también conocido como ASCII ampliado o ASCII de 8 bits, se refiere a la extensión del conjunto de caracteres ASCII básico. Incluye caracteres adicionales más allá de los 128 caracteres estándar del ASCII original. Estos caracteres adicionales son diferentes dependiendo de la codificación utilizada. Así en latin-1 incluye caracteres latinos utilizados en varios idiomas europeos, como letras con acentos, eñes, entre otros. Esta codificación es comúnmente utilizada en páginas web en español, francés y otros idiomas europeos.

◇ **Actividad 1.2**: Conéctate a Internet, y busca una tabla de códigos ascii de 8 bits. Observa las siguientes características:

- Los 32 primeros caracteres, se llaman caracteres no imprimibles y se utilizaban tradicionalmente para el control de transmisiones.

- La distancia entre mayúsculas y minúsculas es exactamente 32 caracteres.

- Hay caracteres que son numéricos, y cuyo valor ascii es el resultado de sumarle 48. Por ejemplo, 6+48=54. 54 es el código ascii del carácter '6'.

Algunos alfabetos, como el katakana japonés utilizan más de 256 caracteres. En estos casos, se requieren las tablas de caracteres *unicode*, que reservan dos bytes para cada carácter.

◇ **Actividad 1.3**: Conéctate a `http://www.unicode.org/charts/` y descárgate las tablas de códigos *Latin* (alfabeto latino) y *Katakana* (alfabeto japonés). Observa las siguientes curiosidades:

- La tabla de códigos "Latin", es exactamente idéntica a la tabla de códigos ascii de 8 bits, solo que los bits del primer byte unicode, están todos a 0.

- La tablas de códigos "Latin" y "Katakana" tienen múltiples extensiones, como *Katakana Phonetic Extensions* o *Latin Extended Additional*.

- No todo son caracteres de escritura para los distintos idiomas también puedes encontrar símbolos musicales, emoticonos, símbolos matemáticos...

Los ficheros de texto, aunque no necesitan un formato para ser interpretado, suelen tener extensiones para conocer qué tipo de texto se halla dentro del fichero, por ejemplo:

- Ficheros de configuración: son ficheros cuyo contenido es texto sobre configuraciones del sistema operativo o de alguna aplicación. Estos pueden tener extensión .ini, .inf , .conf.

- Ficheros de código fuente: su contenido es texto con programas informáticos. Ejemplos: .sql, .c, .java, .py.

- Ficheros de páginas web: las páginas webs son ficheros de texto con *hipertexto*[1] que interpreta el navegador. .html, .php, .css, .xml.

- Formatos enriquecidos: son textos que contienen códigos de control para ofrecer una visión del texto más elegante: .rtf, .ps , .tex.

¿Sabías que . . . ? XML es un lenguaje estándar para el intercambio de datos entre aplicaciones informáticas. Se están desarrollando actualmente las llamadas bases de datos nativas XML, cuyo foco principal es el almacenamiento de documentos de texto con código en XML, y no las relaciones entre la información, como sucede con las bases de datos relacionales que se estudian en el presente libro. Por ejemplo, DB2 incorpora dentro de su motor una característica que potencia el XML: XQuery, esto es, un lenguaje innovador para hacer consultas directamente sobre documentos XML guardados directamente en la base de datos.

---

[1]El hipertexto es una forma de escritura no secuencial, con bifurcaciones, que permite que el lector elija qué secuencia seguir y que es presentado en una pantalla interactiva para facilitar la navegación.

1.1.3. Ficheros binarios

Los **ficheros binarios** son todos los que no son de texto, y requieren un formato para ser interpretado. A continuación se muestran algunos tipos de formatos de ficheros binarios:

- De imagen: .jpg, .gif, .tiff, .bmp, .wmf, .png, .pcx; entre muchos otros.

- De vídeo: .mpg, .mov, .avi, .qt.

- Comprimidos o empaquetados: .zip, .Z, .gz, .tar, .lhz.

- Ejecutables o compilados: .exe, .com, .cgi, .o, .a.

- Procesadores de textos: .doc, .odt.

Generalmente los ficheros que componen una base de datos son de tipo binario, puesto que la información que hay almacenada en ellos debe tener una estructura lógica y organizada para que las aplicaciones puedan acceder a ella de manera universal, esto es, siguiendo un estándar. Esta estructura lógica y organizada, generalmente es muy difícil de expresar mediante ficheros de texto, por tanto, la información de una base de datos se suele guardar en uno o varios ficheros:

- El software de gestión de base de datos Oracle guarda la información en múltiples tipos de ficheros, llamados 'datafiles', 'tempfiles', 'logfiles', etc.

- Un tipo de tablas del gestor MySQL guarda su información en 3 ficheros de datos binarios, con extensión frm, myd y myi.

- Access guarda toda la información de una base de datos con extensión 'mdb'.

- Las bases de datos NoSQL pueden utilizar diferentes métodos de almacenamiento según su diseño específico. Algunos pueden almacenar datos en archivos de texto plano, mientras que otros pueden utilizar estructuras de datos más complejas, como árboles B o tablas hash, y almacenarlas en archivos binarios.

- Algunas bases de datos NoSQL, como MongoDB, almacenan datos en formato de documento (por ejemplo, JSON o BSON). Estos documentos se pueden almacenar en archivos individuales o en estructuras de archivos específicas del DBMS.

◇ **Actividad 1.4**: La siguiente imagen es una captura de una carpeta en el sistema operativo Windows 7. Indica qué tipo de fichero es cada uno de ellos y qué contiene.

Estado		Nombre	Fecha de modificación	Tipo	Tamaño
Ps	⊘	boton-Matricula.psd	25/06/2023 21:37	Adobe Photoshop...	6.767 KB
	⊘	canciones.mwb.bak	08/04/2024 20:23	Archivo BAK	12 KB
	⊘	alhambra.jpg	04/12/2023 20:14	Archivo JPG	66 KB
	⊘	Resumen.md	10/03/2024 9:21	Archivo MD	5 KB
	⊘	promocional.mp4	02/08/2024 10:39	Archivo MP4	2.352 KB
	⊘	firmalucia.png	19/07/2024 10:53	Archivo PNG	641 KB
	⊘	secretariaVirtual.PNG	26/01/2024 23:11	Archivo PNG	82 KB
7z	⊘	GestionBD.rar	08/03/2024 23:42	Archivo RAR	7.295 KB
	⊘	HorasCiclos.pdf	21/05/2024 23:29	Documento Adob...	1.241 KB
	⊘	Familia Profesional InformaticayComunicaciones.docx	21/05/2024 23:29	Documento de Mi...	1.419 KB
	⊘	CUENTAS.txt	10/07/2024 7:55	Documento de te...	1 KB
	⊘	nacionalidadesAlumnos.xlsx	08/02/2024 0:47	Hoja de calculo d...	254 KB
	⊘	normalizacion.ods	19/06/2024 23:47	Hoja de cálculo O...	26 KB
	⊘	jardineria.accdb	01/08/2024 13:12	Microsoft Access ...	704 KB
	⊘	canciones.mwb	08/04/2024 23:15	MySQL Workbenc...	9 KB
	⊘	Examen2eva2024GBD.mwb	28/02/2024 16:33	MySQL Workbenc...	9 KB
	⊘	UsuarioIA.odt	08/06/2024 21:32	Texto OpenDocu...	5 KB

1.2. Bases de Datos

Una **Base de Datos** es una colección de información perteneciente a un mismo contexto (o problema), que está almacenada de forma organizada en ficheros.

Una base de datos está organizada mediante *tablas* [2], que almacenan información concerniente a algún objeto o suceso. Estas tablas se relacionan formando vínculos o *relaciones* [3] entre ellas, que ayudan a mantener la información de los diversos objetos de forma ordenada y coherente (sin contradicciones). Cada una de estas tablas es una estructura que se parece a las hojas de cálculo, pues está dispuesta mediante filas y columnas. De este modo, cada fila almacena un *registro* con tantos *campos* como columnas tenga la tabla. Por ejemplo, se podría tener una tabla de Empleados, donde cada fila o registro es un empleado de la empresa y cada columna o campo representa un trozo discreto de información sobre cada empleado, por ejemplo el nombre o el número de teléfono.

---

[2]En las bases de datos relacionales se llaman relaciones base
[3]En las bases de datos relacionales se llaman relaciones derivadas

codigoempl	nombre	apellido1	apellido2	extension	email	codigooficir	codigojefe	puesto
1	Pablo	de Castro	Ramos	3897	pablodecastro@jardineria.es	TAL-ES		Director General
2	Ruben	López	Martinez	2899	rlopez@jardineria.es	TAL-ES	1	Subdirector Marketing
3	Alberto	Soria	Carrasco	2837	asoria@jardineria.es	TAL-ES	2	Subdirector Ventas
4	Juan Carlos	Manrique	Hernández	2847	jcmanrique@jardineria.es	TAL-ES	3	Director Oficina
5	Lourdes	Ramos	Montes	2844	lramos@jardineria.es	TAL-ES	4	Representante Ventas
6	Juan Carlos	Ortiz	Serrano	2845	cortiz@jardineria.es	TAL-ES	4	Representante Ventas
7	Carlos	Soria	Jimenez	2444	csoria@jardineria.es	MAD-ES	3	Director Oficina
8	Alicia	Ramos	Martín	2442	aramos@jardineria.es	MAD-ES	7	Representante Ventas
9	Lucio	Campoamor	Martín	2442	lcampoamor@jardineria.es	MAD-ES	7	Representante Ventas
10	Iván	López	Montalbán	2444	ilopez@jardineria.es	MAD-ES	7	Representante Ventas
11	Juan	Alba	Perez	2518	jalba@jardineria.es	BCN-ES	3	Director Oficina
12	José Manuel	Martinez	De la Osa	2519	jmmart@hotmail.es	BCN-ES	11	Representante Ventas
13	David	Palma	Aceituno	2519	dpalma@jardineria.es	BCN-ES	11	Representante Ventas
14	Oscar	Palma	Aceituno	2519	opalma@jardineria.es	BCN-ES	11	Representante Ventas
15	Francois	Fignon		9981	ffignon@gardening.com	PAR-FR	3	Director Oficina
16	Lionel	Narvaez		9982	lnarvaez@gardening.com	PAR-FR	15	Representante Ventas
17	Laurent	Serra		9982	lserra@gardening.com	PAR-FR	15	Representante Ventas
18	Michael	Bolton		7454	mbolton@gardening.com	SFC-USA	3	Director Oficina
19	Walter Santiag	Sanchez	Lopez	7454	wssanchez@gardening.com	SFC-USA	18	Representante Ventas
20	Hilary	Washington		7565	hwashington@gardening.com	BOS-USA	3	Director Oficina
21	Marcus	Paxton		7565	mpaxton@gardening.com	BOS-USA	20	Representante Ventas
22	Lorena	Paxton		7665	lpaxton@gardening.com	BOS-USA	20	Representante Ventas
23	Nei	Nishikori		8734	nnishikori@gardening.com	TOK-JP	3	Director Oficina
24	Narumi	Riko		8734	nriko@gardening.com	TOK-JP	23	Representante Ventas
25	Takuma	Nomura		8735	tnomura@gardening.com	TOK-JP	23	Representante Ventas
26	Amy	Johnson		3321	ajohnson@gardening.com	LON-UK	3	Director Oficina
27	Larry	Westfalls		3322	lwestfalls@gardening.com	LON-UK	26	Representante Ventas
28	John	Walton		3322	jwalton@gardening.com	LON-UK	26	Representante Ventas
29	Kevin	Fallmer		3210	kfalmer@gardening.com	SYD-AU	3	Director Oficina
30	Julian	Bellinelli		3211	jbellinelli@gardening.com	SYD-AU	29	Representante Ventas
31	Mariko	Kishi		3211	mkishi@gardening.com	SYD-AU	29	Representante Ventas

Registro: I◄ ◄ 5 de 31 ► ►I ►✲ Sin filtro   Buscar

Figura 1.1: Ejemplo de tabla en Microsoft Access.

1.2.1. Conceptos

Uno de los grandes problemas al que se enfrentan los informáticos cuando comienzan su aprendizaje, es el gran número de términos desconocidos que debe asimilar, incluyendo el enorme número de sinónimos y siglas que se utilizan para nombrar la misma cosa. Tratando, a modo de resumen, de aclarar algunos de los componentes que se pueden encontrar en una base de datos, y que se verán en próximos capítulos, se definen los siguientes conceptos:

Dato: El dato es un trozo de información concreta sobre algún concepto o suceso. Por ejemplo, 1996 es un número que representa un año de nacimiento de una persona. Los datos se caracterizan por pertenecer a un tipo.

Tipo de Dato: El tipo de dato indica la naturaleza del campo. Así, se pueden tener *datos numéricos,* que son aquellos con los que se pueden realizar cálculos aritméticos (sumas, restas, multiplicaciones...) y los *datos alfanuméricos*, que son los que contienen caracteres alfabéticos y dígitos numéricos. Estos datos alfanuméricos y numéricos se pueden combinar para obtener tipos de datos más elaborados. Por ejemplo, el tipo de dato Fecha contiene tres datos numéricos, representando el día, el mes y el año de esa fecha.

Campo: Un campo es un identificador para toda una familia de datos. Cada campo pertenece a un tipo de datos. Por ejemplo, el campo "FechaNacimiento" representa las fechas de nacimiento de las personas que hay en la tabla. Este campo pertenece al tipo de dato Fecha. Al campo también se le llama columna.

Registro: Es una recolección de datos referentes a un mismo concepto o suceso. Por ejemplo, los datos de una persona pueden ser su NIF, año de nacimiento, su nombre, su dirección, etc. A los registros también se les llama *tuplas* o *filas*.

Campo Clave: Es un campo especial que identifica de forma única a cada registro. Así, el NIF es único para cada persona, por tanto es campo clave. Hay varios tipos de campos clave como se explicarán en la sección 2.6.2.

Tabla: Es un conjunto de registros bajo un mismo nombre que representa el conjunto de todos ellos. Por ejemplo, todos los clientes de una base de datos se almacenan en una tabla cuyo nombre es Clientes.

Consulta: Es una instrucción para hacer peticiones a una base de datos. Puede ser una búsqueda simple de un registro especifico o una solicitud para seleccionar todos los registros que satisfagan un conjunto de criterios. Aunque en castellano, consulta tiene un significado de extracción de información, en inglés *query*, una consulta es una petición, por tanto, además de las consultas de búsqueda de información, que devuelven los campos y registros solicitados, hay consultas (peticiones) de eliminación o inserción de registros, de actualización de registros, cuya ejecución altera los valores de los mismos.

Índice: Es una estructura que almacena los campos clave de una tabla, organizándolos para hacer más fácil encontrar y ordenar los registros de esa tabla. El índice tiene un funcionamiento similar al índice de un libro, guardando parejas de elementos: el elemento que se desea indexar y su posición en la base de datos. Para buscar un elemento que esté indexado, solo hay que buscar en el índice de dicho elemento para, una vez encontrado, devolver el registro que se encuentre en la posición marcada por el índice.

Vista: Es una transformación que se hace a una o más tablas para obtener una nueva tabla. Esta nueva tabla es una tabla virtual, es decir, no está almacenada en los dispositivos de almacenamiento del ordenador, aunque sí se almacena su definición.

Informe: Es un listado ordenado de los campos y registros seleccionados en un formato fácil de leer. Generalmente se usan como peticiones expresas de un tipo de información por parte de un usuario. Por ejemplo, un informe de las facturas impagadas del mes de enero ordenado por nombre de cliente.

Guiones: o *scripts*. Son un conjunto de instrucciones, que ejecutadas de forma ordenada, realizan operaciones avanzadas de mantenimiento de los datos almacenados en la base de datos.

Procedimientos: Son un tipo especial de *script* que está almacenado en la base de datos y que forma parte de su esquema.

1.2.2. Estructura de una base de datos

Una base de datos almacena los datos a través de un *esquema*. El esquema es la definición de la estructura donde se almacenan los datos, contiene todo lo necesario para organizar la información mediante tablas, registros (filas) y campos (columnas). También contiene otros objetos necesarios para el tratamiento de los datos (procedimientos, vistas, índices, etc.) y que se estudiarán en este libro. Al esquema también se le suele llamar *metainformación*, es decir, información sobre la información o *metadatos*.

```
mysql> select table_schema, table_name, table_rows
    -> from information_schema.tables
    -> where table_schema='jardineria';
+--------------+----------------+------------+
| table_schema | table_name     | table_rows |
+--------------+----------------+------------+
| jardineria   | Clientes       |         36 |
| jardineria   | DetallePedidos |        295 |
| jardineria   | Empleados      |         32 |
| jardineria   | GamasProductos |          0 |
| jardineria   | Oficinas       |         10 |
| jardineria   | Pagos          |         26 |
| jardineria   | Pedidos        |        115 |
| jardineria   | Productos      |        276 |
+--------------+----------------+------------+
9 rows in set (0,01 sec)
```

Figura 1.2: Consulta de un esquema de una base de datos en MySQL.

Los gestores de bases de datos modernos Oracle, MySQL y DB2, entre otros, almacenan el esquema de la base de datos en tablas, de tal manera que el propio esquema de la base de datos se puede tratar como si fueran datos comunes de la base de datos. Véase figura 1.2.

1.2.3. Usos de las bases de datos

Las bases de datos son ubicuas, están en cualquier tipo de sistema informático, a continuación se exponen solo algunos ejemplos de sus usos más frecuentes:

- Aplicaciones de la Administración: Los gobiernos almacenan datos de diversos tipos, como registros de nacimientos y defunciones, registros de propiedades, registros de vehículos, registros fiscales, gestión de recursos públicos, gestión de salud como la atención médica, la salud pública y la investigación médica. Esto incluye registros de pacientes, historias clínicas, datos epidemiológicos, registros de vacunación y datos de investigación, gestión de la educación, gestión de agricultura, ganadería, impuestos, seguridad pública, portales de transparencia, gestión de agua, transportes,... Estos registros se almacenan en bases de datos para facilitar su acceso, búsqueda y actualización.

- Aplicaciones empresariales: Las bases de datos son fundamentales para muchas aplicaciones empresariales, como sistemas de gestión de recursos humanos (HRM), sistemas de gestión de relaciones con los clientes (CRM), sistemas de gestión de inventario y sistemas de planificación de recursos empresariales (ERP). así como sistemas de contabilidad y facturación.

- Bases de datos para motores de búsquedas: Por ejemplo Google o Bing tienen una base de datos gigantesca donde almacenan información sobre todos los documentos de Internet. Posteriormente millones de usuarios buscan en la base de datos de estos motores.

- Científicas: Recolección de datos climáticos y medioambientales, químicos, genómicos, geológicos. . .

- Configuraciones: Almacenan datos de configuración de un sistema informático, como por ejemplo, el registro de Windows.

- Bibliotecas: Almacenan información bibliográfica, por ejemplo, la famosa tienda virtual Amazon o la biblioteca de un instituto.

- Censos: Guardan información demográfica de pueblos, ciudades y paises.

- Sistemas de gestión de contenido (CMS): Los CMS como WordPress, Joomla o Drupal utilizan bases de datos para almacenar contenido web, como artículos, páginas, comentarios y configuraciones del sitio.

- Aplicaciones de comercio electrónico: Los sistemas de comercio electrónico, como tiendas en línea y plataformas de mercado, utilizan bases de datos para almacenar información de productos, pedidos, clientes y transacciones.

- Aplicaciones de redes sociales: Plataformas de redes sociales como Facebook, X (antes Twitter) e Instagram almacenan grandes cantidades de datos de usuario, como perfiles, publicaciones, comentarios y conexiones entre usuarios, en bases de datos.

- Aplicaciones móviles: Muchas aplicaciones móviles utilizan bases de datos para almacenar datos en el dispositivo del usuario, como configuraciones de la aplicación, datos de usuario sin conexión y registros de actividad.

- Análisis de datos: Las bases de datos también se utilizan en entornos de análisis de datos y business intelligence (BI) para almacenar grandes volúmenes de datos transaccionales y datos históricos. Estos datos se pueden utilizar luego para generar informes, realizar análisis y tomar decisiones empresariales.

- Inteligencia artificial: las bases de datos son fundamentales para el desarrollo y entrenamiento de sistemas de IA, proporcionando los datos necesarios para entrenar, probar y evaluar el rendimiento de los modelos de IA en una variedad de tareas y dominios (Bases de datos de pruebas, de imágenes médicas, de series temporales,...).

- Sistemas de Información Geográfica: Las bases de datos de sistemas georreferenciados almacenan información espacial que está asociada con ubicaciones geográficas específicas. Como por ejemplo puntos de interés, redes de viales que luego pueden usar los sistemas de navegación que usamos en nuestros coches o teléfonos inteligentes.

- Virus: Los antivirus guardan información sobre todos los potenciales software maliciosos.

- Otros muchos usos: Militares, videojuegos, deportes, etc.

El consejo del buen administrador...
Siempre hay que hacer copias de seguridad regularmente y a ser posible, de varios tipos. Cuando una base de datos tiene un tamaño brutalmente grande como las del Meta o Google, hacer copias de seguridad se convierte en algo prácticamente imposible, puesto que se tardarían semanas en realizarlas, y, además, es complicado encontrar dispositivos capaces de almacenar estas copias, por lo que en lugar de hacer copias de seguridad, se recurre a sistemas tolerantes a fallos, que logran que la probabilidad de perder un solo dato, sea prácticamente nula.

1.2.4. Evolución y tipos de bases de datos

La clasificación de las bases de datos en tipos, está ligada a su evolución histórica. Según ha ido avanzando la tecnología, las bases de datos han mejorado cambiando la forma de representar y extraer la información.

De esta manera, se presenta la evolución sufrida por las bases de datos desde las épocas 'prehistóricas' de la informática hasta la actualidad:

En la década de 1950 se inventan las cintas magnéticas, que solo podían ser leídas de forma secuencial y ordenadamente. Estas cintas, almacenaban ficheros con registros que se procesaban secuencialmente junto con ficheros de movimientos para generar nuevos ficheros actualizados. Estos sistemas se conocen como *aplicaciones basadas en sistemas de ficheros* y constituyen la generación cero de las bases de datos, pues ni siquiera entonces existía el concepto de bases de datos.

En la década de 1960 se generaliza el uso de discos magnéticos, cuya característica principal es que se podía acceder de forma directa a cualquier parte de los ficheros, sin tener que acceder a todos los datos anteriores. Con esta tecnología aparecen las bases de datos *jerárquicas* y *en red*, que aprovechan la capacidad de acceso directo a la información de los discos magnéticos para estructurar la información en forma de listas enlazadas y árboles de información. La filosofía de las bases de datos en red es que un concepto principal o *padre* puede tener numerosas relaciones con conceptos secundarios o *hijos*. Las bases de datos jerárquicas, evolucionan para admitir varios padres para un concepto hijo.

> **¿Sabías que ...?** En octubre de 1969 se concibe el primer modelo de base de datos en red, conocido como CODASYL (Conference on Data Systems Language), que posteriormente IBM refina y mejora mediante el modelo IMS (Information Management System) para el programa Apollo de la NASA.

Edgar Frank Codd, científico informático inglés de IBM, publica en 1970 en un artículo 'Un modelo relacional de datos para grandes bancos de datos compartidos' ('A Relational Model of Data for Large Shared Data Banks'), donde definió el modelo relacional, basado en la lógica de predicados y la teoría de conjuntos. Nacieron, de esta forma, las bases de datos relacionales, o segunda generación de bases de datos. Larry Ellison, fundador de Oracle, se inspiró en este artículo para desarrollar el famoso motor de base de datos, que comenzó como un proyecto para la CIA (Central

Intelligence Agency) americana. La potente base matemática de este modelo, es el gran secreto de su éxito. Hoy en día, el modelo relacional de Codd, pese a tener muchas alternativas, sigue siendo el más utilizado a todos los niveles.

> **¿Sabías que ... ?** Las leyes de Codd son un conjunto de 13 reglas (de la regla 0 a la regla 12) cuya finalidad es establecer las características que debe tener una base de datos relacional. Actualmente, todos los gestores de bases de datos implementan estas reglas. Puedes buscar en Internet estas reglas y leerlas con detenimiento.

⬦ **Actividad 1.5**: Busca en Internet la biografía de los siguientes personajes, y comenta su principal contribución a la evolución de las bases de datos:

✓ Edgar Frank Codd   ✓ Bill Gates

✓ Larry Ellison   ✓ Michael Monty Widenius

✓ Roger Kent Summit

En la década de 1980 IBM lanza su motor de bases de datos DB2, para la plataforma MVS. Unos años después, IBM crea el SQL (Structured Query Language), un potente lenguage de consultas para manipular información de bases de datos relacionales.

A medidados de 1990, IBM lanza una versión de DB2 que es capaz de dividir una base de datos enorme en varios servidores comunicados por líneas de gran velocidad, creándose de este modo las *bases de datos paralelas*. A esta versión se le llamó DB2 Parallel Edition, que ahora, ha evolucionado hasta el DB2 Data Partition Feature, único SGBD de este tipo en sistemas distribuidos.

A finales de 1990 IBM y Oracle incorporan a sus bases de datos la capacidad de manipular objetos, creando así, las *bases de datos orientadas a objetos*. Estas bases de datos orientadas a objetos se basan en la existencia de objetos persistentes que se almacenan para su procesamiento mediante programas orientados a objetos. En lugar de la filosofía de almacenar relaciones y tablas, se almacenan colecciones de objetos que, además de información, tienen comportamientos (instrucciones sobre cómo procesar los datos).

La aparición de Internet y el comienzo de la era de la información, crean nuevos requirimientos para bases de datos. La cantidad de información comienza a crecer en proporciones desconocidas hasta el momento. De esta forma, se crean las *bases de datos distribuidas*, que consisten en multiplicar el número de ordenadores que controlan una base de datos (llamados nodos), intercambiándose información y actualizaciones a través de la red. Este increíble aumento de datos a almacenar, organizados muchas veces en datos estadísticos recopilados con el trascurso de los años, hizo necesaria la aparición de un software llamado *Software de ayuda a la decisión*. Este software avanzado trata de dar respuestas concretas examinando múltiples datos estadísticos que se han recopilado a lo largo del tiempo en *bases de datos multidimensionales*, formando lo que se denominan cubos de información.

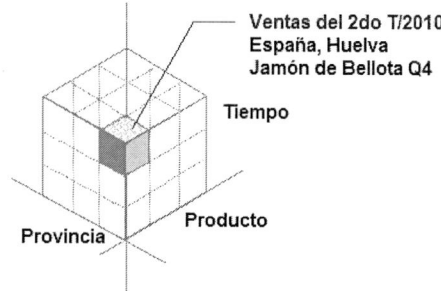

Figura 1.3: Ejemplo de cubo en una base de datos multidimensional.

También, a lo largo de la corta historia de la informática, han surgido otros tipos de bases de datos que se enumeran a continuación:

- Bases de datos espaciales o geográficas: Son bases de datos que almacenan mapas y símbolos que representan superficies geográficas. Google Earth es una aplicación que lanza consultas a bases de datos de este tipo.

- Bases de datos documentales: Permiten la indexación de texto para poder realizar búsquedas complejas en textos de gran longitud.

- Bases de datos deductivas: Es un sistema de bases de datos que almacena hechos y que permite, a través de procedimientos de inferencia, extraer nuevos hechos. Se basan en la lógica, por ello también se suelen llamar bases de datos lógicas.

Base de datos	Datos almacenados	Ubicación
Sistemas de ficheros	Datos en ficheros	
Jerárquicas	Estructuras de datos (listas y árboles)	varios ficheros
En red	Estructuras de datos (árboles y grafos)	
Relacionales	Teoría de conjuntos y relaciones	
Orientadas a objetos	Objetos complejos con comportamiento	
Geográficas	Puntos, Líneas y Polígonos	una o varias BBDD
Deductivas	Hechos y Reglas	
Documentales	Documentos	
Distribuidas	Múltiples	varias BBDD en
Multidimensionales	Cubos	varios ordenadores

Cuadro 1.1: Resumen de los tipos de bases de datos.

1.3. Los Sistemas Gestores de Base de Datos

1.3.1. Concepto de Sistema Gestor de Base de Datos

Se define un Sistema Gestor de Base de Datos, en adelante SGBD, como el conjunto de herramientas que facilitan la consulta, uso y actualización de una base de datos. Un ejemplo de software Gestor de Base de Datos es Oracle 11g, que incorpora un conjunto de herramientas software que son capaces de estructurar en múltiples discos duros los ficheros de una base de datos, permitiendo el acceso a sus datos tanto a partir de herramientas gráficas como a partir de potentes lenguajes de programación (PL-SQL, php, c++...).

1.3.2. Funciones de un SGBD

Los SGBD del mercado cumplen con casi todas funciones que a continuación se enumeran:

1. Permiten a los usuarios almacenar datos, acceder a ellos y actualizarlos de forma sencilla y con un gran rendimiento, ocultando la complejidad y las características físicas de los dispositivos de almacenamiento.

2. Garantizan la integridad de los datos, respetando las reglas y restricciones que dicte el programador de la base de datos. Es decir, no permiten operaciones que dejen cierto conjunto de datos incompletos o incorrectos.

3. Integran, junto con el sistema operativo, un sistema de seguridad que garantiza el acceso a la información exclusivamente a aquellos usuarios que dispongan de autorización.

4. Proporcionan un diccionario de metadatos, que contiene el esquema de la base de datos, es decir, cómo están estructurados los datos en tablas, registros y campos, las relaciones entre los datos, usuarios, permisos, etc. Este diccionario de datos debe ser también accesible de la misma forma sencilla que es posible acceder al resto de datos.

5. Permiten el uso de transacciones, garantizan que todas las operaciones de la transacción se realicen correctamente, y en caso de alguna incidencia, deshacen los cambios sin ningún tipo de complicación adicional.

6. Ofrecen, mediante completas herramientas, estadísticas sobre el uso del gestor, registrando operaciones efectuadas, consultas solicitadas, operaciones fallidas y cualquier tipo de incidencia. Es posible de este modo, monitorizar el uso de la base de datos, y permiten analizar hipotéticos malfuncionamientos.

7. Permiten la concurrencia, es decir, varios usuarios trabajando sobre un mismo conjunto de datos. Además, proporcionan mecanismos que permiten arbitrar operaciones conflictivas en el acceso o modificación de un dato al mismo tiempo por parte de varios usuarios.

8. Independizan los datos de la aplicación o usuario que esté utilizándolos, haciendo más fácil su migración a otras plataformas.

9. Ofrecen conectividad con el exterior. De esta manera, se pueden replicar y distribuir bases de datos. Además, todos los SGBD incorporan herramientas estándar de conectividad. El protocolo ODBC[4] está muy extendido como forma de comunicación entre bases de datos y aplicaciones externas.

10. Incorporan herramientas para la salvaguarda y restauración de la información en caso de desastre. Algunos gestores, tienen sofisticados mecanismos para poder establecer el estado de una base de datos en cualquier punto anterior en el tiempo. Además, deben ofrecer sencillas herramientas para la importación y exportación automática de la información.

◇ **Actividad 1.6**: Busca en Internet las leyes de Codd para el funcionamiento de sistemas gestores de bases de datos relaciones y establece una relación entre cada una de las leyes de Codd y las funciones que proporcionan los SGBD actuales.

---

[4]ODBC significa Open Database Connectivity, y es un estándar de acceso a datos desarrollado por Microsoft

1.3.3. El lenguaje SQL

La principal herramienta de un gestor de base de datos es la interfaz de programación con el usuario. Este interfaz consiste en un lenguaje muy sencillo mediante el cuál el usuario realiza preguntas al servidor, contestando este a las demandas del usuario. Este lenguaje comúnmente se denomina SQL, Structured Query Language, está estandarizado por la ISO[5], es decir, todas las bases de datos que soporten SQL deben tener la misma sintaxis a la hora de aplicar el lenguaje. Se divide en 4 sublenguajes, el total de todos ellos permite al SGBD cumplir con las funcionalidades requeridas por CODD:

- **Lenguaje DML:** o lenguaje de manipulación de datos (Data Manipulation Language). Este lenguaje permite con 4 sentencias sencillas seleccionar determinados datos (SELECT), insertar datos (INSERT), modificarlos (UPDATE) o incluso borrarlos (DELETE). En capítulos posteriores se desarrollará la sintaxis de cada una de estas sentencias.

- **Lenguaje DDL:** o lenguaje de definición de datos (Data Definition Language). Este lenguaje permite crear toda la estructura de una base de datos (desde tablas hasta usuarios). Sus cláusulas son del tipo DROP (Eliminar objetos) y CREATE (Crear objetos). En capítulos posteriores se detallará la sintaxis de cada una de estas sentencias.

- **Lenguaje DCL:** o lenguaje de control de datos (Data Control Language). Incluye comandos (GRANT y REVOKE) que permiten al administrador gestionar el acceso a los datos contenidos en la base de datos.

- **Lenguaje TCL:** o lenguaje de control de transacciones. El propósito de este lenguaje es permitir ejecutar varios comandos de forma simultánea como si fuera un comando atómico o indivisible. Si es posible ejecutar todos los comandos, se aplica la transacción (COMMIT), y si, en algún paso de la ejecución, sucede algo inesperado, se pueden deshacer todos los pasos dados (ROLLBACK).

◇ **Actividad 1.7**: Busca en la Wikipedia el término SQL e indica las revisiones que ha sufrido el lenguaje a lo largo del tiempo. A continuación, busca el significado del término SQL Injection e indica por qué un administrador debe protegerse frente a él.

---

[5]ISO es el acrónimo de International Organization for Standardization

1.3.4. Tipos de SGBD

Se pueden clasificar los SGBD de muchas formas, por ejemplo, según las bases de datos que gestionan, clasificando los SGBD según traten bases de datos relacionales, bases de datos orientadas a objetos, etc. Puesto que en la actualidad, la mayoría de los SGBD integran múltiples filosófias y tipos de funcionamiento, en este libro se clasifican los de gestores de bases de datos según su capacidad y potencia del propio gestor:

Los Gestores de Bases de Datos ofimáticas son aquellos que manipulan bases de datos pequeñas (ofimáticas) orientadas a almacenar datos domésticos o de pequeñas empresas. Incluso estos gestores permiten construir pequeñas aplicaciones para ayudar a un usuario inexperto a manipular los datos de una base de datos de forma sencilla e intuitiva. Un ejemplo de un SGBD ofimático es Microsoft Access, que posee tanto una interfaz de usuario muy sencilla como un potente lenguaje de programación (VBA=Visual Basic for Aplications) para ofrecer a usuarios avanzados otras posibilidades de gestión mucho más específicas.

Los Gestores de bases de datos Corporativas son aquellos que tienen la capacidad de gestionar bases de datos enormes, de grandes o medianas empresas con una carga de datos y transacciones que requieren un servidor de grandes dimensiones (generalmente un Servidor Unix, o un Windows Server con altas prestaciones). Estos gestores son capaces de manipular grandes cantidades de datos de forma muy rápida y eficiente para poder resolver la demanda de muchos (cientos) de usuarios. Un ejemplo típico de servidor de bases de datos Corporativas es el antes comentado Oracle, actualmente, junto con DB2, el servidor de base de datos más potente del mercado (también el más caro). Precisamente, ese coste tan alto es el que propició que se recurriera a una solución intermedia entre gestores de base de datos ofimáticas y corporativas. Entre estas soluciones intermedias se encontraba MySQL, un gestor de base de datos que, además de ser gratuito y sencillo, es capaz de manipular gran cantidad de datos cumpliendo prácticamente todos los estándares de la arquitectura ANSI SPARC. Aunque implementa SQL, no tiene un lenguaje de programación propio como SQL Server u Oracle (aunque está en desarrollo), pero a cambio se integra fácilmente en las típicas soluciones XAMPP, que son paquetes que incluyen, además de MySQL, una versión del servidor Web Apache y varios lenguajes de script (php, perl...) que dotan a MySQL de potentes herramientas para acceso y publicación de los datos. MySql fue adquirida por Oracle en 2010 y el proyecto MariaDB en 2012 recupera su "filosofía".

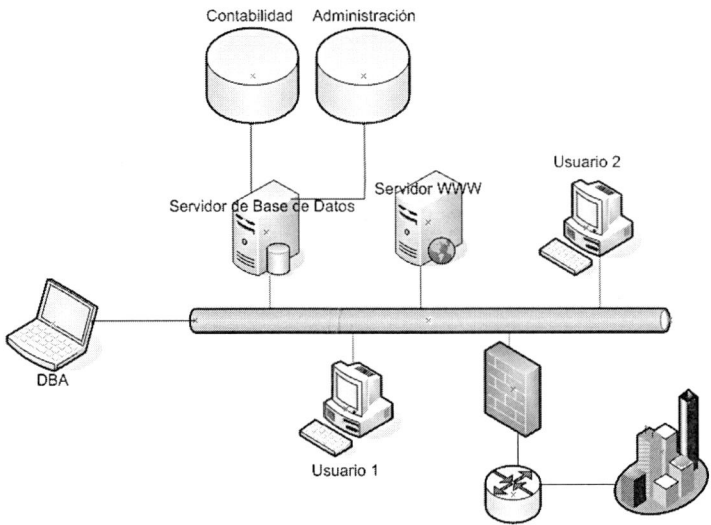

Figura 1.4: Esquema típico de organización de un SGBD corporativo.

¿Sabías que ...? MySQL fue inicialmente desarrollado por MySQL AB (empresa fundada por David Axmark, Allan Larsson y Michael Widenius). MySQL AB fue adquirida por Sun Microsystems en 2008, y ésta a su vez fue comprada por Oracle Corporation en 2010. Con lo que a partir de ese año MySQL no es "gratis". Ahora pertenece a Oracle y lo que hacen es mantener la versión MySQL Community bajo la Licencia pública general de GNU, versión 2, y varias versiones Enterprise,que incluyen productos o servicios adicionales tales como herramientas de monitorización y asistencia técnica oficial.

Michael Widenius y David Axmark deciden crear una nueva rama (fork) a partir de la versión 5.1 de MySQL que llaman MariaDB, y este proyecto seguirá siendo un software gratuito y de código abierto con licencia GPLv2, independiente de cualquier entidad comercial. MariaDB mantiene una compatibilidad casi total con MySQL, lo que significa que puedes migrar tus bases de datos de MySQL a MariaDB sin grandes complicaciones. MariaDB incluye características avanzadas, como optimizaciones de rendimiento, más motores de almacenamiento, y un enfoque en la seguridad y la privacidad. Además, cuenta con una comunidad activa y un soporte técnico más accesible, ya que no está sujeto a las restricciones comerciales impuestas por Oracle, el propietario de MySQL. Esto hace que MariaDB sea una opción atractiva para organizaciones que buscan flexibilidad y control en su infraestructura de bases de datos.

1.4. Bases de datos centralizadas Vs bases de datos distribuidas

Las bases de datos centralizadas y distribuidas difieren en la forma en que se almacenan, gestionan y acceden a los datos. Es decir si los datos se encuentran en un único servidor o por el contrario se distribuyen en varios servidores a lo largo del planeta. Aquí hay una comparación entre ambos tipos:

1.4.1. Bases de datos centralizadas

En las bases de datos centralizadas, todos los datos se almacenan en un único servidor o nodo. La gestión de la base de datos, incluyendo la administración, el mantenimiento y la seguridad, se realiza de forma centralizada en este servidor.

Todos los usuarios y aplicaciones acceden a la base de datos a través de este único servidor. Las consultas y transacciones se ejecutan en el servidor central, lo que significa que todos los datos se procesan en un solo lugar.

La escalabilidad puede ser limitada, ya que el rendimiento puede degradarse cuando el volumen de datos o la carga de trabajo aumentan significativamente. Agregar capacidad adicional puede requerir actualizaciones costosas del hardware del servidor. Llevándonos incluso a la sustitución total del sistema, teniendo que adquirir un hardware con mayores prestaciones (proceso, memoria, almacenamiento, etc.) para poder dar respuesta a la exigencia de más volumen de datos o atender a una mayor carga de trabajo.

Por otro lado, la consistencia de los datos y la seguridad pueden ser más fáciles de mantener en una base de datos centralizada, ya que todos los datos residen en un solo lugar y las políticas de seguridad se aplican de manera uniforme en todos los datos.

1.4.2. Bases de datos distribuidas

En las bases de datos distribuidas, los datos se distribuyen entre múltiples nodos o servidores, que pueden estar ubicados incluso en diferentes lugares geográficos. Cada nodo puede contener una parte de los datos y puede tener su propio motor de base de datos.

Los usuarios y aplicaciones pueden acceder a los datos distribuidos a través de una red. Las consultas y transacciones pueden ejecutarse en cualquier nodo de la base de datos, y los resultados pueden combinarse y procesarse paralelamente de manera distribuida.

Las bases de datos distribuidas pueden escalar más fácilmente que las centralizadas, ya que es posible agregar más nodos o servidores según sea necesario para aumentar la capacidad de almacenamiento y el rendimiento.

Mantener la consistencia de los datos puede ser más complejo en una base de datos distribuida, ya que los datos pueden estar replicados o distribuidos en varios lugares. La seguridad también puede ser más desafiante, ya que es necesario coordinar las políticas de seguridad en todos los nodos de la base de datos. El hecho de tener copias de los datos en más de un servidor hace que sea más difícil 'perder' los datos.

En resumen, las bases de datos centralizadas son más adecuadas para aplicaciones donde los datos y la carga de trabajo son relativamente pequeños y simples, mientras que las bases de datos distribuidas son más adecuadas para aplicaciones que requieren escalabilidad, alta disponibilidad y procesamiento distribuido de datos. La elección entre una base de datos centralizada y distribuida depende de los requisitos específicos de cada aplicación y los compromisos entre rendimiento, escalabilidad y complejidad.

1.5. Bases de datos en la nube

Actualmente tenemos la necesidad de acceder a nuestros datos desde cualquier sitio y en cualquier momento a través de Internet. Para permitir esto las organizaciones tienen que hacer que sus bases de datos estén disponibles en la nube. Disponemos tres modelos de despliegue: público, privado e híbrido.

- En el modelo de despliegue público, los proveedores de la nube ofrecen servicios de bases de datos a través de sus plataformas de nube pública, como Amazon Web Services (AWS), Microsoft Azure o Google Cloud Platform (GCP).

- En el modelo de despliegue privado, las organizaciones implementan y gestionan sus propios servidores de bases de datos en la nube utilizando recursos de nube privada dentro de sus propias instalaciones o entornos dedicados.

- En el modelo de despliegue híbrido, se combinan recursos de nube pública y privada para implementar una solución de bases de datos que combina lo mejor de ambos mundos.

Los proveedores de nube publica ofrecen distintos niveles de servicio para atender las necesidades de las organizaciones, desde el control total de la infraestructura a la gestión de un servicio determinado:

1. **Infraestructura como Servicio (IaaS):**

    - En un modelo de IaaS, los proveedores de servicios en la nube ofrecen infraestructura de TI virtualizada a través de Internet. Esto incluye recursos informáticos, de almacenamiento y de red que pueden ser provisionados y gestionados a través de una interfaz de usuario o una API.

    - En el contexto de las bases de datos, IaaS proporciona los recursos básicos, como servidores virtuales, almacenamiento y redes, sobre los cuales las organizaciones pueden instalar y ejecutar sus propios sistemas de gestión de bases de datos. Esto significa que las organizaciones tienen control total sobre la configuración, instalación, mantenimiento y gestión de sus bases de datos.

2. **Plataforma como Servicio (PaaS):**

    - En un modelo de PaaS, los proveedores de servicios en la nube ofrecen una plataforma de desarrollo y ejecución completa que incluye herramientas, middleware y servicios para el desarrollo, implementación y gestión de aplicaciones.

    - En el contexto de las bases de datos, PaaS proporciona servicios gestionados de bases de datos que permiten a los usuarios crear, implementar, gestionar y escalar bases de datos sin tener que preocuparse por la infraestructura subyacente. Esto incluye servicios como bases de datos relacionales, NoSQL, bases de datos en memoria y servicios de análisis de datos.

3. **Software como Servicio (SaaS):**

    - En un modelo de SaaS, los proveedores de servicios en la nube ofrecen aplicaciones de software completas a través de Internet, generalmente a través de un modelo de suscripción o pago por uso.

- En el contexto de las bases de datos, SaaS puede referirse a aplicaciones de software que proporcionan funcionalidades específicas de gestión de bases de datos, como herramientas de administración, modelado de datos, copias de seguridad y recuperación, y análisis de datos. Estas aplicaciones se ejecutan en la nube y están disponibles para los usuarios a través de un navegador web o una interfaz de usuario dedicada.

En resumen, estos modelos de implementación en la nube ofrecen diferentes niveles de abstracción y gestión para las organizaciones que desean utilizar bases de datos en entornos de nube. Desde la gestión completa de la infraestructura en IaaS, pasando por la gestión de la plataforma en PaaS, hasta la gestión completa de la aplicación en SaaS. Las organizaciones pueden elegir el nivel de control y responsabilidad que mejor se adapte a sus necesidades y recursos.

Una gran ventaja de usar los servicios que nos ofrecen los proveedores de nube pública es la facilidad de escalar nuestro sistema simplemente aumentando los recursos contratados o pagando por uso cuando lo necesitamos y disminuyéndolos cuando ya no lo necesitamos. Por ejemplo si tenemos necesidad de más capacidad de proceso en unas fechas concretas pero el resto del tiempo las necesidades son mucho más bajas en una nube privada tendríamos que hacer grandes inversiones para atender esa necesidad puntual y no se rentabiliza la inversión.

Los proveedores de servicios en la nube ofrecen servicios gestionados de bases de datos, donde expertos se encargan de toda la configuración, administración, copias de seguridad, parches y mantenimiento de la infraestructura de bases de datos. Permitiendo a las organizaciones centrarse en el desarrollo de aplicaciones y el análisis de datos, en lugar de preocuparse por la administración de la infraestructura de bases de datos.

Los proveedores de servicios en la nube implementan medidas de seguridad para proteger los datos de los clientes y garantizar la privacidad, la integridad de los datos, auditorías de acceso y cumplimiento de regulaciones como el Reglamento General de Protección de Datos.

Los servidores de bases de datos en la nube ofrecen ventajas significativas en términos de agilidad, flexibilidad, escalabilidad y eficiencia operativa. Permiten a las organizaciones centrarse en su negocio principal mientras aprovechan las capacidades y los recursos de computación de la nube para gestionar sus datos de manera eficaz y rentable.

1.6. Legislación sobre protección de datos

La protección de datos es un tema crucial en la Unión Europea (UE) y en España, con una legislación específica que busca salvaguardar la privacidad y los derechos de los ciudadanos en relación con el procesamiento de sus datos personales. Aquí tienes un resumen de las principales regulaciones tanto a nivel europeo como español:

1.6.1. Legislación Europea

Reglamento General de Protección de Datos (RGPD): El RGPD es la legislación principal de la UE en materia de protección de datos. Entró en vigor el 25 de mayo de 2018 y establece normas sobre cómo las empresas y organizaciones deben recopilar, procesar y proteger los datos personales de los ciudadanos de la UE. El RGPD aplica a todas las empresas que procesan datos personales de personas dentro de la UE, independientemente de dónde estén ubicadas esas empresas. Esta norma reemplaza a la **Directiva de Protección de Datos de la UE (95/46/CE):** pero sigue siendo relevante para ciertos aspectos de la protección de datos hasta la completa implantación del RGPD por los estados miembros. Claro, aquí tienes un resumen de las principales normas de protección de datos que las organizaciones deben cumplir, tanto a nivel europeo como español:

Principales Normas de Protección de Datos Europeas (RGPD):

1. **Consentimiento:** Las organizaciones deben obtener el consentimiento explícito y libremente otorgado de los individuos para procesar sus datos personales.

2. **Derechos de los individuos:** Los ciudadanos tienen derechos claros, como el derecho de acceso, rectificación, supresión, limitación del procesamiento, portabilidad de datos y oposición al procesamiento.

3. **Principios de protección de datos:** Los datos personales deben ser procesados de manera legal, justa y transparente. Además, deben ser recopilados con fines específicos, limitados y legítimos, y deben ser precisos y actualizados.

4. **Responsabilidad y responsabilidad proactiva:** Las organizaciones deben implementar medidas técnicas y organizativas apropiadas para garantizar y demostrar que cumplen con los principios de protección de datos.

5. **Transferencias internacionales de datos:** Se imponen restricciones a la transferencia de datos personales fuera de la UE a países que no ofrezcan un nivel adecuado de protección de datos.

1.6.2. Legislación Española

Ley Orgánica de Protección de Datos Personales y garantía de los derechos digitales (LOPDGDD): Esta ley española implementa las disposiciones del RGPD y desarrolla algunos aspectos específicos de la protección de datos a nivel nacional. Entró en vigor el 6 de diciembre de 2018, reemplazando a la anterior Ley Orgánica de Protección de Datos de Carácter Personal (LOPD).

Los aspectos más importantes de esta ley son:

1. **Registro de Actividades de Tratamiento:** Las organizaciones deben mantener un registro de todas las actividades de procesamiento de datos que llevan a cabo.

2. **Evaluaciones de Impacto de Protección de Datos (EIPD):** Se requiere realizar evaluaciones de impacto de protección de datos para ciertos tipos de tratamiento de datos que puedan representar un riesgo para los derechos y libertades de los individuos.

3. **Delegado de Protección de Datos (DPO):** Algunas organizaciones están obligadas a designar un Delegado de Protección de Datos, especialmente aquellas que realicen un procesamiento de datos a gran escala o que traten ciertos tipos de datos sensibles.

4. **Notificación de violaciones de datos:** Las organizaciones deben notificar a la Agencia Española de Protección de Datos y a los individuos afectados en caso de violación de seguridad que pueda comprometer la privacidad de los datos.

5. **Cooperación y coordinación con la AEPD:** Las organizaciones deben cooperar con la AEPD en caso de investigaciones o inspecciones relacionadas con el cumplimiento de la normativa de protección de datos.

Cumplir con estas normas implica un compromiso activo por parte de las organizaciones para proteger la privacidad y los derechos de los individuos en relación con el procesamiento de sus datos personales.

Agencia Española de Protección de Datos (AEPD): Es el organismo encargado de supervisar y garantizar el cumplimiento de las leyes de protección de datos en España. Además de hacer cumplir la LOPDGDD, la AEPD emite directrices y recomendaciones para ayudar a las organizaciones a cumplir con las normativas de protección de datos.

Código Penal: Además de las leyes específicas de protección de datos, el Código Penal español incluye disposiciones sobre la protección de datos y establece sanciones por el incumplimiento de las leyes de privacidad, especialmente en casos de **acceso no autorizado**, **revelación de información confidencial** y otros delitos relacionados con la **privacidad**.

En resumen, tanto a nivel europeo como español, la protección de datos personales es un asunto muy importante respaldado por una sólida legislación para garantizar la privacidad y los derechos de los individuos en el mundo digital.

⬦ **Actividad 1.8**: Busca en Internet alguna web donde tengas que rellenar algún formulario e infórmate del texto legal sobre protección de datos que aparece. Averigua quién es el Delegado de Protección de Datos (DPD).

⬦ **Actividad 1.9**: Busca el contenido de los artículos 197, 197 bis, 278 bis, 392 y siguientes del Código Penal. Comentad en clase a qué delitos se refieren y cuáles son las sanciones por cometer dichos delitos.

⬦ **Actividad 1.10**: Entra en la web de la Agencia Española de Protección de Datos https://www.aepd.es/. Infórmate de los derechos que puedes ejercer ante el responsable de una organización que trate tus datos. Ahora ponte en que eres tú el que va a tratar los datos. Revisa tus obligaciones para tratar los datos. Elabora una presentación y exponla en clase compartiendo la información con el profesor y compañeros.

1.7. Prácticas Resueltas

Práctica 1.1: Introducción a Microsoft Access.

En esta práctica, se aprenderá a manipular de forma básica el gestor de bases de datos Access de Microsoft. Abre la base de datos Neptuno.accdb[6] que te proporcionará tu profesor, y realiza las siguientes acciones. Será necesario modificar algún objeto de la base de datos, por tanto guarda una copia con el nombre *practica*1.accdb [7] y conserva la original para repetir la práctica cuantas veces desees.

Ejecuta Microsoft Access y pulsa en el lado izquierdo a la opción de Abrir. Selecciona la opción abrir, y en el cuadro de diálogo, busca la base de datos neptuno.accdb.

1. ¿Qué tipo de información almacena la base de datos?

Observando las tablas de la base de datos Neptuno, se puede ver que hay tablas de Clientes, Empleados, Pedidos, Productos, Proveedores, etc. Al abrir las tablas haciendo doble clic sobre ellas, se muestra la información que contiene, por ejemplo, la tabla de productos almacena información sobre alimentación y derivados, por tanto, Neptuno es el sistema de información de una empresa que importa y exporta comestibles especiales de todo el mundo.

---

[6]Neptuno es una base de datos que incorporan las versiones antiguas de Microsoft Access (hasta Access 2003)

[7]accdb es la extensión de las bases de datos de Access 2007

2. ¿Qué objetos tiene la base de datos?

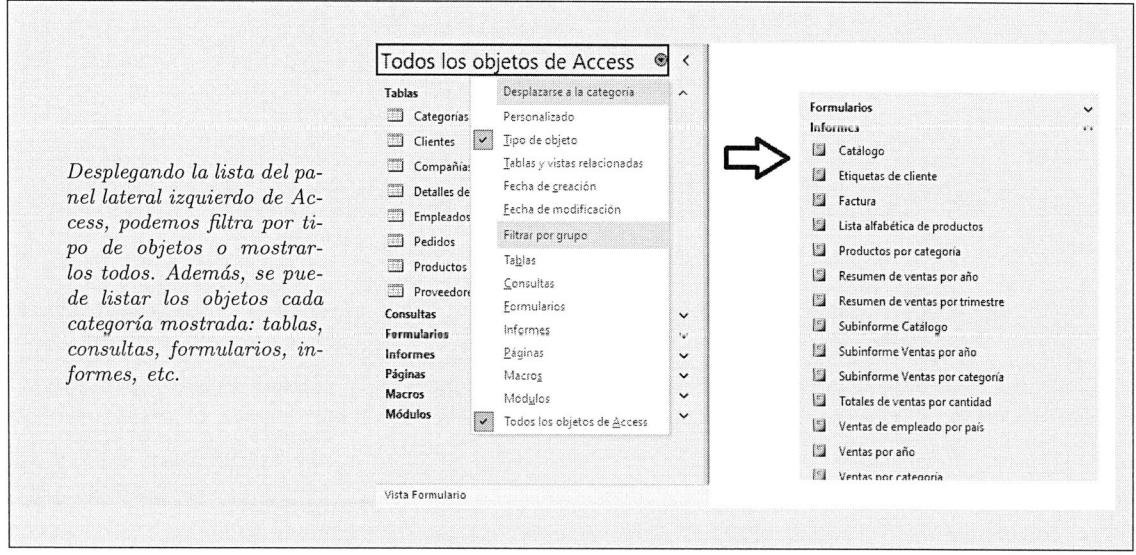

Desplegando la lista del panel lateral izquierdo de Access, podemos filtra por tipo de objetos o mostrarlos todos. Además, se puede listar los objetos cada categoría mostrada: tablas, consultas, formularios, informes, etc.

3. Explora todos los objetos de la base de datos, poniendo especial énfasis en el diseño de cada objeto, es decir, en la forma en la que están construidos.

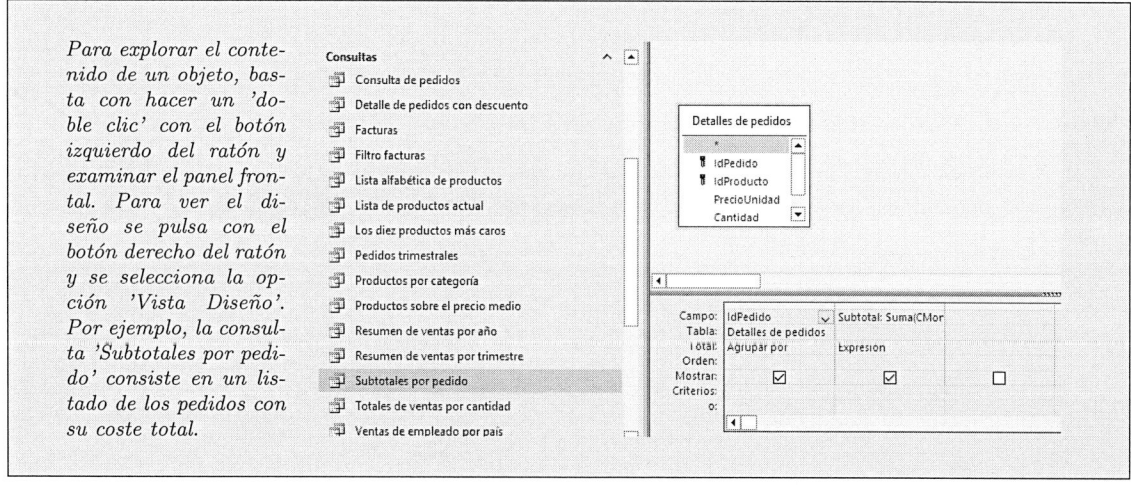

Para explorar el contenido de un objeto, basta con hacer un 'doble clic' con el botón izquierdo del ratón y examinar el panel frontal. Para ver el diseño se pulsa con el botón derecho del ratón y se selecciona la opción 'Vista Diseño'. Por ejemplo, la consulta 'Subtotales por pedido' consiste en un listado de los pedidos con su coste total.

4. Añade el campo 'Destinatario' a la consulta 'Subtotales por pedido'.

Entra en modo diseño y pulsando con el botón derecho en el panel superior, selecciona la opción 'Mostrar Tabla'. Después, añade la tabla pedido. Verás cómo aparecen las dos tablas relacionadas, en una, los campos genéricos del pedido (FechaPedido, FechaEntrega, etc.) y en la otra, el detalle de cada uno de los pedidos. A continuación, arrastra el campo Destinatario de la tabla Pedido al panel inferior (en la tercera columna).

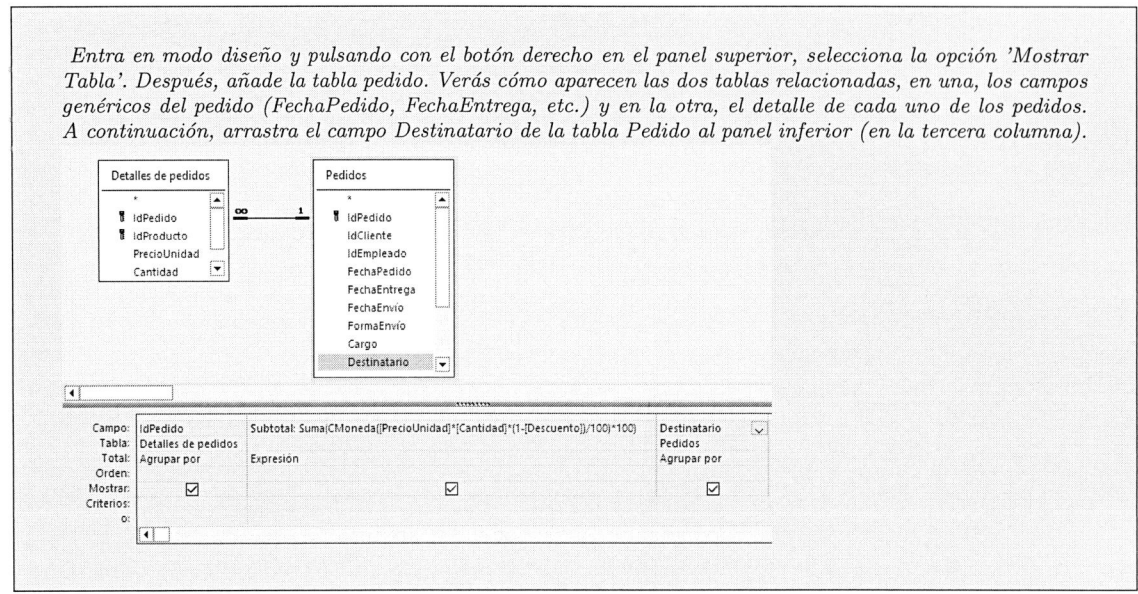

5. Añade el campo Email a la tabla Clientes, que es un campo de tipo Texto y de longitud 75. Examina las distintas propiedades del campo y consulta la ayuda de Access en cada uno de ellos pulsando la tecla F1.

Entra en modo diseño y aparecerá la lista de campos de la tabla. Añade una nueva fila y completa el nombre de campo, el tipo y la descripción. A continuación, rellena las propiedades del campo. Puedes, por ejemplo, poner una regla de validación para que los emails tengan el formato nombre@dominio, es decir, que tengan una @ en el texto del email. Para poner la regla de validación, pon 'Como "@*" en el campo 'Regla de validación'*

Nombre del campo	Tipo de datos	Descripción (opcional)
IdCliente	Texto corto	Código único basado en el nombre del cliente.
NombreCompañía	Texto corto	
NombreContacto	Texto corto	
CargoContacto	Texto corto	
Dirección	Texto corto	Calle o apartado de correos.
Ciudad	Texto corto	
Región	Texto corto	Estado o provincia.
CódPostal	Texto corto	
País	Texto corto	
Teléfono	Texto corto	Incluye código de país o de área.
Fax	Texto corto	Incluye código de país o de área.
Email	Texto corto	Nuevo Campo añadido

Propiedades del campo

General Búsqueda

Tamaño del campo	75
Formato	
Máscara de entrada	
Título	
Valor predeterminado	
Regla de validación	Como "*@*"
Texto de validación	
Requerido	No
Permitir longitud cero	Sí
Indexado	No
Compresión Unicode	Sí
Modo IME	Sin Controles
Modo de oraciones IME	Nada
Alineación del texto	General

Un nombre de campo puede tener hasta 64 caracteres de longitud, incluyendo espacios. Presione F1 para obtener ayuda acerca de los nombres de campo.

6. Examina las relaciones de las tablas que contiene la base de datos Neptuno.

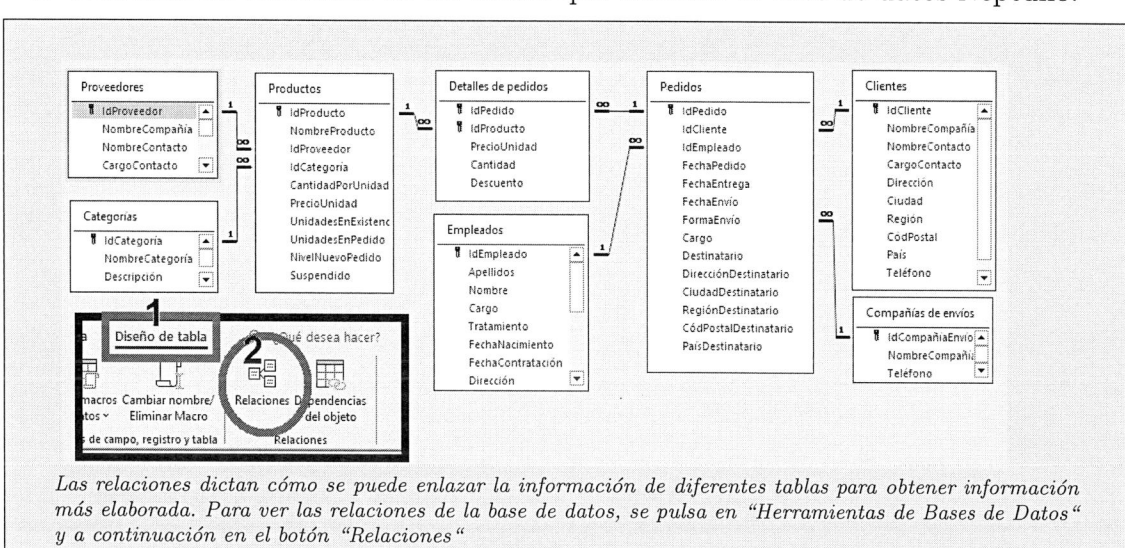

Las relaciones dictan cómo se puede enlazar la información de diferentes tablas para obtener información más elaborada. Para ver las relaciones de la base de datos, se pulsa en "Herramientas de Bases de Datos" y a continuación en el botón "Relaciones"

7. Un formulario va siempre asociado a las operaciones que se hacen con una tabla, a las que comúnmente se llama *mantenimiento de tabla*, observa el funcionamiento del formulario *Clientes* y comenta qué operaciones son estas. Realiza al menos una vez cada una de las operaciones que permite el formulario.

*Las 4 operaciones que forman el mantenimiento de una tabla son la **inserción o alta**, **eliminación o baja**, **modificación o actualización** y **búsqueda o consulta** de un registro. Todas estas operaciones se pueden realizar de forma muy sencilla y visual a través del formulario.*

8. Inserta un nuevo cliente en la base de datos.

Insertar un cliente es muy sencillo, se puede hacer a través del formulario 'Clientes' o abriendo la tabla 'Clientes' y desplazarse al último registro. En una fila vacía, se agregan los valores correspondientes a cada campo.

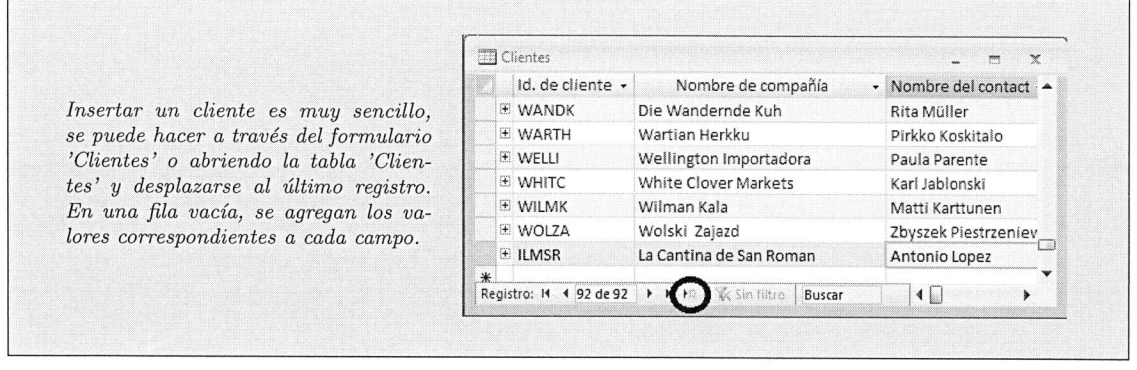

31

9. Elimina el registro correspondiente al cliente 'Rancho Grande'. ¿Es posible? Si no es posible. ¿Qué habría que hacer para poder eliminarlo?

> *Para eliminar el cliente, hay que buscar el cliente 'Rancho Grande'. A continuación, se señala la fila con el botón derecho del ratón y se escoge la opción 'Eliminar Registro'. Access mostrará una advertencia indicando que no es posible eliminar el registro puesto que hay pedidos de ese cliente. Para poder eliminar definitivamente el cliente, habría que eliminar previamente todos sus datos asociados.*

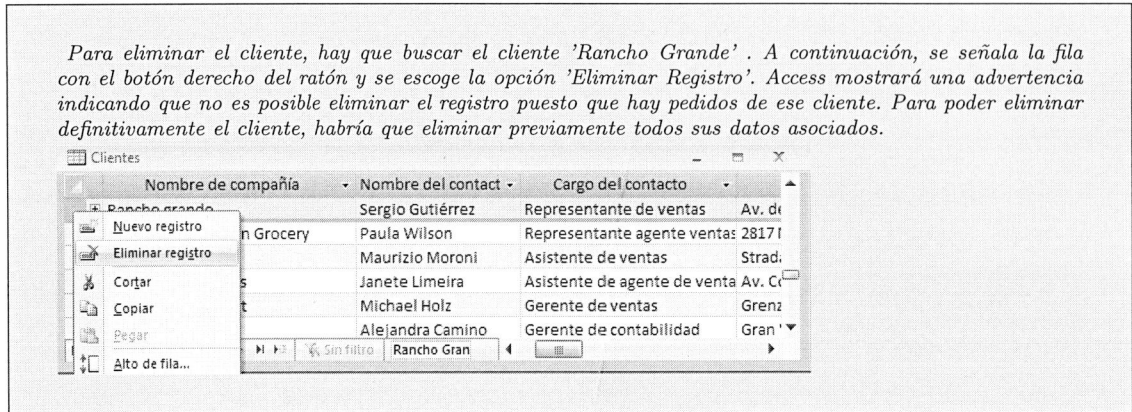

10. Modifica el valor del campo Nombre de Contacto del registro correspondiente al cliente 'Romero y Tomillo'. A continuación, modifica el campo 'Id. de Cliente' cambiándolo su valor a 'ROMMY'. ¿Es posible modificar el 'Id. de Cliente'? Si es posible, ¿conserva el cliente aún sus pedidos?

> *Para modificar el cliente, se localiza su fila y se sitúa el cursor del ratón en el campo que se desea modificar.Después, cambiar el valor del campo. En este caso, es posible modificar ambos campos, el primero, el Nombre de Contacto no tiene conflicto alguno puesto que no está implicado en ninguna relación. Modificar el campo 'Id. de Cliente' podría suponer la pérdida de pedidos si no se actualizaran a la vez todos los pedidos del cliente. Access efectúa esta modificación automáticamente al cambiar el identificador del cliente, por tanto, no hay pérdida de pedidos.*

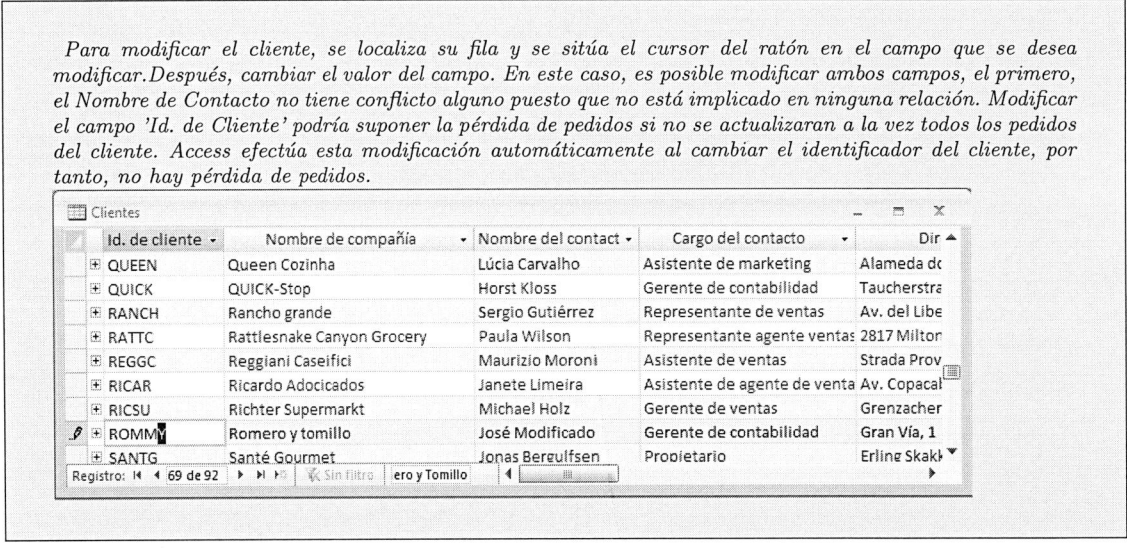

11. Abre la tabla de proveedores y consulta qué productos provee el proveedor 'Leka Trading'

Primero, se localiza el proveedor en la tabla de Proveedores mediante el cuadro 'Buscar'. A continuación, se pulsa el icono '+' del campo 'Id de Proveedor' para desplegar las relaciones que tiene con 'Productos'.

⊞	18 Aux joyeux ecclésiastiques	Guylène Nodier	Gerente de vent
⊞	19 New England Seafood Cannery	Robb Merchant	Agente de cuent
⊟	20 Leka Trading	Chandra Leka	Propietario

	Id. de producto ▾	Nombre de producto ▾	Categoría ▾	Cantidad por unida ▾
⊞	42	Tallarines de Singapur	Granos/Cereales	32 - 1 kg paq.
⊞	43	Café de Malasia	Bebidas	16 - latas 500 g
⊞	44	Azúcar negra Malacca	Condimentos	20 - bolsas 2 kg
*	(Nuevo)			

Registro: I◄ ◄ 1 de 3 ► ►I ►* ✖ Sin filtro | Leka Trading ◄ ▭

12. Consulta la ayuda de Access y comenta los diferentes tipos de datos que puede almacenar un campo en Access (Texto, Memo, Numérico).

En Access existen estos tipos de datos básicos:

Datos adjuntos: *Como fotos digitales. En cada registro es posible adjuntar varios archivos. Este tipo de datos no estaba disponible en versiones anteriores de Access.*

Autonumérico: *Números que se generan automáticamente para cada registro.*

Moneda: *Valores monetarios.*

Fecha/Hora: *Fechas y Horas*

Hipervínculo: *Como direcciones de páginas web.*

Memo / Texto largo *Bloques de texto largos y texto que emplean formato de texto. Una utilidad típica de un campo Memo sería una descripción de producto detallada. El campo memo a partir de 2013 se sustituye por* **Texto Largo**

Objeto OLE: *Objetos OLE (objeto OLE: objeto que admite el protocolo OLE para la vinculación e incrustación de objetos. Un objeto OLE de un servidor OLE (por ejemplo, una imagen de Paint de Windows o una hoja de cálculo de Microsoft Excel), se puede vincular o incrustar en un campo, formulario o informe.*

Texto: *Valores alfanuméricos cortos, como un apellido o una dirección.*

Número: *Valores numéricos, como distancias. Hay que tener en cuenta que existe un tipo de datos independiente para la moneda.*

Sí/No: *Valores Booleanos o Lógicos. Admiten únicamente el valor Sí y el valor No.*

Asistente para búsquedas: *Crea un campo que permite elegir un valor de otra tabla o de una lista de valores mediante un cuadro de lista o un cuadro combinado.*

13. ¿Qué subtipos de datos tiene el campo numérico en Access?

El tipo numérico se puede dividir en subtipos dependiendo del tamaño de campo que se elija. Así, los campos numéricos almacenarán un rango de valores muy distinto dependiendo del tamaño del campo que se seleccione. Por ejemplo, los tamaños byte (1 byte), entero (2 bytes), entero largo (4 bytes), simple y doble precisión (coma flotante de 4 y 8 bytes), etc.

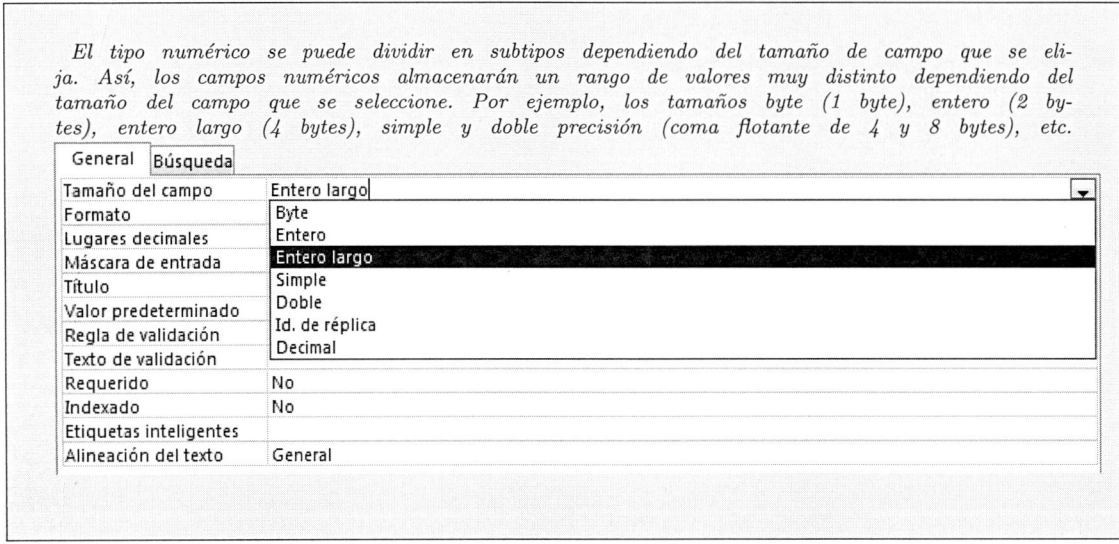

14. ¿Qué valores admitiría un campo numérico de 1 byte?

Como 1 byte son 8 bits, se estima que los valores numéricos que se pueden almacenar en un campo de este tipo son del 0 al 2^8-1, es decir del 0 al 255. Si se insertan en el campo de tipo Byte valores por encima o por debajo del 0 y del 255, Microsoft Access los rechazará. Nótese que este cálculo se hace sin tener en cuenta el signo del valor, puesto que el valor byte, no admite signo. Para utilizar números con signo ha de escogerse el tipo Entero y para utilizar números reales, con decimales, debe seleccionarse un campo en formato de coma flotante (simple o doble) o el campo decimal.

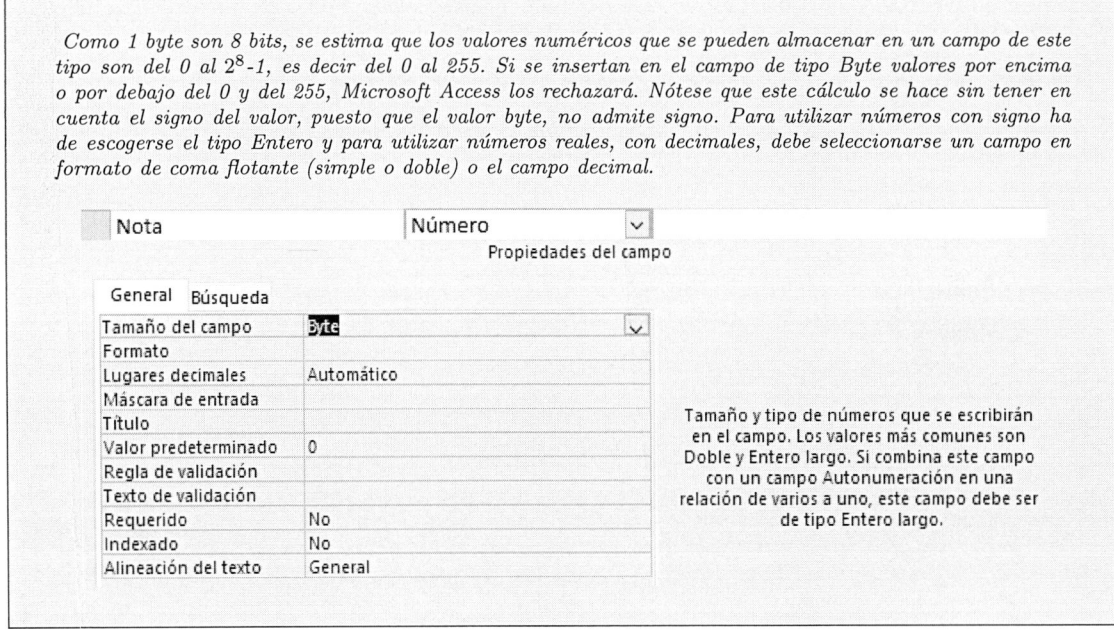

15. Crea una tabla llamada Test con un único campo numérico de 1 byte. ¿Qué valores máximo y mínimo se pueden almacenar? Prueba a insertar registros para verificarlo.

*Para crear una tabla, se pulsa en la pestaña **Crear** y se selecciona el icono **Tabla**. A continuación se pulsa el botón **Ver** y se selecciona la opción **Diseño**. Se pone nombre a la tabla, y se modifica la línea que aparece con el nombre Id y tipo "autonumérico" para poner los datos del campo. En **Tamaño del campo** hay que seleccionar Byte'.*

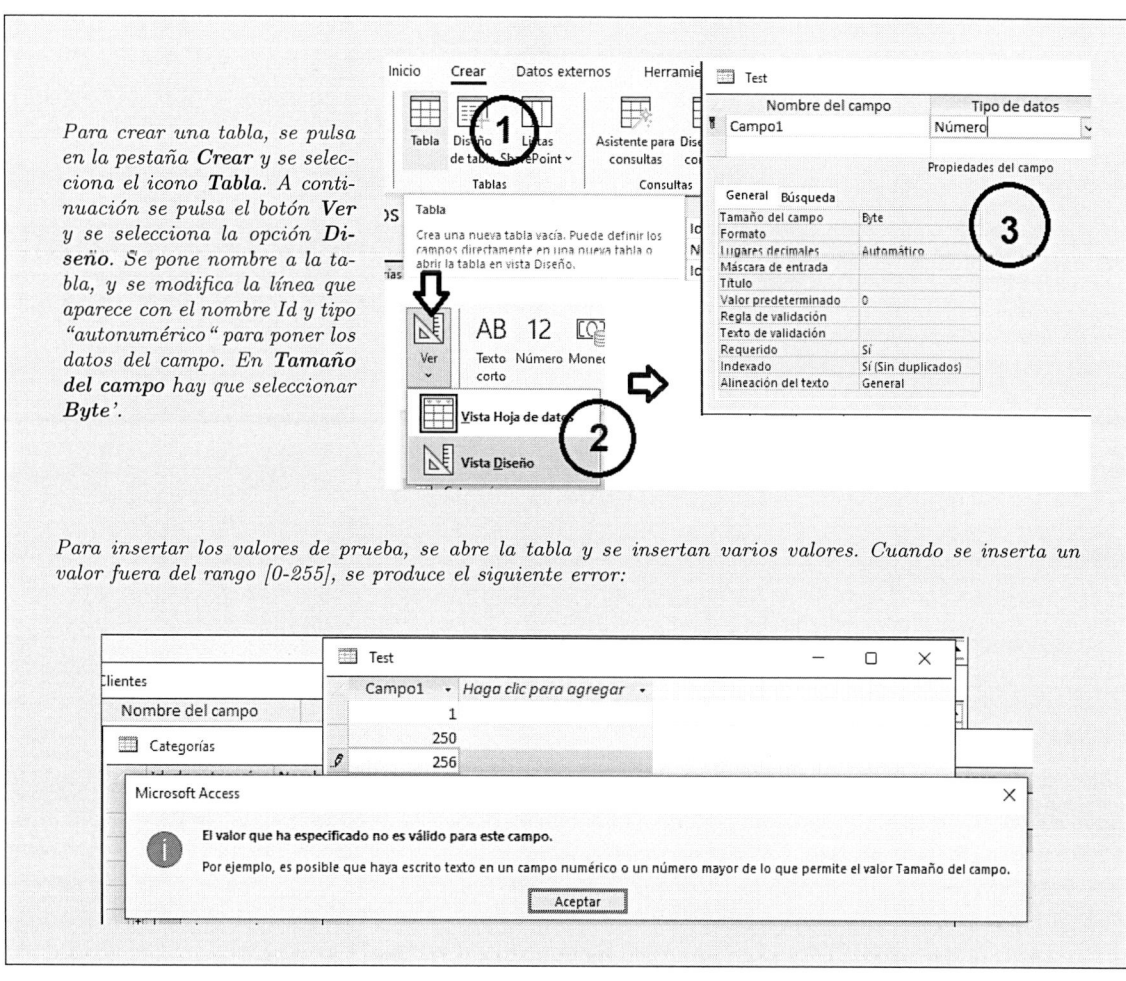

Para insertar los valores de prueba, se abre la tabla y se insertan varios valores. Cuando se inserta un valor fuera del rango [0-255], se produce el siguiente error:

Práctica 1.2: Manipulación de información en Access.

Copia la base de datos de Vehículos que te proporcione tu profesor (Vehiculos.accdb) y ábrela. Será necesario modificar algún objeto de la base de datos, por tanto guarda una copia con el nombre *practica2*.accdb y conserva la original para repetir la práctica cuantas veces desees.

1. ¿Cuántos modelos de vehículos hay?

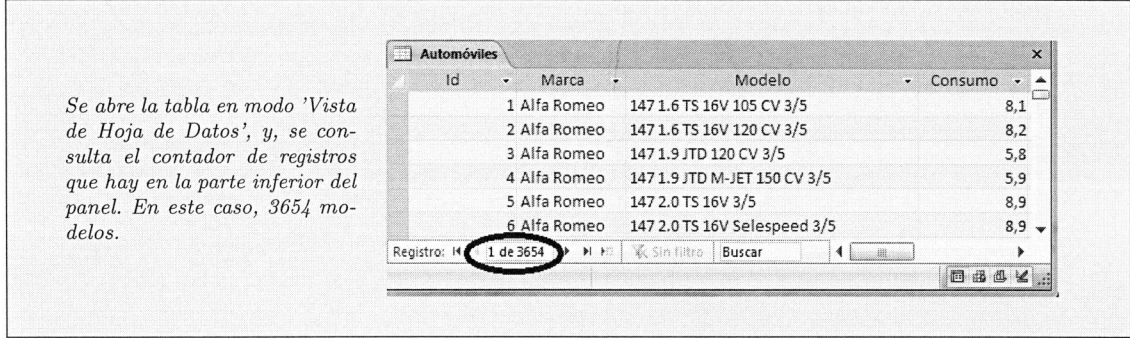

Se abre la tabla en modo 'Vista de Hoja de Datos', y, se consulta el contador de registros que hay en la parte inferior del panel. En este caso, 3654 modelos.

2. ¿Qué automóviles son los 5 con mayor consumo?

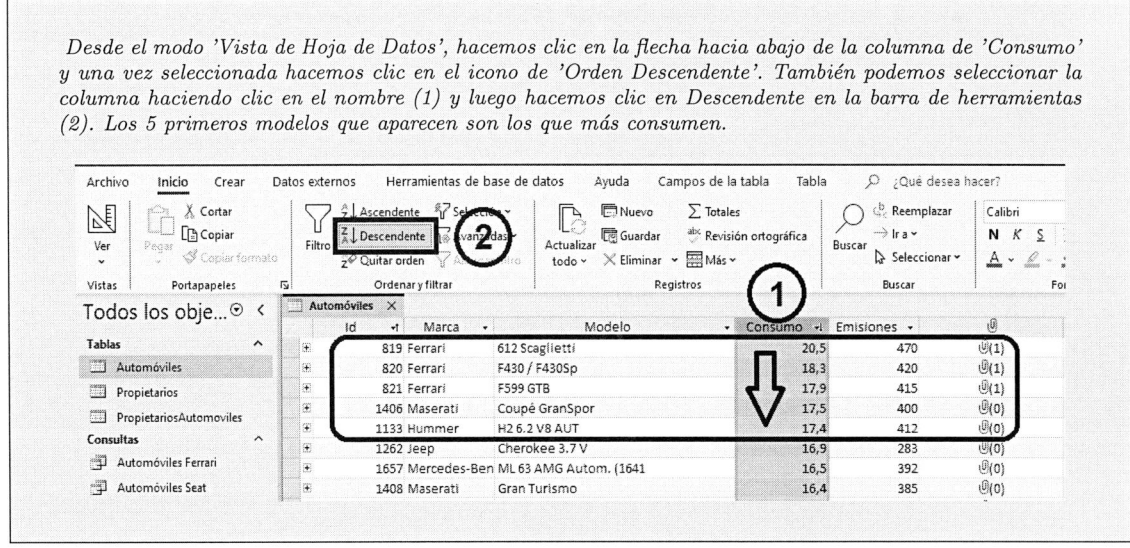

Desde el modo 'Vista de Hoja de Datos', hacemos clic en la flecha hacia abajo de la columna de 'Consumo' y una vez seleccionada hacemos clic en el icono de 'Orden Descendente'. También podemos seleccionar la columna haciendo clic en el nombre (1) y luego hacemos clic en Descendente en la barra de herramientas (2). Los 5 primeros modelos que aparecen son los que más consumen.

3. Inserta un nuevo modelo de automóvil completando todos los campos.

Se pulsa el icono 'insertar registro' y, a continuación, se rellenan todos los datos menos el campo Id, que es "autonumérico" y por tanto se rellena automáticamente. El campo 'imagen' se rellena haciendo doble clic sobre el dato adjunto y se selecciona una imagen de tipo 'bmp'.

Id	Marca	Modelo	Consumo	Emisiones	🖉	A
3652	Volvo	XC90 V8 AWD AUT 7A	13,5	322	🖉(0)	
3653	Volvo	XC90 V8 AWD AUT EXECUTIVE/SPOR	13,3	317	🖉(0)	
3654	Volvo	XC90 V8 AWD AUT	13,3	317	🖉(0)	
3655	Ferrari	Testarossa	22,27	420	🖉(0)	
(Nuevo)					🖉(0)	

Registro: ◄ ◄ 3655 de 3655 ► ►► ► ⦸ Sin filtro   Buscar   ◄ ▐ ▮ ►

4. Crea y ejecuta una consulta para ver los automóviles de la marca 'Seat', repite el procedimiento para los automóviles de la marca 'Toyota' y 'Volkswagen'.

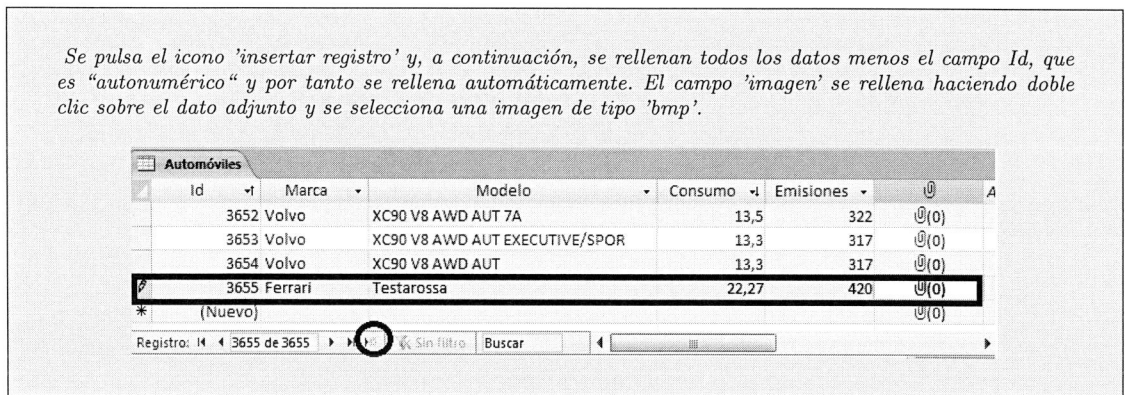

Se puede crear una consulta de varias formas: con el asistente para creación de consultas, con vista diseño o creando una consulta en modo SQL. En esta solución se opta por la primera opción, se pulsa en la pestaña **Crear** y se selecciona la opción **Asistente para consultas**. Primero, se selecciona la opción **Asistente para consultas sencillas** y después se eligen los campos que se mostrarán en la consulta, Marca, Modelo, Consumo y Emisiones. En segundo lugar se elige la opción 'Detalle' y finalmente se da un nombre a la tabla. Para terminar, se seleccionará la opción "Modificar diseño de la consulta".

A continuación, se establece el criterio o filtro para la búsqueda de los automóviles de la marca Seat, poniendo en el campo 'Criterios' de la columna 'Marca', el valor "='Seat'". Puedes crear las consultas para Toyota y Volkswagen siguiendo la vista Diseño, pues se realiza de forma idéntica a cuando se modifica el diseño de la consulta.

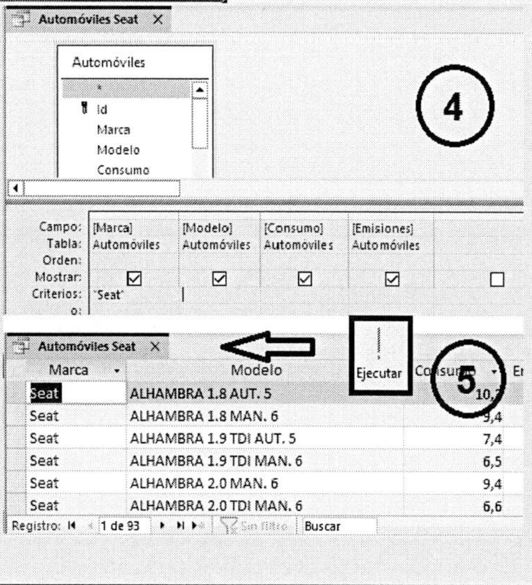

5. Abre el formulario 'Catálogo Ferrari' en modo Diseño y describe cómo se enlazan sus campos a la base de datos.

*Para abrir el formulario en modo diseño, se selecciona el objeto 'Catálogo Ferrari' en el panel lateral y pulsando con el botón derecho del ratón se elige la opción **Diseño del Formulario**. A continuación, se selecciona cualquiera de los campos y se pulsa en el botón **Hoja de Propiedades** que está situado en la pestaña de Diseño para mostrar las propiedades de los controles del formulario. En la hoja de propiedades aparece la opción **Origen del control**.*

En la siguiente imagen puedes observar como se mostraría si hacemos clic en el botón "VER":

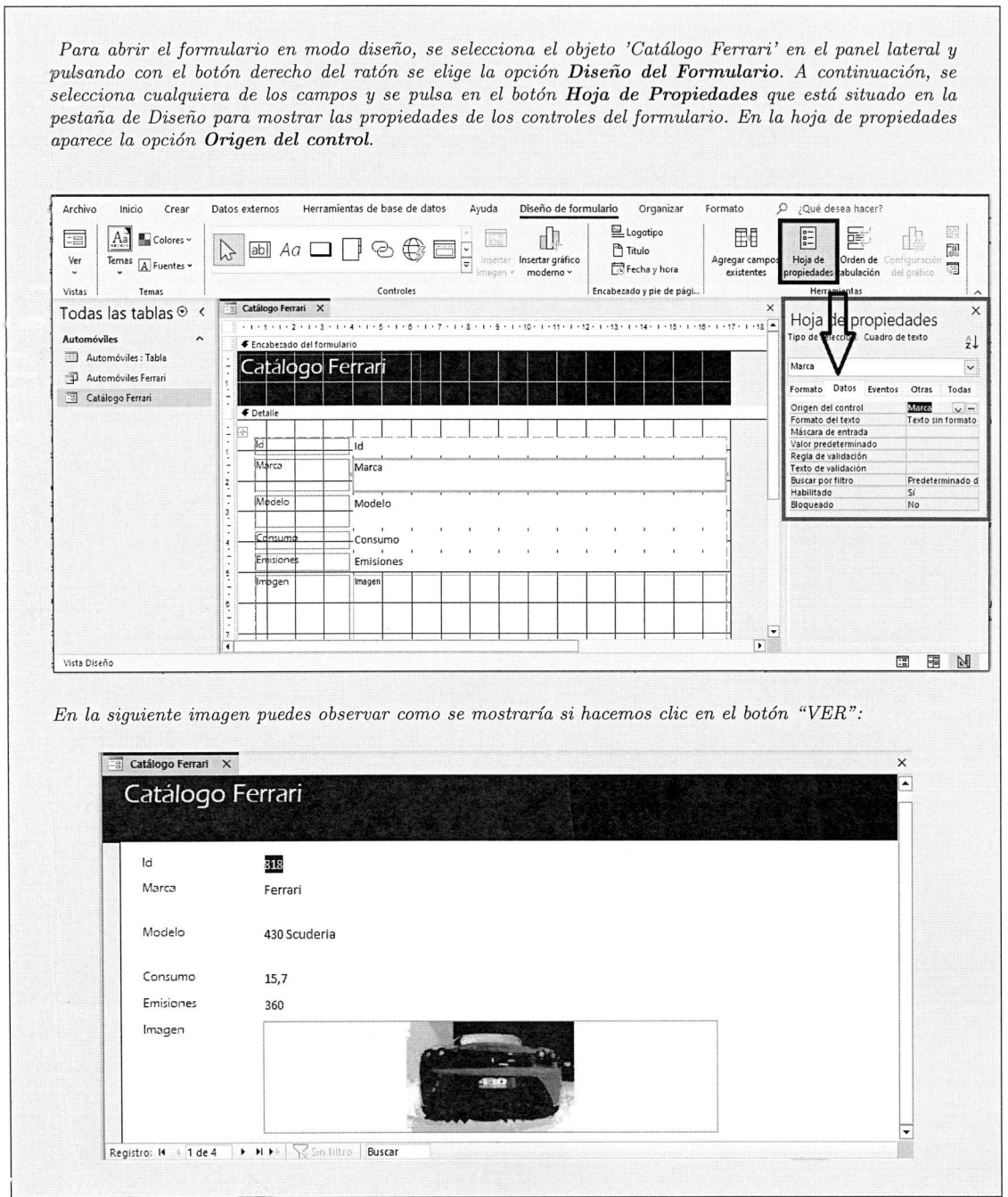

6. Crea una tabla llamada Propietarios con los campos DNI, Nombre, Apellidos, Fecha de Nacimiento, Dirección y Teléfono. DNI será el campo clave de la tabla.

De la pestaña Crear, se escoge la opción 'Diseño de tabla', y se rellenan las filas con cada uno de los campos que va a tener la tabla. Se ha de poner atención en el tamaño de cada uno de los campos.

- *DNI - Texto (10)*

- *Nombre - Texto (20)*

- *Apellidos - Texto (70)*

- *Fecha de Nacimiento - Fecha/Hora*

- *Dirección - Texto (255)*

- *Teléfono - Texto(15)*

Se seleccionará la fila correspondiente al DNI, y se pulsará el icono 'Clave principal' para designarlo como campo clave. Para terminar, Access preguntará si se desea guardar los cambios y pedirá la asignación del nombre de la tabla.

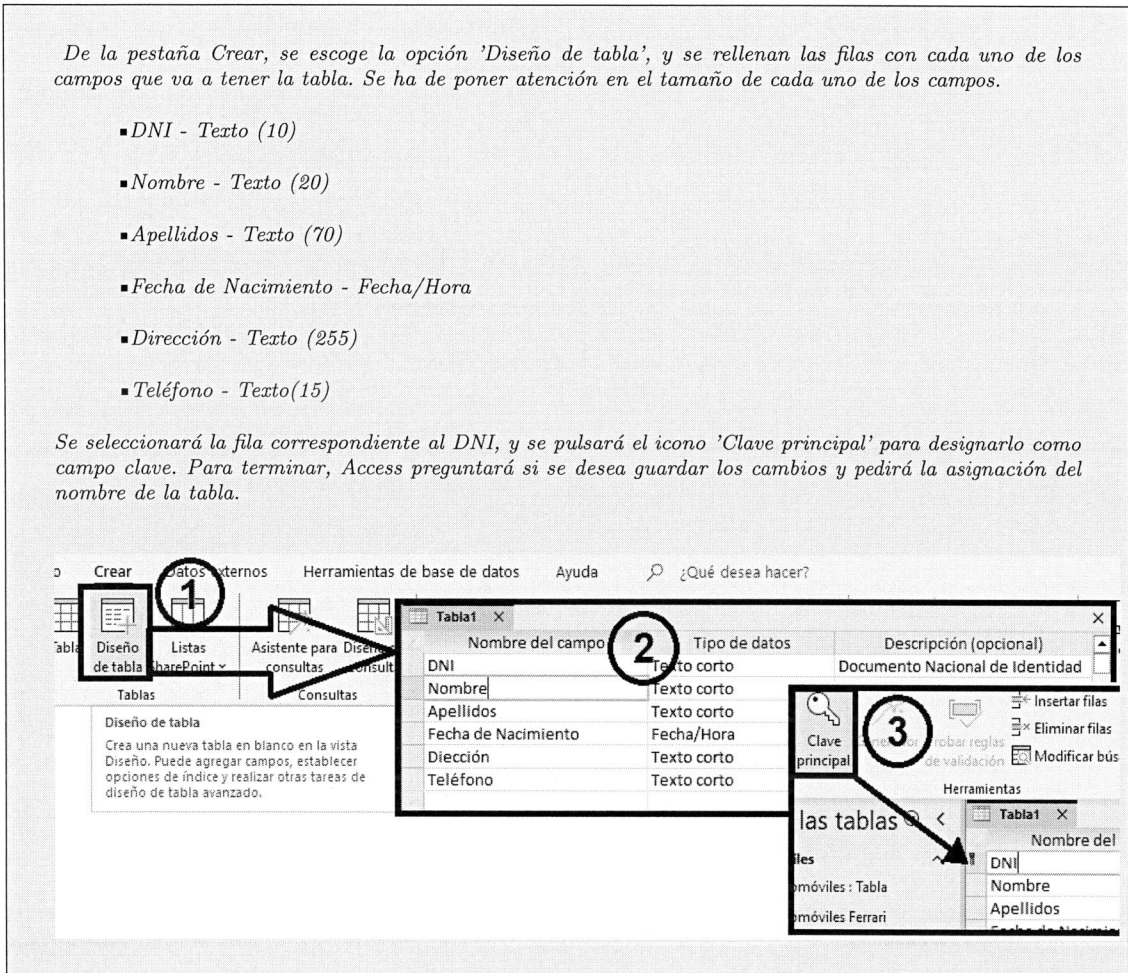

---

7. Crea una tabla llamada PropietariosAutomoviles con los campos DNI (del propietario), Id (del automóvil) y Fecha de Compra. Establece como clave principal de la tabla, los campos DNI e Id.

---

*Se repite el procedimiento de la cuestión anterior, esta vez, teniendo en cuenta que el tipo y tamaño de los campos DNI e Id debe ser igual al de las tablas Propietarios y Automóviles, es decir, DNI - Texto (10) e Id (Numérico, Entero Largo). El campo Fecha de Compra será de tipo Fecha/Hora. Para establecer la clave principal se seleccionan las dos filas correspondientes a los campos Id y DNI y se pulsa el botón **Clave Principal**. Finalmente, se asigna el nombre a la tabla.*

---

8. Establece las relaciones entre las tres tablas de la base de datos.

*Pulsamos en el icono **relaciones** del panel **Herramientas de base de datos**. Después, seleccionamos las tres tablas y las agregamos al panel de relaciones. Para enlazar el campo Id de las tablas de Automóviles y PropietariosAutomóviles se selecciona el campo Id de esta última y se arrastra hasta el campo Id Automóviles. En la pantalla **modificar relaciones** que aparece, se marca las opciones **Exigir Integridad Referencial** y **Actualizar en cascada los registros relaciones**, para exigir que los propietarios que estén relacionados con Vehículos (Id) realmente existan en la base de datos, y, para actualizar el campo Id en la tabla PropietariosAutomóviles de forma automática si se modifica en la tabla Automóviles. Se repite este proceso para el DNI. Observa el mapa de relaciones como se ilustra a continuación.*

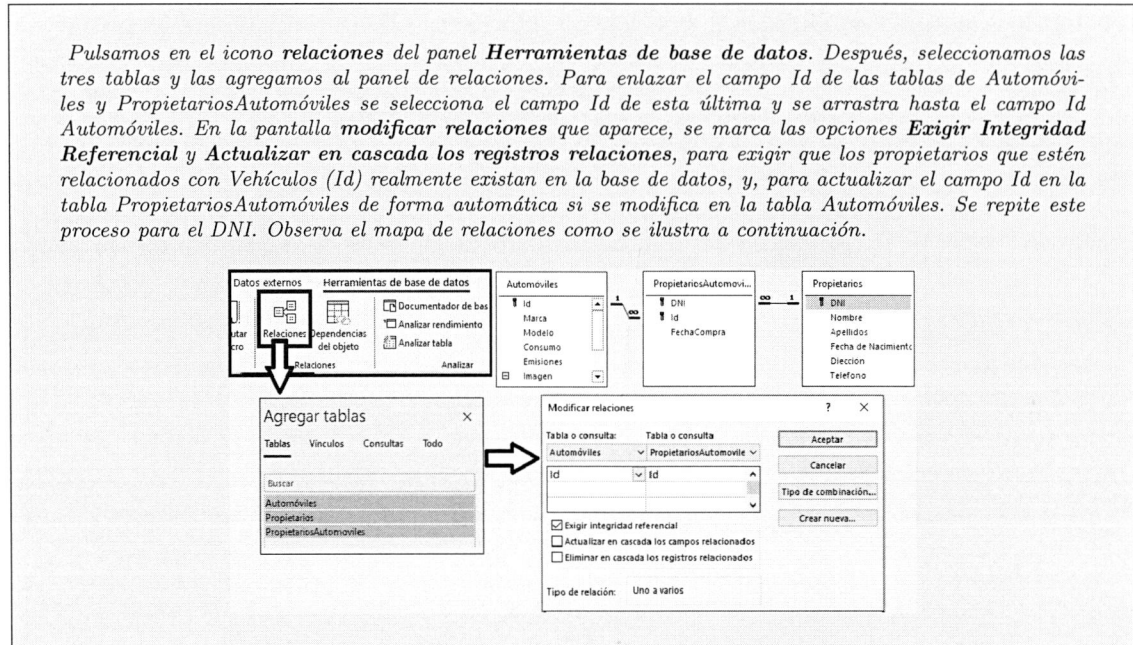

9. Crea un formulario con todos los campos de Propietarios, usa el asistente para formularios. Usa la opción de diseño "Justificado" y un estilo a tu elección.

*En la pestaña **Crear** hay que desplegar el menú **Más formularios** y después seleccionar la opción **Asistente para formularios**. Se siguen los pasos indicados por el asistente, seleccionando todos los campos y eligiendo la distribución **Justificado** y cualquier estilo, por ejemplo, el estilo **Técnico**.*

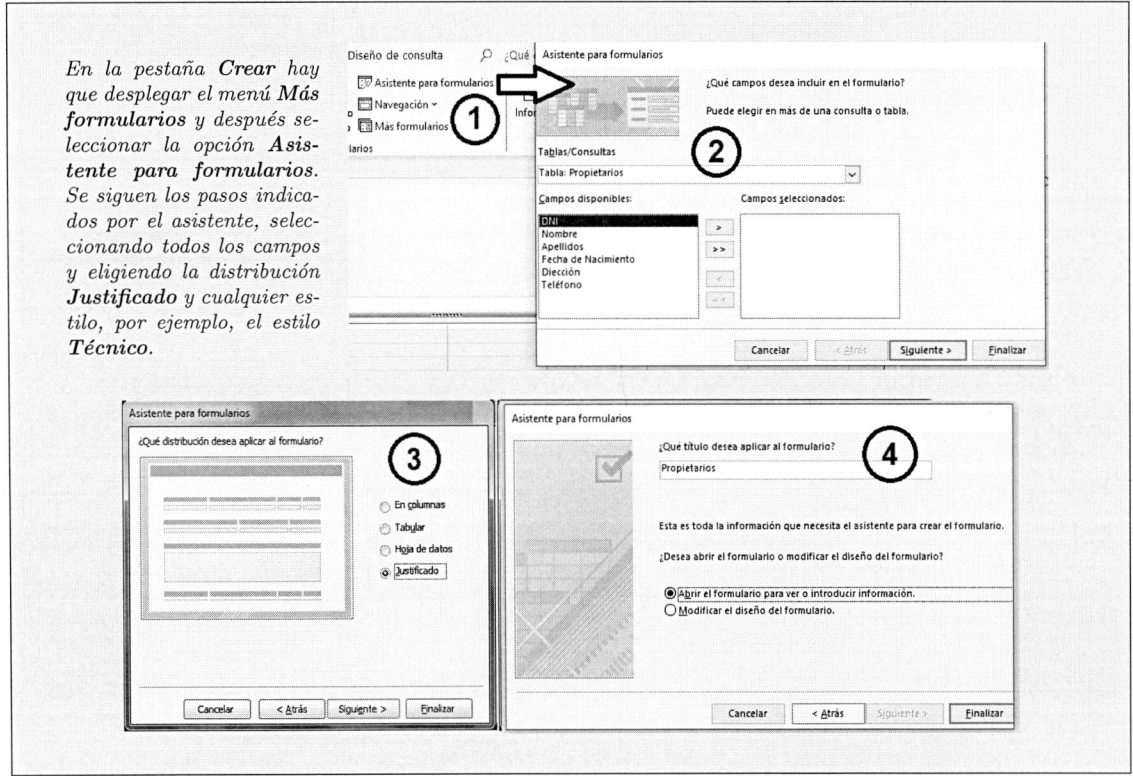

10. Inserta 5 registros en la tabla de propietarios a través del formulario creado en el apartado anterior, y a continuación, inserta registros en la tabla PropietariosAutomóviles para hacer dueño de dos modelos de vehículos a cada uno de los propietarios que has insertado.

Se abre el formulario Propietarios creado en el apartado anterior y se completan todos los campos. Se repite la operación para cada uno de los 5 registros.

Para el caso de PropietariosAutomóviles, se abre la tabla y se insertan los registros manualmente. Es fundamental que los valores insertados en el campo DNI de la tabla corresponda exactamente con alguno de los propietarios insertados. De igual modo, los valores del campo Id deben corresponder con la clave del Automóvil del que es propietario, por ejemplo, "Lourdes Ramos Montes", con DNI "123456", es propietario de los vehículos 89 y 98, es decir, del "Audi A3 1.4 TFSI AUT. 7V" y del "Audi A3 1.9 TDIe MAN. 5"

11. Realiza, con el asistente para la creación de informes, un informe con los propietarios de los vehículos que hay en la base de datos, mostrando qué vehículos posee cada propietario.

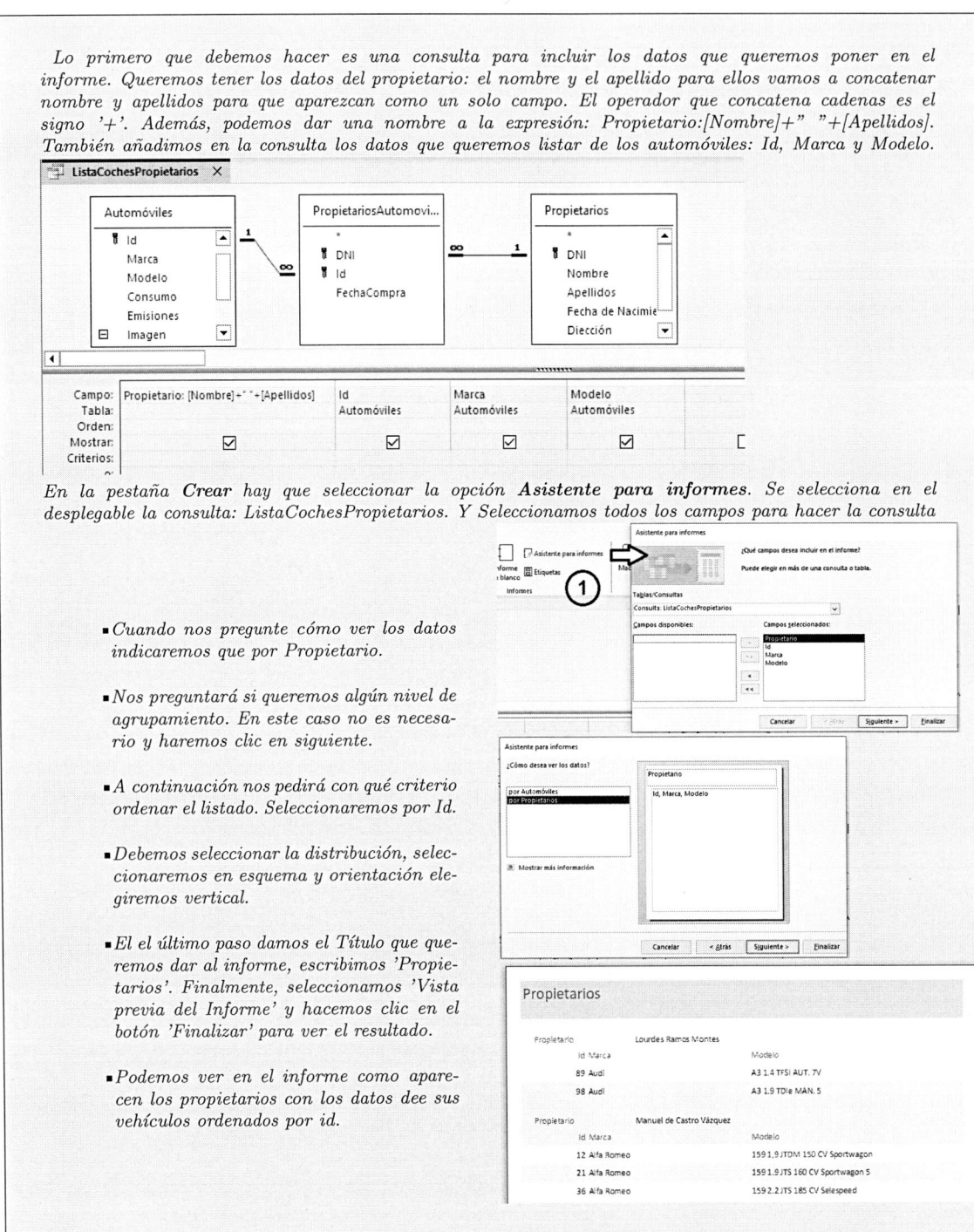

12. Crea una consulta para ver el modelo y la marca de los vehículos del primer propietario que insertaste.

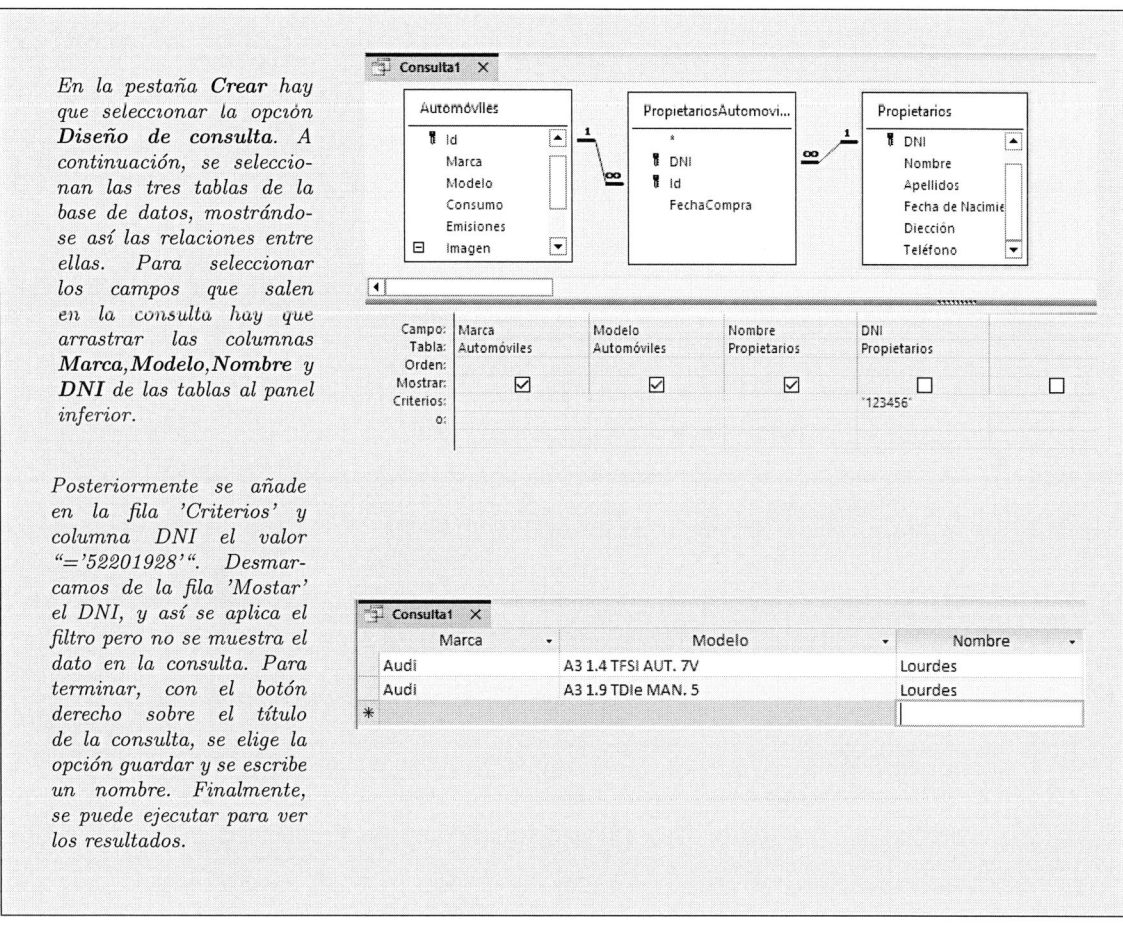

*En la pestaña **Crear** hay que seleccionar la opción **Diseño de consulta**. A continuación, se seleccionan las tres tablas de la base de datos, mostrándose así las relaciones entre ellas. Para seleccionar los campos que salen en la consulta hay que arrastrar las columnas **Marca, Modelo, Nombre** y **DNI** de las tablas al panel inferior.*

Posteriormente se añade en la fila 'Criterios' y columna DNI el valor "='52201928'". Desmarcamos de la fila 'Mostar' el DNI, y así se aplica el filtro pero no se muestra el dato en la consulta. Para terminar, con el botón derecho sobre el título de la consulta, se elige la opción guardar y se escribe un nombre. Finalmente, se puede ejecutar para ver los resultados.

1.8. Prácticas Propuestas

Práctica 1.3: Base de datos de un instituto

Crea en Microsoft Access una base de datos llamada 'Instituto.accdb' y realiza los siguientes ejercicios.

1. Crea una tabla llamada Alumnos con los campos DNI, Nombre, Dirección, Fecha de nacimiento, foto, grupo y curso. Elige cuidadosamente el tipo de datos para cada campo.

2. Inserta 6 registros a través de un formulario creado al efecto, tres registros para el curso 1 y otros dos para el curso 2.

3. Crea una consulta que muestre el campo DNI, Nombre y Curso, ordenado por Curso y Nombre.

4. Crea una consulta que muestre todos los campos de la tabla Alumnos, con el criterio Curso=2.

5. Crea un informe para visualizar los alumnos de cada grupo.

6. Crea la tabla Asignatura con los campos NombreAsignatura, Codigo, Ciclo.

7. Crea la tabla Notas con los campos suficientes para insertar la nota de un alumno en una asignatura.

8. Establece las relaciones entre las tablas Notas, Asignaturas y Alumnos.

9. Inserta mediante un formulario 4 asignaturas para dos ciclos distintos.

10. Crea consultas distintas para ver qué asignaturas tiene cada ciclo.

11. Inserta 2 notas para cada alumno anteriormente introducido.

12. Intenta insertar notas para alumnos y asignaturas que no existan ¿Qué problema hay?

13. Realiza una consulta para sacar la nota media de cada asignatura.

◇

Práctica 1.4: Base de datos de mascotas

Crea una base de datos llamada 'Mascotas.accdb' y realiza los siguientes ejercicios:

1. Crea una tabla llamada Animales con los campos Nombre, Tipo, Raza, Peso y Color. Añade a la tabla un campo clave.

2. Inserta 5 registros en la tabla Animales.

3. Crea una consulta para ver los Animales de tipo 'Perro'.

4. Añade una nueva columna a la tabla Animales llamada Dueño.

5. Completa el Dueño de cada uno de los Animales de la tabla.

6. Añade una nueva columna a la tabla Animales llamada PrecioDeCompra. Esta columna contendrá un valor nulo (sin información) cuando el Animal fue adquirido gratuitamente.

7. Crea una tabla llamada Vacunaciones con los campos FechaVacunacion, DescripciónVacuna, Veterinario y un campo que relacione la vacunación con el animal vacunado.

8. Crea las relaciones entre la tabla Animales y la tabla Vacunaciones.

9. Inserta, para uno de los animales, 3 vacunas puestas por tres diferentes veterinarios.

10. Crea un informe para listar las vacunaciones de los animales.

11. Crea un informe basado en la consulta del tercer ejercicio para ver las vacunaciones de los perros.

12. Crea un formulario en vista diseño para poder añadir vacunaciones de los animales.

13. Mediante la pestaña "Datos Externos" de Access, exporta los datos de la tabla Animales a Microsoft Excel. Con la misma pestaña, crea una página web con los datos exportados del informe de vacunaciones.

◇

1.9. Resumen

Los conceptos clave de este capítulo son los siguientes:

- Un fichero es una estructura de información que crea el sistema operativo para almacenar información. El tipo y formato del fichero determina la forma de interpretar la información que contiene.

- Una base de datos está organizada mediante tablas. Las tablas contienen registros de información o *filas*. Cada registro está compuesto por múltiples campos o *columnas*. Las tablas se relacionan entre sí para dar cierto sentido a la información almacenada en ellas. Además. Almacena multitud de objetos como tablas, consultas, índices, vistas, informes, guiones y procedimientos.

- Las bases de datos tienen múltiples aplicaciones, contables, administrativas, motores de búsquedas, científicas, bibliotecas, censos, virus, etc.

- Las bases de datos han evolucionado desde las bases de datos jerárquicas y en red hasta las más modernas bases de datos distribuidas. Las más comunes y utilizadas son las basadas en el modelo relacional.

- Un SGBD es el conjunto de herramientas software que manipulan bases de datos. Ofrecen a los usuarios funciones como almacenar y acceder datos, garantizan la integridad y seguridad de los mismos y ofrecen, además, otras funciones avanzadas como la concurrencia, conectividad, generación de estadísticas, etc.

- El lenguaje SQL es una interfaz de programación entre el usuario y la base de datos. Se compone de varios sublenguajes: DML, DDL, DCL y TCL.

- Los gestores de bases de datos que manipulan bases de datos pequeñas se llaman gestores de bases de datos ofimáticas, y los que manipulan bases de datos medianas o grandes se denominan gestores de bases de datos corporativos.

- Las bases de datos centralizadas y distribuidas difieren en la forma en que se almacenan, gestionan y acceden a los datos. Si se encuentran en un único servidor o por el contrario se distribuyen en servidores a lo largo del mundo.

- Las Bases de datos en la nube nos permiten acceder a nuestros datos desde cualquier sitio y en cualquier momento a través de Internet. Disponemos tres modelos de despliegue: publico, privado e híbrido.

- La protección de datos es un tema crucial en la Unión Europea (UE) y en España, con una legislación específica que busca salvaguardar la privacidad y los derechos de los ciudadanos en relación con el procesamiento de sus datos personales.

1.10. Test de repaso

1. El contenido de un fichero binario

a) Es legible y se puede abrir con un editor de textos

b) Debe ser interpretado mediante un formato

c) Son caracteres imprimibles del código AS-CII

d) Es un conjunto de píxels con colores

2. Un fichero de texto contiene

a) Cualquier tipo de información

b) Caracteres codificados en código ASCII o UNICODE

c) Los datos de una base de datos

d) Datos que han de ser accedidos secuencialmente

3. Las tablas de códigos ascii

a) Usan 2 bytes para representar cada carácter

b) Distancian las mayúsculas de las minúsculas en 64 unidades

c) Tienen 256 caracteres distintos

d) Todas las anteriores son correctas

4. Señala el fichero que no es binario

a) Un fichero .avi

b) Un fichero .html

c) Un fichero .mp3

d) Un fichero .doc

5. Un campo clave es

a) Un campo numérico

b) Un campo especial que puede repetir un mismo valor

c) Un campo especial que no puede repetir ningún valor

d) Un campo alfanumérico

6. Una query es

a) Un comando o petición que se envía a la base de datos

b) Una búsqueda de información

c) Una operación de ordenación

d) Una estructura de información

7. Un índice es útil para

a) Insertar información

b) Borrar información

c) Buscar y ordenar información

d) No repetir valores

8. Una vista es una tabla virtual que

a) Almacena los datos en la BBDD

b) No se almacena en la BBDD

c) Se almacena solo la definición

d) Ninguna de las anteriores

9. La metainformación

a) Son las tablas de la BBDD

b) Es información especial de las bases de datos científicas

c) No es usada por Oracle o DB2

d) Almacena el esquema de la BBDD

10. El lenguaje SQL se subdivide en:

a) DML, DCL, TCL y FCL

b) DML, DDL, DCL y TTL

c) DML, DDL, DCL Y XTL

d) DML, DDL, DCL y TCL

Soluciones: 1.b,2.b,3.c,4.b,5.c,6.a,7.c,8.c,9.d,10.d

1.11. Comprueba tu aprendizaje

1. Nombra los distintos tipos de bases de datos que existen según el modelo que siguen.

2. Enumera 10 usos que puede tener una base de datos.

3. Explica para qué sirven las tablas UNICODE.

4. Clasifica los tipos de fichero según su contenido.

5. ¿Dónde almacenan las bases de datos la información?

6. Nombra 6 tipos de objetos que puede contener una base de datos.

7. ¿Qué es un script o guión?

8. ¿Qué es una vista? ¿En qué se diferencia de una consulta?

9. Define los siguientes conceptos:

   - Dato
   - Tipo de Dato
   - Campo
   - Registro
   - Tabla
   - Relación
   - Consulta
   - Procedimiento

10. ¿Qué tienen en común Larry Ellison y Bill Gates?

11. ¿Conoces alguna base de datos que almacene configuraciones?

12. ¿En qué consiste la función de seguridad de una BBDD?

13. ¿Cómo garantiza la integridad de los datos un SGBD?

14. ¿Qué es el diccionario de metadatos?

15. ¿Qué quiere decir que una base de datos soporta transacciones?

16. ¿Qué es ODBC?

17. ¿Qué quiere decir que una base de datos permita concurrencia?

18. ¿Cuál es la función del lenguaje TCL? ¿ Y la del lenguaje DML?

19. ¿Cuál es la extensión de un fichero que contiene una base de datos Access?

20. ¿Qué operaciones forman el mantenimiento de una tabla?

21. Describe dos formas de crear un formulario en Access.

22. ¿Cuál es el tipo de datos que usa Access para los valores monetarios?

23. Nombra 5 tipos de datos que permite Access.

24. Describe dos formas de crear una consulta en Access.

## Capítulo 2

Diseño lógico relacional

Objetivos

☞ Identificar el significado de la simbología de los diagramas E/R

☞ Identificar las tablas del diseño lógico

☞ Identificar los campos que forman parte de las tablas

☞ Identificar las relaciones entre tablas del diseño lógico

☞ Identificar los campos clave

☞ Aplicar reglas de integridad

☞ Identificar reglas de normalización

☞ Identificar y documentar reglas que no se pueden plasmar en el diseño lógico

Contenidos

☞ Representación del problema

☞ Modelo de datos

☞ Diagramas E/R

☞ El modelo E/R ampliado

☞ El modelo relacional

☞ Transformación E/R al modelo relacional

☞ Normalización

En este capítulo se trata a fondo el diseño de una base de datos, desde la interpretación y análisis de un problema hasta el diseño y propuesta de un modelo que dé solución al problema planteado.

2.1.   Representación del problema

Una base de datos representa la información contenida en algún dominio del mundo real. El diseño de base de datos consiste en extraer todos los datos relevantes de un problema, por ejemplo, saber qué datos están implicados en el proceso de facturación de una empresa que vende vehículos agrícolas, o, qué datos son necesarios para llevar el control veterinario de los animales de un zoológico.

Para extraer estos datos, se debe realizar un análisis en profundidad del dominio del problema, y saber, de esta forma, qué datos son esenciales para la base de datos y descartar los que no son de utilidad. Una vez extraídos los datos esenciales comienza el proceso de *modelización*, esto es, construir, mediante una herramienta de diseño de base de datos, un esquema que exprese con total exactitud todos los datos que el problema requiere almacenar.

Típicamente, los informáticos analizan un problema a través de diversas reuniones con los futuros usuarios del sistema. Nótese, que generalmente, el problema no solo se resuelve poniendo una base de datos a disposición de un usuario, sino también un conjunto de aplicaciones de software que automaticen el acceso a los datos y su gestión. De estas reuniones, se extrae el documento más importante del análisis de un sistema informático, el documento de ***Especificación de Requisitos Software*** o ***E.R.S***. A partir de esta E.R.S. se extrae toda la información necesaria para la modelización de los datos.

◇ **Actividad 2.1**: Busca en Internet la estructura del documento estándar IEEE 830 *SRS* o "Software Requirements Specification". Descarga de internet algún ejemplo de SRS y examina cómo los analistas de software organizan los requisitos de una aplicación extraídos de las conversaciones con usuarios.

2.2.   El modelo de datos

La modelización consiste en representar el problema realizando múltiples abstracciones [1] para asimilar toda la información de un problema, y de esta manera, generar un mapa donde estén identificados todos los objetos de la base de datos.

---

[1]Una de las acepciones de la RAE para **abstraer** es: "Separar por medio de una operación intelectual las cualidades de un objeto para considerarlas aisladamente o para considerar el mismo objeto en su pura esencia o noción"

Para modelar un problema de base de datos es necesario tener en cuenta las siguientes consideraciones:

- Casi con toda probabilidad, la persona que realiza la modelización es un analista informático, por lo que puede no ser un experto en el dominio del problema que debe resolver (Contabilidad, Medicina, Economía, etc.). Se ha de contar con la experiencia de un futuro usuario de la base de datos que conozca a fondo todos los pormenores del negocio, y que, a su vez, puede no tener conocimientos de informática.

- Hay que modelar siguiendo unas directrices o estándares, es decir, usando una filosofía estándar para que el resto de la comunidad informática pueda entender y comprender el modelo realizado. De esta manera, será posible aprovechar las herramientas informáticas software del mercado para realizar diseños.

- La base de datos estará gestionada por un SGBD que tendrá unas características técnicas, de esta manera, no se tratará igual la implantación de la base de datos en un sistema MySQL que en uno DB2.

Para satisfacer estas necesidades, se suele recurrir a tres modelados:

1. El modelo conceptual. Es un modelo que tiene un gran poder expresivo para poder comunicarse con un usuario que no es experto en informática. Tiene una gran potencia para representar el dominio del problema tal y como el usuario lo concibe. El modelo que se usará en este libro será el modelo Entidad/Relación.

2. El modelo lógico. Este modelo es más técnico que el anterior. Los conceptos expresados por este modelo, suelen ser difíciles de entender por los usuarios y generalmente tienen traducción directa al modelo físico que entiende el SGBD. El modelo lógico elegido dependerá de la implementación de la base de datos, así, no es lo mismo modelizar una base de datos orientada a objetos, que modelizar una base de datos relacional. El modelo que se usará en este libro será el Modelo Relacional.

3. El modelo físico. Es el resultado de aplicar el modelo lógico a un SGBD concreto. Generalmente está expresado en un lenguaje de programación de BBDD tipo SQL. Este libro transformará el Modelo Relacional en modelo físico a través del sublenguaje DDL de SQL.

La interacción entre estos tres modelos es fundamental para un diseño de calidad:

1. Primero, se negocia con el usuario el modelo conceptual.

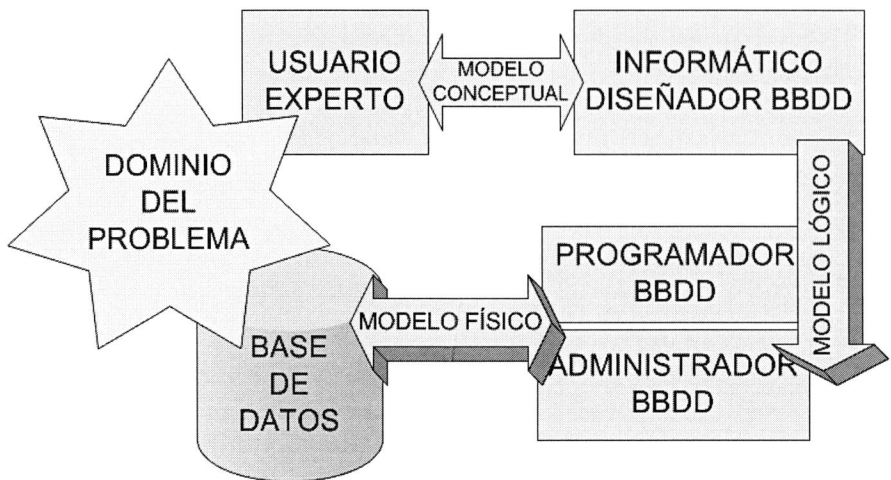

Figura 2.1: Interacción entre modelos.

2. Segundo, se pasa el modelo conceptual al modelo lógico, realizando una serie de transformaciones necesarias para adaptar el lenguaje del usuario al del gestor de base de datos.

3. Finalmente, se transforma el modelo lógico en físico, obteniendo de esta forma la base de datos final.

> **El consejo del buen administrador...**
> *En ocasiones, los diseñadores experimentados, realizan el diseño de la base de datos directamente en el modelo relacional. Esto puede representar un ahorro de tiempo si el problema a resolver es relativamente sencillo. Pero, generalmente, en problemas más complejos, saltarse el diseño conceptual y la opinión del usuario, da como resultado diseños incompletos e incoherentes.*

2.3. Diagramas E/R

Para representar el modelo conceptual se usará el modelo Entidad/Relación. Este modelo consiste en plasmar el resultado del análisis del problema mediante diagramas Entidad/Relación. [2]

---

[2]También llamados en otras fuentes diagramas Entidad-Interrelación, o en inglés Entity-relationship

Estos diagramas fueron propuestos por Peter P. Chen a mediados de los años 70 para la representación conceptual de los datos y establecer qué relaciones existían entre ellos.

La notación es muy sencilla, y, precisamente, esta sencillez, permite representar el mundo real de forma que el usuario pueda validar si el modelo propuesto se ajusta perfectamente a la resolución del problema.

A continuación, se presentan las definiciones necesarias para comprender el modelo entidad relación.

2.3.1. Entidad

Cualquier tipo de objeto o concepto sobre el que se recoge información: cosa, persona, concepto abstracto o suceso. Se representan mediante un cuadrado. Por ejemplo: coche, casa, empleado, cliente, etc. Las entidades se representan gráficamente mediante rectángulos y su nombre aparece en el interior (generalmente en singular). Un nombre de entidad solo puede aparecer una vez en el diagrama.

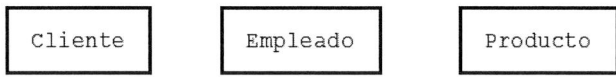

Figura 2.2: Ejemplos de entidades.

Hay dos tipos de entidades: fuertes (o regulares) y débiles. Las entidades débiles se representan mediante un cuadro doble. Una entidad débil es una entidad cuya existencia depende de la existencia de otra entidad. Una entidad fuerte es una entidad que no es débil, es decir, existe por méritos propios. Un ejemplo típico es la existencia de dos entidades para la representación de un pedido. Por un lado, la entidad Pedido representa información genérica sobre el pedido como la fecha del pedido, fecha de envío, el estado, etc. Por otro lado, la entidad "Detalle de Pedido" recopila las líneas de información específica sobre los artículos y unidades pedidas. En este caso, "Detalle de Pedido" es una entidad débil, puesto que la eliminación del pedido implica la eliminación de las líneas de detalle asociadas al pedido, es decir, no tiene sentido almacenar información específica del pedido si se ha eliminado ese pedido.

Figura 2.3: Entidad fuerte y entidad débil.

2.3.2. Ocurrencia de una entidad

Es una instancia de una determinada entidad, esto es, una unidad del conjunto que representa la entidad. También se conoce como ejemplar. Ejemplo: La entidad "coche" tiene varias instancias, una de ellas es el vehiculo "seat ibiza con matrícula 1222FHD de color negro y con 5 puertas".

2.3.3. Relación

Una relación (o interrelación), es una correspondencia o asociación entre dos o más entidades.

Cada relación tiene un nombre que describe su función. Normalmente debe utilizarse un nombre que exprese con totalidad la finalidad de la relación, evitando poner un nombre que pueda significar muchas cosas, por ejemplo, tener, hacer, poseer.

Las relaciones se representan gráficamente mediante rombos y su nombre aparece en el interior. Generalmente este nombre de relación corresponde a un verbo, pues las relaciones suelen describir las acciones entre dos o más entidades.

Las relaciones están clasificadas según su *grado*. El grado es el número de entidades que participan en la relación. Atendiendo a esta clasificación, existen los siguientes tipos de relaciones:

- Relaciones binarias: (grado 2), son aquellas que se dan entre dos entidades.

Figura 2.4: Ejemplo de relación binaria.

- Relaciones ternarias: (grado 3), son aquellas que se dan entre tres entidades.

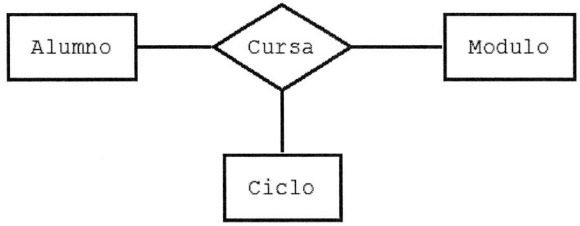

Figura 2.5: Ejemplo de relación ternaria.

- Relaciones unarias o reflexivas: (grado 1), Es una relación donde la misma entidad participa más de una vez en la relación con distintos papeles. El nombre de estos papeles es importante para determinar la función de cada participación.

Figura 2.6: Ejemplo de relación reflexiva.

- Relaciones n-arias: (grado >3) Son aquellas donde participan más de 3 entidades. Aparecen en muy raras ocasiones, puesto que generalmente se pueden descomponer en varias de grado 2 o de grado 3.

El consejo del buen administrador...
Si en tu diagrama entidad relación aparecen relaciones de grado >3, es posible que la interpretación del problema sea incorrecta. Incluso si aparecen relaciones de grado 3, intenta descomponerlas en varias de grado 2 para simplificar tu modelo. Eso sí, asegúrate de que no es posible descomponerlas en varias de grado 2 sin perder semántica.

2.3.4. Participación

La participación se define como el número máximo y mínimo de ejemplares de una entidad que pueden estar interrelacionadas con un ejemplar de la otra u otras entidades. Se indica mediante una pareja de números entre paréntesis, el valor mínimo y el volor máximo separados por una coma. Las posibles participaciones son:

Participación	Significado
(0,1)	Mínimo cero, máximo uno
(1,1)	Mínimo uno, máximo uno
(0,n)	Mínimo cero, máximo n (Muchos)
(1,n)	Mínimo uno, máximo n (Muchos)

Las reglas que definen la participación de una ocurrencia en una relación son las *reglas de negocio*, es decir, se reconocen a través de los requisitos del problema. Es muy importante hallar bien la participación ya que un fallo en su cálculo nos llevará a diseños erróneos que harán que nuestro modelo no pueda representar correctamente el sistema.

La notación que se utiliza para expresar las participaciones en el diagrama entidad relación es poner al lado de la entidad correspondiente, la pareja de números máximo y mínimo de participaciones. Por ejemplo, los empleados pueden trabajar para varios proyectos, o pueden estar de vacaciones (sin proyecto). Por otro lado, en un proyecto trabajan de 1 a varios trabajadores. En este caso, la participación de *proyecto* es de (0,n), puesto que un empleado puede tener asignados de 0 a n proyectos. La participación del *empleado* es de (1,n) puesto que en un proyecto puede haber de 1 a n empleados. De esta manera, se indica al lado de la entidad proyecto, el par (0,n) y al lado de la entidad empleado el par (1,n).

Un **truco** que podemos utilizar para determinar la participación es preguntar cuántos ejemplares de una entidad se pueden relacionar como máximo y como mínimo con un ejemplar de la otra. Es decir para ver la participación en el lado izquierdo de la relación de la figura preguntamos: ¿Cuántos empleados trabajan en un proyecto? Mínimo 1 y máximo n. Para determinar la participación en el lado derecho preguntaremos ¿En cuántos proyectos trabaja un proyecto? Mínimo 0 (fernando no está asociado a ninguno) y máximo n (Tanto pedro como luis trabajan en varios proyectos)

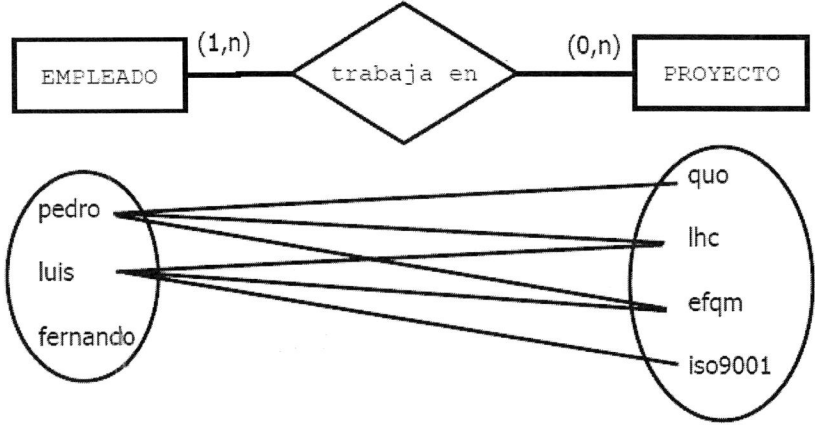

Figura 2.7: Participaciones de ocurrencias en una relación.

◇ **Actividad 2.2**: En un supermercado hay productos organizados en categorías (frutas, ultramarinos, carnes, pescados, etc.). Cada producto pertenece a una única categoría, y puede haber categorías que todavía no tengan ningún producto asignado, sin embargo, no puede haber productos sin categoría. Calcula las participaciones de cada entidad en la relación *Producto Pertenece a Categoría*.

Un producto puede y debe pertenecer a una única categoría (mínimo 1 y máximo 1), por tanto la participación de categoría en la relación con el producto es de (1,1). A una categoría pueden pertenecer muchos productos (máximo n), y puede no tener productos (mínimo 0), por tanto, los productos participan en las categorías con cardinalidad (0,n).

Otra forma: Para la participación a izquierdas preguntamos ¿A cuántas categoría pertenece un producto? Como mínimo 1 y como máximo 1. Y para la participación a derechas preguntamos ¿Cuántos productos pertenecen a una categoría? Como mínimo 0 y como máximo n.

◇ **Actividad 2.3**: Las páginas web contienen controles de muchos tipos (campos de texto, listas desplegables, etc.). Si se quiere almacenar en una base de datos, cada página web, indica qué tipos de controles tiene, ¿qué participaciones habría que asignar? Justifica tu respuesta respondiendo a preguntas del tipo un control, (por ejemplo, un cuadro de texto), ¿en cuántas páginas puede estar como máximo y mínimo?

◇ **Actividad 2.4**: Los clientes pueden realizar pedidos a través de sus representantes de ventas. Indica las entidades que hay, relaciones y sus respectivas participaciones.

2.3.5. Cardinalidad

La cardinalidad de una relación se calcula a través de las participaciones de sus ocurrencias en ella. Se toman el número máximo de participaciones de cada una de las entidades en la relación. Por ejemplo, la relación *pertenece* de la actividad 2.2, tendría una cardinalidad de 1:N, puesto que por el lado de las categorías, el máximo de (1,1) es 1, y por el lado de los productos, el máximo de (0,n) es N.

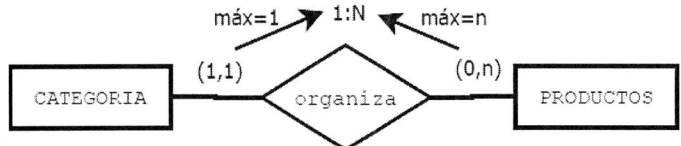

Figura 2.8: Cálculo de la cardinalidad de una relación.

De esta manera, se clasifican las siguientes cardinalidades:

- **Cardinalidad 1:1** Esta cardinalidad especifica que una entidad A puede estar vinculada mediante una relación a una y solo una ocurrencia de otra entidad B. A su vez una ocurrencia de la entidad B solo puede estar vinculada a una ocurrencia de la entidad A. Por ejemplo, se puede limitar el número de directores de departamento mediante una relación 1:1. Así, un empleado solo puede ser jefe de un departamento, y un departamento solo puede tener un jefe.

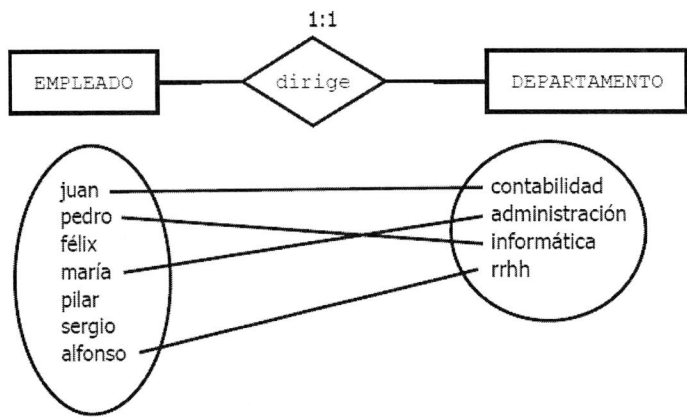

Figura 2.9: Ejemplo de cardinalidad 1-1.

- **Cardinalidad 1:N (o 1:Muchos)** Esta relación especifica que una entidad A puede estar vinculada mediante una relación a varias ocurrencias de otra entidad B. Sin embargo, una de las ocurrencias de la entidad B solo puede estar vinculada a una ocurrencia de la entidad A. Por ejemplo, un representante gestiona las carreras de varios actores, y un actor solo puede tener un representante.

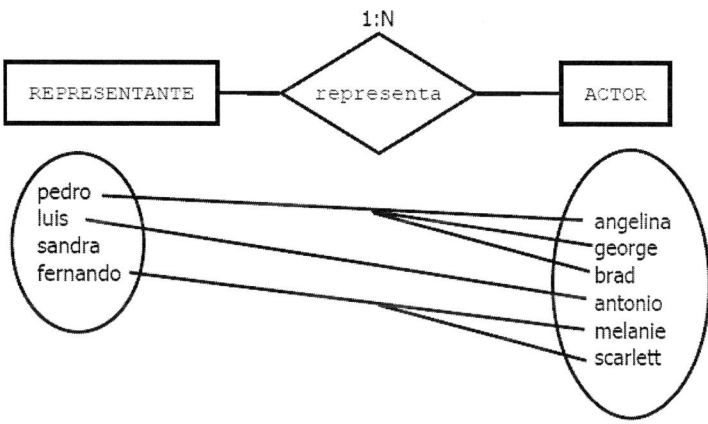

Figura 2.10: Ejemplo de cardinalidad 1-N.

- **Cardinalidad M:N (o Muchos:Muchos)** O también N:M, esta cardinalidad especifica que una entidad A puede estar vinculada mediante una relación a varias ocurrencias de la entidad B, y a su vez, una ocurrencia de la entidad B puede estar vinculada a varias de la entidad A. Por ejemplo, un empleado puede trabajar para varios proyectos; al mismo tiempo, en un mismo proyecto, pueden trabajar varios empleados.

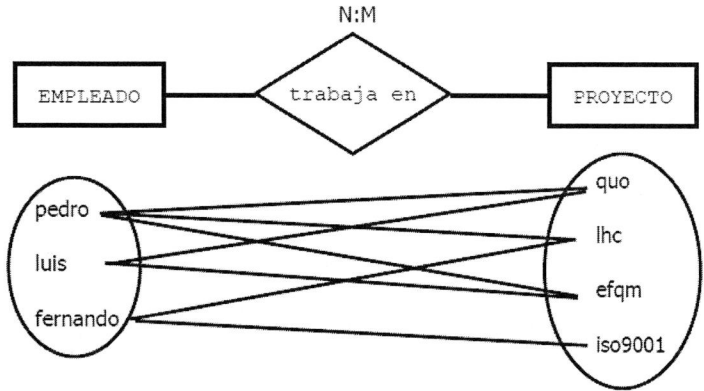

Figura 2.11: Ejemplo de cardinalidad N-M.

Como puede observarse en las figuras anteriores, la notación para representar el tipo de relación según su cardinalidad, consiste en escribir el tipo de cardinalidad justo encima del rombo. Existen numerosas alternativas a esta nomenclatura, siendo muy típicas las dos siguientes:

- Puntas de flecha: En esta notación, la línea de la relación que termina en flecha, indica la rama N de la cardinalidad de la relación.

Figura 2.12: Ejemplo de notación "puntas de flecha".

- Notación *classic* de MySQL Workbench: En esta notación, las relaciones se expresan con un pequeño rombo, rellenando en negro la mitad de la figura, en el lado de la entidad cuya cardinalidad es N.

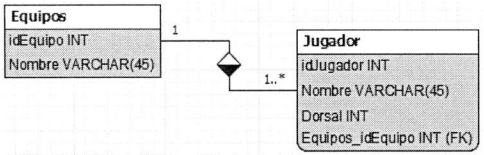

Figura 2.13: Ejemplo de notación *classic* de "MySQL Workbench".

◇ **Actividad 2.5**: Hay multitud de notaciones distintas para realizar los diagramas entidad relación. Todas ellas, tratan de expresar los conceptos expuestos en este libro, pero de diferentes formas y con diferentes elementos gráficos. Busca en Internet otros tipos de notaciones para realizar diagramas entidad relación. Puedes buscar, entre otros, las notaciones de *Martin, IDEF1X* o *Pies de cuervo (Crows foot)*.

2.3.6. Cardinalidad de relaciones no binarias

Para calcular la cardinalidad de una relación ternaria se tomará una de las tres entidades y se combinan las otras dos. A continuación, se calcula la participación de la entidad en la combinación de las otras dos. Posteriormente, se hará lo mismo con las otras dos entidades. Finalmente, tomando los máximos de las participaciones se generan las cardinalidades.

Cardinalidad=max(0,1):max(1,1):max(0,n)
= 1:1:N

```
                    Cardinalidad=max(0,1):max(1,1):max(0,n)
                              =   1:1:N

   ┌──────────┐   (0,1)      ◇──────◇   (0,n)   ┌──────────┐
   │ AUDITORA │──────────────│ audita│──────────│ EMPRESA  │
   └──────────┘              ◇──────◇           └──────────┘
                                │
                              (1,1)
                                │
                          ┌────────────┐
                          │ EXPEDIENTE │
                          └────────────┘
```

Figura 2.14: Cardinalidad de una relación ternaria.

Por ejemplo, en la figura 2.14 se distinguen tres participaciones, la que se produce entre empresa y auditora-expediente, la que se distingue entre auditora y empresa-expediente, y por último la de expediente con auditora-empresa:

- Una empresa ¿Cuántos expedientes puede tener con una auditora? Puede tener un mínimo de 0 y un máximo de n. Participación de Empresa (0,n).

- Una auditora ¿Cuántos expedientes puede tener con una empresa? Puede tener un mínimo de 0 y un máximo de 1. Participación de Auditora (0,1).

- Un expediente ¿A cuántas empresas auditadas por la auditora puede pertenecer? Un expediente solo puede pertenecer a una empresa auditada (1,1), por tanta Participación de Expediente (1,1).

◇ **Actividad 2.6**: Calcula la cardinalidad de la siguiente relación ternaria:

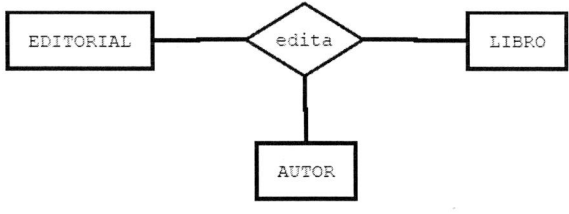

Hay que contestar a las siguientes preguntas: ¿Cuántos autores puede tener un determinado libro publicado en una determinada editorial?
Mínimo 1, máximo n, participación de Autor (1,n).
¿Cuántos libros puede tener un determinado autor publicados en una determinada editorial?
Mínimo 0, máximo n, participación de Libro (0,n).
¿En cuántas editoriales puede un determinado autor publicar un mismo libro?
Mínimo 1, máximo 1. Participación de Editorial (1,1).
Tomando los máximos de cada participación se obtiene que la cardinalidad de la relación de de 1:N:N

⋄ **Actividad 2.7**: Calcula la cardinalidad de las siguientes relaciones binarias:

- *Hombre* está casado con *Mujer*, en una sociedad monogámica.

- *Hombre* está casado con *Mujer*, en una sociedad machista poligámica.

- *Hombre* está casado con *Mujer*, en una sociedad poligámica liberal.

- *Pescador* pesca *Pez*.

- *Arquitecto* diseña *Casa*.

- *Piezas* forman *Producto*.

- *Turista* viaja *Hotel*.

- *Político* gobierna en *País*.

⋄ **Actividad 2.8**: Representa la siguiente relación ternaria y establece su cardinalidad:

- Los equipos de una liga de fútbol fichan a jugadores y les hacen un contrato.

- Todos los equipos tienen al menos un jugador.

- Un contrato pertenece solamente a un jugador con un equipo concreto.

- A lo largo de la carrera deportiva de un jugador puede tener varios contratos con el mismo o distintos equipos.

- Todos los jugadores, al menos, han sido contratados una vez para jugar en un equipo.

◇ **Actividad 2.9**: Calcula la cardinalidad de las siguientes relaciones ternarias:

- *Mecánico* arregla *Vehículo* en *Taller*.

- *Alumno* cursa *Ciclo* en *Instituto*.

- *Veterinario* administra *Medicación* al *Animal*.

2.3.7. Cardinalidad de las relaciones reflexivas

En las relaciones reflexivas, la misma entidad juega dos papeles distintos en la relación. Para calcular su cardinalidad hay que extraer las participaciones según los dos roles existentes. Por ejemplo, en la relación reflexiva "Es jefe", la entidad Empleado aparece con dos Roles. El primer rol es el empleado como jefe, y el segundo rol el empleado como subordinado. Así, se puede calcular las participaciones preguntando:

- ¿Cuántos subordinados puede tener un jefe? Un jefe puede tener un mínimo de 1 y un máximo de n: (1,n)

- ¿Cuántos jefes puede tener un subordinado? Un mínimo de 0 (un empleado sin jefes sería el responsable de la empresa) y un máximo de 1 (suponiendo una estructura, típicamente piramidal): (0,1).

Por tanto, la relación sería de cardinalidad 1:N

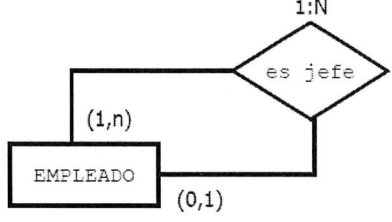

Figura 2.15: Cardinalidad de una relación reflexiva.

◇ **Actividad 2.10**: Justifica cuáles serían las participaciones y la cardinalidad de la siguiente relación, teniendo en cuenta que:

- Una figura puede contenerse a sí misma (como en el caso de los fractales).

- Una figura puede estar formada por múltiples tipos distintos de figuras.

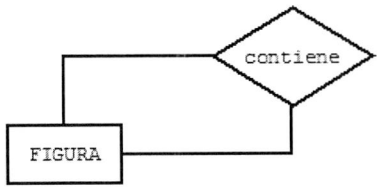

2.3.8. Roles de la relación

El rol de la relación en un diagrama Entidad/Relación describe la función que una entidad específica desempeña dentro de una relación. Los roles son particularmente útiles para aclarar la participación de entidades en relaciones, especialmente cuando una misma entidad participa más de una vez en la misma relación (auto-relación o relación reflexiva), o cuando los nombres de las entidades y la relación no son suficientes para entender claramente el contexto. Por ejemplo:

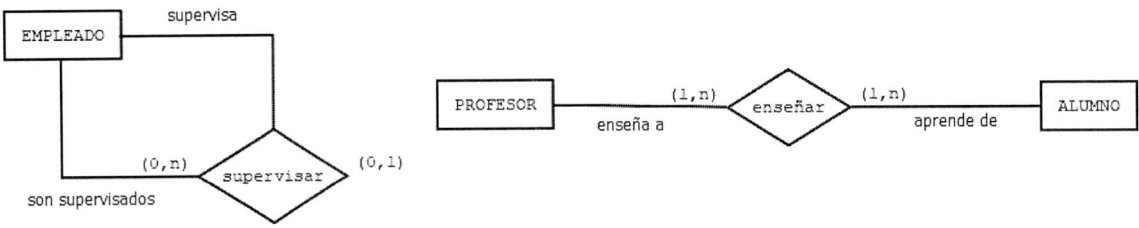

Figura 2.16: Ejemplo de etiquetar roles.

2.3.9. Atributos y Dominios

Los atributos de una entidad son las características o propiedades que la definen como entidad. Se representan mediante elipses conectadas directamente a la entidad.

Por ejemplo, para representar la entidad HOTEL, son necesarias sus características, esto es, el número de plazas disponibles, su dirección, la ciudad donde se encuentra, etc.

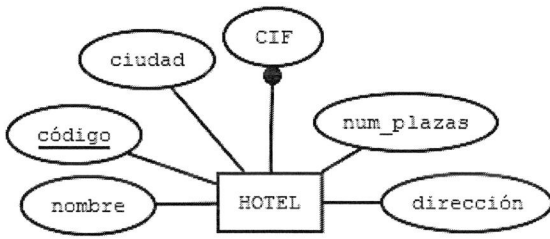

Figura 2.17: Ejemplo de atributos.

Atributo Clave

En la figura anterior, aparece el atributo *código*, subrayado. Este atributo se denomina clave, y designa un campo que no puede repetir ninguna ocurrencia de entidad. Se dice que este campo identifica unívocamente a una entidad, es decir, que con la sola referencia a un campo clave se tiene acceso al resto de atributos de forma directa. Ejemplo: El DNI es el campo clave de una persona, pues ninguna persona tiene el mismo DNI. Por tanto, si se especifica el DNI de esa persona se sabe exactamente a qué ocurrencia de persona se refiere. En el modelo Entidad Relación todas las entidades fuertes deben tener un atributo clave. Nótese que una entidad puede formar la clave mediante varios atributos, en este caso, se dice que la clave de la entidad es la suma de esos atributos y que la entidad tiene una clave *compuesta*. Se representaría subrayando todos los atributos que formen parte de la clave.

Figura 2.18: Ejemplo de clave compuesta.

Si la clave está formada por un único atributo se dice que es *atómica*.

Observa que en el ejemplo del *HOTEL* el CIF también cumple los requisitos para ser atributo clave. Es decir, una entidad puede tener más atributos que reúnan los requisitos para ser atributo clave. Pero solo podemos elegir a uno de ellos y el resto de atributos que cumplan los requisitos son identificadores alternativos o claves alternativas que tendrán valores únicos. En el ejemplo lo hemos representado marcando con un círculo relleno al final del arco que une la entidad con el atributo. Veamos otro ejemplo: imaginemos que en el hotel tenemos una Entidad *VEHÍCULOS* y el atributo clave hemos decidido que sea el código. Todos los coches que hemos ido adquiriendo los hemos ido numerando. Sin embrago, vemos claramente cómo el número de bastidor o la matrícula también los podríamos haber elegido como atributos clave.

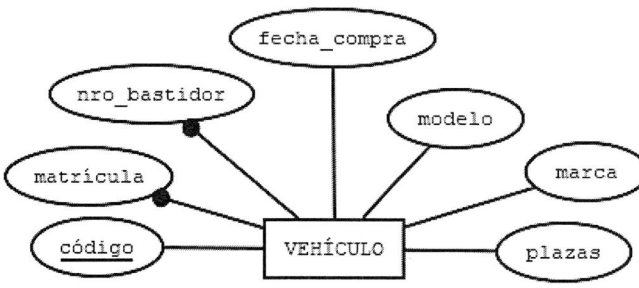

Figura 2.19: Ejemplo de claves alternativas.

Atributo de relación

Un atributo de relación es aquel que es propio de una relación y que no puede ser cedido a las entidades que intervienen en la relación. Por ejemplo, un mecánico repara un vehículo, la reparación se realiza en una determinada fecha.

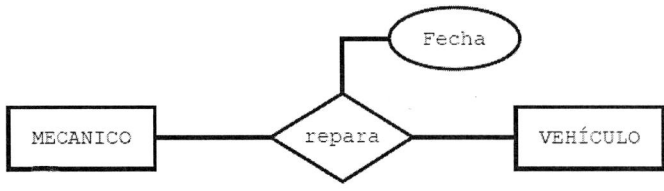

Figura 2.20: Ejemplo de atributo de relación.

Dominios

Cada una de las características que tiene una entidad pertenece a un dominio. El dominio representa la naturaleza del dato, es decir, si es un número entero, una cadena de caracteres o un número real. Incluso naturalezas más complejas, como una fecha o una hora (con minutos y segundos). Por ejemplo, los siguientes atributos de la entidad empleado pertenecen a los siguientes dominios:

Atributo	Dominio
DNI	Cadena de Caracteres de longitud 10
Nombre	Cadena de Caracteres de longitud 50
Fecha_Nacimiento	Fecha
Dirección	Cadena de Caracteres de longitud 100
Sueldo	Números reales
Número de hijos	Números enteros
Departamento	Departamentos

Si un dominio se especifica mediante el tipo de datos, como en el caso de DNI, Nombre o Fecha_Nacimiento se dice que se define por *intensión*. Si se especifica mediante un conjunto de valores, como en el dominio Departamentos, que puede tener los valores (RRHH, Informática, Administración o Contabilidad), la definición del dominio es por *extensión*.

2.3.10. Tipos de atributos

Se pueden clasificar los atributos según las siguientes restricciones:

Atributos obligatorios: Un atributo debe tomar un valor obligatoriamente.

Atributos opcionales: Un atributo puede no tomar un valor porque sea desconocido en un momento determinado. En este caso, el atributo tiene un valor *nulo*. Se representan con una línea discontinua que une el atributo con la entidad.

Atributos compuestos: Un atributo compuesto es aquel que se puede descomponer en atributos más sencillos, por ejemplo, el atributo hora_de_salida se puede descomponer en dos (hora y minutos). Se representa poniendo el atributo compuesto con doble línea y los atributos que lo forman se unen a éste como atributos simples.

Atributos univaluados: Un atributo que toma un único valor.

Atributos multivaluados: Estos atributos pueden tomar varios valores, por ejemplo el atributo teléfono puede tomar los valores de un teléfono móvil y un teléfono fijo. Se representa con doble línea.

Atributo derivado: Son aquellos cuyo valor se puede calcular a través de otros atributos. Por ejemplo, el atributo Edad, se puede calcular a partir de la fecha de nacimiento de una persona. Se representa con línea discontinua.

Al igual que con la mayoría de las notaciones, no existe unanimidad a la hora de dibujar en un diagrama los tipos de atributos. Una de las más extendidas entre los diseñadores de bases de datos es la siguiente:

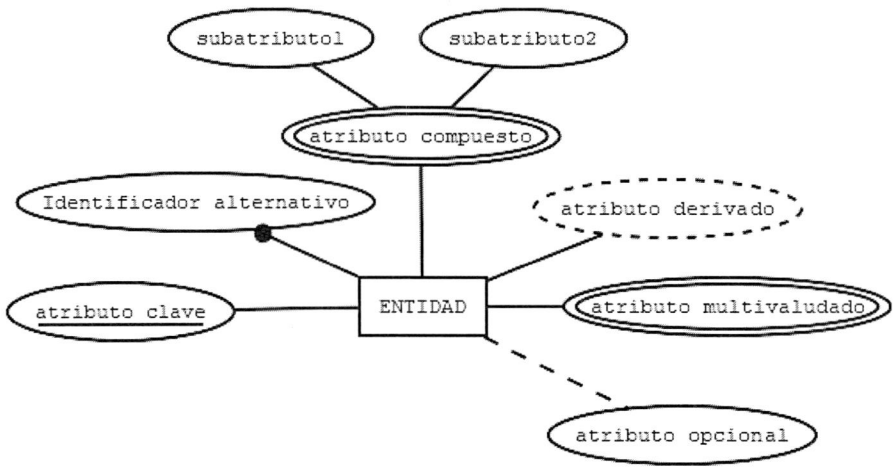

Figura 2.21: Notación para los distintos tipos de atributos.

2.3.11. Otras notaciones para los atributos

Al igual que para las entidades, los atributos tienen multitud de notaciones, y, aunque la original adoptada por Peter Chen es la más usada hasta ahora, por simplificar la construcción de mapas a través de herramientas software, se opta por usar otras notaciones que producen mapas más manejables. Por ejemplo, la herramienta MySQL Workbench utiliza una sintaxis muy similar a la que usa la notación *UML* para representar las características de un objeto:

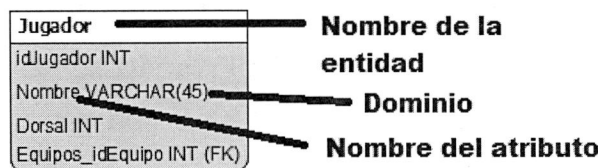

Figura 2.22: Otras formas de representar atributos

◇ **Actividad 2.11**: Justifica qué tipo de atributos son los siguientes atributos de la entidad Persona:

- Fecha de Nacimiento (p.ej. 24/11/1976)

- Lugar de Nacimiento (p.ej. Zaragoza)

- Edad (p.ej. 36 años)

- EsMayorDeEdad (p. ej: Sí)

- DNI (p.ej. 55582739A)

- Teléfonos (p.ej. 925884721, 657662531)

- Apellidos

2.3.12. Las entidades débiles

Como se ha expuesto anteriormente, las entidades débiles dependen de una entidad fuerte mediante una relación. La relación que une ambas entidades también es débil, puesto que también desaparece si desaparece la entidad fuerte. En estos casos, la relación tiene una dependencia que puede ser de dos tipos:

- **Dependencia de existencia:** Este tipo de dependencia expresa que, las ocurrencias de una entidad débil, no tienen ningún sentido en la base de datos sin la presencia de las ocurrencias de la entidad fuerte con la que están relacionadas. Por ejemplo, las transacciones que se dan en una cuenta bancaria, no tienen sentido si no existe la cuenta bancaria a la que están asociadas.

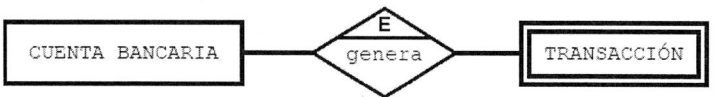

Figura 2.23: Ejemplo de entidad débil con dependencia de existencia.

- **Dependencia de identificación:** Este tipo se produce cuando, además de la dependencia de existencia, la entidad débil necesita a la fuerte para poder crear una clave, de tal manera que pueda completar la identificación de sus ocurrencias. Por ejemplo, una empresa fabricante de software crea aplicaciones:

1. La compañía se identifica por su nombre (por ejemplo, Microsoft).

2. Las aplicaciones se identifican por su nombre comercial, por ejemplo (Office).

3. Cada compañía de software pone un nombre a cada una de sus aplicaciones.

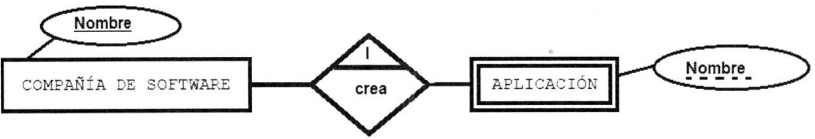

Figura 2.24: Ejemplo de entidad débil con dependencia de identificación.

De esta forma puede ocurrir que haya dos aplicaciones con el mismo nombre y que pertenezcan a dos compañías distintas (Office de Microsoft y Office de Sun). En este caso para identificar a cada aplicación de forma única, hace falta el nombre de la aplicación y además, el nombre de la compañía. Así, Aplicación depende en identificación de la Compañía y el nombre de la aplicación es una clave débil. Se expresa de la siguiente forma:

Una vez más, para representar las dependencias, cada herramienta usa su propia notación. Por ejemplo, en el caso de MySQL workbench, no diferencia entre entidades fuertes o débiles (las llama a todas *tablas*), y crea las relaciones con líneas discontinuas en caso de no tener dependencia de identificación (non identifying relationship), y con líneas continuas en caso de tener dependencia de identificación (identifying relationship).

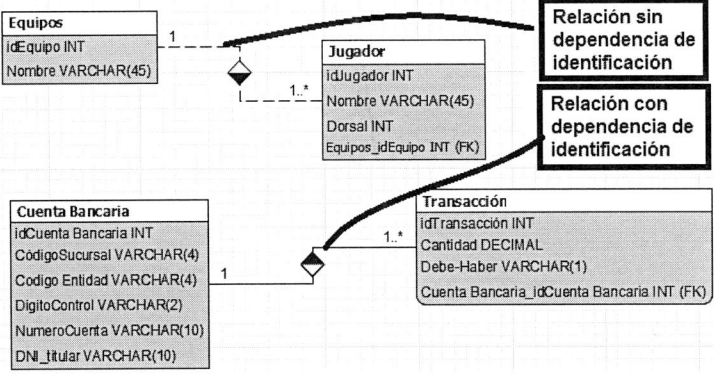

Figura 2.25: Ejemplo de notación. Dependencias en MySQL Workbench.

◇ **Actividad 2.12**: ¿Qué tipo de relación de dependencia tienen las siguientes entidades?

- Un *toro* (entidad débil) pertenece a una *ganadería* (entidad fuerte). Al toro se le identifica por el número de toro, y el nombre de su ganadería, puesto que puede haber varios toros con el mismo número, pero pertenecientes a distintas ganaderías.

- En el acceso al parking de una empresa un *empleado* (entidad fuerte) tiene un *vehículo* (entidad débil).

◇ **Actividad 2.13**: Descarga el software DIA para la creación de diagramas de diversos tipos. Puedes encontrarlo de forma gratuita en la página web `http://sourceforge.net/projects/dia-installer/`.

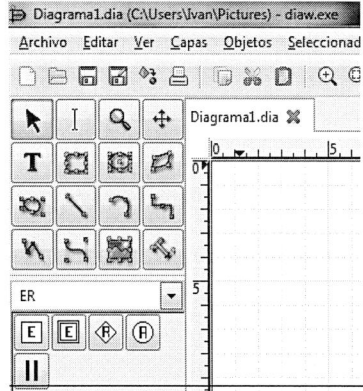

Crea un diagrama nuevo y con los símbolos de los diagramas entidad relación de la notación Chen (ER) modela la relación Cliente-adquiere-Producto con los atributos que se te ocurran. Identifica el icono de cada figura con los símbolos Entidad, Entidad Débil, Atributo (con sus múltiples tipos) y Relación.

El consejo del buen administrador...
Muchos diseñadores se abstraen del hecho de tener entidades fuertes y débiles y, tal y como hace MySQL Workbench, no distinguen entre entidades fuertes y débiles. En general, es buena idea simplificar el diseño (filosofía KISS - "Keep it simple, sir"), pero se ha de ser consciente de la pérdida de semántica que implica.

2.4. El modelo E/R ampliado

La primera concepción del modelo entidad relación tuvo, por las limitaciones tecnológicas de la época, un alcance bastante limitado, que, con los años, se ha ido desarrollando hasta alcanzar un nivel satisfactorio para los diseñadores de bases de datos. El modelo Entidad/Relación Extendido, o Ampliado, incorpora todos los elementos del modelo entidad relación incluyendo los conceptos de subclase, superclase junto a los conceptos de especialización y generalización.

2.4.1. Generalización y Especialización

Una entidad E es una generalización de un grupo de entidades E_1, E_2, ... E_n, si cada ocurrencia de cada una de esas entidades es también una ocurrencia de E.

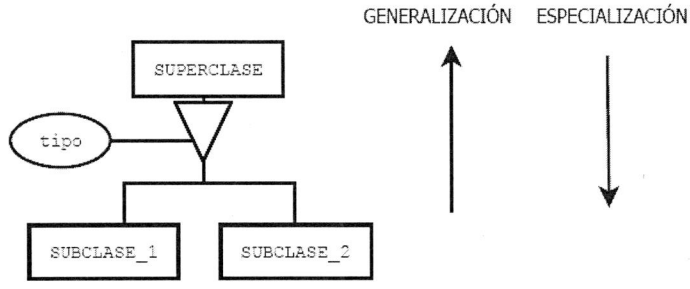

Figura 2.26: Generalización y Especialización.

Todas las propiedades de la entidad genérica E son heredadas por las subentidades. Además, cada subentidad tendrá sus propios atributos independientes de la generalización.

Las subentidades son especializaciones de la entidad general, se puede decir que las subentidades o *subclases* tienen una relación del tipo *ES UN* con la entidad padre o *superclase*.

La relación de generalización se representa mediante un triángulo isósceles pegado por la base a la entidad superclase. En la figura siguiente Empleado es la superclase y los directivos, comerciales y técnicos son subclases. En la relación se adjunta un atributo que indica cómo debe interpretarse la relación de la superclase con la subclase. La generalización *Empleado* puede ser un directivo, un técnico o un comercial. Cada subentidad tiene sus propios atributos y relaciones, pero todas heredan los atributos nombre y DNI de la entidad *padre* (Empleado).

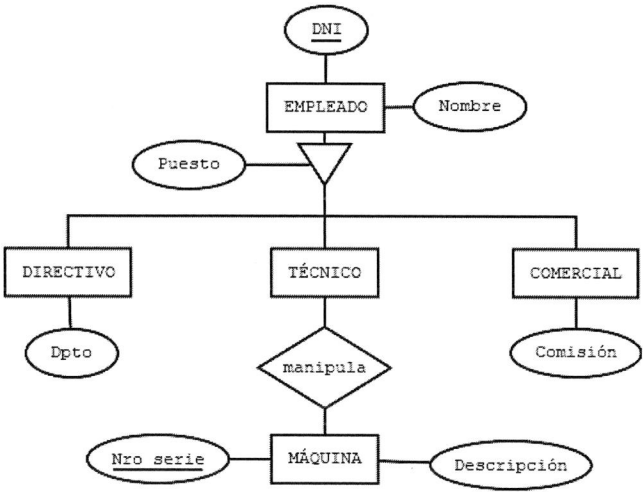

Figura 2.27: Ejemplo de generalización.

Tipos de especialización

Se puede agregar más semántica al diagrama entidad relación extendido combinando los siguientes tipos de especialización:

- Especialización Exclusiva: En este caso, cada una de las ocurrencias de la superclase solo puede materializarse en una de las especializaciones. Por ejemplo, si un empleado es un directivo, no puede ser un técnico o un comercial. Para representar esta especialización exclusiva, el triángulo de la jerarquía lleva un arco.

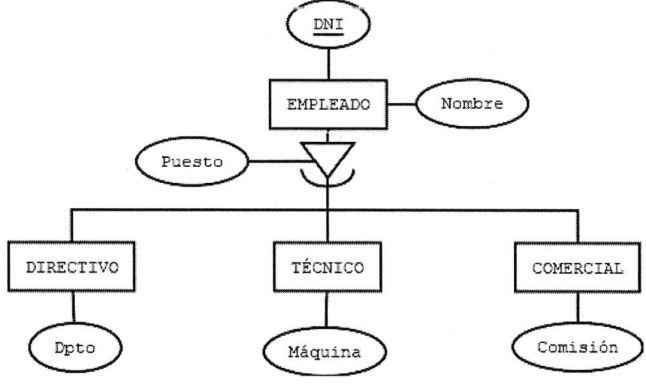

Figura 2.28: Especialización exclusiva parcial.

- Especialización Inclusiva: Se produce cuando las ocurrencias de la superclase pueden materializarse a la vez en varias ocurrencias de las subclases. En este caso, el empleado directivo, podría ser también técnico y comercial. Se representa sin el arco, como en la figura 2.27.

- Especialización Total: Se produce cuando la entidad superclase tiene que materializarse obligatoriamente en una de las especializaciones. Se representan añadiendo un pequeño círculo al triángulo de la generalización:

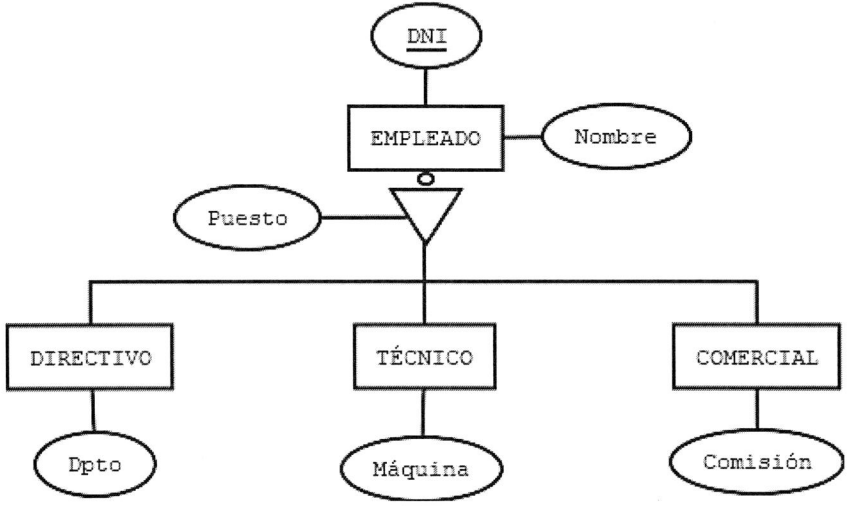

Figura 2.29: Especialización total inclusiva.

- Especialización Parcial: La entidad superclase no tiene por qué materializarse en una de las especializaciones (es opcional). Se representa sin el pequeño círculo, como en la figura 2.27.

◇ **Actividad 2.14**: Crea un E/R para almacenar datos de los distintos tipos de ordenadores que puede tener una organización. Clasifícalos en Sobremesa, Portátiles y Servidores, y asigna correctamente los atributos: NºSerie, Procesador, Memoria, CapacidadDisco, TipoBatería, DuraciónBatería, NºProcesadores y TipoProxy.

2.4.2. Restricción de exclusividad, exclusión, inclusividad y exclusión

Restricción de exclusividad

Esta restricción especifica que una instancia de una entidad no puede participar simultáneamente en dos (o más) relaciones específicas. Esta restricción asegura que las instancias de las entidades sigan ciertas reglas de negocio al participar en múltiples relaciones. Es decir, un ejemplar de la entidad solo puede participar en una de las relaciones que son excluyentes entre ellas. Pongamos un ejemplo para ilustrarlo: si tenemos una entidad EMPLEADOS y otra entidad EMPRESA y tenemos dos relaciones entre ellas, la relación asesora y la relación trabaja. La regla de negocio establece que un empleado no puede trabajar si participa como asesor y viceversa. Es decir, o asesora o trabaja.

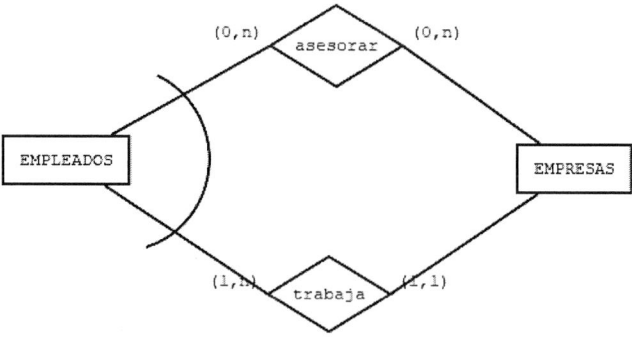

Figura 2.30: Restricción de exclusividad.

◇ **Actividad 2.15**: Propón al menos dos ejemplos de restricciones de exclusividad.

◇ **Actividad 2.16**: Interpreta el siguiente diagrama Entidad/Relación.

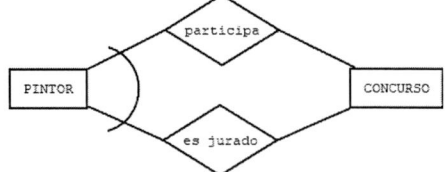

Restricción de exclusión

En este caso se trata de que las instancias pueden participar en todas las relaciones pero no se pueden relacionar con los mismos ejemplares. Pongamos un ejemplo: tenemos las mismas entidades y relaciones que en el apartado anterior pero en este caso la restricción es que los empleados no pueden asesorar a la empresa en la que trabajan pero si pueden asesorar a otras empresas. Se representaría con una línea discontinua entre las entidades.

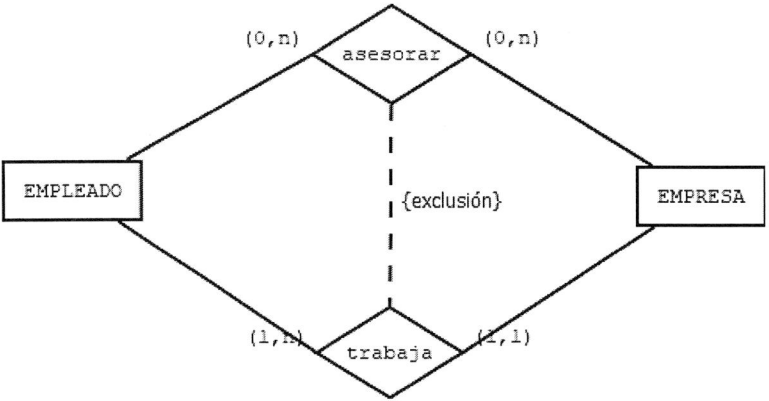

Figura 2.31: Restricción de exclusión.

◇ **Actividad 2.17**: Propón al menos dos ejemplos de restricciones de exclusión.

◇ **Actividad 2.18**: Interpreta el siguiente diagrama Entidad/Relación.

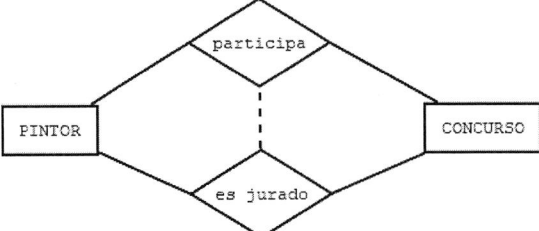

Restricción de Inclusividad

En este caso se trata de que será necesario haber participado en una relación para poder participar en la otra. Incluso se puede establecer el número mínimo y máximo de participaciones. Se presenta con un arco finalizando el extremo en flecha y entre paréntesis se indica el mínimo y máximo de participaciones requeridas. Pongamos un ejemplo: imaginemos que establecemos que para poder impartir un curso debe de haber asistido a un mínimo de cuatro cursos.

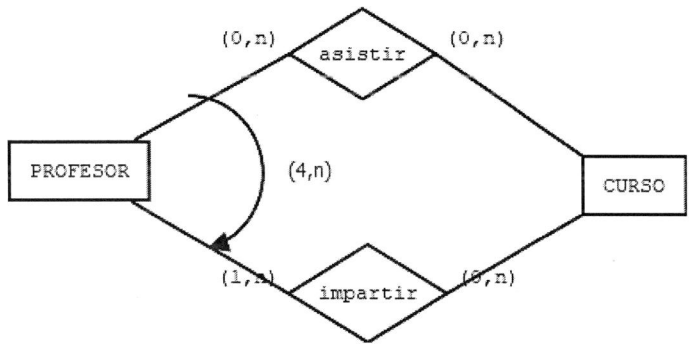

Figura 2.32: Restricción de Inclusividad.

Restricción de Inclusión

En este caso para que una instancia de una entidad se pueda relacionar con una instancia de la otra entidad es necesario haber estado relacionada con la misma instancia en la otra relación. Volviendo al ejemplo del apartado anterior podemos decir que un profesor que imparta un curso determinado, antes tiene que haber cursado o asistido a ese mismo curso.

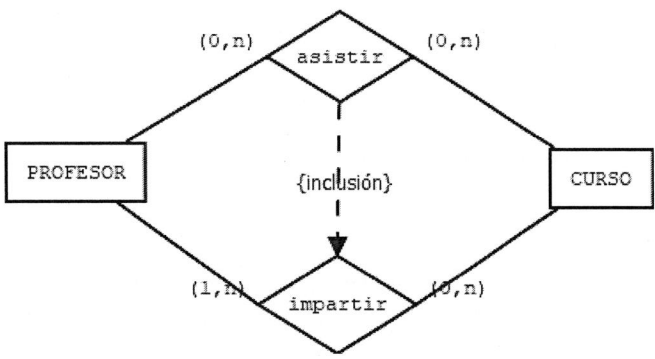

Figura 2.33: Restricción de Inclusión.

2.5. Construcción de un diagrama E/R

A continuación se presenta una guía metodológica para crear un Entidad/Relación a partir de un análisis de requisitos:

1. Leer varias veces el problema hasta memorizarlo. Tenemos que comprender todo el problema.

2. Obtener una lista inicial de candidatos a entidades, relaciones y atributos. Se realiza siguiendo estos consejos:

   ▪ Identificar las entidades. Suelen ser aquellos nombres comunes que son importantes para el desarrollo del problema. Por ejemplo, empleado, vehículo, agencia, etc. En principio, todos los conceptos deberían estar perfectamente especificados en el documento de requisitos, pero, de no existir el documento ERS, quizá solo se disponga de extractos de conversaciones con usuarios en las que se hacen referencias vagas a ciertos objetos, teniendo que hacer un importante ejercicio de abstracción para poder distinguir si son entidades, atributos, etc. Por ejemplo, un mecánico que tan solo habla de ciertos modelos de vehículos pertenecientes a determinadas personas, pero que nunca hace referencia a los vehículos *diesel* que serán fundamentales identificar para el correcto diseño de la base de datos.

   ▪ No hay que obsesionarse en los primeros pasos por distinguir las entidades fuertes de las débiles. Si es trivial, se toma nota de aquellas que parezcan claramente entidades débiles. De lo contrario, se apuntan como entidades sin especificar si son fuertes o débiles.

   ▪ Extraer los atributos de cada entidad, identificando aquellos que pueden ser clave. Se suelen distinguir por ser adjetivos asociados a un nombre común seleccionados como entidades. Por ejemplo, color, que es un adjetivo, puede ir asociado a la entidad vehículo. Además, se debe establecer el tipo de atributo, seleccionando si es opcional, obligatorio, multivaluado, compuesto o derivado. Si es compuesto se indica su composición, y si es derivado, cómo se calcula. Es bastante útil apuntar sinónimos utilizados para el atributo para eliminar redundancias.

   ▪ Es fácil identificar las generalizaciones si se obtiene un atributo que es aplicable a más de una entidad. En ese caso, se puede intentar aplicar una generalización/especialización, indicando cuál es la superclase y cuáles las subclases. Además, se deben especificar los tipos de especialización (inclusiva, exclusiva, parcial, total).

   ▪ Identificar los atributos de cada relación. Se suelen distinguir, al igual que los de entidad, por ser adjetivos, teniendo en cuenta que para que sean de relación, solo deben ser aplicables a la relación y no a ninguna de las de las entidades relacionadas.

- También es posible que los nombres comunes contengan muy poca información y no sea posible incluirlos como entidades. En este caso, se pueden seleccionar como atributos de otra entidad, por ejemplo, el autor de un libro puede ser una entidad, pero si solo se dispone del nombre del autor, no tiene sentido incluirlo como una entidad con un único atributo. En este caso, se puede incluir como atributo de la entidad *Libro*.

- Extraer los dominios de los atributos. Siempre es buena práctica, ir apuntando, aunque en el diagrama Entidad/Relación no se exprese explícitamente, a qué dominio pertenece cada atributo. Por ejemplo, el Salario pertenece a los números reales (Salario: Reales), o el color de un objeto puede ser verde, amarillo o rojo (Color: Verde, Amarillo, Rojo).

- Identificar las relaciones. Se pueden ver extrayendo los verbos del texto del problema. Las entidades relacionadas serán el sujeto y el predicado unidos por el verbo que hace de relación. Por ejemplo, agente inmobiliario vende edificio. En este caso el agente inmobiliario representaría una entidad, el edificio la otra entidad y 'vende' sería la relación.

- Una vez identificadas las relaciones, hay que afinar cómo afecta la relación a las entidades implicadas. Este es el momento de distinguir las fuertes de las débiles haciendo preguntas del tipo ¿tiene sentido esta ocurrencia de entidad si quito una ocurrencia de la otra entidad? ¿se pueden identificar por sí solas las ocurrencias de cada entidad? Si a la primera pregunta la respuesta es negativa, las dos entidades son fuertes, si no, alguna de ellas es débil. Si la respuesta a la segunda es positiva, dependerán solo en existencia, si es negativa, alguna de las dos depende en identificación de la otra.

3. Averiguar las participaciones y cardinalidades. Generalmente se extraen del propio enunciado del problema. Si no vienen especificadas, se elegirá la que almacene mayor cantidad de información en la base de datos.

4. Poner todos los elementos listados en el paso 2 en un mapa y volver a considerar la pertenencia de cada uno de los elementos listados a su categoría. Así, se replanteará de nuevo si cierto atributo es una entidad, o si cierta entidad puede ser una relación, etc.

5. Refinar el diagrama hasta que se eliminen todas las incoherencias posibles, volviendo a los pasos anteriores en caso de encontrar algún atasco mental o conceptos dudosos que dificulten la continuación del análisis. Es bueno, en

estas circunstancias discutir con compañeros u otros expertos sobre el diseño realizado.

6. Si hay dudas sobre el enunciado o sobre los requisitos, o se han quedado algunas cosas en el tintero, será necesario acudir al responsable del documento ERS o volver a concertar una entrevista con el usuario para aclarar conceptos. En este caso, se aclararán las dudas y se volverá al punto 2 para reiniciar el análisis.

¿Sabías que . . . ? En muchas ocasiones, cuando no se sabe cómo continuar, o no se encuentra la solución de un problema, basta con explicarle el problema a otra persona, aunque esa persona no tenga ni idea del tema o no sea experta en la materia. Automáticamente, la solución aparece. Se ha iniciado inconscientemente un proceso mental para ordenar las ideas que ha desembocado en la resolución del problema.

2.6. El modelo relacional

El objetivo principal del modelo relacional es proteger al usuario de la obligación de conocer las estructuras de datos físicas con las que se representa la información de una base de datos. Desvincular estas estructuras de datos, que son complejas por naturaleza, del diseño lógico (Modelo Relacional), permite que la base de datos se pueda implementar en cualquier gestor de bases de datos relacional (Oracle, MySQL, DB2, etc.). A continuación se enumeran las características fundamentales del modelo relacional:

- La relación es el elemento fundamental del modelo. Los usuarios ven la base de datos como una colección de relaciones. Estas relaciones se pueden operar mediante el *Álgebra Relacional*.

- El modelo relacional es independiente de la forma en que se almacenan los datos y de la forma de representarlos, por tanto, la base de datos se puede implementar en cualquier SGBD y los datos se pueden gestionar utilizando cualquier aplicación gráfica. Por ejemplo, se pueden manejar las tablas de una base de datos MySQL u Oracle con Microsoft Access.

- Al estar fundamentado en una fuerte base matemática, se puede demostrar la eficacia del modelo a la hora de *operar* conjuntos de datos.

2.6.1. Las relaciones en el modelo relacional

Se define una relación como un conjunto de atributos, cada uno de los cuales pertenece a un dominio, y que posee un nombre que identifica la relación. Se representa gráficamente por una tabla con columnas (atributos) y filas (tuplas). El conjunto de *tuplas* de una relación representa el *cuerpo* de la relación y el conjunto de atributos y el nombre representan el *esquema*.

Vehículo	Dueño	TeléfonoDueño	Matrícula	Cuota
Seat Ibiza TDI 1.9	Francisco	925884721	9918-FTV	92,24
Volskwagen Polo TDI 1.0	Pedro	918773621	4231-FHD	61,98
Renault Laguna Coupé	María	929883762	7416-GSJ	145,32
Fiat Punto 1.0	Ernesto	646553421	9287-BHF	45,77

Figura 2.34: Definición de Relación.

¿Sabías que ...? Actualmente, los modelos lógicos más extendidos con diferencia son el modelo relacional y los diagramas de clases que utiliza UML para modelar las bases de datos orientadas a objetos. El modelo relacional de Codd se ajusta a la perfección al modelo entidad/relación de Chen creado en la fase de modelización conceptual. No así el modelo de UML, que requiere técnicas más complejas y específicas como los casos de uso o los diagramas de transición de estados.

2.6.2. Otros conceptos del modelo relacional

A continuación se definen los conceptos necesarios para transformar el modelo conceptual (diagrama Entidad/Relación) en el modelo lógico (modelo relacional).

- **Atributo:** Características que describen a una entidad o relación.

- **Dominio:** Conjunto de valores permitidos para un atributo. Por ejemplo, cadenas de caracteres, números enteros, los valores Sí o No, etc.

- **Restricciones de semántica:** Condiciones que deben cumplir los datos para su correcto almacenamiento. Hay varios tipos:

  - Restricciones de clave: Es el conjunto de atributos que identifican de forma única a una entidad.

  - Restricciones de valor único (*UNIQUE*): Son restricciones que impiden que un atributo tenga un valor repetido. Todos los atributos clave cumplen esta restricción. No obstante es posible que algún atributo no sea

81

clave y requiera una restricción de valor único. Por ejemplo, el número de bastidor de un vehículo no es clave (lo es la matrícula) y sin embargo, no puede haber ningún número de bastidor repetido.

- Restricciones de integridad referencial: Se dan cuando una tabla tiene una referencia a algún valor de otra tabla. En este caso la restricción exige que exista el valor referenciado en la otra tabla. Por ejemplo, no se puede poner una nota a un alumno que no exista.

- Restricciones de dominio: Estas restricciones exige que el valor que puede tomar un campo esté dentro del dominio definido. Por ejemplo, si se establece que un campo DNI pertenece al dominio de los números de 9 dígitos + 1 letra , no es posible insertar un DNI sin letra, puesto que la restricción obliga a poner al menos 1 letra.

- Restricciones de verificación (CHECK): Estas restricciones permiten comprobar si un valor de un atributo es válido conforme a una expresión.

- Restricciones de valor NULO (NULL o NOT NULL): Un atributo puede ser obligatorio si no admite el valor NULO o *NULL*, es decir, el valor *falta de información o desconocimiento*. Si admite como valor el valor NULL, el atributo es opcional.

- Disparadores o *triggers*: Son procedimientos que se ejecutan para hacer una tarea concreta en el momento de insertar, modificar o eliminar información de una tabla.

- Restricciones genéricas adicionales o *aserciones (ASSERT)*. Permite validar cualquiera de los atributos de una o varias tablas.

- **Clave:** Una clave es un conjunto de atributos que identifican de forma única una ocurrencia de entidad. En este caso, las claves pueden ser simples (atómicas) o compuestas. Además, hay varios tipos de clave:

  - Superclave: Identifica a una entidad (pueden ser no mínimas). Por ejemplo, para un empleado, las superclaves posibles son el DNI, también puede ser el DNI+Nombre, o el DNI+Nombre+Numero de la Seguridad Social, etc.

  - Clave Candidata: Es la mínima Superclave (en el caso anterior el DNI, o el Número de la seguridad social).

  - Clave Primaria: Es la clave candidata elegida por el diseñador como clave definitiva (en el ejemplo anterior se elegiría el DNI por ser la más representativa para un empleado).

  - Clave Foránea: Es un atributo de una entidad, que es clave en otra entidad. Por ejemplo, la nota en un módulo de una asignatura corresponde a un DNI, que es clave de otra entidad. En este caso el DNI es una clave foránea en la tabla notas.

2.7. Transformación de diagramas E/R al modelo relacional

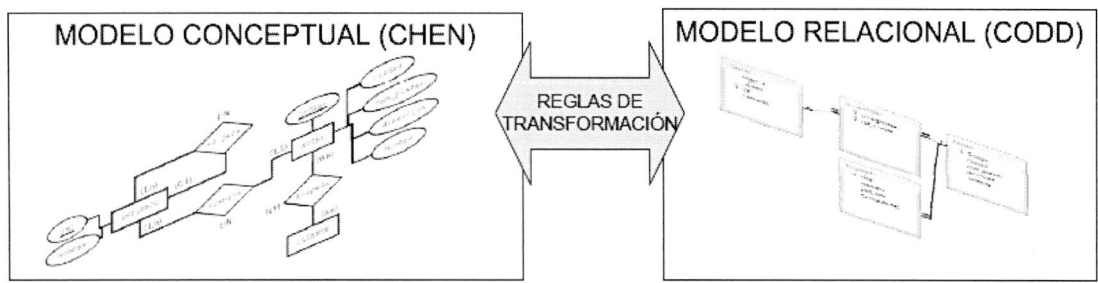

Figura 2.35: Transformación del modelo E/R en relacional.

Para realizar esta transformación se siguen estas reglas:

Transformación de entidades fuertes

Para cada entidad A, entidad fuerte, con atributos $(a_1, a_2, \ldots, a_n)$ se crea una tabla A (con el nombre en plural) con n columnas correspondientes a los atributos de A, donde cada fila de la tabla A corresponde a una ocurrencia de la entidad A. La clave primaria de la tabla A la forman los atributos clave de la entidad A.

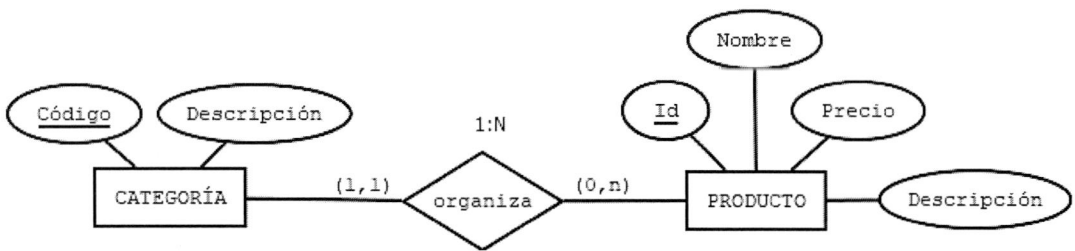

Figura 2.36: Paso a tablas de entidades fuertes.

En el diagrama Entidad/Relación de la figura 2.36, las tablas generadas son:

CATEGORÍAS(Código, Descripción)
PRODUCTOS(Id,Nombre,Precio,Descripción)

Transformación de entidades débiles

Para cada entidad débil D, con atributos $cd_1, cd_2, \ldots, cd_t, d_{t+1}, \ldots, d_n$, donde $cd_1, cd_2, \ldots, cd_t$ son los atributos clave de la entidad D, y una entidad fuerte F de la que depende D con atributos clave $(cf_1, cf_2, \ldots, cf_m)$: se crea una tabla D con m+n columnas $cd_1, cd_2, \ldots, cd_n, d_{t+1}, \ldots, d_n, cf_1, cf_2, \ldots, cf_m$ correspondientes a los atributos de D y a los atributos clave de F. Si solo tiene dependencia de existencia, la clave primaria de la tabla D será la unión de los atributos clave de la entidad D. Si la entidad débil D, además, tiene una dependencia de identificación, la clave primaria de la tabla D será la unión de los atributos $cd_1, cd_2, \ldots, cd_t, cf_1, cf_2, \ldots, cf_m$, es decir, la unión de los atributos clave de la entidad débil D y de la entidad fuerte F.

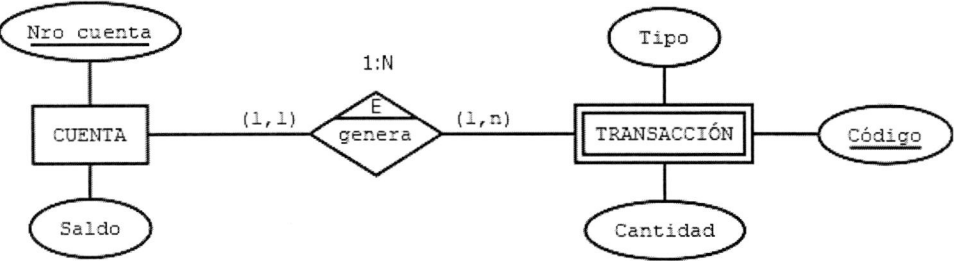

Figura 2.37: Paso a tablas de una entidad débil.

En el diagrama E-R de la figura 2.37, las tablas generadas son[3]:

CUENTAS_BANCARIAS(N<u>ºCuenta</u>, saldo)
TRANSACCIONES(<u>Código</u>,Tipo,Cantidad)

Transformación de relaciones

Por cada relación R entre entidades $E_1, E_2, \ldots, E_N$.

La clave de E_i es $C_i = a_i1, a_i2, \ldots, a_iN$.

Regla general para las relaciones: se crea una tabla con todos los campos claves de las entidades relacionadas y los atributos de la relación. La clave primaria de la tabla generada es la suma de los atributos claves de las entidades relacionadas, y cada clave incorporada a la tabla, será una clave foránea que referencia a la tabla de la que se importa.

---

[3]Falta incorporar en la figura el atributo NºCuenta a la tabla TRANSACCIONES, aquí se ha omitido para centrar la atención en los atributos de las entidades. Consultar la sección de excepciones en la transformación de relaciones.

Por ejemplo, en la figura 2.38 hay una relación ternaria con dos entidades con clave compuesta, aula y asignatura, y otra, estudiante, que tiene una clave simple. La transformación al modelo relacional exige la creación de una tabla para la relación. La tabla ESTUDIOS, tendrá como columnas los atributos clave del aula, los de asignatura y el atributo clave de estudiante, todos ellos formando la clave primaria y, al mismo tiempo, actuando como claves foráneas de sus respectivas tablas. Además, se incorpora el atributo de relación "hora".

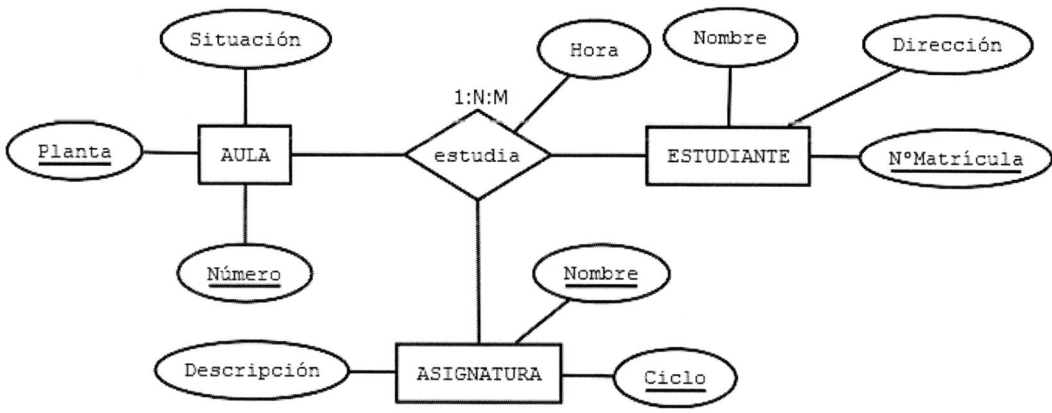

Figura 2.38: Paso a tablas de una relación.

AULAS(Numero, Planta, Situación)
ESTUDIANTES(NºMatrícula, Nombre, Dirección)
ASIGNATURAS(Nombre, Ciclo, Descripción)
ESTUDIOS(Número, Planta, NºMatrícula, Nombre, Ciclo, Hora)

El consejo del buen administrador...

Aunque en teoría, la tabla ESTUDIOS tiene como clave primaria la suma de las claves primarias de las tablas que relaciona, tener en una base de datos tablas con claves tan complejas, hace que el sistema pueda funcionar más lento de lo esperado debido a la multitud de comprobaciones que el gestor debe realizar cuando se inserta o modifica un dato. Si es un sistema cuyo funcionamiento se base en la inserción o modificación constante de datos, más que en la consulta de los mismos, quizá, en estos casos, se pueda saltar la teoría y crear un campo sencillo adicional, identificador de la fila, y sustituirlo por la clave primaria compuesta original. De esta forma, se simplifica enormemente la clave primaria en pos de un funcionamiento más eficiente. Nótese, que en estos casos, se pierde mucha semántica que, o se ignora o habría que controlar de otros modos.

No siempre se aplica la regla general para crear una tabla por cada relación. Generalmente, se pueden encontrar las siguientes excepciones a la regla general:

1. **Relaciones con cardinalidad 1:N**. En este caso, no se crea una tabla para la relación, sino que se añade a la tabla de la entidad que actúa con participación máxima N la clave de la entidad que actúa con participación máxima 1 (como clave foránea). Si además, la relación tuviera atributos se importarían también a la entidad que actúa con participación máxima N:

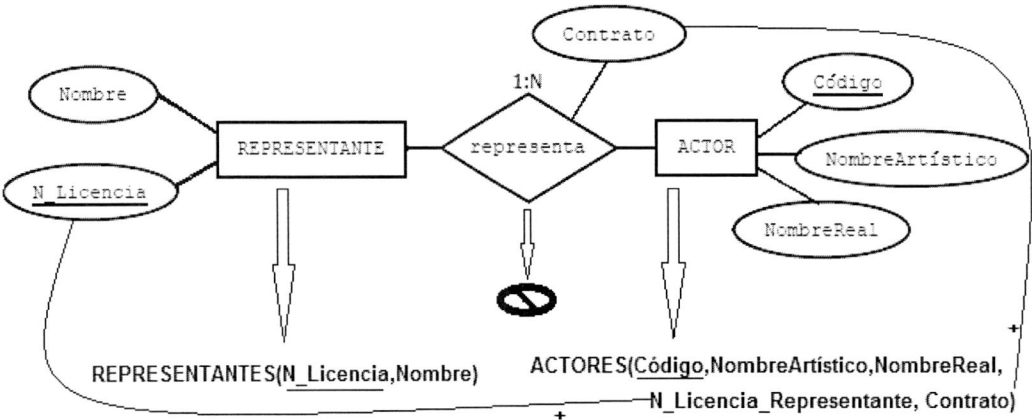

Figura 2.39: Excepción I. Relaciones 1-N.

La transformación quedaría como se ilustra en la Figura 2.39. Se puede observar que en este caso, no se ha creado una tabla para la relación, sino que se ha añadido a la tabla ACTORES la clave foránea N_Licencia_Representante que referencia al campo N_Licencia de la tabla REPRESENTANTES. También se ha añadido el campo Contrato, atributo de la relación, a la tabla ACTORES.

ACTORES(Codigo, NombreArtísitico, NombreReal, N_Licencia_Representante,Contrato)
REPRESENTANTES(N_Licencia,Nombre)

2. **Relaciones reflexivas con cardinalidad 1-N**. En este caso, tampoco se crea una tabla para la relación. Hay que crear una tabla con el nombre de la entidad, añadiendo otra vez la clave cambiada de nombre.

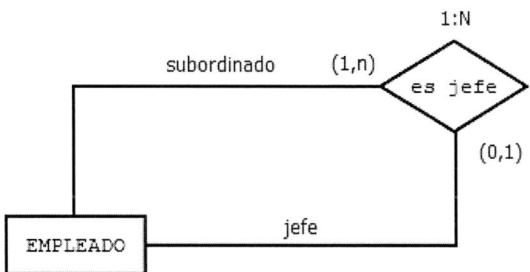

Figura 2.40: Excepción II. Relaciones reflexivas 1-N.

En el ejemplo de la Figura 2.40, el empleado solo puede tener un jefe, por tanto, se incorpora el DNI del jefe del empleado (DNISupervisor) como clave foránea.

EMPLEADOS(<u>DNI</u>,Nombre,DNISupervisor)

◇ **Actividad 2.19**: En las relaciones reflexivas con cardinalidad m-n, se aplica la regla general para la transformación de relaciones. Expresa cómo sería la regla para crear tablas con relaciones reflexivas con cardinalidad m-n. Después, aplica esa regla para transformar la Figura 2.40 suponiendo que tuviera cardinalidad m-n.

3. **Relaciones 1-1**. Este tipo de relaciones tampoco generan tablas. El paso a tablas se realiza de forma muy parecida a las relaciones 1-N. En este caso, tampoco se genera tabla para la relación y se tiene la libertad de poder incorporar la clave de una de las dos entidades a la otra.

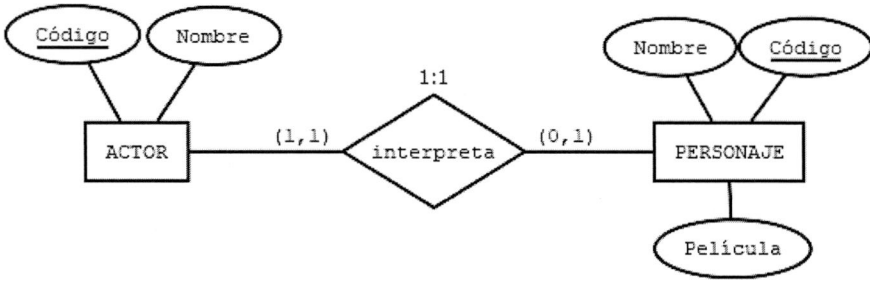

Figura 2.41: Excepción III. Relaciones 1-1.

En este caso existen las siguientes opciones:

- Incorporar la clave de Personajes como clave foránea en la tabla actores:

  | ACTORES(Codigo, Nombre, CodigoPersonaje) |
  | PERSONAJES(Codigo,Nombre,Película) |

- Incorporar la clave de Actores como clave foránea en la tabla Personajes:

  | ACTORES(Codigo, Nombre) |
  | PERSONAJES(Codigo,Nombre,Película,CodigoActor) |

- Incorporar la clave de Actores como clave foránea en la tabla Personajes y la clave de Personajes a la tabla de Actores como clave foránea[4]:

  | ACTORES(Codigo, Nombre,CódigoPersonaje) |
  | PERSONAJES(Codigo,Nombre,Película,CodigoActor) |

Participaciones 0,x

Normalmente las participaciones son importantes para calcular la cardinalidad de la relación, y transformar conforme a las reglas expuestas hasta ahora. Incluso en muchas ocasiones, las participaciones se omiten en los diagramas Entidad/Relación. No obstante, es necesario tener en cuenta cuándo la participación tiene un mínimo de 0, para adoptar un campo de una tabla como opcional *NULL*, u obligatorio *NOT NULL*.

Merece la pena que nos detengamos un momento a analizar las distinta casuística. Imaginemos que tenemos la siguiente relación. Participaciones (0,1) y (0,1) generarían una relación 1:1 de cardinalidad, si el porcentaje de instancias que se relacionan es bajo nos va a interesar aplicar la regla general y propagar las claves en una nueva relación ya las soluciones que hemos comentado antes generarían muchos valores nulos al propagar las claves a las 'entidades'.

También no puede interesar aplicar la norma general y crear la relación si creemos que la relación 1:N se puede acabar convirtiendo en una relación N:M, o en el caso de que la relación tenga atributos si no queremos perder la semántica.

---

[4]Téngase en cuenta, que en este caso se está introduciendo una pequeña redundancia, pero que puede ser de mucha utilidad para simplificar futuras consultas.

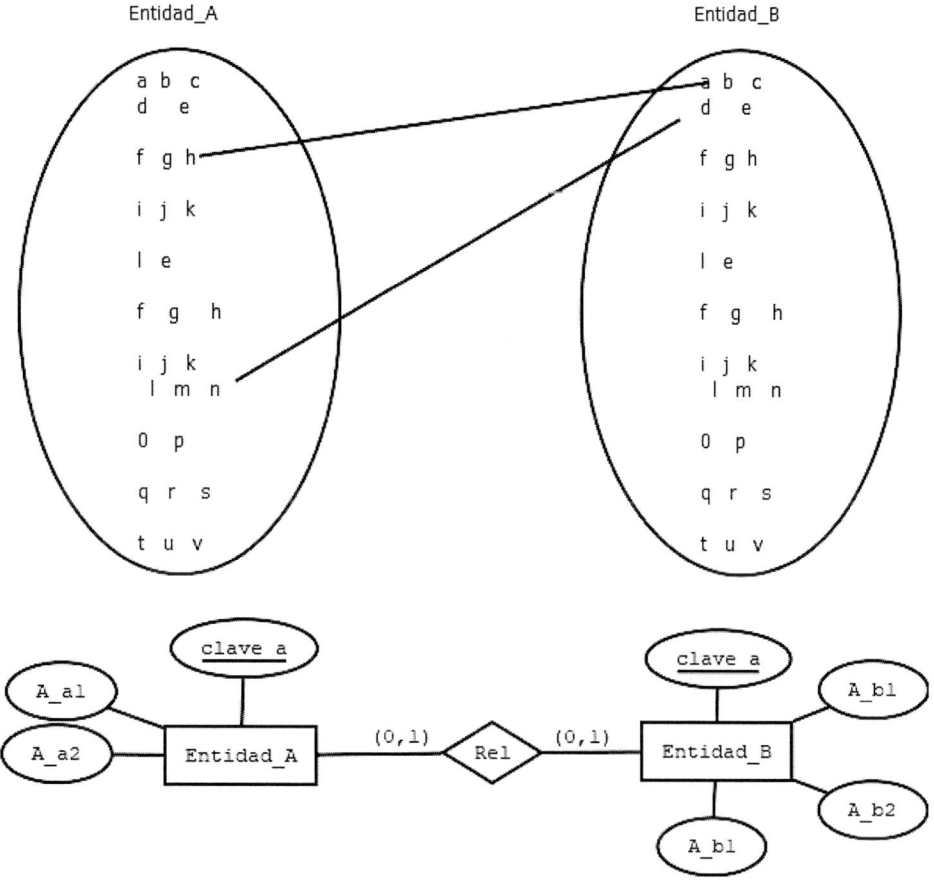

Figura 2.42: Paso a tablas de participaciones 0,1.

Entidad A(Clave A, A a1, A a2)
Entidad B(Clave B, A b1, A b2)
Rel (Clave A, Clave B)

El mismo problema tenemos si tenemos entidades con participación (0,n) que se relacionen con entidades con participación (x,1). No nos va a interesar propagar la clave a la entidad con (x,1) y nos conviene aplicar la norma general.

Atributos multivaluados

El modelo relacional, y los SGBD que se basan en él no permiten trabajar con atributos multivaluados. Un ejemplo muy típico de campo multivaluado o multivalor es el número de teléfono. La solución es muy sencilla: tan solo hay que crear una relación nueva con la clave de la relación y el campo multivaluado. Veamos como transformar la siguiente entidad con un campo multivaluado.

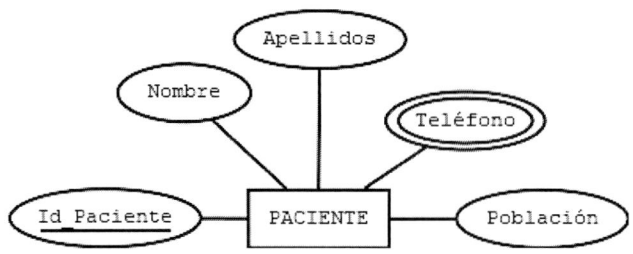

Figura 2.43: Entidad con atributo multivaluado.

Como puedes ver en la solución vamos a generar dos relaciones:

PACIENTE(IdPaciente, Nombre, Apellidos, Municipio)

PK: IdPaciente.

TELÉFONO-PACIENTE(IdPaciente, NroTeléfono)

PK: NroTeléfono.

FK: TELÉFONO-PACIENTE

Generalizaciones y especializaciones

Para transformar las generalizaciones se puede optar por 4 opciones. Cada opción se adaptará mejor o peor a los diferentes tipos de especialización (Exclusiva, Inclusiva, Total, Parcial).

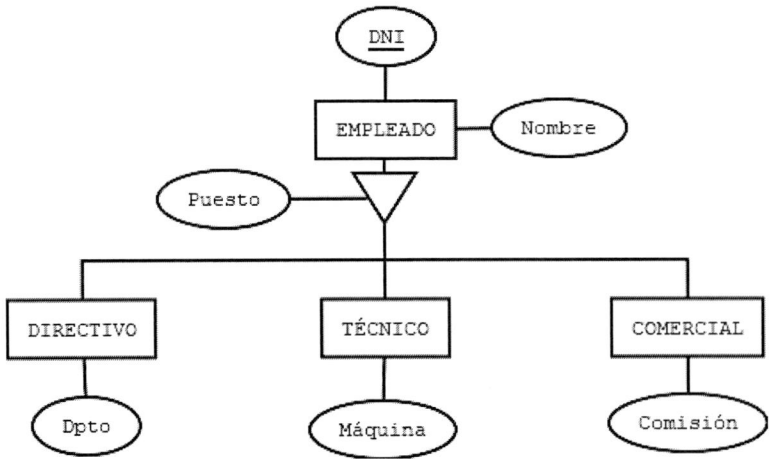

Figura 2.44: Paso a tablas de generalizaciones.

1. Se puede crear una tabla para la superclase y otras tantas para cada subclase, incorporando el campo clave de la superclase a las tablas de las subclases.

EMPLEADOS(<u>DNI</u>, Nombre,Puesto)
DIRECTIVOS(<u>DNI</u>,Dpto)
TECNICOS(<u>DNI</u>,Máquinas)
COMERCIALES(<u>DNI</u>,Comisión)

2. Se puede crear una tabla para cada subclase incorporando todos los atributos de la clase padre, y no crear una tabla para la superclase.

DIRECTIVOS(<u>DNI</u>,Nombre,Puesto,Dpto)
TÉCNICOS(<u>DNI</u>,Nombre,Puesto,Máquinas)
COMERCIALES(<u>DNI</u>,Nombre,Puesto,Comisión)

3. Se puede crear una sola tabla para la superclase, incorporando los atributos de todas las subclases y añadir, para distinguir el tipo de la superclase, un campo llamado "tipo", que contendrá el tipo de subclase al que representa cada tupla. Este tipo de opción se adapta muy bien a las especializaciones exclusivas.

EMPLEADOS(<u>DNI</u>, Nombre,Puesto, Dpto, Máquinas, Comisión, Tipo)

4. Se puede crear una sola tabla para la superclase como en la opción anterior, pero en lugar de añadir un solo campo "tipo", se añaden varios campos que indiquen si cumple un perfil, de este modo se soportan las especializaciones inclusivas.

EMPLEADOS(<u>DNI</u>, Nombre,Puesto, Dpto, Máquinas, Comisión, EsDirectivo, EsTécnico, EsComercial)

Notación de restricciones a modelo relacional

Hasta ahora hemos explicado cómo pasar los diagramas Entidad/Relación a modelo relacional indicando como las entidades y según el caso las relaciones se transforman en relaciones del modelo relacional escribiendo el nombre de la entidad o la relación en mayúsculas y a continuación entre paréntesis la relación de atributos. También hemos comentado que la clave va subrayada.

RELACIÓN(<u>AtributoClave</u>, Atributo2, Atributo3, ..., AtributoN);

Pero el modelo conceptual DER era mucho más rico en significado. No podemos perder semántica y el modelo relacional tiene que ser capaz de recoger estas restricciones. A continuación vamos a establecer una notación básica para representarlas.

1. **Restricción de clave primaria (Primary Key Constraint)**: Una clave primaria es un conjunto de uno o más atributos que identifica de manera única una tupla en una tabla. No puede tener valores nulos y debe ser única para cada fila. Se representa con el atributo o atributos que la forman subrayados. Además, vamos a indicarlos expresamente escribiendo las letras PK (Primary Key) en una línea tras la línea de la relación y la lista de atributos que la forman:

ESCRIBE(IdLibro, IdAutor, Fecha)

PK: IdLibro, IdAutor.

2. **Restricción de clave foránea (Foreign Key Constraint)** Una clave foránea es un conjunto de uno o más atributos en una tabla que hace referencia a la clave primaria de otra tabla con la que está relacionada. Garantiza la integridad referencial. El valor de la clave foránea debe existir en la clave primaria de la tabla referenciada, o ser nulo si está permitido.

Por ejemplo el IdAutor hace referencia a un autor de la relación (o tabla) AUTORES, y el IdLibro a un libro de la relación LIBROS, y además estos atributos son claves primarias en sus respectivas relaciones (o tablas). Para representarlo en nuestro modelo relacional por cada clave foránea (también se conoce como clave ajena o externa) vamos a crear una línea escribiendo FK (Foreign Key) y a continuación el nombre de la relación un punto separando la clave foránea y una flecha apuntado a la relación que referencia y entre paréntesis el nombre de la clave en dicha tabla. Esto es debido a que no tienen porque llamarse igual en ambas relaciones. Aunque suele ser lo más habitual.

ESCRIBE(IdLibro, IdAutor, Fecha)

PK: IdLibro, IdAutor.

FK: ESCRIBE.IdLibro $\rightarrow$ LIBRO(IdLibro).

FK: ESCRIBE.IdAutor $\rightarrow$ AUTOR(DNI).

También, podemos establecer el comportamiento que van a tener las claves foráneas cuando se modifique o elimine el valor de la clave primaria en la tabla que referencian. Es muy importante para mantener la integridad referencial. Las claves foráneas tienen que tener un valor igual al de alguna clave primaria o valor nulo si se permite.

Comportamiento	BORRADO	ACTUALIZACIÓN
CASCADA	Elimina las filas relacionadas	Actualiza las claves foráneas relacionadas
NULO	Establece las claves foráneas a `NULL`	Establece las claves foráneas a `NULL`
NO ACCIÓN	No permite eliminar la fila si hay relaciones	No permite actualizar la fila si hay relaciones
DEFECTO	Establece las claves foráneas al valor por defecto	Establece las claves foráneas al valor por defecto

Cuadro 2.1: Resumen de comportamientos de claves foráneas en SQL

Si nos dicen que cuando se modifica el IdAutor se deben actualizar las claves foráneas y si se elimina elimina poner sus referencias a NULO sería así:

ESCRIBE(IdLibro, IdAutor, Fecha)

PK: IdLibro, IdAutor.

FK: ESCRIBE.IdLibro → LIBRO(IdLibro).

FK: ESCRIBE.IdAutor → AUTOR(DNI). BORRADO: NULO, ACTUALIZACIÓN: CASCADA

Acordamos que si se omite el comportamiento, este será NO ACCIÓN. Es decir, no se podrán borrar ni actualizar las claves que estén relacionadas.

3. Restricción de unicidad (Unique Constraint): Asegura que todos los valores de una columna o conjunto de columnas sean únicos en una tabla. Permite un único valor nulo. Representa los identificadores alternativos.

COCHE(matrícula, marca, modelo, plazas, nroBastidor)

PK: matricula.

UK: ÚNICO(nroBbastidor)

4. Restricción de no nulo (Not Null Constraint): Especifica que una columna no puede contener valores nulos. Obliga a que cada fila tenga un valor en la columna especificada. Si esta restricción se aplica a una clave foránea obliga a que todos las filas participen en la relación.

> *COCHE*(matrícula, marca, modelo, plazas, nroBastidor, propietario)
>
> **PK:** matricula
>
> **FK:** COCHE.propietario → PROPIETARIO(DNI)
>
> **UK:** ÚNICO(nroBbastidor)
>
> **NN:** COCHE.Propietario NO NULO

5. Restricción de comprobación (Check Constraint): Asegura que los valores en una columna cumplen con una condición específica. Puede ser cualquier condición lógica que los valores de la columna deben satisfacer. Por ejemplo en una reserva de habitaciones de un hotel que la fecha de entrada sea anterior a la de salida.

> *RESERVA*(IdReserva, fechaEntrada, fechaSalida, plazas, régimen)
>
> **CC:** CHECK(fechaEntrada < fechaSalida)

6. Restricción de dominio (Domain Constraint): Define el conjunto de valores válidos para un atributo. Los dominios pueden ser tipos de datos predefinidos o tipos definidos por el usuario. Asegura que los valores de una columna pertenezcan a un dominio específico. Imaginemos el atributo EstadoCivil sabemos que va a ser una combinación de caracteres pero no me valen todas las combinaciones y puedo restringir a los valores de una lista ('Soltera', 'Casada', 'Viuda', 'Separada', 'Divorciada', 'Soltero', 'Casado', 'Viudo', 'Separado', 'Divorciado'). O un rango de valores por ejemplo la calificación puede ser un entero entre 0 y 10.

> *ALUMNO*(IdAlumno, Nombre, Apellidos, Calificación)
>
> **PK:** IdAlumno
>
> **DC:** Calificación VALOR(x):(0 <= x <= 10)

En general, debemos asegurarnos de restringir el comportamiento de los datos tanto como sea posible para replicar el comportamiento del problema que estamos modelando. Esto implica no solo establecer condiciones en una relación o tabla, sino también utilizar aserciones. Las aserciones son restricciones que se aplican a una o más tablas para asegurar que ciertas condiciones se cumplan siempre en la base de datos. A continuación, se presenta un ejemplo de cómo crear una aserción en SQL. Supongamos que tenemos dos tablas, Empleados y Proyectos, y queremos asegurarnos de que un empleado no trabaje en más de tres proyectos al mismo tiempo:

```
CREATE ASSERTION max_proyectos_por_empleado
CHECK (
NOT EXISTS (
SELECT EmpleadoID
FROM EmpleadoProyectos
GROUP BY EmpleadoID
HAVING COUNT(ProyectoID) > 3
);
```

Incluir todas estas restricciones en nuestro modelo es crucial. Si el modelo relacional no permite representar ciertas restricciones, es fundamental documentarlas por escrito para tenerlas en cuenta al crear nuestras tablas en el Sistema de Gestión de Bases de Datos Relacional (SGBDR) que elijamos: MS ACCESS, MySQL, ORACLE, DB2, SQL Server, PostgreSQL. De esta manera, el SGBDR se encargará de garantizar la consistencia de los datos y de cumplir con la integridad referencial.

2.8. Normalización

Habitualmente, el diseño de una base de datos termina en el paso del modelo Entidad/Relación al modelo relacional. No obstante, siempre que se diseña un sistema, no solo una base de datos, sino también cualquier tipo de solución informática, se ha de medir la calidad de la misma, y si no cumple determinados criterios de calidad, hay que realizar, de forma iterativa, sucesivos *refinamientos* en el diseño, para alcanzar la calidad deseada. Uno de los parámetros que mide la calidad de una base de datos es la *forma normal* en la que se encuentra su diseño. Esta forma normal puede alcanzarse cumpliendo ciertas restricciones que impone cada forma normal al conjunto de atributos de un diseño. El proceso de obligar a los atributos de un diseño a cumplir ciertas formas normales se llama ***normalización***.

Las formas normales pretenden alcanzar dos objetivos:

1. La duplicación innecesaria de datos dentro de una base de datos, lo que puede llevar a inconsistencias y aumento del espacio de almacenamiento. La redundancia tiene que ser mínima y estar controlada para evitar inconsistencias.

2. Evitar las anomalías en la Base de Datos. Problemas que pueden surgir en las operaciones de inserción, actualización y eliminación de datos debido a la mala estructura de la base de datos.

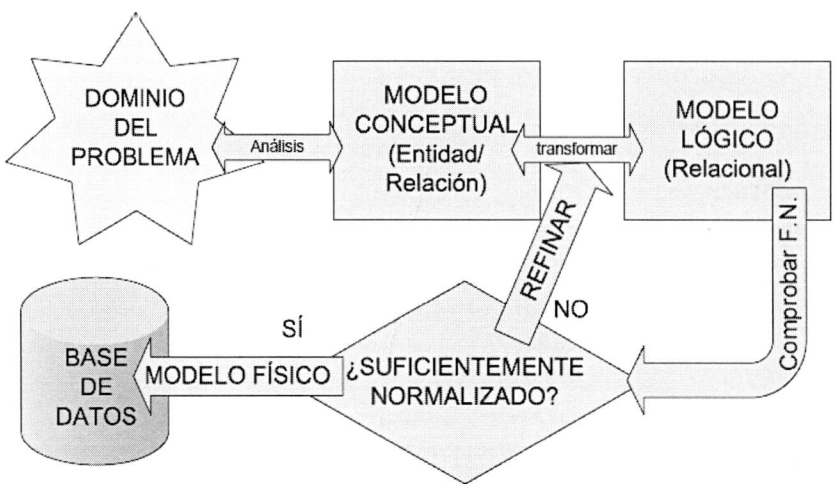

Figura 2.45: Refinamiento de un diseño de base de datos.

En la medida que se alcanza una forma normal más avanzada, en mayor medida se cumplen estos objetivos. Hay definidas 6 formas normales, cada una agrupa a las anteriores, de forma que, por ejemplo, la forma normal 3 cumple la forma normal 2 y la forma normal 1.

Antes de abordar las distintas formas normales, es necesario definir los siguientes conceptos [5]:

Dependencia funcional: Se dice que un atributo Y depende funcionalmente de otro atributo X, o que $X \rightarrow Y$, si cada valor de X tiene asociado en todo momento un único valor de Y. También se dice que X implica Y, y por tanto, que X es el *implicante*. Por ejemplo:
PRODUCTOS (<u>CódigoProducto</u>, Nombre, Precio, Descripcion)
CódigoProducto $\rightarrow$ Nombre, puesto que un código de producto solo puede tener asociado un único nombre, dicho de otro modo, a través del código de producto se localiza un único nombre.

Dependencia funcional completa: Dada una combinación de atributos $X(X_1, X_2, \ldots)$, se dice que Y tiene dependencia funcional completa de X, o que $X \Rightarrow Y$, si depende funcionalmente de X, pero no depende de ningún subconjunto del mismo. Por ejemplo:
COMPRAS (<u>CódigoProducto, CódigoProveedor</u>, Cantidad, FechaCompra)

---

[5]No es objetivo del libro entrar en los detalles matemáticos del proceso de normalización, y sí proporcional al lector una idea intuitiva del mismo.

CódigoProducto,CódigoProveedor $\Rightarrow$ FechaCompra, puesto que la Fecha-Compra es única para la combinación de CódigoProducto y CódigoProveedor (se puede hacer un pedido al día de cada producto a cada proveedor), y sin embargo, se pueden hacer varios pedidos del mismo producto a diferentes proveedores, es decir, CódigoProducto$\nrightarrow$Fecha.

Dependencia funcional transitiva: Dada la tabla T, con atributos (X,Y,Z), donde $X \rightarrow Y$, $Y \rightarrow Z$ e $Y \nrightarrow X$ [6], se dice que X depende transitivamente de Z, o que, $X- \rightarrow Z$.

Ejemplo 1:

PRODUCTOS (<u>CódigoProducto</u>, Nombre, Fabricante, País)

CódigoProducto $\rightarrow$ Fabricante

Fabricante $\rightarrow$ País

CódigoProducto $- \rightarrow$ País, es decir, CódigoProducto depende transitivamente de País.

Ejemplo 2:

PRODUCTOS (<u>CódigoProducto</u>, Nombre, Fabricante, País)

CódigoProducto $\rightarrow$ Nombre

Nombre $\rightarrow$ CódigoProducto

CódigoProducto $- \nrightarrow$ Nombre

A continuación, se describe de forma intuitiva las siguientes formas normales. Presta atención a que para estr en una forma normal es necesario estar en todas las formas normales anteriores. Es decir, para estar en FN3, es necesario estar en FN2 y a su vez para estar en FN2 es necesario estar en FN1.

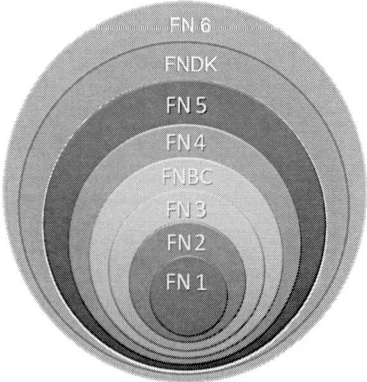

Figura 2.46: Formas Normales

---

[6]Y no depende de X.

FN 1: En esta forma normal se prohíbe que en una tabla haya atributos que puedan tomar más un valor. Esta forma normal es inherente al modelo relacional, puesto que las tablas gestionadas por un SGBD relacional, están construidas de esta forma. Por ejemplo, en la Figura 2.47 se puede ver cómo la tabla de pacientes no cumple la primera forma normal al tener campos multivaludados. Los campos multivaluados son correctos en el módelo Entidad/Relación pero no son válidos en el modelo relacional.

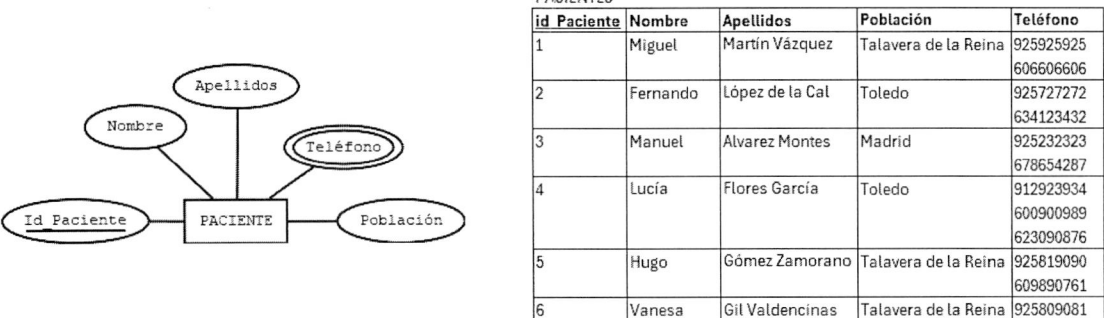

PACIENTES

id Paciente	Nombre	Apellidos	Población	Teléfono
1	Miguel	Martín Vázquez	Talavera de la Reina	925925925 606606606
2	Fernando	López de la Cal	Toledo	925727272 634123432
3	Manuel	Alvarez Montes	Madrid	925232323 678654287
4	Lucía	Flores García	Toledo	912923934 600900989 623090876
5	Hugo	Gómez Zamorano	Talavera de la Reina	925819090 609890761
6	Vanesa	Gil Valdencinas	Talavera de la Reina	925809081

Figura 2.47: No cumple la Primera Forma Normal.

La solución es muy simple. Tenemos que llevar el atributo multivaluado y la clave primaria a una nueva tabla y eliminar el atributo multivaluado de la tabla original. Puedes ver el resultado en la Figura 2.48, donde se puede ver cómo la tabla de pacientes no cumple la primera forma normal al tener campos multivaludados. Los campos multivaluados son correctos en el modelo Entidad/Relación pero no son válidos en el modelo relacional.

PACIENTES

id Paciente	Nombre	Apellidos	Población
1	Miguel	Martín Vázquez	Talavera de la Reina
2	Fernando	López de la Cal	Toledo
3	Manuel	Alvarez Montes	Madrid
4	Lucía	Flores García	Toledo
5	Hugo	Gómez Zamorano	Talavera de la Reina
6	Vanesa	Gil Valdencinas	Talavera de la Reina

TELÉFONOS

id Paciente	Teléfono
1	925925925
1	606606606
2	925727272
2	634123432
3	925232323
3	678654287
4	912923934
4	600900989
4	623090876
5	925819090
5	609890761
6	925809081

Figura 2.48: Tablas en Primera Forma Normal.

FN 2: Un diseño se encuentra en FN2 si está en FN1 y además, cada atributo que no forma parte de la clave tiene dependencia completa de la clave principal. No puede haber dependencias parciales.

Ejemplo:

VENTAS (VentasID, ProductoID, ProductoNombre, CategoriaProducto, Fecha, Cantidad, PrecioUnitario).

En este ejemplo hay varias dependencias funcionales:

ProductoID $\rightarrow$ ProductoNombre.

ProductoID $\rightarrow$ CategoriaProducto.

ProductoID $\rightarrow$ PrecioUnitario.

VentaID $\rightarrow$ Fecha.

ProductoID $\rightarrow$ ProductoNombre.

VENTAS

VentaID	ProductoID	ProductoNombre	CategoriaProducto	Fecha	Cantidad	PrecioUnitario
1	101	Laptop	Electrónica	01/06/2024	1	1000
1	102	Mouse	Electrónica	01/06/2024	2	20
2	101	Laptop	Electrónica	02/06/2024	1	1000
2	103	Teclado	Electrónica	02/06/2024	1	50
3	104	Silla	Muebles	03/06/2024	4	75
3	105	Escritorio	Muebles	03/06/2024	2	200
4	106	Monitor	Electrónica	04/06/2024	2	150
4	102	Mouse	Electrónica	04/06/2024	1	20
5	107	Impresora	Electrónica	05/06/2024	1	120
5	101	Laptop	Electrónica	05/06/2024	1	1000

Figura 2.49: Tabla no está en 2FN.

Por tanto, al no haber dependencia funcional completa, no está en FN2.

La solución es llevar a nuevas relaciones los atributos que forman parte de la clave con sus dependencias funcionales. Y la relación original estará la clave compuesta y los atributos que tengan dependencia funcional completa e la clave. En la siguiente imagen mostramos la solución.

DETALLE VENTAS

VentaID	ProductoID	Cantidad
1	101	1
1	102	2
2	101	1
2	103	1
3	104	4
3	105	2
4	106	2
4	102	1
5	107	1
5	101	1

VENTAS

VentaID	Fecha
1	01/06/2024
2	02/06/2024
3	03/06/2024
4	04/06/2024
5	05/06/2024

PRODUCTOS

ProductoID	ProductoNombre	CategoriaProducto	PrecioUnitario
101	Laptop	Electrónica	1000
102	Mouse	Electrónica	20
103	Teclado	Electrónica	50
104	Silla	Muebles	75
105	Escritorio	Muebles	200
106	Monitor	Electrónica	150
107	Impresora	Electrónica	120

Figura 2.50: Solución: tablas en FN2.

El modelo relacional sería:

DATOS VENTAS(VentaID, Fecha)

PK: VentaID.

PRODUCTOS(ProductoID, ProductoNombre, CategoriaProducto, PrecioUnitario)

PK: ProductoID.

DETALLE VENTAS(VentaID, ProductoID, Cantidad)

PK: VentasID, ProductoID.

FK: DETALLE VENTAS.VentasID → DATOS VENTAS(VentasID).

FK: DETALLES VENTAS.VentasID → DATOS PRODUCTOS(ProductoID).

FK: ESCRIBE.IdAutor → AUTOR(DNI). BORRADO: NULO, ACTUALIZACIÓN: CASCADA

FN 3: Un diseño se encuentra en FN3 si está en FN2 y además, no hay ningún atributo no clave que dependa de forma transitiva de la clave. Es decir, un atributo no clave no debe depender de otro atributo no clave).

Ejemplo:
PRODUCTOS (CódigoProducto, Nombre, Fabricante, País).

Hay todas estas dependencias:
CódigoProducto → Fabricante
Fabricante → País
CódigoProducto – ↛ País
País depende transitivamente de CódigoProducto, por tanto, no está en tercera forma normal.

PRODUCTOS

ProductoID	ProductoNombre	Fabricante	País
101	Laptop	MCV	España
102	Mouse	MCV	España
103	Teclado	LMI	España
104	Silla	MobLab	Italia
105	Escritorio	MobLab	Italia
106	Monitor	MCV	España
107	Impresora	LMI	España

Figura 2.51: Tabla no está en 3FN.

Para normalizar a FN· tenemos que crear una nueva tabla que contenga el atributo determinante (el atributo del cual otros atributos dependen funcionalmente) y todos los atributos que dependen de él. Y eliminar los atributos dependientes transitivos de la tabla original, dejando solo el atributo determinante.

PRODUCTOS

ProductoID	ProductoNombre	Fabricante
101	Laptop	MCV
102	Mouse	MCV
103	Teclado	LMI
104	Silla	MobLab
105	Escritorio	MobLab
106	Monitor	MCV
107	Impresora	LMI

FABRICANTES

FabricanteID	País
MCV	España
LMI	España
MobLab	Italia

Figura 2.52: Solución normalizada a FN3.

El modelo relacional sería:

PRODUCTOS(ProductoID, ProductoNombre, Fabricante)

PK: ProductoID

FK: PRODUCTOS.Fabricante → FABRICANTES(FabricanteID).

FABRICANTES(FabricanteID, País)

PK: FabricanteID.

FNBC: Esta forma normal, llamada Forma Normal de Boyce-Codd, exige que el modelo esté en FN3, y que además, todo implicante de la tabla, sea una clave candidata. Son pocos los casos en los que una relación se encuentre en FN3 y no esté también en FNBC. Esto ocurre cuando tenemos más de una clave candidata compuesta y las claves candidatas se solapan, es decir, tienen algún atributo común.

Ejemplo:
NOTAS (DNIAlumno, DNIProfesor, NombreProfesor, Nota).
DNIProfesor → NombreProfesor
NombreProfesor → DNIProfesor
DNIProfesor,DNIAlumno → Nota

En este caso, la tabla está en 3FN porque no hay dependencias funcionales transitivas, y sin embargo no está en FNBC porque NombreProfesor y DNI-Profesor son implicantes, y no son claves candidatas. Para obtener la tabla en FNBC habría que quitar de la tabla los atributos DNIProfesor y NombrePro-fesor.

Otras formas normales: Existen más formas normales (FN4, FN5, FNDK, FN6 cuyo alcance excede el de este libro y cuya aplicación en el mundo real es únicamente teórica). Las formas normales 4 y 5, se ocupan de las dependencias entre atributos multivaluados, la Forma Normal Dominio Clave (FNDK) trata las restricciones y los dominios de los atributos, y finalmente la FN6 trata ciertas consideraciones con las bases de datos temporales.

2.9. Prácticas Resueltas

Práctica 2.1: Startrekfans.com v.1.0

Un club de fans de la famosa película Startrek, ha decidido crear una página web donde se pueda consultar información referente a todas las películas y capítulos de la saga. El dominio startrekfans.com se redirigirá a un servidor web que consulte una base de datos con la siguiente información:

- Actores: Es necesario conocer el nombre completo del actor, el personaje que interpreta, la fecha de nacimiento y su nacionalidad.

- Personajes: De los personajes es necesario saber el nombre, su raza y graduación militar que desempeña (capitán, teniente, almirante, etc.). Es importante conocer el actor que interpreta el personaje, teniendo en cuenta que, un personaje solo puede ser interpretado por un actor, y un actor solo puede interpretar un personaje. Además, será necesario conocer el personaje del que depende directamente en graduación militar.

- Capítulos: Hay que almacenar todos los capítulos, indicando a qué temporada pertenece cada capítulo, el título, el orden en el que fue rodado, fecha de su primera emisión en televisión y los personajes que participaron en cada capítulo.

- Películas: Se deben almacenar también, todas las películas que se proyectaron en cines, cada una con su año de lanzamiento, título y director. También hay que guardar los personajes que aparecen en cada película y cuál de ellos fue el protagonista.

- Planetas: En cada capítulo, se visitan 1 o varios planetas, hay que almacenar el código del planeta, su nombre, galaxia a la que pertenece, y el problema que se resolvió en esa visita y la nave con la que se viajó al planeta. Para la descripción del problema será suficiente con un campo de texto de 255 caracteres. De la nave se almacenará el nombre, código y número de tripulantes.

1. Realiza un diagrama Entidad/Relación que modele el diseño de la base de datos. Puedes hacerlo en papel, con dia, con visio, o con cualquier otro software de diagramas.

2. Realiza la conversión al modelo relacional del diagrama realizado en el primer Apartado, indicando qué claves primarias y foráneas se han de crear.

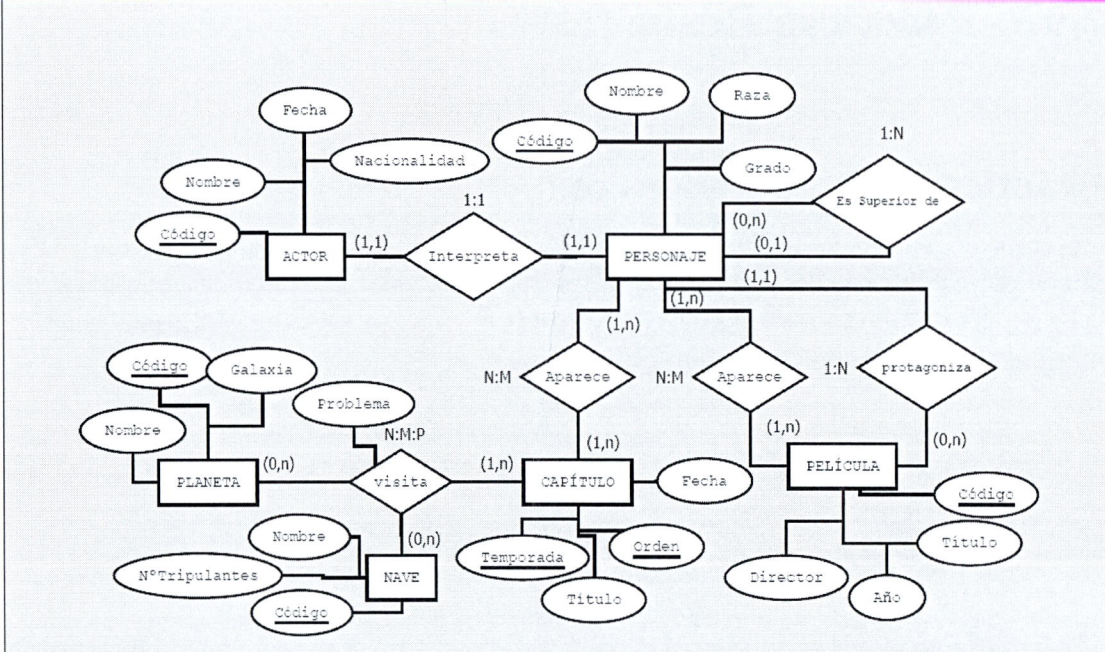

Paso a tablas:
ACTORES(Código,Nombre,Fecha,Nacionalidad)
PK: *Código.*
PERSONAJES(Código,Nombre,Raza,Grado, CódigoActor,CodigoSuperior)
PK: *Código.*
FK: *PERSONAJES.CódigoActor → ACTORES(Código)*
NN: *PERSONAJES.CódigoActor.*
PLANETAS(Código,Galaxia,Nombre)
PK: *Código.*
CAPÍTULOS(Temporada,Orden,Título,Fecha)
PK: *Temporada, Orden.*
PELÍCULAS(Código,Título,Director,Año,Protagonista)
PK: *Código.*
FK: *PELÍCULAS.Protagonista → PERSONAJES (Código)*
NN: *PELÍCULAS.Protagonista.*
PERSONAJESCAPITULOS(CódigoPersonaje,Temporada,Orden)
PK: *CódigoPersonaje,Temporada,Orden.*
PERSONAJESPELICULAS(CódigoPersonaje,CódigoPelícula)
PK: *CódigoPersonaje,CódigoPelícula.*
FK: *PERSONAJESPELÍCULAS.CódigoPersonaje → PERSONAJES(Código).*
FK: *PERSONAJESPELÍCULAS.CódigoPelícula → PELÍCULAS(Código).*
VISITAS(CódigoNave,CódigoPlaneta,Temporada,Orden)
PK: *CódigoNave,CódigoPlaneta,Temporada,Orden.*
FK: *VISITAS.CódigoNave → NAVES(Código).*
FK: *VISITAS.CódigoPlaneta → PLANETAS(Código).*
FK: *VISITAS.Temporada,Orden → CAPITULOS(Temporada,Orden).*
NAVES(Código,Nº Tripulantes,Nombre)
PK: *Código.*

Obsérvese que:

★ En el enunciado no aparece explícitamente el campo Código para los personajes y actores, pero es necesario incluirlo para dotar de un atributo clave a estas entidades. Es una exigencia del modelo Entidad/Relación: al menos debe de haber un atributo clave.

★ La clave de la entidad Capítulo es compuesta, por tanto en las relaciones se importan los dos atributos que forman la clave. Otra opción si no queremos trabajar con claves compuestas es que al igual que en el apartado anterior nos hubieramos "inventado" un atributo código de capítulo ya que luego va a ser más fácil utilizarlo.

★ La relación ternaria tiene cardinalidad M:N:P, es decir, Muchos-Muchos-Muchos.

★ En la relación **interpreta** se podrían haber incorporando los dos campos claves a las entidades opuestas. Aunque introduce redundancia de datos, es útil para agilizar consultas. Lo contrario hubiera sido crear una nueva tabla INTERPRETACIONESçon las claves de ACTORES y de PERSONAJES. En este caso no agilizaría las consultas pero conservaría la semántica del modelo.

★ Nótese que a las dos relaciones **Aparece**, se les ha cambiado el nombre por una combinación de las dos entidades que relaciona, para evitar la posible ambigüedad: PERSONAJESPELÍCULAS y PERSONAJESCAPÍTULOS.

★ El nombre de las tablas aparece en plural, mientras que el de las entidades aparece en singular. Esto es debido a que la entidad representa un concepto abstracto y la tabla un conjunto de datos.

★ También es interesante que nos fijemos en las restricciones NN (No Nulo), las hemos establecido en algunas claves foráneas para obligar a participar en la relación. Lo hemos hecho en aquellas relaciones 1:1 y 1:N que hemos propagado la clave y su participación mínima es 1. Al no permitir nulo obligamos a que todas las instancias de la relación estén relacionadas. Es decir, obligamos a que todos los personajes los interprete un actor y a que todas las películas estén protagonizadas por un personaje.

◇

Práctica 2.2: Startrekfans.com v.2.0

El club de fans de Startrek ha pensado ampliar los requisitos de la página web para hacer una segunda versión. Esta segunda versión consiste en incluir información extra para los personajes. De esta manera, si el personaje es un humano, se indicará su fecha de nacimiento y ciudad terráquea donde nació. Si el personaje es de la raza Vulcano, se almacenará el nombre del mentor y la fecha de graduación, y si es de raza Klingon, se guardará su planeta natal y la fecha de su último combate.

1. Realiza una generalización de la entidad Personaje indicando las especializaciones necesarias.

2. Transforma al modelo relacional la generalización del apartado anterior.

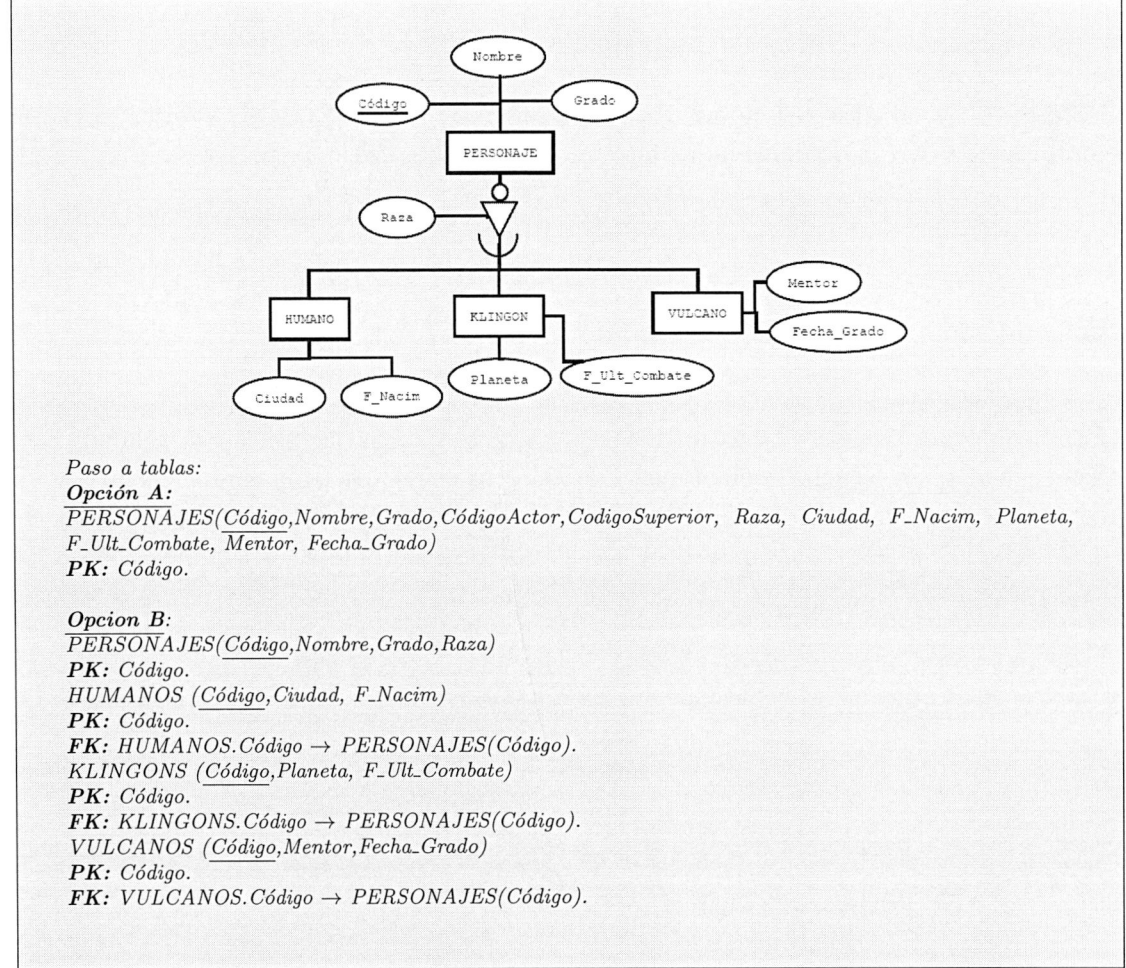

Paso a tablas:
Opción A:
PERSONAJES(*Código*,Nombre,Grado,CódigoActor,CodigoSuperior, Raza, Ciudad, F_Nacim, Planeta, F_Ult_Combate, Mentor, Fecha_Grado)
PK: *Código.*

Opcion B:
PERSONAJES(*Código*,Nombre,Grado,Raza)
PK: *Código.*
HUMANOS (*Código*,Ciudad, F_Nacim)
PK: *Código.*
FK: HUMANOS.Código → PERSONAJES(Código).
KLINGONS (*Código*,Planeta, F_Ult_Combate)
PK: *Código.*
FK: KLINGONS.Código → PERSONAJES(Código).
VULCANOS (*Código*,Mentor,Fecha_Grado)
PK: *Código.*
FK: VULCANOS.Código → PERSONAJES(Código).

Obsérvese que:

★ Proponemos dos posibles soluciones y comentamos sus características. Si se ha optado por la opción A en este caso se ha creado una única tabla con el campo Raza como discriminante de tipo, que indicará los campos a rellenar según su tipo. Por ejemplo, si la raza es Klingon, tan solo se rellenarán los campos Planeta y F_Ult_Combate. Esto generará 4 valores nulos por personaje, pero evitará complejidad en el modelo al no tener tablas extra.

A nosotros nos gusta más la opción B. No genera nulos aunque añade complejidad.

★ No contemplamos las otras soluciones. La opción que usa una sola tabla y varios campos para indicar si cumple o no el perfil más los campos del perfil es más indicado para especializaciones inclusivas. Y la opción de no crear la tabla para la superclase y que las subclases contengan todos los atributos comunes no tiene sentido ya que como vimos en el punto anterior PERSONAJES se relaciona con PERSONAJESCAPITULOS Y PERSONAJESPELICULAS. Tendríamos que relacionarlas con todas las subclases.

★ En ambos casos al tratarse de una especialización total y exclusiva, cada personaje solo puede pertenecer a una de las razas, y además tiene que pertenecer a una de manera obligatoria.

◇

Práctica 2.3: Startrekfans.com v.3.0

El club de fans de Startrek quiere la tercera versión de la base de datos de la siguiente forma:

En cada capítulo, la nave que viaja a un planeta, puede disponer de una nave pequeña llamada lanzadera con la que bajan a la superficie del planeta. La existencia de la lanzadera, solo tiene sentido si existe la nave a la que pertenece. Se identificará cada lanzadera mediante un número entero y el código de la nave. Es necesario conocer la capacidad en personas de la lanzadera.

1. Incorporar los cambios de la tercera versión al modelo conceptual y lógico de las prácticas anteriores.

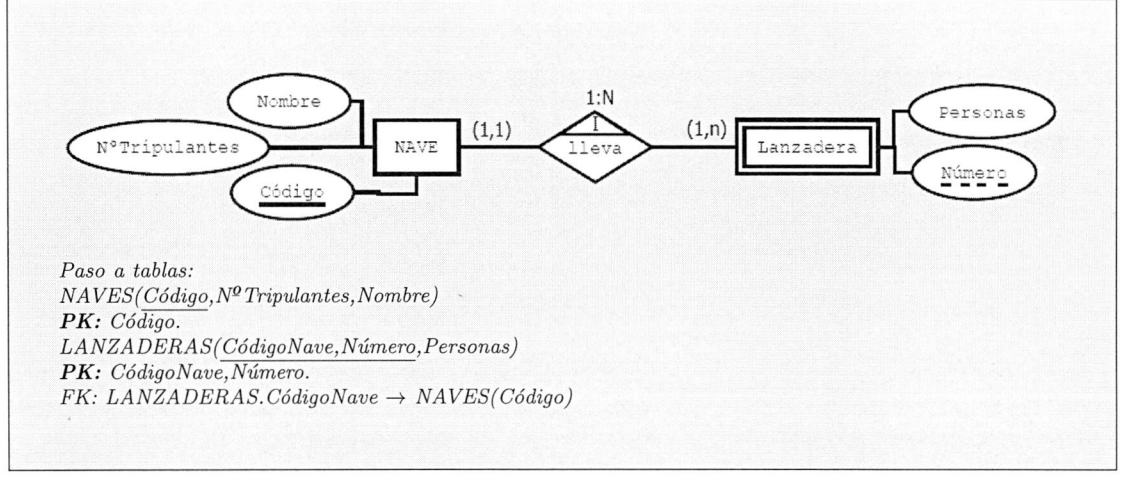

Paso a tablas:
NAVES(Código,Nº Tripulantes,Nombre)
PK: *Código.*
LANZADERAS(CódigoNave,Número,Personas)
PK: *CódigoNave,Número.*
FK: LANZADERAS.CódigoNave → NAVES(Código)

Obsérvese que:

★ Al ser una relación 1-N se importa a LANZADERAS el atributo CódigoNave.

★ El campo Número es una clave débil.

★ Al tratarse de una dependencia de identificación, el CódigoNave forma parte de la clave primaria de la tabla LANZADERAS.

◇

Práctica 2.4: Control de aparcamientos.

Una empresa de control de aparcamientos desea realizar la gestión de multas de manera automatizada, para ello decide encargarnos del diseño de su base de datos. Reunidos con el gerente y los vigilantes acordamos que la base de datos debe cumplirlos siguientes requisitos:

- Desean tener controlados todos los propietarios de vehículos, de los que se desea conocer el DNI, el nombre, los apellidos, dirección, código postal, localidad y provincia. De los vehículos, el modelo, color, la matrícula.

- Lo vigilantes están identificados por un código, y además guardamos sus datos personales: nombre, apellidos, dirección, CP, localidad, provincia, teléfono.

- Un vehículo pertenece a un propietario en un periodo determinado, es decir el propietario podría transferir el vehículo, pudiendo el mismo vehículo pertenecer a propietarios distintos en periodos diferentes. De igual forma un propietario puede tener varios vehículos.

- Los vigilantes multan a los vehículos que están estacionados sin ticket o con el ticket caducado, indicando la calle, el día y la hora, y el tipo de sanción (carecer de ticket o haber rebasado la hora), y la cuantía de dicha sanción.

- Los parquímetros emiten ticket, con el número de ticket, la cantidad, la fecha, hora de emisión y hora de caducidad, y matrícula de coche. Es decir un vehículo puede tener varios ticket pero un ticket solo es válido para un vehículo.

1. Construye el Diagrama E/R.

2. Pasa el Diagrama E/R a modelo Relacional.

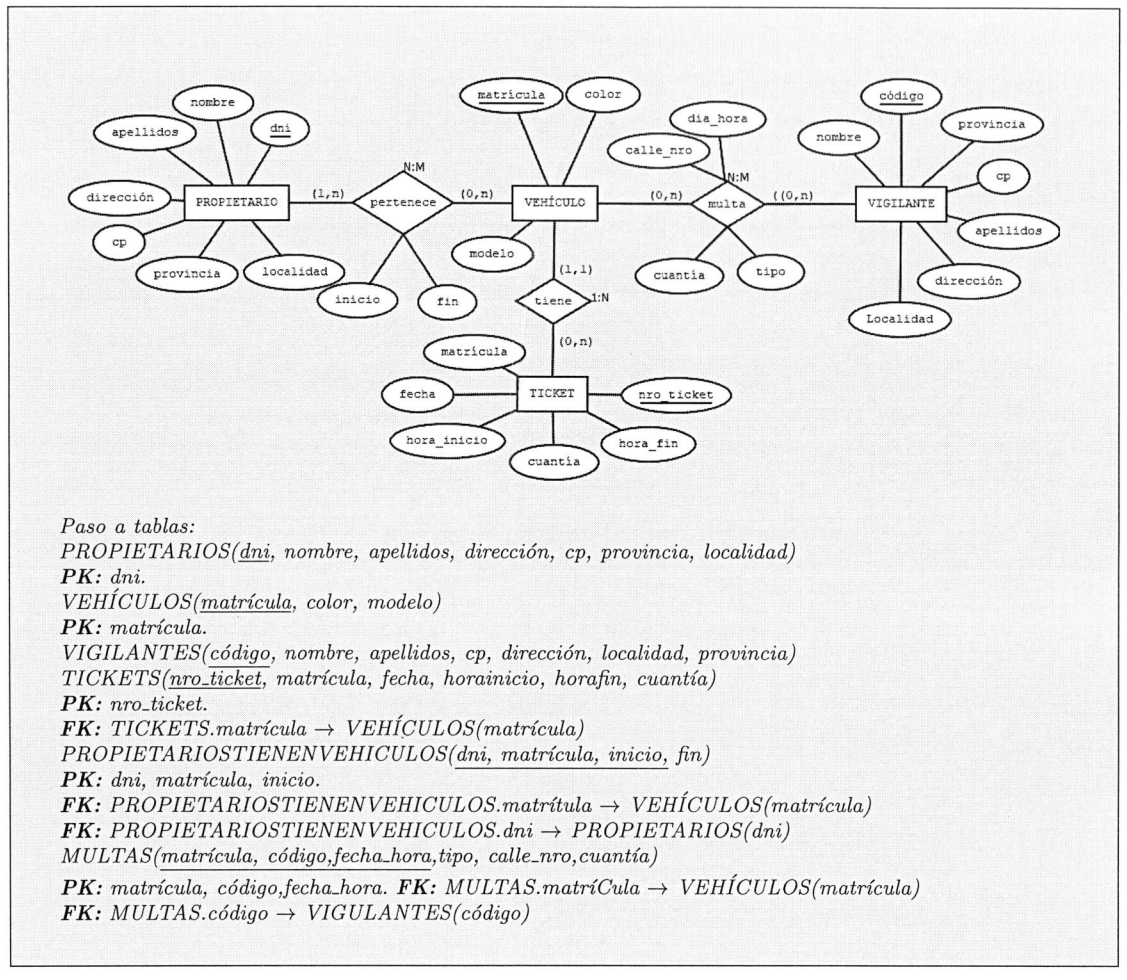

Paso a tablas:
PROPIETARIOS(<u>dni</u>, nombre, apellidos, dirección, cp, provincia, localidad)
PK: *dni.*
VEHÍCULOS(<u>matrícula</u>, color, modelo)
PK: *matrícula.*
VIGILANTES(código, nombre, apellidos, cp, dirección, localidad, provincia)
TICKETS(<u>nro_ticket</u>, matrícula, fecha, horainicio, horafin, cuantía)
PK: *nro_ticket.*
FK: *TICKETS.matrícula → VEHÍCULOS(matrícula)*
PROPIETARIOSTIENENVEHICULOS(dni, matrícula, inicio, fin)
PK: *dni, matrícula, inicio.*
FK: *PROPIETARIOSTIENENVEHICULOS.matrítula → VEHÍCULOS(matrícula)*
FK: *PROPIETARIOSTIENENVEHICULOS.dni → PROPIETARIOS(dni)*
MULTAS(matrícula, código,fecha_hora,tipo, calle_nro,cuantía)
PK: *matrícula, código,fecha_hora.* **FK:** *MULTAS.matríCula → VEHÍCULOS(matrícula)*
FK: *MULTAS.código → VIGULANTES(código)*

Obsérvese que:

★ Las relaciones PROPIETARIOSTIENENVEHICULOS y MULTAS, son relaciones muchos a muchos y no tienen atributo que sea clave primaria. En la solución hemos seleccionado un conjunto de atributos mínimo que lo cumplan los requisitos para ser clave.

Otra solución sería que hubiéramos creado nosotros un atributo clave que fuera un identificador único:
PROPIETARIOSTIENENVEHICULOS(<u>id_transferencia</u>, dni, matrícula, inicio, fin)
PK: id_transferencia.
MULTAS(<u>id_multa</u>, matrícula, código, fecha_hora,tipo, calle_nro,cuantía)
PK: id_multa.

◇

Práctica 2.5: Normalización Bases de Datos.

Queremos tener una bases de datos con los profesores que imparten clase en los ciclos formativos de grado superior de informática.

★ Datos de los módulos que se imparten en cada ciclo.

■ Datos de los profesores. Código, nombre, mail.

■ Los módulos que imparte cada profesor.

▪ En qué clase se imparten lo módulos.

■ En qué curso se da cada módulo.

Se lo encargamos a los alumnos antes de estudiar esta unidad y creemos que su diseño no tiene la calidad suficiente.
Observa la siguiente tabla y realiza las tareas que se describen a continuación.

codigoMod	Ciclo	Curso	Módulo	CódProf	Profesor	Clase	email profesor
1	ASIR	1	GBD	1	Manuel	B12	manuel@riberadeltajo.es
2	ASIR	1	LMSGI	2	Jesús	B12	jesus@riberadeltajo.es
3	ASIR	1	ISO	3	Alberto	B12	alberto@riberadeltajo.es
4	ASIR	1	FH	3	Alberto	B12, LabD-21	alberto@riberadeltajo.es
5	ASIR	1	FOL	4	Elena	B12	elena@riberadeltajo.es
6	ASIR	1	PAR	5	Juan Carlos	B12, LabD-21	jcarlos@riberadeltajo.es
7	ASIR	1	Inglés	6	Mónica	B12, Aula Idiomas	monica@ribera del tajo.es
8	ASIR	2	IAW	1	Manuel	B12	manuel@riberadeltajo.es
9	ASIR	2	SAD	2	Jesús	B12	jesus@riberadeltajo.es
10	ASIR	2	ASO	7	Carlos	B12	carlos@riberadeltajo.es
11	ASIR	2	EIE	4	Elena	B12	elena@riberadeltajo.es
12	ASIR	2	SRI	5	Juan Carlos	B11, LabD-21	jcarlos@riberadeltajo.es
13	ASIR	2	ASO	8	Iván	B11	ivan@riberadeltajo.es
14	ASIR	2	FCT	1	Manuel	NO	manuel@riberadeltajo.es
15	ASIR	2	Proyecto	1	Manuel	NO	manuel@riberadeltajo.es

■ Describe las anomalías que presenta la tabla.

■ Normaliza la tabla hasta la FNBC (Forma Normal de Boyce Cood).

La tabla no se encuentra normalizada, ya que el campo o atributo Clase presenta mas de un valor. Esto se soluciona llevándonos dicho campo a otra tabla con la clave principal.

Módulos

codigoMod	Ciclo	Curso	Módulo	CódProf	Profesor	email profesor
1	ASIR	1	GBD	1	Manuel	manuel@riberadeltajo.es
2	ASIR	1	LMSGI	2	Jesús	jesus@riberadeltajo.es
3	ASIR	1	ISO	3	Alberto	alberto@riberadeltajo.es
4	ASIR	1	FH	3	Alberto	alberto@riberadeltajo.es
5	ASIR	1	FOL	4	Elena	elena@riberadeltajo.es
6	ASIR	1	PAR	5	Juan Carlos	jcarlos@riberadeltajo.es
7	ASIR	1	Inglés	6	Mónica	monica@ribera del tajo.es
8	ASIR	2	IAW	1	Manuel	manuel@riberadeltajo.es
9	ASIR	2	SAD	2	Jesús	jesus@riberadeltajo.es
10	ASIR	2	ASO	7	Carlos	carlos@riberadeltajo.es
11	ASIR	2	EIE	4	Elena	elena@riberadeltajo.es
12	ASIR	2	SRI	5	Juan Carlos	jcarlos@riberadeltajo.es
13	ASIR	2	ASO	8	Iván	ivan@riberadeltajo.es
14	ASIR	2	FCT	1	Manuel	manuel@riberadeltajo.es
15	ASIR	2	Proyecto	1	Manuel	manuel@riberadeltajo.es

Aulas

codigoMod	Clase
1	B12
2	B12
3	B12
4	B12
4	Lab-D21
5	B12
6	B12
6	Lab-D21
7	B12
7	Aula idiomas
8	B12
9	B12
10	B12
11	B12
12	B11
12	Lab-D21
13	B11
14	NO
15	NO

- *De esta forma como no tenemos tablas con atributos multivaluados podemos concluir que está en 1FN.*

- *Para comprobar si está en 2 FN, Tiene que estar en 1FN y todos los atributos tienen dependencia completa de la clave principal.y no de un subconjunto de esta, cosa que se da en las dos tablas ya que la clave en ambos casos es un solo campo: CodMód.*

- *Luego nos restaría probar si está en tercera forma normal. Para ello tenemos que comprobar que ademas de estar en 2FN, No puede haber atributos no claves que dependan transitivamente de la clave: En la tabla de módulo tenemos que la clave principal determina el nombre del profesor y este además determina el profesor, de igual forma determina el email.*

- *Finalmente pide que hagamos otra tabla en la que nos llevamos el codigo de profesor como clave primaria de esta nueva tabla.*

Módulos

codigoMod	Ciclo	Curso	Módulo	CódProf
1	ASIR	1	GBD	1
2	ASIR	1	LMSGI	2
3	ASIR	1	ISO	3
4	ASIR	1	FH	3
5	ASIR	1	FOL	4
6	ASIR	1	PAR	5
7	ASIR	1	Inglés	6
8	ASIR	2	IAW	1
9	ASIR	2	SAD	2
10	ASIR	2	ASO	7
11	ASIR	2	EIE	4
12	ASIR	2	SRI	5
13	ASIR	2	ASO	8
14	ASIR	2	FCT	1
15	ASIR	2	Proyecto	1

Profesores

CódProf	Profesor	email profesor
1	Manuel	manuel@riberadeltajo.es
2	Jesús	jesus@riberadeltajo.es
3	Alberto	alberto@riberadeltajo.es
4	Elena	elena@riberadeltajo.es
5	Juan Carlos	jcarlos@riberadeltajo.es
6	Mónica	monica@riberadeltajo.es
7	Carlos	carlos@riberadeltajo.es
8	Iván	ivan@riberadeltajo.es

2.10. Prácticas Propuestas

Práctica 2.6: Campaña de vacunación

En un país se ha decidido vacunar a toda la población debido a una pandemia, por lo que se desea llevar el control de vacunación de toda la población. Queremos almacenar la siguiente información:

- Todas la personas que se van a vacunar rellenan un formulario con los siguientes datos: DNI, Nombre, Apellido1, Apellido2, móvil, fecha de nacimiento. Será imprescindible tener al menos un móvil, puesto que la citación se hará enviando un sms: por este motivo dos personas no pueden tener el mismo número de móvil.

- Para tener un mejor control, las personas se clasifican en vulnerables, indicando en un atributo la enfermedad o enfermedades que tiene, y en profesionales esenciales con un atributo que recoge la profesión principal que ejerce. De manera que tenemos personas que no pertenecen a ninguno de estos grupos, otras que pertenecen a alguno de ellos e incluso algunas que pertenecen a los dos grupos.

- Las vacunas se compran a diferentes laboratorios, cada uno de ellos se identifica por un código de laboratorio, Nombre, Ciudad, País.

- Los laboratorios proporcionan dosis de vacunas, cada dosis está perfectamente numerada, tiene la fecha de envasado y la fecha de caducidad.

- A cada individuo se le pueden administrar cero (puede haber personas sin vacunar) o varias dosis en diferentes fechas, ten en cuenta que la base de datos queremos que nos sirva para tiempo, y es previsible que hasta erradicar la enfermedad se pueden hacer varias campañas de vacunación en los próximos años. Cada dosis se suministra a un único individuo.

1. Realiza una lista de candidatos a entidades, relaciones y atributos, indicando en cada entrada, si se admite o se rechaza como tal justificando el porqué de tu decisión. Por cada relación, razona su tipo y cardinalidad.

2. Realiza el diagrama Entidad/Relación.

3. Realiza el paso al modelo relacional aplicando correctamente las reglas.

◇

Práctica 2.7: Peluquería

Una peluquería desea llevar el control de sus empleadas y de sus clientes así como de los servicios que se prestan. Se desea almacenar la siguiente información:

- Empleadas: DNI, Nombre, Especialidad (Masaje, Corte, Color, Brushing, Manicuras, Rulos, etc.).

- Clientes: Datos personales (DNI, Nombre, Profesión, Teléfono y Dirección) y los tratamientos médicos a los que está sometido el cliente.

- Servicios prestados: Hay que saber qué empleada atendió a qué cliente, y qué tipo de servicio le prestó en qué fecha y hora.

- Citas: Fecha y Hora en la que se cita al cliente y empleada que realizará el servicio.

- Cosméticos: Código, Nombre, Cantidad y Precio.

- Ventas de cosméticos: Una empleada vende un cosmético a un cliente, obteniendo una comisión.

1. Realiza una lista de candidatos a entidades, relaciones y atributos, indicando en cada entrada, si se admite o se rechaza como tal razonando el porqué de tu decisión. Por cada relación, razona su tipo y cardinalidad.

2. Modeliza mediante un diagrama E/R.

3. Realiza el paso a tablas del modelo E/R.

◇

Práctica 2.8: Reyes Magos sin fronteras

La ONG *Reyes Magos sin fronteras* desea hacer una base de datos para que esta Navidad todos los niños pobres de España puedan recibir sus regalos la noche de los Reyes Magos. La ONG contacta con vecinos de distintos barrios para disfrazarlos de Reyes Magos y organizarlos en grupos lúdicos que realicen eventos para que los niños los visiten y puedan formular sus peticiones. Cada niño es recibido por un Rey Mago y puede hacer una única petición, la cual queda anotada en la base de datos para posteriormente, el día 6 de enero, entregar esa petición. La ONG comprará los regalos con el dinero que distintas organizaciones benéficas aportarán a la causa.

Los datos que interesa almacenar son los siguientes:

- De los vecinos: DNI, Nombre y apellidos, Rey Mago al que encarna y los vecinos a los que ha conseguido convencer para que se unan a la causa.

- De los niños: Nombre, Dirección y el Regalo que pide al Rey Mago. (Los niños, no tienen DNI, y necesitarán un dato identificativo).

- De los grupos de vecinos se necesita saber a qué Barrio pertenecen, número de integrantes del grupo y los Eventos que han organizado.

- De los eventos interesa conocer la Ubicación física, la Fecha, la Hora y los niños asistentes.

1. Realiza una lista de candidatos a entidades, relaciones y atributos, indicando en cada entrada, si se admite o se rechaza como tal justificando el porqué de tu decisión. Por cada relación, razona su tipo y cardinalidad.

2. Realiza el diagrama Entidad/Relación y el paso al modelo relacional.

◇

Práctica 2.9: Mundial de fútbol

Diseña una base de datos para organizar el campeonato mundial de fútbol. Considera los siguientes aspectos:

- Jugadores: un jugador puede pertenece a un único equipo y puede actuar en varios puestos distintos, pero en un determinado partido solo puede jugar en un puesto.

- Árbitros: En un partido intervienen 3 árbitros titulares, linier derecho, izquierdo, principal y un árbitro secundario. Un árbitro puede realizar una función en un partido y otra distinta en otro partido.

- Estadísticas: Se desea saber los goles que ha marcado un jugador en qué partido y en qué minuto, también se desea poder describir cómo sucedió el gol.

- Porteros: Se desea almacenar cuántas paradas ha realizado, en qué minuto, y en qué situación se han producido: penalti, tiro libre, corner o jugada de ataque.

- Partidos: Todos generan un acta arbitrar donde se pueden incluir todo los comentarios que el árbitro considere oportuno: lesiones, expulsiones, tarjetas, etc.

1. Realiza una lista de candidatos a entidades, relaciones y atributos, indicando en cada entrada, si se admite o se rechaza como tal, justificando el porqué de tu decisión. Por cada relación, razona su tipo y cardinalidad.

2. Realiza el diagrama Entidad/Relación y el paso al modelo relacional.

◇

Práctica 2.10: Supermercado virtual

Se va a desarrollar una aplicación informática para *www.virtualmarket.com* cuya interfaz de usuario estará basada en páginas web para que los clientes puedan realizar compras desde sus casas. La empresa dispone de una serie de repartidores que se encargan de distribuir los pedidos a los clientes. A continuación se muestra el informe de un analista tras una entrevista con el cliente:

La aplicación permitirá registrar nuevos clientes. Para usar la aplicación, un cliente deberá registrarse indicando sus datos personales (DNI, Nombre, Dirección, Código Postal, Teléfono de contacto, email y password) a través de un formulario de registro. Una vez registrado podrá acceder a la realización de pedidos con su email y su password.

Los productos que oferta el supermercado están divididos en diversas categorías. Los datos necesarios para cada categoría son: nombre de la categoría, condiciones de almacenamiento (frío, congelado, seco) y observaciones. Los datos de los productos son: nombre, marca, origen, dimensiones (volumen y peso), una fotografía, la categoría y unidades disponibles [7].

La aplicación permitirá visualizar un listado de productos ordenado por categoría, permitiendo seleccionar los productos que desee comprar mediante una caja de texto donde se indicará el número de unidades seleccionadas. La aplicación llevará la cuenta (cesta de la compra) de los productos que el cliente ha ido seleccionando.

La aplicación permitirá también efectuar un pedido con todos los productos que lleve almacenados en su cesta de la compra. Los datos del pedido son: código del pedido, fecha del pedido, cliente, dirección de entrega, productos pedidos, importe total del pedido y datos de pago (número de tarjeta y fecha de caducidad)[8].

Para poder generar un pedido se deberán dar dos situaciones:

- El cliente deberá pertenecer a una zona (Código Postal) donde existan repartidores. Un repartidor se identifica mediante un nombre, número de matrícula de la furgoneta y zona donde reparte.

---

[7]El control del stock está supervisado por otra aplicación subcontratada, y por tanto no es necesario preocuparse por él.

[8]El pago del pedido está automatizado mediante otro software que proporciona el banco.

- Debe haber unidades suficientes por cada producto para satisfacer las demandas de cada pedido.

Una vez generado el pedido se mostrará al usuario una página con los datos de su pedido, se restarán del stock las unidades pedidas y se emitirá una nota de entrega (albarán) a los responsables de almacén para que sirvan ese pedido.

Se pide:

1. Diseño Conceptual. Realizar el diagrama Entidad/Relación de la aplicación. Se ha de tener en cuenta que el entrevistado narra todo el proceso que necesita la lógica de su negocio. Se deberán separar los procedimientos de los datos.

2. Diseño Lógico. Realizar el paso al modelo relacional.

3. ¿En qué forma normal está la tabla Clientes?

◇

Práctica 2.11: Requisitos de una aplicación

Busca alguna persona que tenga un negocio. Puedes trabajar haciendo equipo con otros compañeros. Tenga informatizado el negocio o no, pídele que sea tu cliente y realiza las siguientes tareas de análisis:

- Entrevístale, si es necesario graba la entrevista e intenta extraer una lista de requisitos.

- Extrae de esta lista de requisitos los que versen sobre almacenamiento de la información en bases de datos y realiza un diagrama Entidad/Relación que satisfaga todos esos requisitos.

- Reúnete de nuevo con el cliente y pídele que verifique tu modelo E-R.

- Repite este proceso hasta que el cliente dé el visto bueno.

Cuando el cliente haya validado tu modelo, realiza el diseño de base de datos, transformando el modelo E/R al modelo relacional y después, implementando ese modelo en Access.   ◇

Práctica 2.12: MySQL Workbench

El objetivo de esta práctica es conocer en profundidad un software de diseño de base de datos relacionales. Hemos seleccionado la versión comunitaria de MySQL Workbench está disponible bajo la Licencia Pública General de GNU. Esta versión es gratuita y adecuada para la mayoría de los usuarios, incluyendo estudiantes, desarrolladores y pequeñas empresas. Debes tener en cuenta que los diagramas de MySQL Workbench son una mezcla del modelo conceptual de Chen y del modelo relacional de Codd, incluso más orientado al modelo relacional. Por ejemplo, no existen las relaciones ternarias, y a las entidades las llama tablas, como en el modelo relacional. Toda su nomenclatura está orientada a comunicarse con un SGBD sin necesidad de transformaciones previas. Además, aunque tiene el apellido MySQL, este software está basado en DB Designer, programa genérico de diseño de base de datos, y por tanto se puede conectar a cualquier SGBD (Oracle, DB2, Access...) y no solo a MySQL.

1. Abre tu navegador y escribe "MySQL Workbench Downloads". Te llevará a la url: `https://dev.mysql.com/downloads/workbench/`

2. Selecciona la opción de descarga adecuada a tu sistema operativo, e insitimos en que sea la versión 'community'.

3. Busca en google "MySQL workbench manual" y descárgate el manual de instrucciones de MySQL Workbench.

4. Instala el software. El proceso de instalación es muy sencillo.

5. Inicia la aplicación y selecciona en el menú File la opción New Model. A continuación haz clic en el icono *Add Diagram* para comenzar a dibujar un diagrama Entidad/Relación (EER (Extended Entity Relationship - Entidad Relación Extendido). En la opción de menú *Model*, selecciona la notación para los objetos y para las relaciones. Selecciona la opción "Classic" y compáralas con las otras notaciones.

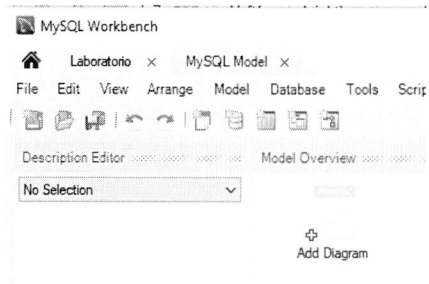

Figura 2.53: MySql Workbench.

6. Inserta los objetos necesarios para representar el siguiente diagrama E-R:

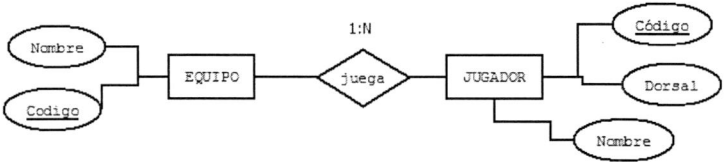

Se puede usar el panel inferior para incorporar los atributos y así, del panel lateral izquierdo, poder seleccionar los objetos. Debe quedar así:

7. Observa que al generar la relación, automáticamente se crea una clave foránea en la tabla jugador que representa el equipo en el que juega.

8. Experimenta con el diseño para crear la relación 'juega' como n-m en lugar de $1 - n$. ¿Qué sucede? Observa que automáticamente crea una nueva tabla.

9. Descarga el fichero sakila-db.zip de la página web de MySQL. Se encuentra muy fácil escribiendo *sakila-db.zip* en Google. Descomprime y abre el archivo sakila.mwb. Observa cómo están organizadas en regiones las tablas y las relaciones del modelo.

10. Realiza los diagramas de las prácticas anteriores con MySQL Workbench y mediante la opción de menú *Database, Forward Engineer*, genera automáticamente los scripts de creación de base de datos.

◇

Práctica 2.13: Normalización

Para asegurar la calidad de los modelos realizados en las prácticas te proponemos que normalices los diseños obtenidos hasta la forma normal de Boyce-Codd. ◇

2.11. Resumen

Los conceptos clave de este capítulo son los siguientes:

- Modelizar un problema consiste en realizar múltiples abstracciones. En bases de datos, se utilizan tres modelos: el modelo conceptual, o diagrama Entidad/Relación, que es más cercano al usuario, el modelo lógico, que es un modelo más técnico y que tiene traducción directa al modelo físico que soportan los SGBD.

- Los componentes que hay que detallar en un diagrama entidad relación son: Entidades, Atributos, Relaciones, Participaciones, Cardinalidades y Generalizaciones.

- Los tipos de Entidades son fuertes cuando su existencia no depende de ninguna otra, y débiles, cuando su existencia depende de otra. Esta dependencia puede ser ampliada si la entidad también depende en Identificación, es decir, necesita el atributo clave de la entidad fuerte para poder identificar de forma única cada ocurrencia de entidad.

- Los atributos pueden ser clave o no clave, univaluados, multivaluados, compuestos, derivados, obligatorios u opcionales.

- Las relaciones, según su grado, se clasifican en binarias, ternarias, reflexivas o n-arias.

- La cardinalidad de una relación se calcula tomando las participaciones máximas y mínimas de las ocurrencia de una entidad en la relación. Estas pueden ser 1-1, 1-N o M-N.

- Las generalizaciones pueden dar lugar a cuatro tipo de especializaciones, exclusivas, inclusivas, totales o parciales.

- El modelo relacional expresa, mediante relaciones, todos los conceptos detallados en el modelo conceptual.

- Se puede transformar el modelo entidad relación en un modelo relacional generando una tabla para las relaciones de tipo N:M y las n-arias. Para las relaciones de tipo 1-N se importan los atributos clave de la entidad cuya cardinalidad es 1 a la que tiene como cardinalidad N. Las relaciones 1:1 y las generalizaciones tienen varias opciones de transformación.

- La normalización es un proceso que sirve para medir la calidad de un diseño, la forma normal que cumple cada tabla es un indicador que se usa para evitar redundancias de datos.

2.12. Test de repaso

1. ¿Cuál es el modelo que más se aproxima a la visión del usuario?

a) El modelo conceptual

b) El modelo lógico

c) El modelo físico

d) El lenguaje SQL

2. Una relación reflexiva es una entidad de grado
 a) 0 b) 1 c) 2 d) 3

3. La participación de una entidad en la relación es:

a) El máximo de ocurrencias que pueden aparecer en la relación

b) El mínimo de ocurrencias que pueden aparecer en la relación

c) El máximo y mínimo de ocurrencias que pueden aparecer en la relación

d) El máximo y mínimo de ocurrencias de la entidad

4. A qué participaciones corresponde una cardinalidad 1:N

a) (0,1) y (1,1)

b) (1,n) y (0,n)

c) (1,1) y (1,n)

d) (0,1) y (n,n)

5. Si un empleado puede trabajar en múltiples proyectos

a) Trabajar es 1:1

b) Trabajar es N:N

c) Trabajar es N:M

d) Trabajar es 1:N

6. Un atributo de relación es

a) Consecuencia de la relación

b) Consecuencia de una de las entidades

c) De las dos entidades

d) Son atributos compuestos

7. La dependencia de identificación

a) Incluye la dependencia de existencia

b) No incluye la dependencia de existencia

c) No se aplica a entidades débiles

d) Solo es posible cuando hay dos entidades fuertes

8. Una especialización inclusiva es aquella que

a) Puede materializarse en más de una subclase

b) Puede materializarse en solo una clase

c) Puede no materializarse en alguna clase

d) Tiene que materializarse en una clase

9. La transformación de una relación con cardinalidad 1-N al modelo relacional

a) Genera una tabla para la relación

b) Se incorpora una clave a la entidad 1

c) Se incorpora una clave a la entidad N

d) No se incorpora clave

10. Con la normalización:

a) Se refina el modelo conceptual

b) Se refina el modelo lógico

c) Se refina el modelo físico

d) No sirve para nada

Soluciones: 1.a,2.b,3.c,4.c,5.c,6.a,7.a,8.a,9.c,10.b

2.13.   Comprueba tu aprendizaje

1. Nombra los distintos tipos de relaciones que puede haber atendiendo a su grado.

2. Explica para qué sirve cada uno de los modelos expuestos en el capítulo para el diseño de una base de datos.

3. Pon un ejemplo de cada uno de los tipos de cardinalidades.

4. ¿Qué son las relaciones reflexivas?

5. ¿Qué diferencia hay entre ocurrencia de entidad y entidad?

6. ¿Cuándo una entidad es débil? Y ¿cuándo lo es una relación?

7. ¿Qué significa que una entidad fuerte tenga una relación dependiente en existencia de otra entidad débil? Pon un ejemplo.

8. ¿Cuándo dos entidades tienen dependencia de identificación?

9. ¿Qué elementos incorpora el modelo Entidad/Relación extendido?

10. Define los siguientes conceptos:

    - Atributo Clave
    - Atributo Derivado
    - Superclave
    - Clave Candidata
    - Dependencia Funcional

    - Dependencia Funcional Completa
    - Dependencia Funcional Transitiva

11. ¿Qué diferencia hay entre una especialización total y otra parcial?

12. ¿Qué diferencia hay entre una especialización exclusiva y otra inclusiva?

13. Crea una lista con los pasos que hay que dar para pasar un diagrama entidad relación al modelo relacional.

14. ¿Qué es el Álgebra Relacional? ¿Para qué sirve?

15. Comenta cuál es la utilidad de las restricciones de integridad referencial en una base de datos.

16. ¿Qué es el valor NULO?

17. ¿Qué es una clave foránea?

18. Pon un ejemplo de especialización y comenta 4 formas distintas de generar las tablas.

19. ¿Cómo representa MySQL Workbench las relaciones? ¿Y las dependencias?

20. Haz un cuadro resumen con cada uno de los elementos gráficos que puede haber en un diagrama Entidad/Relación.

## CAPÍTULO 3

Diseño físico relacional

Objetivos

☞ Definir las estructuras físicas de almacenamiento

☞ Crear tablas

☞ Seleccionar tipos de datos adecuados

☞ Definir campos claves en las tablas

☞ Implantar las restricciones establecidas en el diseño lógico

☞ Verificar mediante conjuntos de pruebas

☞ Usar asistentes y herramientas gráficas

☞ Utilizar el lenguaje de definición de datos (DDL)

☞ Definir y documentar el diccionario de datos

Contenidos

☞ Herramientas gráficas y de texto proporcionadas por los SGBD

☞ El lenguaje de definición de datos

☞ Creación, modificación y eliminación de BBDD

☞ Creación, modificación y eliminación de tablas

☞ Implementación de restricciones

En este capítulo se detalla el proceso de implantación definitiva, o diseño físico, de la base de datos en un sistema informático. Se describe el uso del lenguaje SQL distinguiendo las peculiaridades de los principales SGBD.

3.1. Notación para la sintaxis

En informática, cuando se quiere utilizar cualquier tipo de lenguaje de programación, se necesita una sintaxis para definir cómo construir sentencias en ese lenguaje de programación. Para expresar la sintaxis se utiliza una *notación*. Esta notación está compuesta por componentes léxicos o *tokens*. Estos tokens pueden ser palabras clave del lenguaje, definiciones de otros elementos sintácticos más básicos, expresiones, variables, etc. La notación utilizada en este libro es la siguiente:

- Palabras en mayúsculas. Estas son las palabras reservadas del lenguaje. Por ejemplo SELECT, DROP, CREATE son palabras reservadas, esto quiere decir que no pueden utilizarse para nombrar objetos de la base de datos porque tienen una misión específica.

- Palabras en minúscula. Se utilizan para realizar descripciones de sintaxis más en detalle. Por ejemplo, el token *especificacion_de_filtro* se puede desplegar en más definiciones para realizar filtros en las consultas.

- Corchetes. Un elemento sintáctico entre corchetes indica opcionalidad. Es decir, lo que está encerrado entre corchetes se puede incorporar a la sentencia o no, dependiendo de lo que el programador quiera expresar. Por ejemplo, en la definición *CREATE [TEMPORARY] TABLE*, se puede indicar de forma opcional el token TEMPORARY para crear una tabla temporal, que solo durará en memoria mientras el usuario permanezca conectado. Si varios elementos van separados mediante el token pipe "|", se puede elegir uno de ellos.

- Llaves. Indican alternativa obligatoria. Se debe elegir entre los elementos separados mediante el token pipe "|". Por ejemplo, en la definición de sintaxis para crear una base de datos, *CREATE {DATABASE |SCHEMA}nombre_bd*, hay que escribir uno de los dos token entre llaves. Se puede optar bien por CREATE DATABASE nombre_bd o por CREATE SCHEMA nombre_bd.

- Puntos suspensivos. Significa repetición, es decir, el último elemento sintáctico puede repetirse varias veces. Por ejemplo, para codificar una consulta se usa la definición *SELECT columna [,columna] ...FROM tabla*. Los puntos suspensivos significan que se puede repetir el token *[,columna]* tantas veces como se desee. Así, es posible escribir *SELECT Nombre, Direccion, Codigo FROM Clientes*.

126

3.2. Herramientas gráficas proporcionadas por los SGBD

Es muy sencillo manipular una base de datos compleja si se dispone de un interfaz gráfica de usuario que ayude al DBA, Database Administrator, a enviar comandos de administración de forma automática y sin necesidad de conocer su sintaxis.

3.2.1. PhpMyAdmin de MySQL

MySQL dispone de una interfaz basada en páginas web llamada *PhpMyAdmin*, que a través de un servidor web, por ejemplo Apache, permite administrar las bases de datos de un servidor desde cualquier equipo de la red.

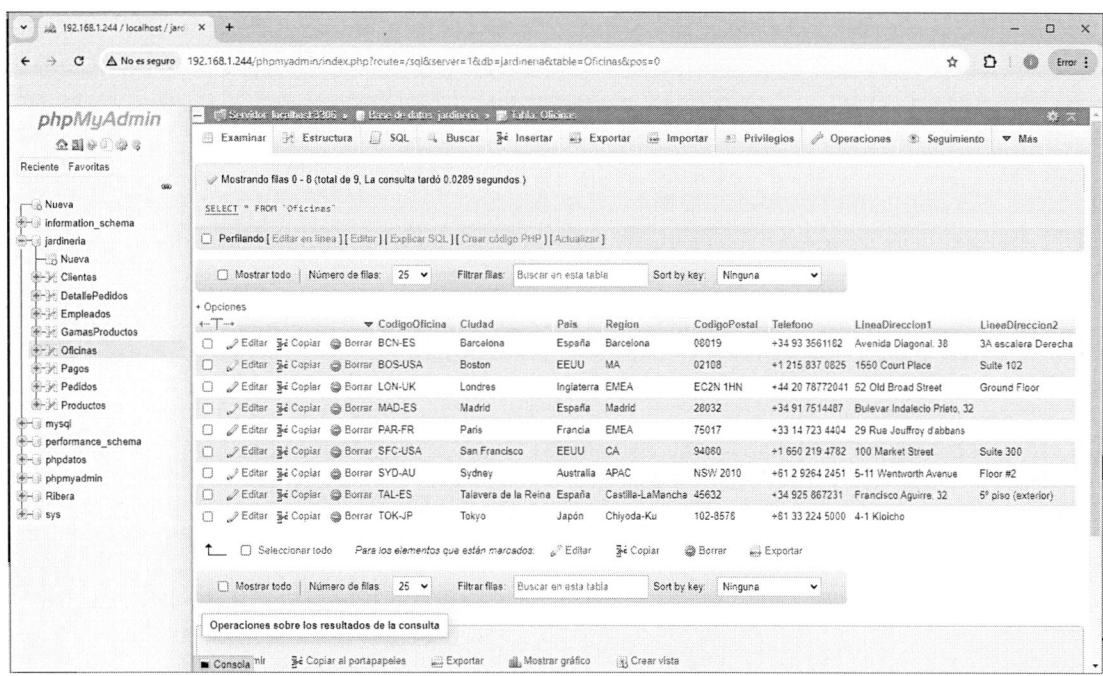

Figura 3.1: Interfaz web de PhpMyAdmin.

Este software dispone de opciones para realizar prácticamente cualquier cuestión que se pueda realizar vía SQL. Permite gestionar las bases de datos de un servidor, crear, borrar y modificar tablas, lanzar comandos SQL, exportar e importar información, recopilar estadísticas, hacer copias de seguridad, etc. Además, dispone de un pequeño diseñador, tipo *MySQL Workbench* que permite gestionar las relaciones de las tablas. La descarga está disponible en el enlace: `https://www.phpmyadmin.net/downloads/`

3.2.2. MySQL Workbench

MySQL Workbench es una herramienta oficial de MySql que ofrece una interfaz gráfica unificada para arquitectos de bases de datos, desarrolladores y administradores de bases de datos. Proporciona una interfaz integrada para el diseño de bases de datos, desarrollo de SQL, administración de servidores, administración de usuarios, copias de seguridad y migración de datos.

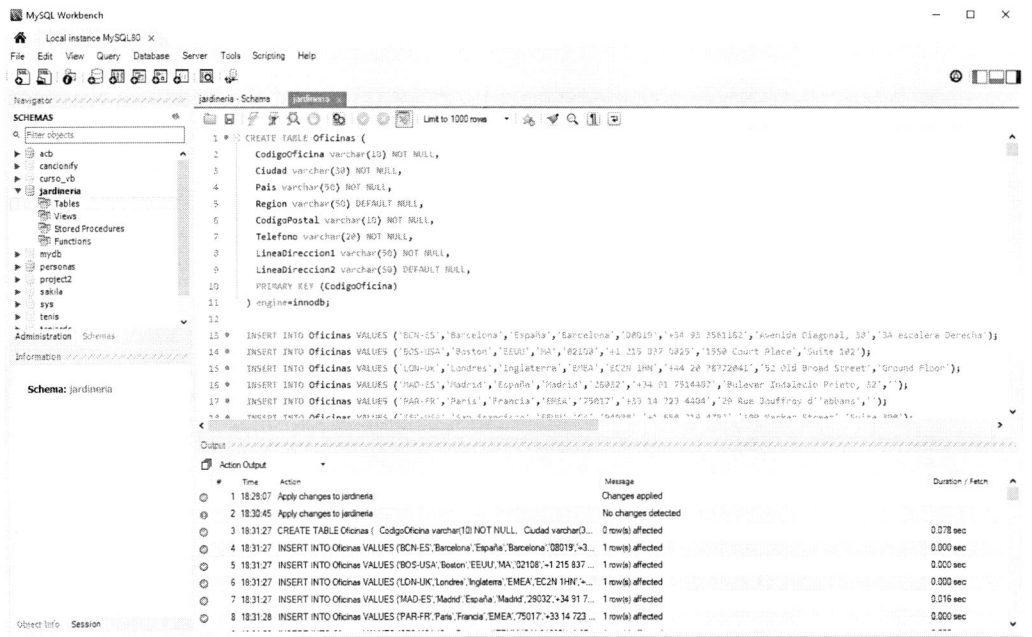

Figura 3.2: Interfaz gráfica de MySql Workbench.

MySQL Workbench permite a los usuarios crear modelos de datos visuales, incluyendo la creación de diagramas Entidad/Relación (ERD). Entre sus capacidades se incluyen: diseño de esquemas de bases de datos, documentación de bases de datos e ingeniería inversa y directa. Ya propusimos su instalación y desarrollar un diseño de un diagrama Entidad Relación en la práctica 2.11 del capítulo anterior.

La herramienta proporciona un editor SQL avanzado con características como: resaltado de sintaxis y autocompletado, plantillas de código SQL, ejecución y depuración de scripts SQL.

MySQL Workbench ofrece un conjunto de herramientas para la administración de servidores MySQL, tales como: monitoreo del rendimiento del servidor, administración de usuarios y privilegios, configuración y ajustes del servidor.

La herramienta facilita la migración de datos desde diferentes SGBD (Sistemas de Gestión de Bases de Datos) a MySQL, soportando: migración desde Microsoft SQL Server, PostgreSQL, y otros. También proporciona asistencia en la conversión de esquemas y datos.

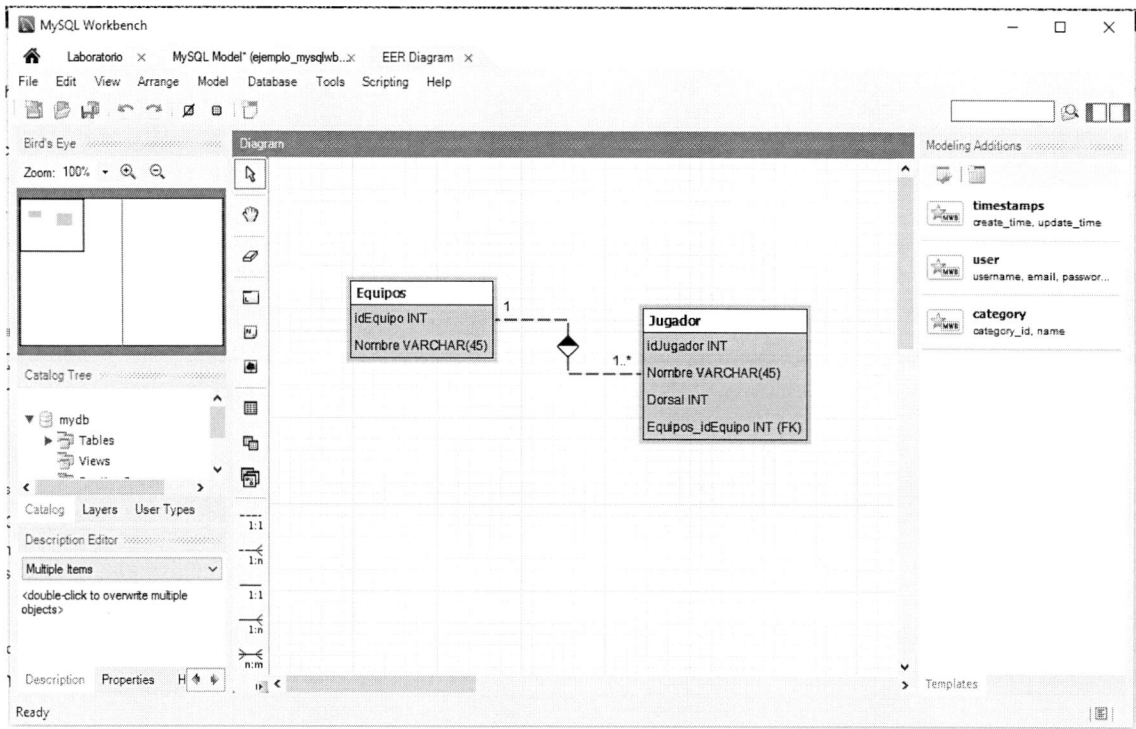

Figura 3.3: Diseñador de diagramas E/R con MySql Workbench.

Resumiendo, como ventajas de phpmyadmin destacar:

- **Interfaz intuitiva:** La interfaz gráfica es fácil de usar y reduce la complejidad de las tareas de administración de bases de datos.

- **Multiplataforma:** Disponible para Windows, macOS y Linux.

- **Integración Completa:** Integra todas las herramientas necesarias para el diseño, desarrollo y administración de bases de datos en una única aplicación.

Puedes descargarlo en el enlace: `https://dev.mysql.com/downloads/workbench/`

3.2.3. HeidiSQL

HeidiSQL es una herramienta gráfica gratuita y de código abierto para la administración de bases de datos, compatible con MariaDB, MySQL, MS SQL, PostgreSQL, SQLite, Interbase y Firebird. Proporciona una interfaz intuitiva que permite a los usuarios gestionar bases de datos, ejecutar consultas SQL, y realizar tareas de administración como la creación y modificación de tablas, administración de usuarios y permisos, así como la importación y exportación de datos en diversos formatos (SQL, CSV, XML).

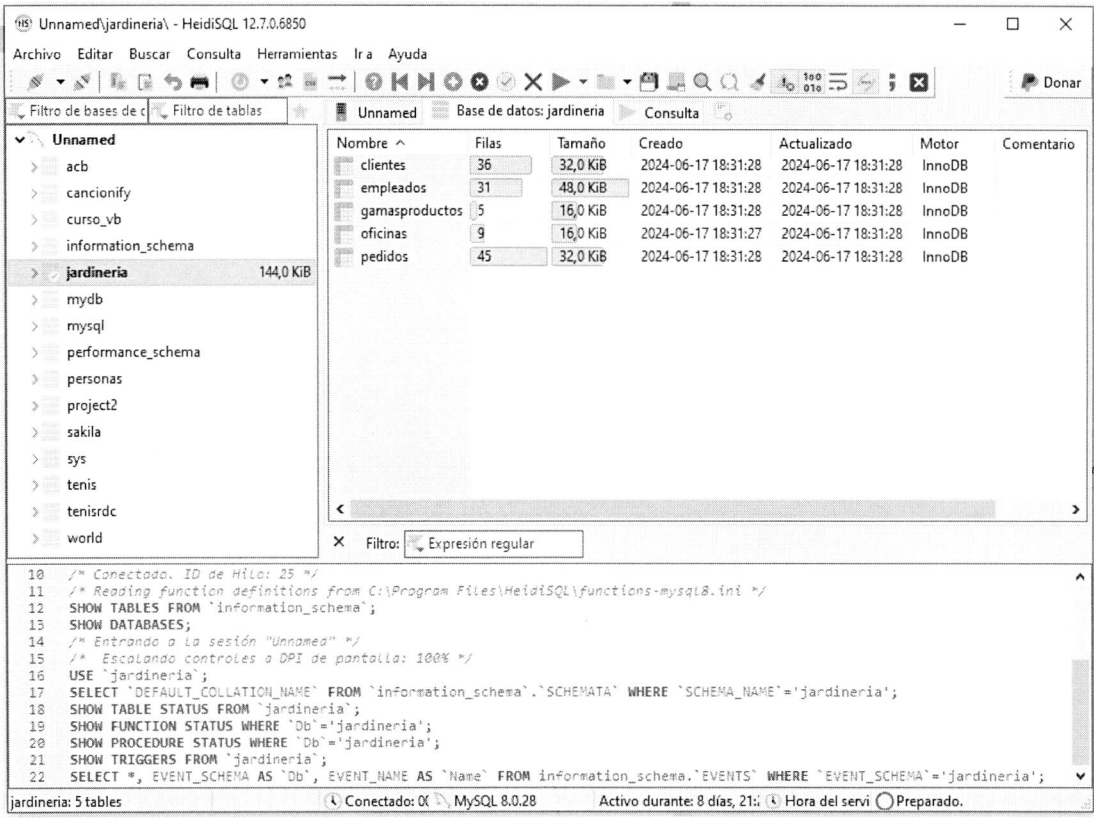

Figura 3.4: Interfaz gráfica de HeidiSQL

HeidiSQL facilita la visualización y edición de datos con vistas en cuadrícula, filtros y herramientas de búsqueda avanzada, así como conexión a múltiples servidores. Su interfaz amigable y su ligereza la convierten en una opción ideal para desarrolladores y administradores de bases de datos que buscan una herramienta eficiente y gratuita para la gestión de bases de datos. De momento solo está disponible para sistemas operativos Windows. Puedes descargar la aplicación en el enlace: `https://www.heidisql.com/`

3.2.4. Oracle SQL Developer

Oracle SQL Developer es un entorno de desarrollo libre e integrado que simplifica el desarrollo y la gestión de Oracle Database en implementaciones tradicionales y en la nube. SQL Developer ofrece un completo desarrollo integral para sus aplicaciones PL/SQL, una hoja de trabajo para ejecutar consultas y scripts, una consola DBA para gestionar la base de datos, una interfaz de informes, una solución completa de modelado de datos y una plataforma de migración para mover las bases de datos de terceros a Oracle.

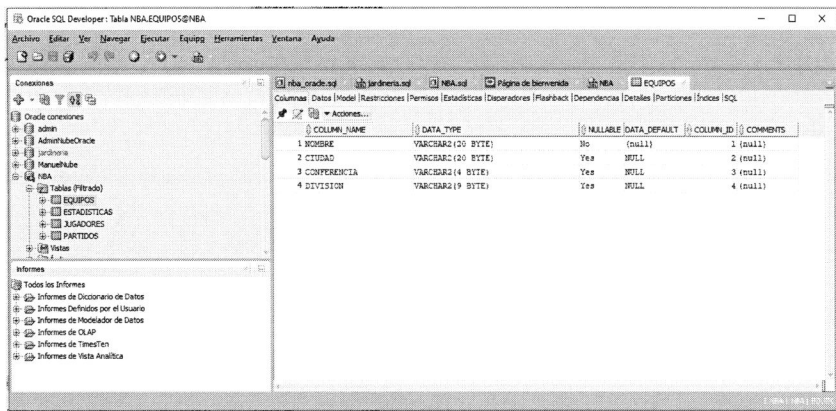

Figura 3.5: Interfaz gráfica de Oracle SQL Developer.

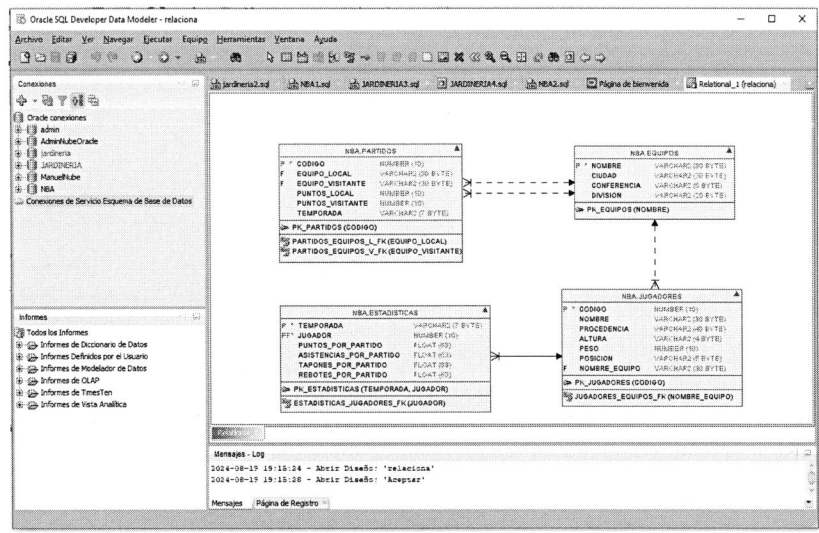

Figura 3.6: Diseñador gráfico de diagramas SQL Developer.

131

Puedes descargar SQL Developer desde la web: `https://www.oracle.com/es/database/sqldeveloper/`.

⬦ **Actividad 3.1**: A lo largo del curso vamos a trabajar principalmente con dos Sistemas Gestores de Bases de Datos Relacionales (SGBDR). Estos son Oracle y MySQL. El motivo es porque siguen siendo a fecha de hoy los dos SGBD más utilizados en el mundo según la web `https://db-engines.com`.

Rank			DBMS	Database Model	Score		
Jun 2024	May 2024	Jun 2023			Jun 2024	May 2024	Jun 2023
1.	1.	1.	Oracle	Relational, Multi-model	1244.08	+7.79	+12.61
2.	2.	2.	MySQL	Relational, Multi-model	1061.34	-22.39	-102.59
3.	3.	3.	Microsoft SQL Server	Relational, Multi-model	821.56	-2.73	-108.50
4.	4.	4.	PostgreSQL	Relational, Multi-model	636.25	-9.30	+23.43
5.	5.	5.	MongoDB	Document, Multi-model	421.08	-0.58	-4.29
6.	6.	6.	Redis	Key-value, Multi-model	155.94	-1.86	-11.41
7.	7.	↑8.	Elasticsearch	Search engine, Multi-model	132.83	-2.52	-10.92
8.	↑9.	↑11.	Snowflake	Relational	130.36	+9.03	+16.23
9.	↓8.	↓7.	IBM Db2	Relational, Multi-model	125.90	-2.56	-18.99
10.	10.	10.	SQLite	Relational	111.41	-2.91	-19.81

421 systems in ranking, June 2024

Figura 3.7: Ranking de los 10 SGBD de mayor popularidad en junio de 2024.

- Por esto te recomendamos que instales en tu ordenador los dos sistemas: Oracle y MySql. Sigue las instrucciones de instalación del asistente y no olvides anotar las contraseñas y usuario administrador.

- Instala sus herramientas gráficas: Phpmyadmin y Oracle SQL Developer (Suele ser un fichero .zip que tan solo tienes que descomprimir y luego ejecutar sqldeveloper.exe).

- Captura los pasos de la instalación para hacer un manual que compartas con el profesor y tus compañeros.

- En este libro vamos a utilizar para los ejemplos y ejercicios las bases de datos de jardineria y de nba. Carga los scripts que generan las tablas y las pueblan en los dos SGBD.

> **El consejo del buen administrador...**
> *Muchos administradores solo conocen las herramientas gráficas de gestión y administración de una base de datos, puesto que es más cómodo y más intuitivo, y además, aprender los lenguajes de programación de bases de datos es una tarea difícil y laboriosa. Sin embargo, conocer los comandos y las instrucciones que proporciona un SGBD, otorga una visión extra que posibilita automatizar tareas rutinarias y permite solucionar problemas que no se pueden solucionar solo con las herramientas gráficas. A un administrador que conoce a la perfección todos estos comandos, le resulta muy sencillo actualizarse en los continuos cambios de versiones en estas herramientas gráficas.*

3.3. Intérpretes de comandos de los SGBD

La utilidad principal de un SGBD es su intérprete de comandos. Es una aplicación cliente cuya única misión es enviar comandos al SGBD y mostrar los resultados devueltos por el SGBD en pantalla. El cliente del servidor MySQL (mysql-server) se llama *mysql*, el de Oracle se llama *sqlplus* y el de DB2 se llama *db2*. Para invocarlos desde el sistema operativo (Windows o Unix), tan solo hay que escribir en un terminal su nombre con ciertas opciones.

3.3.1. MySQL: El cliente de MySQL-Server

```
mysql [options] [database]

options:
    --help                      Visualiza la ayuda
    {-p | --password}[=frase]   Password con la que se conecta
    {-P | --port}[=numero]      Puerto TCPIP remoto al que se conecta
    {-h | --host}[=numero]      Nombre Host o IP al que se conecta
    {-u | --user}[=usuario]     Usuario con el que se conecta
    {-s | --socket}[=nombre_fich] Fichero socket con el que se conecta

#ejemplo típico:
mysql -u root -p
Enter password: ********

Welcome to the MySQL monitor.  Commands end with ; or \g.
Your MySQL connection id is 270
```

```
Server version: 8.0.37-0ubuntu0.22.02.3 (Ubuntu)

Copyright (c) 2000, 2024, Oracle and/or its affiliates.

Oracle is a registred trademark of Oracle Corporation and/or its
affiliates. Other names may be trademarks of their respective owneres.
Type 'help;' or '\h' for help. Type '\c' to clear the buffer.
```

El comando puede ir acompañado de dos tokens opcionales, *options*, que permite especificar una serie de parámetros de conexión y *database*, que especifica en qué base de datos se ejecutarán los comandos introducidos. Las opciones que aquí se muestran son solo algunas de las disponibles, para más información consultar la documentación de MySQL:

- La opción –help muestra un resumen de las opciones disponibles.

- La opción -u o –user permite especificar el usuario de conexión, por ejemplo -u paco.

- La opción -p o –password permite introducir una password para la conexión del usuario. Se puede escribir -p frase_password o solo -p para que el gestor la solicite y la oculte con asteriscos para que nadie pueda espiar.

- La opción -h o –host permite seleccionar el host donde está el gestor de base de datos. Puede ser localhost o 127.0.0.1 si la base de datos está en el ordenador local y se desea conectar vía tcp-ip u otra dirección IP. Si se omite, por defecto se conecta al servidor por named pipes (o tuberías con nombre) que no salen a la interfaz local de la tarjeta de red y son mecanismos de comunicación más rápidos, pues son internos al ordenador.

- La opción -P o –p permite especificar el número de puerto al que conectarse (si se conecta vía TCP-IP al ordenador remoto). Si no se indica este parámetro, por defecto se conecta al puerto 3306.

- Permite especificar el nombre del socket por defecto, esto será necesario cambiarlo cuando exista más de una versión del gestor de base de datos ejecutándose en un ordenador.

A continuación se muestran unos cuantos ejemplos de conexión:

```
#conexión sin usuario y password (se conecta como anónimo y sin password)
mysql
```

```
#conexión con usuario y password (se conecta como root y su password )
mysql -u root -p
Enter password: ********

#conexión con usuario y password en claro a la base de datos jardineria
mysql -u root -pPasswordDelUsuario jardineria

#conexión con usuario y password en claro a la base de datos jardineria
# del host 192.168.3.100
mysql -u root -pPasswordDelUsuario -h 192.168.3.100 jardineria

#conexión con usuario y password en claro a la base de datos jardineria
# del host 192.168.3.100 con puerto 15300
mysql -u root -pPasswordDelUsuario -h 192.168.3.100 jardineria -P 15300
```

3.3.2. Ejecución de consultas en MySQL

Para ejecutar una consulta, tan solo es necesario arrancar el cliente mysql y conectarse a una base de datos del gestor. A continuación, escribir en la consola el comando SQL que se desea ejecutar y se obtienen los resultados. Cuando una línea es precedida del carácter #, el resto de la línea se ignora. Estas líneas se llaman *comentarios* y son útiles para documentar las acciones realizadas. Por ejemplo:

```
#selecciona la version del gestor y la fecha actual
mysql> select version(),current_date();
+-------------------+----------------+
| version()         | current_date() |
+-------------------+----------------+
| 5.0.75-0ubuntu10.2 | 2009-8-20      |
+-------------------+----------------+
1 row in set (0.00 sec)
```

Este comando ilustra distintas cosas:

- Un comando consiste en una sentencia SQL terminada en punto y coma.

- Cuando se escribe un comando, mysql lo manda al servidor para que lo ejecute, muestra los resultados y vuelve al *prompt*, indicando que está listo para recibir más consultas.

- Muestra los resultados en forma de tabla (filas y columnas). La primera fila contiene las etiquetas para las columnas y las filas siguientes muestran los resultados de la consulta.

- Muestra las filas devueltas y cuánto tiempo tardó en ejecutarse, lo cual puede ofrecer una idea de la eficiencia del servidor, aunque estos valores pueden ser imprecisos pues dependen de muchos factores, tales como la carga del servidor, velocidad de comunicación, etc.

Las palabras claves pueden ser escritas en mayúsculas o minúsculas, y los identificadores de tabla, campo, índice, etc son sensitivos a las mayúsculas y minúsculas en las versiones de Unix (no así en Windows). Por ejemplo, las siguientes consultas son equivalentes:

```
mysql> SELECT VERSION(),CURRENT_DATE();
mysql> SELect Version(),current_Date();
mysql> select version(),current_date();
```

Es posible escribir más de una consulta por línea, siempre y cuando estén separadas por punto y coma:

```
mysql> select user();select now();
+----------------+
| user()         |
+----------------+
| root@localhost |
+----------------+

+--------------------+
| now()              |
+--------------------+
| 2009-10-20 09:53:29 |
+--------------------+
```

No es necesario escribir un comando en una sola línea, así que los comandos que requieran de varias líneas no son un problema. MySQL determinará dónde finaliza la sentencia cuando encuentre el punto y coma, no cuando encuentre el fin de línea:

```
mysql> select user(),
    ->     current_date();
+----------------+----------------+
| user()         | current_date() |
+----------------+----------------+
| root@localhost | 2009-10-20     |
+----------------+----------------+
```

Si no se desea terminar de escribir la consulta, por ejemplo, por haber cometido un error en la sintaxis, se escribe para terminarla sin ejecutar:

```
mysql> select
    ->    user(),
    -> \c
mysql>
```

El prompt se comunica con el usuario dándole información sobre qué ocurre, por ejemplo:

```
->  Espera la siguiente línea del comando
'> Espera que se cierre una comilla sencilla
"> Espera que se cierre una comilla doble
mysql> Listo para una nueva consulta
```

Otra forma de ejecutar comandos SQL es almacenarlos en un fichero de texto y mandarlo a ejecución mediante el comando *source*, que recibe como parámetro un fichero de comandos y ejecuta uno por uno todos los comandos que tenga el fichero:

```
#ejecución del script de creación crear_bbdd_startrek.sql
mysql> source /home/ivan/crear_bbdd_startrek.sql
```

Por último, también es posible ejecutar los comandos de un fichero de texto desde la shell, esto es, en modo batch, redirigiendo al cliente mysql un fichero de entrada. Esto es útil para tareas administrativas donde se ejecutan varios ficheros de comandos, además de otras tareas de mantenimiento del servidor a través de un shell script:

```
#ejecucion en modo batch
~$ mysql -u root -pPassWdUsuario <crear_bbdd_startrek.sql

#ejecucion en modo batch almacenando resultados
~$ mysql -u root -pPassWdUsuario <crear_bbdd_startrek.sql >resultado
```

3.3.3. SQL*Plus: El intérprete de comandos de Oracle

El intérprete de comando de Oracle es el programa sqlplus. Se puede invocar desde el sistema operativo con la siguiente sintaxis:

```
sqlplus [{usuario[/password>][@<identificador_conexión>] | / | /nolog }]
    [AS {SYSDBA | SYSOPER}]
```

En Oracle, cada instancia está referenciada por uno o más identificadores de conexión. *identificador_conexión* es el nombre de esta referencia.

```
#conexión a la instancia jardineria con el usuario paco
sqlplus paco/password_paco@jardineria
```

La opción /nolog arranca sqlplus sin conectarse a la base de datos.

```
#arrancar sqlplus sin conexión
sqlplus /nolog
```

La opción / conecta a la instancia sin usuario. Suele usarse para tareas administrativas:

```
#conexión a la instancia $ORACLE_SID como SYSDBA
sqlplus / as SYSDBA
```

Cada usuario se puede conectar representando un rol; estos roles son el de administrador de la base de datos (SYSDBA) y operador de base de datos (SYSOPER). SYSDBA y SYSOPER tienen privilegios para conectarse a la base de datos cuando no está abierta, pudiendo de este modo, realizar tareas de administración y mantenimiento.

3.3.4. Ejecución de consultas en SQL*Plus

Al igual que en MySQL, una vez conectado sqlplus a una base de datos con uusuario, password y nombre de servicio, se procede a escribir las consultas terminadas en punto y coma, con las siguientes consideraciones:

- SQL*PLUS no es sensible a mayúsculas y minúsculas ni en las palabras reservadas, ni en los nombres de los objetos.

- Se puede escribir una consulta en múltiples líneas:

```
SQL> select *
  2  from
  3  nba.jugadores; --comentario de línea
```

- Los comentarios de línea se realizan precediendo una línea de dos caracteres -

- Existen los comentarios de bloque, es decir, que afectan a más de una línea. Comienzan con los caracteres /* y terminan con los caracteres */

- Existe una tabla llamada Dual que está disponible para todos los usuarios, y sirve para seleccionar variables del sistema o para evaluar una expresión:

```
SQL> select sysdate, user from dual;
SYSDATE   USER
--------  -----------------------------
27/06/10 SYS
SQL> select 5+4 from dual;
      5+4
----------
        9
```

◇ **Actividad 3.2**: Arranca sqlplus con el usuario nba y la password nba:

```
sqlplus nba/nba
```

Después, ejecuta las siguientes consultas:

```
SQL> select table_name from user_tables;
SQL> select table_name from dba_tables;
```

Lee la Sección 3.8.5 y comenta brevemente qué hacen las sentencias anteriores y en qué se diferencian.

3.4. El lenguaje de definición de datos

El sublenguaje de SQL que permite la definición de datos es el DDL (Data Definition Language). Las funciones de este sublenguaje son:

- Crear tablas, índices y otros objetos de la base de datos (como vistas, sinónimos, etc.).

- Definir las estructuras físicas donde se almacenarán los objetos de las bases de datos (espacios de tablas (tablespaces), ficheros de datos (datafiles), etc.).

Por ejemplo, para crear el esquema de la Práctica resuelta 2.1 se puede escribir el siguiente código:

```
CREATE TABLE Actores(
Codigo INTEGER PRIMARY KEY,
Nombre VARCHAR(40),
Fecha DATE,
Nacionalidad VARCHAR(20),
```

```
CodigoPersonaje INTEGER REFERENCES PERSONAJES(Codigo)
);

CREATE TABLE Personajes(
CodigoPersonaje INTEGER,
Nombre VARCHAR(30),
Raza DATE,
Grado VARCHAR(20),
CodigoActor INTEGER REFERENCES Actores(Codigo),
CodigoSuperior INTEGER REFERENCES Personajes(Codigo)
);
```

En el código anterior, las palabras reservadas del lenguaje se han escrito en mayúsculas (CREATE, DATE, VARCHAR), y los nombres de objetos (Actores, Grado, Nombre) se han escrito en minúsculas para que el lector pueda identificar fácilmente qué parte de la sintaxis se debe respetar y cuál se puede variar.

DDL tiene 3 instrucciones básicas:

CREATE tipo_objeto Nombre Definición. Crea un objeto de un determinado tipo (DATABASE, TABLE, INDEX, etc.) con un nombre (por ejemplo Actores o Personajes) y una definición (CodigoPersonaje, Nombre, etc.).

DROP tipo_objeto Nombre. Elimina un tipo de objeto especificado mediante un nombre. Por ejemplo, la sentencia DROP TABLE Actores, borraría de la base de datos la tabla Actores junto con todos sus datos.

ALTER tipo_objeto Nombre Modificación. Modifica la definición de un objeto. Por ejemplo, la sentencia ALTER TABLE Actores DROP COLUMN Fecha, eliminaría la columna Fecha de la tabla Actores.

3.5. Creación de bases de datos

3.5.1. Creación de bases de datos en MySQL

En MySQL, para crear una base de datos se usa el comando CREATE DATABASE:

```
CREATE {DATABASE | SCHEMA} [IF NOT EXISTS] nombre_db
    [especificación_create [, especificación_create] ...]
especificación_create:
    [DEFAULT] CHARACTER SET juego_caracteres
  | [DEFAULT] COLLATE nombre_colación
```

Por ejemplo, para crear la base de datos Startrek, en MySQL, habrá que teclear, en la consola de comandos, la instrucción[1]:

```
CREATE DATABASE Startrek CHARACTER SET Latin1 COLLATE latin1_spanish_ci;
```

Nótese que el término a elegir puede ser o DATABASE o SCHEMA, en cualquier caso, el efecto es el mismo; MySQL usa algunos sinónimos para hacer más compatible su sistema de gestión con otros SGBD. Por otro lado, el parámetro opcional (especificación_create) permite elegir el *juego de caracteres* que va a usar la base de datos (utf8, latin1, latin2, etc.), y la *colación*, que especifica cómo tratar el alfabeto del juego de caracteres, es decir, cómo se ordena (por ejemplo, la ñ después de la m y n y no conforme a la tabla de códigos ascii), y cómo se comparan los caracteres (por ejemplo, si Á es igual a á)

Para poder utilizar una base de datos, primero hay que establecer que las operaciones que se realicen a continuación se realicen sobre esta, es decir, hay que *usarla*. Para *usarla* se utiliza el comando *USE db_name*

Por ejemplo, para empezar a manipular la base de datos Startrek, habrá que ejecutar el comando *USE Startrek;*

Otro comando muy útil para ver cuántas bases de datos está controlando el gestor es el comando SHOW DATABASES, que obtiene un listado de las bases de datos activas en el servidor.

```
mysql> SHOW DATABASES;
+--------------------+
| Database           |
+--------------------+
| information_schema |
| Startrek           |
| mysql              |
| NBA                |
+--------------------+
```

Tras la ejecución de este comando se puede ver que, además de NBA y Startrek, hay otras dos que están siempre presentes, 'information_schema' y 'mysql' que almacenan metadatos (datos sobre los datos) e información de usuarios y permisos.

---

[1]Todas las sentencias mysql deben terminar en un carácter punto y coma (;)

⋄ **Actividad 3.3**: Ejecuta los siguientes comandos en la máquina virtual Ubuntu para crear una base de datos y una tabla:

```
mysql> CREATE DATABASE Veterinario;
mysql> USE Veterinario;
mysql> CREATE TABLE Mascotas (
          Nombre VARCHAR(10),
          FechaNacim DATE,
          Amo VARCHAR(40) );
```

A continuación, prueba a crear una tabla llamada Vacunas, con una fecha y una hora para cada mascota. Si es necesario, lee la Sección 3.8.

3.5.2. Creación de bases de datos en Oracle

Al contrario que en MySql el proceso de creación de una base de datos en Oracle es bastante más complejo y se sale del propósito de este curso. Para trabajar con Oracle, si has hecho la instalación correctamente ya disponemos de una instacia de base de datos y lo que vamos a hacer es crear usuarios y tablas de usuario. Simplificando mucho, en los ejercicios que en MySql hemos creado un esquema en Oracle vamos a crear un usuario.

Creación de usuarios en Oracle con la consola

Para crear un usuario desde la consola, tenemos que conectarnos con un usuario con privilegios de administrador (DBA). Y a continuación ejecutar el comando CREATE USER.

```
-- Conectarnos con un usuario administrador
sqlplus / AS SYSDBA


-- Crear el usuario 'mi_usuario' con la contraseña 'mi_contraseña'
CREATE USER mi_usuario IDENTIFIED BY mi_contraseña;


-- Otorgar permisos básicos
GRANT CREATE SESSION TO mi_usuario;
```

```
-- Otorgar permisos adicionales
GRANT CREATE TABLE TO mi_usuario;
GRANT CREATE VIEW TO mi_usuario;
GRANT CREATE PROCEDURE TO mi_usuario;
GRANT CREATE SEQUENCE TO mi_usuario;
GRANT CREATE SYNONYM TO mi_usuario;
GRANT CREATE TRIGGER TO mi_usuario;
```

Tenemos que sustituir *mi_usuario* por el nombre que queramos dar a nuestro usuario. Es imprescindible para poder usar el usuario y conectarnos dar el permiso de crear sesión, y dar permisos adicionales para poder crear objetos como tablas, procedimientos, vistas, disparadores, etc. En el siguiente ejemplo vamos a crear el usuario nba con contraseña nba2024 y permisos para iniciar sesión, crear tablas y vistas. También suele ser típico indicar el espacio de trabajo y el limite o no de ocupación.

```
-- Crear el usuario 'nba' con la contraseña 'nba2024'
-- en el tablespace 'users' con espacio ilimitado
CREATE USER nba
IDENTIFIED BY nba2024
DEFAULT TABLESPACE users
QUOTA UNLIMITED ON users;

-- Otorgar permiso para conectarse a la base de datos
GRANT CREATE SESSION TO nba;

-- Otorgar permiso para crear tablas
GRANT CREATE TABLE TO nba;

-- Otorgar permiso para crear vistas
GRANT CREATE VIEW TO nba;
```

Los permisos anteriores se les llama de sistema. También tenemos permisos de objetos. Estos privilegios se otorgan sobre objetos específicos, como tablas, vistas, secuencias, etc.

```
-- SELECT: Permite al usuario consultar datos en una tabla o vista.
GRANT SELECT ON tabla TO usuario;
-- INSERT: Permite al usuario insertar datos en una tabla o vista.
```

```
GRANT INSERT ON tabla TO usuario;
-- UPDATE: Permite al usuario actualizar datos en una tabla o vista.
GRANT UPDATE ON tabla TO usuario;
-- DELETE: Permite al usuario eliminar datos de una tabla o vista.
GRANT DELETE ON tabla TO usuario;
-- ALTER: Permite al usuario modificar la estructura de una tabla.
GRANT ALTER ON tabla TO usuario;
-- INDEX: Permite al usuario crear índices en una tabla.
GRANT INDEX ON tabla TO usuario;
-- REFERENCES: Permite al usuario crear y usar claves foráneas
-- que referencien una tabla.
GRANT REFERENCES ON tabla TO usuario;
```

Otra forma que tenemos de asignar permisos es usar los *roles*. En Oracle, los roles son colecciones de privilegios (permisos) que se pueden asignar a los usuarios. Los roles facilitan la administración de privilegios al permitir que el DBA (Administrador de Base de Datos) agrupe varios permisos en un único rol y luego asigne ese rol a los usuarios según sea necesario. Esto es más eficiente y manejable que asignar privilegios individuales a cada usuario.

Tenemos roles predefinidos por Oracle: vienen con el sistema Oracle y están destinados a tareas comunes de administración. Por ejemplo:

- CONNECT: Rol básico que proporciona los permisos necesarios para que un usuario se conecte a la base de datos.

- RESOURCE: Proporciona permisos para crear objetos como tablas, vistas, procedimientos, etc.

- DBA: Rol de administrador de base de datos que proporciona todos los privilegios del sistema.

```
-- Crear el usuario 'nba'
CREATE USER nba IDENTIFIED BY nba2024
DEFAULT TABLESPACE users
QUOTA UNLIMITED ON users;

-- Asignar los roles predefinidos al usuario 'nba'
GRANT CONNECT TO nba;
GRANT RESOURCE TO nba;
```

¿Sabías que ...? Puedes personalizar los roles. Realmente lo que hacemos es agrupar una serie de permisos a un nombre (el rol). Y después concedemos ese rol al usuario. Veamos un ejemplo: vamos a crear el rol base y queremos que agrupe los permisos para conectarse, crear tablas, vistas, procedimientos, y secuencias. Una vez creado se lo vamos a asignar al usuario *nba*.

```
-- Paso 1: Crear el rol 'base'
CREATE ROLE base;

-- Asignar privilegios al rol 'base'
GRANT CREATE SESSION,CREATE TABLE,CREATE VIEW,
CREATE PROCEDURE, CREATE SEQUENCE TO base;

-- Paso 2: Crear el usuario 'nba'
CREATE USER nba IDENTIFIED BY nba2024
DEFAULT TABLESPACE users
QUOTA UNLIMITED ON users;

-- Paso 3: Asignar el rol 'base' al usuario 'nba'
GRANT base TO nba;
```

Una vez creado el rol lo podemos usar todas las veces que necesitemos.

3.6. Modificación de una base de datos

El comando ALTER DATABASE permite cambiar las características de funcionamiento de una base de datos. Por ejemplo, en MySQL, tan solo se puede cambiar el juego de caracteres y su colación:

```
#cambia la colación de una base de datos
ALTER DATABASE Startrek COLLATE latin1_spanish_ci;
```

En Oracle, se puede cambiar cualquiera de sus múltiples parámetros, aquí se muestran algunos ejemplos:

```
--Cambia el tamaño del fichero de datos del sistema
SQL> ALTER DATABASE DATAFILE
          '/var/oracle/datos/jardineria/system01.dbf' SIZE 1G;
--Cambia el modo de acceso a la base de datos a solo lectura
SQL> ALTER DATABASE open read only;
--Desactiva la opción de recuperación rápida
ALTER DATABASE flashback off;
```

3.7. Borrado de bases de datos

El comando DROP DATABASE es el utilizado para eliminar bases de datos. En MySQL, el comando se acompaña del nombre de la base de datos a eliminar:

```
>mysql -u root -p
drop database Proveedores;
```

En Oracle no vamos a borrar la base de datos. Lo que haremos será borrar el usuario creado y con esto se borraran también todas las tablas del usuario.

```
DROP USER usuario CASCADE;
```

Este comando elimina el usuario de la base de datos, junto con todos los objetos que posee (tablas, vistas, secuencias, procedimientos, etc.). La opción *CASCADE* se encarga de eliminar todos estos objetos.

3.8. Creación de tablas

Para crear tablas se usa el comando CREATE TABLE:

```
CREATE [TEMPORARY] TABLE [esquema.]nombre_tabla
    [(definición_create,...)]
    [opciones_tabla]


definición_create:
    definición_columna
  | [CONSTRAINT [símbolo]] PRIMARY KEY (nombre_columna,...)
  | [CONSTRAINT [símbolo]] FOREIGN KEY (nombre_columna,...)
    [definición_referencia]
```

```
definición_columna:
    nombre_columna tipo_datos [NOT NULL | NULL] [DEFAULT valor]
        [UNIQUE [KEY] | [PRIMARY] KEY]
        [definición_referencia]

definición_referencia:
    REFERENCES nombre_tabla [(nombre_columna,...)]
                [ON DELETE {CASCADE | SET NULL | NO ACTION} ]
                [ON UPDATE {CASCADE | SET NULL | NO ACTION} ]
```

El formato que aquí se presenta es un formato reducido, compatible con la mayoría de los gestores de bases de datos, para más información sobre un comando CREATE TABLE para un gestor en particular, se debe recurrir al manual de referencia del gestor.

La porción de sentencia *(definición_create,...)* especificará la definición de los campos que va a contener la tabla y sus restricciones. Los puntos suspensivos sugieren que *definición_create* se puede repetir tantas veces como sea necesario, por ejemplo si hay una tabla con 5 columnas, habrá que especificar 5 veces 'definición_create'.

El token opcional TEMPORARY se utiliza para crear tablas temporales (esto es, una tabla invisible al resto de usuarios y que se borrará en el momento de la desconexión del usuario que la creó). La primera cláusula que lleva la definición es *definición_columna*, donde se especificará la definición de un campo o columna de la tabla:

```
definición_columna:
    nombre_columna tipo_datos [NOT NULL | NULL] [DEFAULT valor]
        [UNIQUE [KEY] | [PRIMARY] KEY]
        [definición_referencia]
```

Se indica el nombre de columna y el tipo de datos, por ejemplo, el Codigo Postal podría ser un tipo NUMERIC$(5, 0)$ de MySQL, puesto que los códigos postales tienen 5 dígitos enteros y 0 decimales.

NOT NULL y NULL especifican que la columna admite o no admite valores nulos, es decir si un campo puede quedar sin valor, o con valor desconocido.

147

DEFAULT indica el valor por defecto que toma el campo si no es especificado de forma explícita. Por ejemplo, si se declara la siguiente columna:

```
CodigoPostal Numeric(5,0) NOT NULL DEFAULT 28941
```

Se indica que el campo Código Postal es un número de 5 dígitos enteros, que no admite valores nulos, y que en caso de no especificarlo, por ejemplo, en una inserción, el valor que tomará es 28941.

UNIQUE KEY especifica la creación de un índice, esto es, una estructura de datos que permite un acceso rápido a la información de una tabla y además, controla que no haya ningún valor repetido en el campo. Se producirá un error si se intenta insertar un elemento que ya coincida con un valor anterior. A efectos prácticos, la diferencia con una clave primaria es básicamente que un campo UNIQUE puede admitir valores NULL, mientras que un campo que se define como clave primaria no puede admitir nulos (debe ser NOT NULL).

PRIMARY KEY indica que la columna definida es la clave primaria. Una tabla tan solo puede tener una clave primaria. Si se especifica a nivel de *column_definition*, la clave solo puede tener un campo, si la clave se define a nivel de tabla, la clave puede ser multicolumna.

3.8.1. Implementación de restricciones

En la sintaxis de CREATE TABLE, definición_referencia sirve para crear una clave foránea. De esta manera, se enlaza el campo a su campo origen, es decir se crea una referencia:

Si existe la siguiente tabla creada:

```
create table clientes(
    dni varchar(9) PRIMARY KEY,
    nombre varchar(50),
    direccion varchar(60)
);
```

Se puede crear otra tabla 'mascotas' que contenga el registro de las mascotas de una tienda veterinaria y con un campo que haga referencia al dueño de la mascota:

```
create table mascotas(
    codigo integer PRIMARY KEY,
    nombre varchar(50),
    raza varchar(50),
    cliente varchar(9) REFERENCES clientes(dni)
);
```

Las opciones ON DELETE y ON UPDATE establecen el comportamiento del gestor en caso de que las filas de la tabla padre (es decir, la tabla referenciada) se borren o se actualicen. Los comportamientos pueden ser CASCADE, SET NULL y NO ACTION.

- Si se usa NO ACTION y se intenta un borrado o actualización sobre la tabla padre, la operación se impide, rechazando el borrado o la actualización.

- Si se especifica CASCADE, la operación se propaga en cascada a la tabla hija, es decir, si se actualiza la tabla padre, se actualizan los registros relacionados de la tabla hija, y si se borra un registro de la tabla padre, se borran aquellos registros de la tabla hija que estén referenciando al registro borrado.

- Si se indica SET NULL, se establece a NULL la clave foránea afectada por un borrado o modificación de la tabla padre.

```
create table mascotas(
    codigo integer PRIMARY KEY,
    nombre varchar(50),
    raza varchar(50),
    cliente varchar(9) REFERENCES clientes(dni)
      ON DELETE CASCADE ON UPDATE SET NULL
);
```

Si no se especifica ON DELETE u ON UPDATE por defecto se actúa como NO ACTION.

Oracle no implementa la opción ON UPDATE por lo que hay que recurrir a otros métodos para realizar las acciones de actualización, como por ejemplo, mediante TRIGGERS (disparadores).

La siguiente parte de la sintaxis de CREATE TABLE hace referencia a las declaraciones globales sobre la tabla, esto es, restricciones, claves primarias y foráneas compuestas, etc.

```
[CONSTRAINT [símbolo]] PRIMARY KEY (nombre_columna,...)
| [CONSTRAINT [símbolo]] FOREIGN KEY (nombre_columna,...)
    [definición_referencia]
```

En SQL, todas las restricciones pueden tener un nombre para facilitar su posterior referencia, por tanto cuando aparezca el opcional 'CONSTRAINT [símbolo]' se indica que la definición de una restricción tiene un nombre.

PRIMARY KEY sirve para especificar la creación de una clave primaria a nivel de tabla. Existe la opción de crearla a nivel de columna, mediante *definición_columna* o definirla aquí. Por ejemplo, es posible definir la siguiente tabla de dos formas:

```
#primera forma - nivel de columna
create table vehiculo(
    matricula varchar(7) primary key,
    marca varchar(20),
    modelo varchar(20),
    precio numeric(7,2)
);

#segunda forma - nivel de tabla
create table vehiculo(
    matricula varchar(7),
    marca varchar(20),
    modelo varchar(20),
    precio numeric(7,2)
    primary key (matricula)
);
```

Ambas formas son equivalentes, la diferencia es que mediante la segunda forma, es posible crear claves primarias compuestas por varios campos. Ejemplo:

```
#Clave primaria = dni + n_ss
create table empleado(
    dni varchar(9),
    n_ss varchar(15),
    nombre varchar(40),
    PRIMARY KEY (dni,n_ss) #compuesta
);
```

De forma análoga, también se puede crear claves foráneas a nivel de tabla, haciendo uso de:

```
[CONSTRAINT [symbol]] FOREIGN KEY (index_col_name,...)
    [reference_definition]
```

```
create table mascotas(
    codigo integer PRIMARY KEY,
    nombre varchar(50),
    raza varchar(50),
    cliente varchar(9),
    FOREIGN KEY (cliente) references clientes(dni)
);
```

◇ **Actividad 3.4**: Conéctate a MySQL y prueba a ejecutar los comandos CREATE TABLE anteriores. Posteriormente, conéctate a Oracle mediante SQL*Plus y ejecútalos de nuevo. ¿Son compatibles?

◇ **Actividad 3.5**: Crea una bases de datos en MySQL llamada Liga. Crea dos tablas con los campos que aparecen en la imagen y además establece las claves primarias y foráneas.

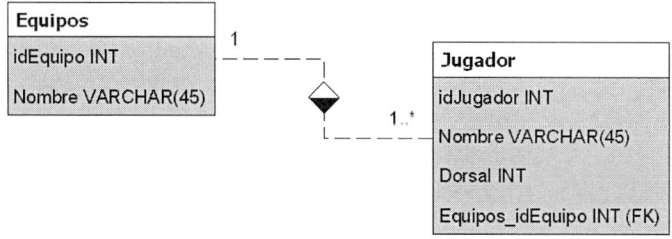

Para terminar, cada gestor de base de datos efectúa sus propias modificaciones al formato de la sintaxis create table. La cláusula *opciones_tabla* permite especificar las peculiaridades de cada gestor con respecto al almacenamiento en soporte físico de sus tablas. Además, cada gestor incorpora diversas características, por ejemplo, Oracle y DB2 implementan tipos de datos distintos a MySQL o a SQL Server y Access.

3.8.2. Tipos de Datos

Los tipos de datos que pueden usarse tanto para MySQL como para Oracle en la definición de una columna son los siguientes:

Tipo de dato	Naturaleza	Tamaño/formato	MySQL	Oracle
TINYINT [UNSIGNED]	Entero	1 byte	X	X
SMALLINT [UNSIGNED]	Entero	2 bytes	X	X
MEDIUMINT [UNSIGNED]	Entero	3 bytes	X	X
INT [UNSIGNED]	Entero	4 bytes	X	X
BIGINT [UNSIGNED]	Entero	8 bytes	X	X
INTEGER [UNSIGNED]	Entero	4 bytes	X	X
DOUBLE [UNSIGNED]	Real Aproximado	8 bytes	X	X
FLOAT [UNSIGNED]	Real Aproximado	4 bytes	X	X
DECIMAL(longitud,decimales)	Real Exacto	Variable	X	
NUMERIC(longitud,decimales)	Real Exacto	Variable	X	
NUMBER(longitud[,decimales])	Real Exacto	Variable		X
DATE	Fecha	'aaaa-mm-dd'	X	X
TIME	Hora	'hh:mm:ss'	X	
TIMESTAMP	Fecha y Hora	'aaaa-mm-dd hh:mm:ss'	X	X
DATETIME	Fecha y hora	'aaaa-mm-dd hh:mm:ss'	X	
CHAR(longitud)	caracteres	Longitud Fija	X	X
VARCHAR(longitud)	caracteres	Longitud Variable	X	X
VARCHAR2(longitud)	caracteres	Longitud Variable		X
BLOB	Objetos binarios	Longitud Variable	X	X
TEXT	Campos Memo	Longitud Variable	X	
CLOB	Campos Memo	Longitud Variable		X
ENUM(valor1,valor2,valor3...)	Enumeraciones	Lista de valores	X	
SET(valor1, valor2, valor3...)	Conjuntos	Conjuntos de valores	X	

Cuadro 3.1: Tipos de datos en MySQL y Oracle/DB2.

Puede verse que no todos los tipos de datos están en todos los gestores. Así por ejemplo, el tipo de datos ENUM no está disponible en Oracle y sí en MySQL. Se utiliza para crear enumeraciones, es decir, campos que admiten solo valores fijos, por ejemplo:

```
color ENUM('Rojo', 'Verde', 'Azul', 'Amarillo', 'Negro', 'Blanco')
```

En Oracle, en su lugar, se puede implementar utilizando la directiva CHECK:

```
color VARCHAR2(20),
CONSTRAINT color_chk CHECK
(color IN ('Rojo', 'Verde', 'Azul', 'Amarillo', 'Negro', 'Blanco'))
```

3.8.3. Características de la creación de tablas para MySQL

Las opciones de tabla para MySQL son las siguientes:

```
opciones_tabla: opción_tabla [opción_tabla] ...
opción_tabla:
    ENGINE = nombre_motor
  | AUTO_INCREMENT = valor
  | [DEFAULT] CHARACTER SET juego_caracteres [COLLATE colación]
  | CHECKSUM = {0 | 1}
  | COMMENT = 'string'
  | MAX_ROWS = valor
  | MIN_ROWS = valor
```

El almacenamiento físico de una tabla en MySQL está controlada por un software especial denominado *Motor de almacenamiento*. Mediante la opción 'ENGINE= nombre_motor' se indica el motor de almacenamiento para la tabla. Puede ser, entre otros, *innodb*, que son tablas transaccionales con bloqueo de registro y claves foráneas, *myIsam* por defecto usado por MySQL y que genera tablas operadas a gran velocidad, pero sin control de integridad referencial y *Memory*, que genera tablas que están almacenadas en memoria en lugar de un archivo físico.

La opción AUTO_INCREMENT permite indicar el valor inicial para campos de tipo AUTO_INCREMENT. AUTO_INCREMENT indica que ese campo es auto-incrementado después de cada inserción. Un campo definido como auto_increment debe ser numérico; de esta manera, cuando en ese campo se indica el valor NULL en una inserción, el campo toma automáticamente el último valor incrementado en una unidad. Este campo es muy útil para los campos *código* donde se especifican valores clave autogenerados. En MySQL para definir un campo AUTO_INCREMENT se especifica la palabra clave justo a continuación del tipo de datos. Para simular este comportamiento en Oracle, se utiliza una secuencia (SEQUENCE).

'[DEFAULT] CHARACTER SET' Especifica el conjunto de caracteres para la tabla y COLLATE define la colación por defecto de la tabla. Si se especifica CHECK-SUM, MySQL mantiene una suma de verificación para todos los registros. El comando CHECKSUM TABLE muestra esa suma de verificación (solo para motores de almacenamiento MyISAM).

COMMENT es un comentario para la tabla de hasta 60 caracteres. También es posible crear comentarios para cada una de las columnas. Mediante el token

COMMENT se puede documentar el diccionario de datos. MySQL dispone de este token para comentar no solo tablas, sino también columnas.

MAX_ROWS es el máximo número de registros que se quiere almacenar en la tabla. No es un límite absoluto, sino un indicador que la tabla debe ser capaz de almacenar al menos estos registros. MIN_ROWS es el mínimo número de registros que se planea almacenar en la tabla.

Por último, al igual que en la creación de base de datos, MySQL dispone de la cláusula *IF NOT EXISTS*, para que solamente se cree la tabla si no está creada previamente.

```
#Ejemplo de creación de tabla en MySQL
      create table if not exists Pedido(
         codigo int auto_increment primary key,
         fecha datetime,
         estado enum('Pendiente','Entregado','Rechazado')
      )
      comment = 'tabla de pedidos a proveedores'
      auto_increment = 10000
      max_rows=1000000
      checksum=1
      engine=innodb;
```

3.8.4. Características de la creación de tablas para Oracle

En Oracle, la mayoría de las opciones tienen que ver con su almacenamiento físico. Por ejemplo, las tablas deben ser almacenadas en un contenedor llamado *tablespace* (Espacio de tablas). Por defecto, si no se indican opciones de almacenamiento, la tabla se ubica en el tablespace del usuario, pero si se quiere ubicar en otro tablespace, se puede incluir la opción *tablespace nombre* para designar otro tablespace. Además, se puede definir cómo se reserva el espacio en disco para controlar el crecimiento desmedido del tamaño de una tabla mediante la cláusula storage. Estas y muchas otras opciones, son propias de Oracle. Por último, cabe destacar la capacidad de Oracle de permitir la creación de restricciones de tipo CHECK, que permite validar el valor de un campo mediante una expresión.

```
--Ejemplo de creación de tablas con opciones propias de Oracle
      create table Pedido(
         codigo integer primary key,
         fecha date,
         estado varchar(10),
```

```
        constraint c_estado
            check (estado IN ('Pendiente','Entregado','Rechazado'))
    )
    tablespace Administracion
    storage (initial 100k next 100k minextents 1
            maxextents unlimited pctincrease 0);
```

3.8.5. Consulta de las tablas de una base de datos

Para consultar las tablas disponibles de una base de datos en MySQL, se utiliza el comando SHOW TABLES

```
mysql> show tables;
+----------------------+
| Tables_in_jardineria |
+----------------------+
| Clientes             |
| DetallePedidos       |
| ...                  |
| Productos            |
+----------------------+
```

En Oracle, se pueden consultar las vistas user_tables, dba_tables y all_tables. En Oracle, las vistas que comienzan por user_, aportan información sobre los objetos que posee el usuario conectado. Las vistas que comienzan por dba_ son solo accesibles por los administradores de bases de datos y muestran información sobre todos los objetos. Finalmente, las vistas que comienzan por all_ muestran la información sobre los objetos a los que el usuario tiene acceso, sean suyos o no.

```
SQL> select table_name from user_tables;
TABLE_NAME
------------------------------
PARTIDOS
ESTADISTICAS
JUGADORES
EQUIPOS
```

3.8.6. Consulta de la estructura de una tabla

Para conocer la estructura de una tabla ya creada es posible utilizar el comando DESCRIBE [esquema.]nombre_tabla

Este comando muestra un listado con las columnas de la tabla, aportando información sobre los tipos de datos, restricciones, etc.

```
SQL> describe nba.equipos;
Nombre                                      Nulo      Tipo
------------------------------------------- --------- -------------
NOMBRE                                      NOT NULL  VARCHAR2(20)
CIUDAD                                                VARCHAR2(20)
CONFERENCIA                                           VARCHAR2(4)
DIVISION                                              VARCHAR2(9)
```

3.9. Modificación de tablas

El comando para modificar una tabla es ALTER TABLE y su sintaxis también es bastante compleja:

```
ALTER TABLE nombre_tabla
    especificación_alter [, especificación_alter] ...


especificación_alter:
    ADD definición_columna [FIRST | AFTER nombre_columna ]
  | ADD (definición_columna,...)
  | ADD [CONSTRAINT [símbolo]]
      PRIMARY KEY (nombre_columna,...)
  | ADD [CONSTRAINT [símbolo]]
      UNIQUE (nombre_columna,...)
  | ADD [CONSTRAINT [símbolo]]
      FOREIGN KEY (nombre_columna,...)
      [definición_referencia]
  | CHANGE [COLUMN] anterior_nombre_columna definición_columna
      [FIRST|AFTER nombre_columna]
  | RENAME COLUMN anterior_nombre_columna TO nuevo_nombre_columna
  | MODIFY definición_columna [FIRST | AFTER nombre_columna]
  | DROP COLUMN nombre_columna
  | DROP PRIMARY KEY
  | DROP FOREIGN KEY fk_símbolo
  | opciones_tabla
```

Al ver esta sintaxis se puede caer en la tentación de pensar que es mejor borrar una tabla y volver a crearla haciendo las modificaciones oportunas. Esto es posible si la tabla no tiene datos, pero... ¿qué ocurre si hay un centenar o un millar de registros? No queda otra opción que ejecutar una sentencia ALTER TABLE para evitar la pérdida de datos.

- La opción ADD permite añadir una columna, se puede especificar el lugar donde se va a insertar mediante las cláusulas AFTER (después de una columna) y FIRST (la primera columna). Oracle no admite las cláusulas AFTER y FIRST.

- Con la opción MODIFY se cambia el tipo de datos de una columna y se añaden restricciones.

- Con la opción DROP se pueden eliminar las restricciones de claves foráneas y primarias, dejando el tipo de dato y su contenido intacto.

- Las opciones de tabla, al igual que en CREATE TABLE varían con cada SGBD, y sirven principalmente para modificar las características del almacenamiento físico.

- Para cambiar el nombre de una columna, Oracle usa la cláusula RENAME y MySQL la cláusula CHANGE.

Por ejemplo, en MySQL, para añadir a la tabla mascotas el campo especie después del campo Raza, habría que ejecutar la siguiente instrucción:

```
ALTER TABLE Mascotas ADD Especie VARCHAR(10) AFTER Raza;
```

Para eliminar la columna con clave primaria *CodigoCliente* de la tabla *Clientes* en Oracle y establecer como clave primaria el campo *NIF*, hay que ejecutar las siguientes sentencias:

```
ALTER TABLE Clientes DROP PRIMARY KEY;
ALTER TABLE Clientes DROP CodigoCliente;
ALTER TABLE Clientes ADD COLUMN NIF VARCHAR(10) PRIMARY KEY FIRST ;
```

3.10. Borrado de tablas

El formato de instrucción en MySQL para el borrado de una tabla es muy sencillo:

```
DROP [TEMPORARY] TABLE
    tbl_name [, tbl_name] ...
```

Ejemplo:

```
DROP TABLE Mascotas;
DROP TABLE Clientes, Empleados;
```

En Oracle, cambia un poco pero es muy similar:

```
DROP [TEMPORARY] TABLE tbl_name [CASCADE CONSTRAINT]
```

No se permite el borrado de varias tablas en la misma sentencia, y, de forma opcional, CASCADE CONSTRAINT exige a Oracle que elimine las claves foráneas de las tablas relacionadas (en cascada).

```
--Elimina la tabla Partidos
    DROP TABLE Partidos;
--Elimina la tabla Jugadores y
--borra las claves foráneas de otras tablas
    DROP TABLE Jugadores CASCADE CONSTRAINT;
```

3.11. Renombrado de tablas

Para renombrar una tabla en MySQL se usa el comando RENAME TABLE:

```
RENAME TABLE nombre_tabla TO nuevo_nombre_tabla
    [, nombre_tabla TO nuevo_nombre_tabla] ...
```

Ejemplo:

```
RENAME TABLE Mascotas TO Animales;
```

También lo podemos hacer con la sintaxis:

`ALTER TABLE nombre_tabla_actual RENAME TO nuevo_nombre_tabla;`

Ejemplo:

```
ALTER TABLE Mascotas RENAME TO Animales;
```

En Oracle, no hay que indicar el token TABLE, basta con poner:

`RENAME nombre_tabla_actual TO nuevo_nombre_tabla;`

Ejemplo:

```
RENAME Jugadores TO Baloncestistas;
```

3.12. Prácticas Resueltas

Práctica 3.1: Modelo físico para stratrekfans.com v.1.0 En un

fichero de texto con nombre startrek1.sql, escribe las sentencias SQL para crear el modelo físico de la Práctica 2.1. Después, crea una base de datos llamada startrek en un servidor MySQL y ejecuta las sentencias con comando source. A continuación, conéctate a Oracle con el usuario administrador (sqlplus / as sysdba) y crea un usuario en una instancia de oracle con el comando:

```
CREATE USER startrek IDENTIFIED BY startrekpwd
 QUOTA UNLIMITED ON USERS;
```

Dale permisos al usuario startrek para iniciar sesion y crear tablas con:

```
GRANT CREATE SESSION,CREATE TABLE TO startrek;
```

Con ese usuario, conéctate a sqlplus y ejecuta el fichero que has creado.

```
————— startrek1.sql —————

CREATE TABLE Actores(
        Codigo integer PRIMARY KEY,
        Nombre varchar(50) NOT NULL,
        Fecha DATE NOT NULL,
        Nacionalidad varchar(20) DEFAULT 'EEUU'
);
CREATE TABLE Personajes(
        Codigo integer PRIMARY KEY,
        Nombre varchar(50) NOT NULL,
        Raza varchar(20) NOT NULL,
        Grado varchar(20) NOT NULL,
        CodigoActor integer NOT NULL,
        CodigoSuperior integer NULL,
        FOREIGN KEY (CodigoActor) REFERENCES Actores(Codigo),
        FOREIGN KEY (CodigoSuperior) REFERENCES Personajes(Codigo)
);
CREATE TABLE Planetas(
    Codigo integer PRIMARY KEY,
    Galaxia varchar(50) NULL,
    Nombre varchar(50) NOT NULL
);
CREATE TABLE Capitulos(
        Temporada integer,
        Orden integer,
        Titulo varchar(50) NOT NULL,
        Fecha date NOT NULL,
        PRIMARY KEY (Temporada, Orden)
);
```

```
CREATE TABLE Peliculas(
        Codigo integer PRIMARY KEY,
        Titulo varchar(50) NOT NULL,
        Director varchar(30) NOT NULL,
        Anyo Date NULL
);
CREATE TABLE PersonajesCapitulos(
        CodigoPersonaje integer PRIMARY KEY,
        Temporada integer NOT NULL,
        Orden integer NOT NULL,
        FOREIGN KEY (Temporada,Orden) REFERENCES Capitulos(Temporada,Orden)
);
CREATE TABLE PersonajesPeliculas(
        CodigoPersonaje integer REFERENCES Personajes(Codigo),
        CodigoPelicula integer REFERENCES Peliculas(Codigo)
);
CREATE TABLE Naves(
        Codigo integer PRIMARY KEY,
        NTripulantes integer NULL,
        Nombre varchar(50) NOT NULL
);
CREATE TABLE Visitas(
        CodigoNave integer REFERENCES Naves(Codigo),
        CodigoPlaneta integer REFERENCES Planetas(Codigo),
        Temporada integer NOT NULL,
        Orden integer NOT NULL,
        FOREIGN KEY (Temporada,Orden) REFERENCES Capitulos(Temporada,Orden)
);
```

Con el fichero anterior llamado startrek.sql, en mysql:
mysql> CREATE DATABASE Startrek; USE Stratrek;
mysql> source stratrek.sql
En Oracle:
sqlplus / as sysdba
SQL> CREATE USER startrek IDENTIFIED BY startrekpwd;
SQL> GRANT CREATE SESSION,CREATE TABLE TO startrek;
SQL> exit
sqlplus startrek/startrekpwd
SQL> @startrek.sql

◇

Práctica 3.2: Restricciones para startrekfans.com v.1.0

Se desea imponer las siguientes características al modelo físico, pero son dependientes del gestor de base de datos donde se van a codificar, así que se codifican en ficheros independientes. Para MySQL se desea:

- Que todas las tablas tengan el motor de almacenamiento innodb para que las claves foráneas no sean ignoradas.

- Que las claves primarias numéricas sean de tipo auto_increment.

- Que el campo Galaxia de la tabla Planetas sea una enumeración de los valores ('Via Láctea','Andrómeda','Sombrero').

Para Oracle se desea:

- Que las tablas se encuentren ubicadas en el tablespace STARTREK.

- Que el campo NTripulantes de la tabla Naves solo pueda tener un valor entre 1 y 500.

- Que el campo Galaxia de la tabla Planetas solo pueda tener los valores ('Via Láctea','Andrómeda','Sombrero').

Las sentencias SQL para efectuar los cambios en MySQL son:

```
                        ──────── Cambios en MySQL ────────

#Las tablas se pueden cambiar de dos formas:
ALTER TABLE Actores ENGINE=innodb;
ó, si están vacias se puede hacer:
DROP TABLE Actores;
CREATE TABLE Actores(
...
) ENGINE=innodb;
#Para cambiar a auto_increment la clave primaria
#se usa:
ALTER TABLE Actores MODIFY
    Codigo integer auto_increment PRIMARY KEY;
#Para cambiar el campo Galaxia a una enumeración:
ALTER TABLE Planetas MODIFY
    Galaxia ENUM ('Via Láctea','Andrómeda','Sombrero');
```

Las sentencias SQL para efectuar los cambios en Oracle son:

```
───────────────────── Cambios en Oracle ─────────────────────

-- Asignar el tablespace STARTREK a las tablas, solo se puede
--hacer si están vacías, y recrearlas:
drop table actores cascade constraints;
CREATE TABLE Actores(
        Codigo integer PRIMARY KEY,
        Nombre varchar(50) NOT NULL,
        Fecha DATE NOT NULL,
        Nacionalidad varchar(20) DEFAULT 'EEUU'
) TABLESPACE STARTREK;
-- Para cambiar el campo NTripulantes:
ALTER TABLE Naves MODIFY NTripulantes integer
check (NTripulantes>=1 and NTripulantes<=500);
-- Para añadir la restricción a galaxia:
ALTER TABLE Planetas MODIFY Galaxia varchar(10)
CHECK (Galaxia IN ('Via Láctea','Andrómeda','Sombrero'));
```

◇

Práctica 3.3: Modelo físico para stratrekfans.com v.2.0

En un fichero de texto con nombre startrek2.sql, escribe las sentencias SQL para modificar el modelo físico de la Práctica 2.2. Después, crea una base de datos llamada startrek en un servidor MySQL. Ejecuta las sentencias del fichero en un servidor de MySQL con el comando source. A continuación, conéctate a Oracle con el usuario startrek y ejecuta el fichero que has creado.

```
───────────────────── startrek2.sql ─────────────────────

ALTER TABLE Personajes ADD Ciudad varchar(50);
ALTER TABLE Personajes ADD FNacim date;
ALTER TABLE Personajes ADD Planeta integer REFERENCES Planetas(Codigo);
ALTER TABLE Personajes ADD FUltCombate date;
ALTER TABLE Personajes ADD Mentor varchar(50);
ALTER TABLE Personajes ADD FechaGrado date;
```

Con el fichero anterior llamado startrek2.sql, en mysql:
mysql> USE Stratrek;
mysql> source stratrek2.sql
En Oracle: sqlplus startrek/startrekpwd
SQL> @startrek2.sql

◇

Práctica 3.4: Modelo físico para stratrekfans.com v.3.0

En un fichero de texto con nombre startrek3.sql, escribe las sentencias SQL para modificar el modelo físico de la Práctica 2.2. Después, crea una base de datos llamada startrek en un servidor MySQL. Ejecuta las sentencias del fichero en un servidor de MySQL con el comando source. A continuación, conéctate a Oracle con el usuario startrek y ejecuta el fichero que has creado.

```
——————————————— startrek3.sql ———————————————
CREATE TABLE Lanzaderas(
        CodigoNave integer,
        Numero integer,
        Personas integer,
        PRIMARY KEY(CodigoNave,Numero),
        FOREIGN KEY(CodigoNave) REFERENCES Naves(Codigo)
);
```

Con el fichero anterior llamado startrek3.sql, en mysql debemos conectarnos al sistema con el usuario administrador o un usuario con suficientes permisos para trabajar con nuestra base de datos y luego ejecutar el script:
mysql>mysql -u user -pPassword;
mysql> USE Stratrek;
mysql>source stratrek3.sql

En Oracle: sqlplus startrek/startrekpwd
SQL> @startrek3.sql

◇

Práctica 3.5: Base de datos de tenis.

Crea la base de datos grand_slam, que contenga las tablas que se muestran en la siguiente imagen estableciendo las claves primarias (PK) y claves foráneas (FK) indicadas, y las actualizaciones y borrados se harán en cascada.

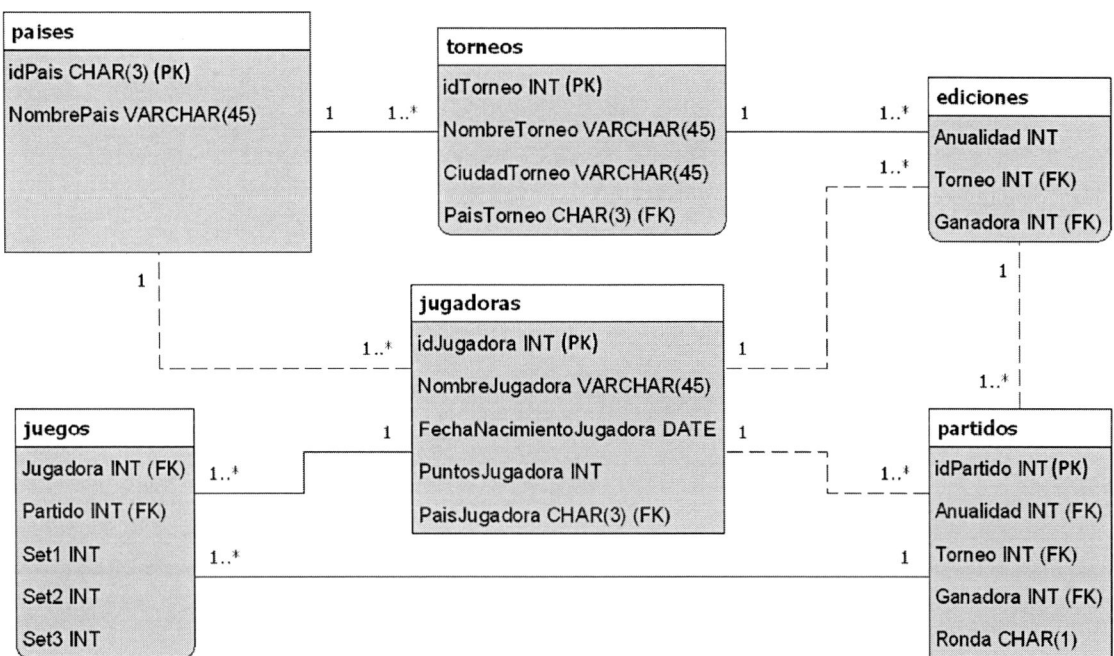

Después de crear las tablas nos han pedido las siguientes modificaciones:

1. Modifica el campo NombrePais de la tabla países para establecer la restricción de único.

2. Modifica la tabla juegos para hacer una clave primaria compuesta de los campos Jugador y Partido.

3. Cada edición de un torneo tiene establecido un premio en metálico, añade un campo llamado premio en la tabla ediciones para guardar este dato.

```
—————————— tenis.sql ——————————

-- CREACION DE BASE DE DATOS Y TABLAS:
DROP DATABASE GRAND_SLAM;
CREATE DATABASE GRAND_SLAM;
USE GRAND_SLAM;
CREATE TABLE PAISES(
IdPais CHAR(3) PRIMARY KEY,
NombrePais VARCHAR(45)
)ENGINE=INNODB;
CREATE TABLE TORNEOS(
IdTorneo INT PRIMARY KEY,
NombreTorneo VARCHAR(45),
CiudadTorneo VARCHAR(45),
PaisTorneo CHAR(3) REFERENCES PAISES(IdPais)
ON DELETE CASCADE ON UPDATE CASCADE
)ENGINE=INNODB;
```

```
CREATE TABLE JUGADORAS(
IdJugadora INT PRIMARY KEY,
NombreJugadora VARCHAR(45),
FechaNacimiento DATE,
PuntosJugadora INT,
PaisJugadora CHAR(3) REFERENCES PAISES(IdPais)
ON DELETE CASCADE ON UPDATE CASCADE
)ENGINE=INNODB;
CREATE TABLE EDICIONES(
Anualidad INT,
Torneo INT REFERENCES TORNEOS(IdTorneo)
ON DELETE CASCADE ON UPDATE CASCADE,
Ganadora INT REFERENCES JUGADORAS(IdJugadora)
ON DELETE CASCADE ON UPDATE CASCADE,
PRIMARY KEY(Anualidad,Torneo)
)ENGINE=INNODB;
CREATE TABLE PARTIDOS(
IdPartido INT PRIMARY KEY,
Anualidad INT,
Torneo INT,
Ganadora INT REFERENCES JUGADORAS(IdJugadora)
ON DELETE CASCADE ON UPDATE CASCADE,
Ronda CHAR(1),
FOREIGN KEY (Anualidad,Torneo) REFERENCES
EDICIONES(Anualidad,Torneo)
ON DELETE CASCADE ON UPDATE CASCADE
)ENGINE=INNODB;
CREATE TABLE JUEGOS(
Jugadora INT REFERENCES JUGADORAS(IdJugadora)
ON DELETE CASCADE ON UPDATE CASCADE,
Partido INT REFERENCES PARTIDOS(IdPartido)
ON DELETE CASCADE ON UPDATE CASCADE,
Set1 INT,
Set2 INT,
Set3 INT
)ENGINE=INNODB;
-- MODIFICACIONES POSTERIORES:
-- 1
ALTER TABLE PAISES ADD CONSTRAINT PAISES_UQ UNIQUE(NombrePais);
-- 2
ALTER TABLE JUEGOS ADD CONSTRAINT JUEGOS_PK PRIMARY KEY(Jugadora, Partido);
-- 3
ALTER TABLE EDICIONES ADD COLUMN PREMIO DECIMAL(10,2);
);
```

◇

3.13. Prácticas Propuestas

Práctica 3.6: Modelo físico para jerarquías

Dado el diagrama E/R de la figura siguiente, genera el modelo físico, codificando en SQL todas las sentencias para crear las tablas de dos maneras posibles, generando una tabla para cada especialización, y generando una sola tabla para los empleados. Ejecuta los dos modelos tanto en Oracle como en MySQL.

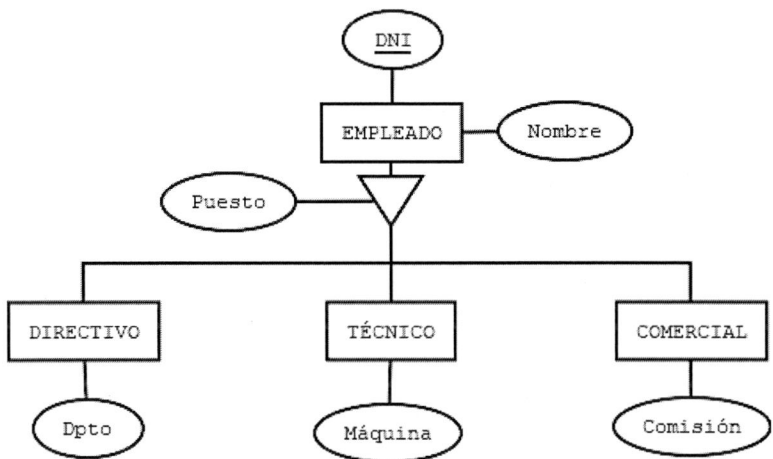

◇

Práctica 3.7: Más modelos físicos

Para los modelos lógicos creados en las Prácticas 2.7, 2.8, 2.9 y 2.10, crea el modelo físico asociado mediante varios ficheros con extensión sql. En MySQL crea una base de datos para cada modelo y ejecuta el fichero correspondiente, y en Oracle, crea un usuario distinto que contenga cada uno de los esquemas de las diferentes prácticas. ◇

Práctica 3.8: Parque Ecológico

Un parque ecológico quiere informatizar la gestión de su sistema de información para poder obtener datos más concluyentes sobre las especies migratorias que se establecen en su territorio. El parque desea clasificar todas las especies animales y contabilizar el número de individuos de cada especie que se establecen en el territorio en cada época del año. Se desea que la base de datos almacene datos de nuevas especies y nuevos individuos de cada especie animal. Para cada especie, se requiere el nombre de la especie, características generales de un individuo tipo y sus periodos migratorios. Para cada individuo se tendrá en cuenta el peso, dimensiones, y un código que identifique de forma única cada individuo dentro de su especie. Esta forma de identificación, irá almacenada en un pequeño dispositivo con una batería autónoma implantada en el animal, y que servirá para detectar cuando el individuo sale o entra en el territorio gracias a unas torretas de control instaladas en el perímetro del parque. Estas torretas informan vía inalámbrica al sistema de las idas y venidas de cada individuo. De esta manera, se pueden contabilizar sus migraciones y los posibles descontroles que sufran en el periodo migratorio. Toda la información sobre migraciones de individuos de determinadas especies será enviada cada tres meses a un grupo de expertos biólogos, encargados de hacer una valoración sobre futuros periodos migratorios y posibles alteraciones del comportamiento de las especies. De los biólogos, se quiere almacenar, el nombre, la dirección, provincia y su fecha de titulación. En principio, no se conoce todavía si se implementará en Oracle o MySQL por lo que el diseño debe ser compatible para ambos gestores de bases de datos. ◇

Práctica 3.9: BuscoPareja.net

Se va a crear una página web de contactos en el dominio BuscoPareja.net. Cuando un usuario se registra en el sistema, se almacenan sus datos personales, concretamente su email, su nombre, dirección, ciudad, país, su sexo y orientación sexual, su foto y una password que utilizará junto con su email para acceder al sistema. El usuario a continuación rellena una lista de preferencias o gustos. De cada gusto o preferencia se almacenará el tipo (Deporte, Música, Evento Social), la fecha de la última vez que hizo una actividad de ese estilo y si le gustaría o no que su pareja tuviera la misma preferencia. A partir de esta información se organizan citas entre los contactos en distintas ubicaciones. Se desea registrar las citas entre los contactos almacenando quién se cita con quién, en qué lugar y a qué hora, y si la cita fracasó. Se desea realizar el diseño conceptual, lógico y físico de la base de datos, creando el modelo físico para Oracle y para MySQL. ◇

Práctica **3.10**: Base de datos del gimnasio.

Nos han pedido que informaticemos la gestión de un Gimnasio. Tras realizar las entrevistas con los trabajadores y usuarios del gimnasio hemos obtenido el siguiente esquema.

Crea un script en MySql que cree una base de datos llamada Gimnasio y las tablas y relaciones que se ven en la imagen.

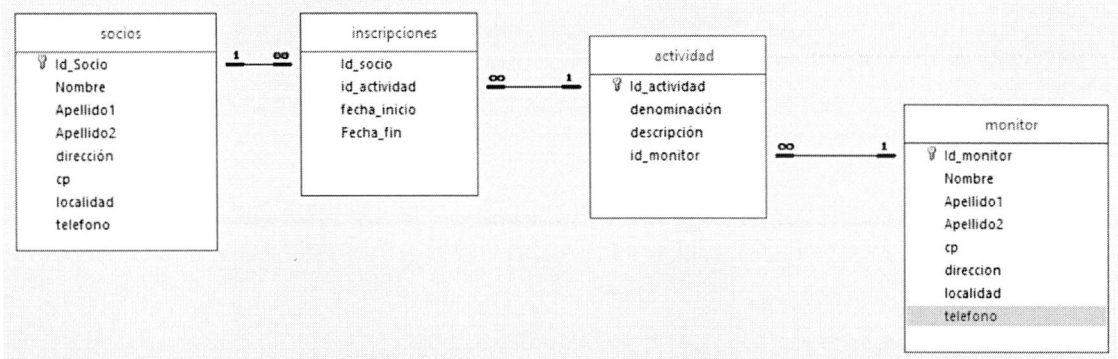

Después de crear las tablas nos han pedido las siguientes modificaciones:

1. Añade un campo a la TABLA ACTIVIDAD que se llame PRECIO_MES, establece el valor 20 para todos los registros.

2. Cambia el campo TELÉFONO por MOVIL.

3. Cambia el nombre de la tabla MONITOR a PROFESOR.

4. Elimina el campo FECHA_FIN de la tabla INSCRIPCIONES.

5. Repite el ejercicio en Oracle pero en lugar de crear la base de datos Gimnasio crea un usuario llamado Gimnasio.

◇

3.14. Resumen

Los conceptos clave de este capítulo son los siguientes:

- Las herramientas gráficas *ayudan* al informático a gestionar los componentes de una base de datos, pero además, un buen administrador debe conocer los comandos necesarios para hacer las tareas administrativas. Entre las herramientas gráficas que dispone el mercado, se encuentran PhpMyAdmin, de MySQL, Enterprise Manager y Grid Control, de Oracle y Data Studio de DB2.

- Un intérprete de comandos envía comandos en modo texto al SGDB y muestra los resultados en una consola. Estos intérpretes de comandos suelen permitir la ejecución remota de comandos a través de protocolos TCP-IP. Entre otros están, mysql y SQL*Plus e iSQL*Plus(Oracle).

- El DDL o Data Definition Language de SQL define la sintaxis de los comandos CREATE, DROP y ALTER, para crear, borrar y modificar objetos de una BBDD.

- El comando CREATE DATABASE permite crear bases de datos en los SGBD. Algunos SGBD permiten manipular varias BBDD mediante una sola instancia, otros, como Oracle, permiten solo manipular una BBDD por instancia. Además, existen asistentes gráficos (como dbca de Oracle), que permiten de forma sencilla crear bases de datos.

- El comando ALTER DATABASE permite modificar ciertos parámetros de funcionamiento de la BBDD. Estos parámetros dependen del funcionamiento y de la arquitectura del SGBD, por tanto, no son estándar.

- El comando DROP DATABASE borra una base de datos de un servidor.

- Los comandos CREATE TABLE, ALTER TABLE y DROP TABLE están definidos en el estándar SQL para poder crear, modificar y borrar tablas, y, salvo pequeñas diferencias, se pueden escribir estos comandos compatibles para la mayoría de los SGBD.

- Para implementar restricciones se usan las cláusulas PRIMARY KEY (claves primarias) y REFERENCES (para claves Foráneas). Hay dos formas de crearlas, a nivel de tabla y a nivel de columna. A nivel de tabla es posible especificar claves compuestas. Es posible también, definir otras restricciones como las UNIQUE, CHECK, NULL o NOT NULL, etc.

- Los comandos DESCRIBE y RENAME sirven para mostrar la estructura de una tabla y cambiarle el nombre a un objeto.

3.15. Test de repaso

1. ¿Qué función no permite realizar phpMyAdmin?

a) Ejecución remota de comandos

b) Copias de seguridad

c) Creación y borrado de tablas

d) Parada y arranque del servidor

2. Oracle Grid Control no permite

a) Controlar el estado de múltiples BBDD

b) Controlar múltiples servidores

c) Crear y borrar las tablas

d) Parar y arrancar un SGBD

3. El comando CREATE DATABASE no

a) Es una sentencia DDL

b) Es compatible entre los distintos SGBD

c) Permite especificar los tablespaces de una BBDD

d) Permite especificar el juego de caracteres

4. Una clave foránea

a) Se define con FOREIGN KEY

b) Se define con REFERENCES

c) Puede ser compuesta

d) Todas las anteriores son correctas

5. Para arrancar el Enterprise Manager

a) No hay que hacer nada, viene instalado por defecto

b) Hay que arrancarlo con el comando emctl start dbconsole

c) Hay que arrancarlo con el comando emctl stop dbconsole

d) Es un entorno gráfico basado en ventanas

6. La opción ON DELETE CASCADE del comando CREATE TABLE

a) No funciona en Oracle

b) No funciona en MySQL

c) Permite borrar registros relacionados en cascada

d) Permite borrar claves foráneas en cascada

7. A una restricción

a) No se le puede poner nombre

b) Se le puede poner nombre mediante CONSTRAINT

c) Se le puede poner nombre mediante RESTRICTION

d) Se le puede poner nombre mediante REFERENCES

8. auto_increment es una opción

a) Solo de MySQL

b) Para incrementar valores numéricos de forma automática

c) Se suele aplicar a las claves primarias

d) Todas las anteriores son correctas

9. Con el comando ALTER, no se puede

a) Borrar una columna

b) Modificar el tipo de dato de una columna

c) Cambiarle el nombre a la tabla

d) Todas las opciones anteriores son posibles

Soluciones: 1.d,2.c,3.b,4.d,5.b,6.c,7.b,8.d,9.c.

3.16. Comprueba tu aprendizaje

1. Nombra los distintos tipos de instrucciones DDL que puede haber, distinguiendo el tipo de objeto que se puede crear, borrar o modificar.

2. Pon un ejemplo de un tipo de dato numérico, otro alfanumérico y otro de fecha/hora.

3. ¿Cómo se instala phpMyAdmin en Linux? ¿Necesitas algún otro software para poder instalarlo?

4. Nombra tres herramientas gráficas y sus correspondientes gestores. Añade alguno de los que no aparezcan en el tema (por ejemplo, MMC de SQL Server).

5. ¿Por qué es fundamental para un administrador de bases de datos (DBA) conocer los comandos SQL además de saber usar las herramientas gráficas?

6. Escribe, sin mirar la sintaxis, un comando CREATE TABLE para crear una tabla de *alumnos* con 5 campos a tu elección.

7. Escribe, sin mirar la sintaxis, un comando ALTER TABLE para añadir un campo a la tabla anterior.

8. Escribe, sin mirar la sintaxis, un comando CREATE TABLE para crear la tabla *Notas* y luego, un comando ALTER TABLE para añadir una clave foránea a la tabla anterior.

9. ¿Qué tipos de columna define Oracle que no son compatibles con MySQL?

10. Define para qué sirven los siguientes tokens de la creación de tablas en MySQL:

   - ENGINE
   - AUTO_INCREMENT
   - COLLATION
   - CHARACTER SET

11. ¿Qué diferencia hay entre VARCHAR y CHAR?

12. ¿Qué diferencia hay entre un campo FLOAT y uno NUMBER?

13. Define para qué sirven los tokens de creación de bases de datos TABLESPACE y DATAFILE en Oracle.

14. Comenta para qué sirven las cláusulas ON DELETE y ON UPDATE de REFERENCES.

15. Para las cláusulas anteriores existen tres opciones SET NULL, CASCADE y NO ACTION. Comenta qué efecto tiene sobre los borrados y las modificaciones de registros en tablas relacionadas.

## CAPÍTULO 4

Realización de Consultas

Contenidos

☞ La sentencia SELECT

☞ Consultas básicas, filtros y ordenación

☞ Consultas resumen

☞ Subconsultas

☞ Consultas multitabla. Composiciones internas y externas

☞ Consultas reflexivas

☞ Consultas con tablas derivadas

Objetivos

☞ Identificar herramientas y sentencias para realizar consultas

☞ Identificar y crear consultas simples sobre una tabla

☞ Identificar y crear consultas que generan valores resumen

☞ Identificar y crear consultas con composiciones internas y externas

☞ Identificar y crear subconsultas

☞ Valorar las ventajas e inconvenientes de las distintas opciones válidas para realizar una consulta

En este capítulo, se detalla la sintaxis completa de la sentencia SELECT en toda su extensión. Se proporcionan al estudiante métodos para construir consultas simples y complejas de forma estructurada, con filtros, agrupaciones y ordenaciones.

4.1. El lenguaje DML

Las sentencias DML del lenguaje SQL son las siguientes:

- La sentencia SELECT, que se utiliza para extraer información de la base de datos, ya sea de una tabla o de varias.

- La sentencia INSERT, cuyo cometido es insertar uno o varios registros en alguna tabla.

- La sentencia DELETE, que borra registros de una tabla.

- La sentencia UPDATE, que modifica registros de una tabla.

Cualquier ejecución de un comando en un SGBD se denomina CONSULTA, término derivado del anglosajón QUERY. Este término debe ser entendido más que como una *consulta* de información, como una *orden*, es decir, las QUERYS o CONSULTAS no son solo SELECT, sino también cualquier sentencia de tipo UP-DATE, INSERT, CREATE, DROP, etc, entendidas todas ellas como peticiones al SGBD para realizar una operación determinada.

4.2. La sentencia SELECT

La sentencia SELECT es la más versátil de todo SQL, y por tanto la más compleja de todas. Como se ha expuesto anteriormente, se utiliza para consultar información de determinadas tablas. Es posible ejecutar sentencias muy sencillas que muestran todos los registros de una tabla:

```
#esta consulta selecciona todos los campos y muestra todos los
#registros de la tabla empleados
SELECT * FROM empleados;
```

O incluso consultas que obtienen información filtrada de múltiples tablas, usando relaciones entre tablas e incluso tablas virtuales creadas a partir de una consulta.

```
#esta consulta obtiene el total de los pedidos
#de los clientes de una tienda
    SELECT NombreCliente,tot.Cantidad
    FROM Clientes,Pedidos,
      (SELECT sum(Cantidad*PrecioUnidad) as Cantidad,NumeroPedido
        FROM DetallePedidos GROUP BY NumeroPedido) tot
    WHERE Clientes.NumeroCliente=Pedidos.NumeroCliente
    AND Pedidos.numeroPedido=tot.NumeroPedido ORDER BY Cantidad;
```

4.3. Consultas básicas

El formato básico para hacer una consulta es el siguiente:

```
SELECT [DISTINCT] select_expr [,select_expr] ... [FROM tabla]

select_expr:
 nombre_columna [AS alias]
    | *
    | expresión
```

nombre_columna indica un nombre de columna, es decir, se puede seleccionar de una tabla una serie de columnas, o todas si se usa *, o una expresión algebraica compuesta por operadores, operandos y *funciones*.

El parámetro opcional DISTINCT fuerza que solo se muestren los registros con valores distintos, o, dicho de otro modo, que se supriman las repeticiones.

En la página siguiente, se muestran algunos ejemplos del uso de la sentencia SELECT. Hay que prestar atención a algunas curiosidades[1]:

- En la consulta 4 se selecciona una columna calculada (1+5), con la selección de los registros de una tabla, incorporándose esa nueva columna creada al conjunto de filas devueltas por el gestor.

- En la consulta número 5 se hace uso de una expresión algebraica para crear una columna cuyo resultado será el de sumar 1 y 6. Para hacer esto, en MySQL no es necesario indicar la cláusula FROM, pero en Oracle, hay que poner la cláusula FROM con la tabla dual. Al no haber una tabla real seleccionada, el resultado será una única fila con el resultado.

- En la consulta 3 se hace uso de la función *concat* cuyo cometido es concatenar dos columnas creando una única columna. En Oracle, la función *concat* solo admite dos parámetros, mientras que en MySQL se puede concatenar múltiples parámetros. Para concatenar en oracle múltiples columnas se puede hacer uso del operador | |. *Véase* Sección 6.5.

- En las consultas 6 y 7 se muestran las marcas de los vehículos. La diferencia entre ambas consultas está en el uso del DISTINCT, que elimina las repeticiones. Hay dos vehículos seat en la consulta 6 y uno en la 7.

---

[1]La ejecución de las consultas que se muestra a continuación está realizada en MySQL, pero son perfectamente compatibles con Oracle, excepto la consulta 5, que hay que añadir "FROM dual".

```
# Consulta 1
SELECT * FROM vehiculos;
+-----------+----------------+---------+
| matricula | modelo         | marca   |
+-----------+----------------+---------+
| 1129FGT   | ibiza gt       | seat    |
| 1132GHT   | leon tdi 105cv | seat    |
| M6836YX   | corolla g6     | toyota  |
| 7423FZY   | coupe          | hyundai |
| 3447BYD   | a3 tdi 130cv   | audi    |
+-----------+----------------+---------+


# Consulta 2
SELECT matricula, modelo
FROM vehiculos;
+-----------+----------------+
| matricula | modelo         |
+-----------+----------------+
| 1129FGT   | ibiza gt       |
| 1132GHT   | leon tdi 105cv |
| M6836YX   | corolla g6     |
| 7423FZY   | coupe          |
| 3447BYD   | a3 tdi 130cv   |
+-----------+----------------+


# Consulta 3
SELECT matricula,
concat(marca,modelo) as coche
FROM vehiculos;
+-----------+---------------------+
| matricula | coche               |
+-----------+---------------------+
| 1129FGT   | seatibiza gt        |
| 1132GHT   | seatleon tdi 105cv  |
| M6836YX   | toyotacorolla g6    |
| 7423FZY   | hyundaicoupe        |
| 3447BYD   | audia3 tdi 130cv    |
+-----------+---------------------+
```

```
# Consulta 4
SELECT matricula, modelo,1+5
FROM vehiculos;
+-----------+----------------+-----+
| matricula | modelo         | 1+5 |
+-----------+----------------+-----+
| 1129FGT   | ibiza gt       |   6 |
| 1132GHT   | leon tdi 105cv |   6 |
| M6836YX   | corolla g6     |   6 |
| 7423FZY   | coupe          |   6 |
| 3447BYD   | a3 tdi 130cv   |   6 |
+-----------+----------------+-----+


# Consulta 5
SELECT 1+6;
+-----+
| 1+6 |
+-----+
|   7 |
+-----+


# Consulta 6
SELECT marca FROM vehiculos;
+---------+
| marca   |
+---------+
| seat    |
| seat    |
| toyota  |
| hyundai |
| audi    |
+---------+


# Consulta 7
SELECT DISTINCT marca
FROM vehiculos;
+---------+
| marca   |
+---------+
| seat    |
| toyota  |
| hyundai |
| audi    |
+---------+
```

◇ **Actividad 4.1**: Crea una tabla en MySQL con la siguiente estructura:
MASCOTAS(Nombre, especie, raza, edad, sexo).
Introduce 6 registros[2] y, a continuación, codifica las siguientes querys:

- Muestra el nombre y la especie de todas las mascotas.

- Muestra el nombre y el sexo de las mascotas poniendo un alias a los campos.

- Muestra el nombre y la fecha de nacimiento aproximada de las mascotas (consulta la documentación de MySQL y usa la función date_sub y now).

Realiza el mismo procedimiento creando la tabla en Oracle.

4.4. Filtros

Los filtros son condiciones que cualquier gestor de base de datos interpreta para seleccionar registros y mostrarlos como resultado de la consulta. En SQL la palabra clave para realizar filtros es la cláusula *WHERE*.

A continuación se añade a la sintaxis de la cláusula SELECT la sintaxis de los filtros:

```
SELECT [DISTINCT] select_expr [,select_expr] ...
[FROM tabla] [WHERE filtro]
```

filtro es una expresión que indica la condición o condiciones que deben satisfacer los registros para ser seleccionados.

Un ejemplo de funcionamiento sería el siguiente:

```
# Selecciona los vehículos de la marca seat
SELECT * FROM vehiculos
WHERE marca='seat';
+-----------+-----------------+-------+
| matricula | modelo          | marca |
+-----------+-----------------+-------+
| 1129FGT   | ibiza gt        | seat  |
| 1132GHT   | leon tdi 105cv  | seat  |
+-----------+-----------------+-------+
```

---

[2] *Véase* Capítulo 5 si es necesario.

4.4.1. Expresiones para filtros

Los filtros se construyen mediante *expresiones*. Una expresión, es una combinación de operadores, operandos y funciones que producen un resultado. Por ejemplo, una expresión puede ser:

```
# Expresión 1 (oracle): (2+3)*7
SELECT (2+3)*7 from dual;

    (2+3)*7
----------
        35

# Expresión 2 (mysql): (2+3)>(6*2)
SELECT (2+3)>(6*2);
+-------------+
| (2+3)>(6*2) |
+-------------+
|           0 |    #0 = falso, es falso que 5>12
+-------------+

# Expresión 3 (mysql): la fecha de hoy -31 años;
SELECT date_sub(now(), interval 31 year);
+--------------------------------+
| date_sub(now(), interval 31 year) |
+--------------------------------+
| 1977-10-30 13:41:40            |
+--------------------------------+
```

Se detallan a continuación los elementos que pueden formar parte de las expresiones:

- Operandos: Los operandos pueden ser constantes, por ejemplo el número entero 3, el número real 2.3, la cadena de caracteres 'España' o la fecha '2010-01-02'; también pueden ser variables, por ejemplo el campo *edad* o o el campo *NombreMascota*; y pueden ser también otras expresiones [3].

- Operadores aritméticos: $+$, $-$, $*$, $/$, $\%$. El operador $+$ y el operador $-$ se utilizan para sumar o restar dos operandos (binario) o para poner el signo positivo o negativo a un operando (unario). El operador $*$ es la multiplicación de dos operandos y el operador $/$ es para dividir. El operador $\%$ o resto de la división entera a $\%$ b devuelve el resto de dividir a entre b.

---

[3]Todas los operandos numéricos ya sean reales o enteros van sin comilla simple, y cualquier otra cosa que no sea número, por ejemplo, cadenas de caracteres o fechas, van entre comillas simples.

- Operadores relacionales: >, <, <>, >=, <=, =. Los operadores relacionales sirven para comparar dos operandos. Así, es posible preguntar si un campo es mayor que un valor, o si un valor es distinto de otro. Estos operadores devuelven un número entero, de tal manera que si el resultado de la expresión es *cierto* el resultado será 1, y si el resultado es *falso* el resultado será 0. Por ejemplo, la expresión a>b devuelve 1 si a es estrictamente mayor que b y 0 en caso contrario. La expresión d<>e devuelve 1 si d y e son valores distintos.

- Operadores lógicos: AND, OR, NOT. Los operadores lógicos toman como operandos valores lógicos, esto es, cierto o falso, en caso de SQL, 1 o 0. Los operadores lógicos se comportan según las siguientes tablas de verdad:

Operando 1	Operando 2	Op1 AND Op2	Op1 OR Op2	NOT Op1
falso	falso	falso	falso	cierto
falso	cierto	falso	cierto	cierto
cierto	falso	falso	cierto	falso
cierto	cierto	cierto	cierto	falso

Cuadro 4.1: Tabla de verdad de los operadores lógicos.

Por otro lado, se necesita un tratamiento de los valores nulos; hay que incluir como un posible operando el valor nulo:

Operando 1	Operando 2	Op1 AND Op2	Op1 OR Op2	NOT Op1
falso	falso	falso	falso	cierto
falso	cierto	falso	cierto	cierto
cierto	falso	falso	cierto	falso
cicrto	cierto	cierto	cierto	falso
nulo	X	nulo	nulo	nulo
X	nulo	nulo	nulo	no X

Cuadro 4.2: Tabla de verdad de los operadores lógicos con valores nulos.

- Paréntesis: (). Los operadores tienen una prioridad, por ejemplo, en la expresión 3+4*2, la multiplicación se aplica antes que la suma, se dice que el operador * tiene más prioridad que el operador +. Para alterar esta prioridad, se puede usar el operador paréntesis, cuyo cometido es precisamente dar máxima prioridad a una parte de una expresión. Así, (3+4)*2, no es lo mismo que 3+4*2.

- Funciones: date_add, concat, left, right.... Cada SGBD incorpora su propio repertorio de funciones que en pocas ocasiones coincide con el de otros SGBD.

En la tabla que se muestra a continuación aparecen los resultados que provoca la ejecución de algunos de los operadores descritos:

Operación	Resultado
7+2*3	13
(7-2)*3	15
7>2	1
9<2	0
7>2 AND 4<3	0
7>2 OR 4<3	1
(10>=10 AND 0<=1)+2	3

Cuadro 4.3: Tabla resumen de los operadores usados en expresiones.

4.4.2. Construcción de filtros

A continuación, se muestran ejemplos de construcción de filtros para una base de datos de jugadores de la liga americana de baloncesto (NBA), todos ellos compatibles para Oracle y MySQL:

```
# La tabla jugadores contiene todos los jugadores de la nba
describe jugadores;
+---------------+------------+------+-----+---------+-------+
| Field         | Type       | Null | Key | Default | Extra |
+---------------+------------+------+-----+---------+-------+
| codigo        | int(11)    | NO   | PRI | NULL    |       |
| Nombre        | varchar(30)| YES  |     | NULL    |       |
| Procedencia   | varchar(20)| YES  |     | NULL    |       |
| Altura        | varchar(4) | YES  |     | NULL    |       |
| Peso          | int(11)    | YES  |     | NULL    |       |
| Posicion      | varchar(5) | YES  |     | NULL    |       |
| Nombre_equipo | varchar(20)| YES  | MUL | NULL    |       |
+---------------+------------+------+-----+---------+-------+
#Consulta que selecciona los nombres de los jugadores de los Lakers
SELECT Nombre FROM jugadores WHERE Nombre_equipo='Los Angeles Lakers';
+--------------------+
| Nombre             |
+--------------------+
| LeBron James       |
| Anthony Davis      |
```

```
| Russell Westbrook   |
| Carmelo Anthony     |
| Dwight Howard       |
| Malik Monk          |
| Talen Horton-Tucker |
| Wayne Ellington     |
| DeAndre Jordan      |
| Kent Bazemore       |
+---------------------+
10 rows in set (0.00 sec)
# Consulta que selecciona el Nombre, Altura, Peso y Posición de los
# jugadores españoles que juegan en 'New Orleans Pelicans'
SELECT Nombre, Altura, Peso, Posicion  FROM jugadores
WHERE Procedencia='Spain' AND Nombre_equipo='New Orleans Pelicans';
+-------------------+--------+------+----------+
| Nombre            | Altura | Peso | Posicion |
+-------------------+--------+------+----------+
| Willy Hernangómez | 6-10   | 250  | C-F      |
+-------------------+--------+------+----------+
#Consulta que selecciona los jugadores españoles y macedonios
de los 'Cleveland Cavaliers'
SELECT Nombre, Altura,Procedencia FROM jugadores
WHERE Nombre_equipo='Cleveland Cavaliers'
 AND (Procedencia='Spain' OR Procedencia='Macedonia');
+------------+--------+-------------+
| Nombre     | Altura | Procedencia |
+------------+--------+-------------+
| Cedi Osman | 6-7    | Macedonia   |
| Ricky Rubio| 6-3    | Spain       |
+------------+--------+-------------+
2 rows in set (0.00 sec)
```

4.4.3. Filtros con operador de pertenencia a conjuntos

Además de los operadores presentados anteriormente (aritméticos, lógicos, etc.) se puede hacer uso del operador de pertenencia a conjuntos IN, cuya sintaxis es la siguiente:

```
nombre_columna IN (Value1, Value2, ...)
```

Este operador permite comprobar si una columna tiene un valor igual que cualquiera de los que están incluidos dentro del paréntesis, así por ejemplo, si se desea seleccionar los jugadores que su procedencia sea España ('Spain'), Macedonia o Texas y además que juengen en los 'Cleveland Cavaliers', se codificaría así:

```
# versión larga
SELECT Nombre, Altura, Peso, Posicion, Procedencia
FROM jugadores
WHERE Nombre_equipo='Cleveland Cavaliers' AND
      (Procedencia='Spain'
       OR Procedencia='Macedonia'
       OR Procedencia='Texas');
+----------------+--------+------+----------+-------------+
| Nombre         | Altura | Peso | Posicion | Procedencia |
+----------------+--------+------+----------+-------------+
| Jarrett Allen  | 6-11   | 243  | C        | Texas       |
| Cedi Osman     | 6-7    | 230  | F        | Macedonia   |
| Ricky Rubio    | 6-3    | 190  | G        | Spain       |
+----------------+--------+------+----------+-------------+
3 rows in set (0.00 sec)


#versión corta (con el operador IN)
SELECT Nombre, Altura, Peso, Posicion, Procedencia
FROM jugadores
WHERE Nombre_equipo='Cleveland Cavaliers' AND
      Procedencia IN ('Spain','Macedonia','Texas');
+----------------+--------+------+----------+-------------+
| Nombre         | Altura | Peso | Posicion | Procedencia |
+----------------+--------+------+----------+-------------+
| Jarrett Allen  | 6-11   | 243  | C        | Texas       |
| Cedi Osman     | 6-7    | 230  | F        | Macedonia   |
| Ricky Rubio    | 6-3    | 190  | G        | Spain       |
+----------------+--------+------+----------+-------------+
3 rows in set (0.00 sec)
```

4.4.4. Filtros con operador de rango

El operador de rango BETWEEN permite seleccionar los registros que estén incluidos en un rango. Su sintaxis es:

```
nombre_columna BETWEEN Value1 AND Value2
```

Por ejemplo, para seleccionar los jugadores de la nba cuyo peso esté entre 270 y 300 libras se codificaría la siguiente query:

```
SELECT Nombre,Nombre_equipo,Peso FROM jugadores
WHERE Peso BETWEEN 270 AND 300;
```

```
+--------------------+------------------------+------+
| Nombre             | Nombre_equipo          | Peso |
+--------------------+------------------------+------+
| Zion Williamson    | New Orleans Pelicans   | 284  |
| JaVale McGee       | Phoenix Suns           | 270  |
| ...                | ...                    | ...  |
| Andre Drummond     | Philadelphia 76ers     | 279  |
+--------------------+------------------------+------+
9 rows in set (0.00 sec)

#sería equivalente a
SELECT Nombre,Nombre_equipo FROM jugadores
WHERE Peso >= 270 AND Peso <=300;
```

⋄ **Actividad 4.2**: Saca el peso en kilogramos de los jugadores de la NBA que pesen entre 120 y 150 kilos. Una libra equivale a 0.4535 kilos.

4.4.5. Filtros con test de valor nulo

Los operadores IS e IS NOT permiten verificar si un campo es o no es nulo respectivamente. De esta manera, es posible comprobar, por ejemplo, los jugadores cuya procedencia es desconocida:

```
SELECT Nombre, Nombre_equipo, Procedencia FROM jugadores
WHERE Procedencia IS null;
+-------------+-------------------+-------------+
| Nombre      | Nombre_equipo     | Procedencia |
+-------------+-------------------+-------------+
| LaMelo Ball | Charlotte Hornets | NULL        |
+-------------+-------------------+-------------+
1 row in set (0.00 sec)

# La consulta contraria saca el resto de jugadores
SELECT Nombre, Nombre_equipo, Procedencia FROM jugadores
WHERE Procedencia IS NOT null;
+--------------------+--------------------+-------------------------------+
| Nombre             | Nombre_equipo      |cedencia                       |
+--------------------+--------------------+-------------------------------+
| LeBron James       | Los Angeles Lakers | St. Vincent-St. Mary HS (OH)  |
| Anthony Davis      | Los Angeles Lakers | Kentucky                      |
| ...                | ...                |                               |
```

```
| Bruno Fernando    | Boston Celtics     | Maryland                        |
+-------------------+--------------------+---------------------------------+
299 rows in set (0.00 sec)
```

4.4.6. Filtros con test de patrón

Los filtros con test patrón seleccionan los registros que cumplan una serie de características. Se pueden usar los caracteres comodines % y _ para buscar una cadena de caracteres. Por ejemplo, seleccionar de la tabla de vehículos aquellos cuyo modelo sea 'tdi':

```
SELECT * FROM vehiculos where modelo like '%tdi%';
+-----------+----------------+-------+
| matricula | modelo         | marca |
+-----------+----------------+-------+
| 1132GHT   | leon tdi 105cv | seat  |
| 3447BYD   | a3 tdi 130cv   | audi  |
+-----------+----------------+-------+
```

El carácter comodín % busca coincidencias de cualquier número de caracteres, incluso cero caracteres. El carácter comodín _ busca coincidencias de exactamente un carácter.

Para ilustrar el funcionamiento del carácter _ , se consultan aquellos equipos que su Ciudad empiece por D y que tengan 6 caracteres.

```
SELECT * FROM Equipos WHERE Ciudad LIKE 'D_____';
+------------------+--------+-------------+----------+
| Nombre           | Ciudad | Conferencia | Division |
+------------------+--------+-------------+----------+
| Dallas Mavericks | Dallas | Oeste       | Suroeste |
| Denver Nuggets   | Denver | Oeste       | Noroeste |
+------------------+--------+-------------+----------+
2 rows in set (0.00 sec)
```

Ambos comodines se pueden usar en un mismo filtro, por ejemplo, para sacar aquellos equipos que en su nombre como segunda letra la i, se usaría el patrón:

```
SELECT * FROM equipos WHERE Nombre like '_i%';
```

```
+------------------------+------------+------------+----------+
| Nombre                 | Ciudad     | Conferencia | Division |
+------------------------+------------+------------+----------+
| Miami Heat             | Miami      | Este       | Sureste  |
| Milwaukee Bucks        | Milwaukee  | Este       | Central  |
| Minnesota Timberwolves | Minneapolis| Oeste      | Noroeste |
+------------------------+------------+------------+----------+
3 rows in set (0.00 sec)
```

4.4.7. Filtros por límite de número de registros

Este tipo de filtros no es estándar y su funcionamiento varía con el SGBD. Consiste en limitar el número de registros devuelto por una consulta. En MySQL, la sintaxis es:

`[LIMIT [desplazamiento,] nfilas]`

nfilas especifica el número de filas a devolver y *desplazamiento* especifica a partir de qué fila se empieza a contar (desplazamiento).

```
#devuelve las 4 primeras filas
SELECT nombre,Nombre_equipo
FROM jugadores limit 4;
+-------------------+-------------------+
| nombre            | Nombre_equipo     |
+-------------------+-------------------+
| LeBron James      | Los Angeles Lakers |
| Anthony Davis     | Los Angeles Lakers |
| Russell Westbrook | Los Angeles Lakers |
| Carmelo Anthony   | Los Angeles Lakers |
|                   |                   |
4 rows in set (0.00 sec)

#devuelve 3 filas a partir de la sexta
SELECT nombre,Nombre_equipo
FROM jugadores LIMIT 5,3;
+-------------------+-------------------+
| nombre            | Nombre_equipo     |
+-------------------+-------------------+
| Malik Monk        | Los Angeles Lakers |
| Talen Horton-Tucker | Los Angeles Lakers |
| Wayne Ellington   | Los Angeles Lakers |
+-------------------+-------------------+
3 rows in set (0.00 sec)
```

Oracle limita el número de filas apoyándose en una pseudocolumna, de nombre rownum:

```
--Saca los 25 primeros jugadores
SELECT *
FROM jugadores
WHERE  rownum <= 25;
```

4.5. Ordenación

Para mostrar ordenados un conjunto de registros se utiliza la cláusula *ORDER BY* de la sentencia SELECT.

```
SELECT [DISTINCT] select_expr [,select_expr] ...
[FROM tabla]
[WHERE filtro]
[ORDER BY {nombre_columna | expr | posición} [ASC | DESC] , ...]
```

Esta cláusula permite ordenar el conjunto de resultados de forma ascendente (ASC) o descendente (DESC) por una o varias columnas. Si no se indica ASC o DESC por defecto es ASC. La columna por la que se quiere ordenar se puede expresar por el nombre de la columna, una expresión o bien la posición numérica del campo que se quiere ordenar. Por ejemplo:

```
#estructura de la tabla equipos
DESCRIBE equipos;

+-------------+-------------+------+-----+---------+-------+
| Field       | Type        | Null | Key | Default | Extra |
+-------------+-------------+------+-----+---------+-------+
| Nombre      | varchar(20) | NO   | PRI | NULL    |       |
| Ciudad      | varchar(20) | YES  |     | NULL    |       |
| Conferencia | varchar(4)  | YES  |     | NULL    |       |
| Division    | varchar(9)  | YES  |     | NULL    |       |
+-------------+-------------+------+-----+---------+-------+

#obtener los equipos de la conferencia oeste de la nba ordenados por división
SELECT Nombre, Division
FROM equipos
WHERE Conferencia='Oeste'
 ORDER BY Division ASC;
```

```
+-----------------------+----------+
| Nombre                | Division |
+-----------------------+----------+
| Denver Nuggets        | Noroeste |
| Minnesota Timberwolves| Noroeste |
| Oklahoma City Thunder | Noroeste |
| Portland Trail Blazers| Noroeste |
| Utah Jazz             | Noroeste |
| Golden State Warriors | Pacífico |
| LA Clippers           | Pacífico |
| Los Angeles Lakers    | Pacífico |
| Phoenix Suns          | Pacífico |
| Sacramento Kings      | Pacífico |
| Dallas Mavericks      | Suroeste |
| Houston Rockets       | Suroeste |
| Memphis Grizzlies     | Suroeste |
| New Orleans Pelicans  | Suroeste |
| San Antonio Spurs     | Suroeste |
+-----------------------+----------+
15 rows in set (0.00 sec)
#se puede ordenar por varios campos, p.ej: además de que cada
#división esté ordenada ascendentemente se ordene por nombre
#de equipo en orden descente
SELECT Nombre, Division
FROM equipos
WHERE Conferencia='Oeste'
 ORDER BY Division ASC, Nombre DESC;
+-----------------------+----------+
| Nombre                | Division |
+-----------------------+----------+
| Utah Jazz             | Noroeste |
| Portland Trail Blazers| Noroeste |
| Oklahoma City Thunder | Noroeste |
| Minnesota Timberwolves| Noroeste |
| Denver Nuggets        | Noroeste |
| Sacramento Kings      | Pacífico |
| Phoenix Suns          | Pacífico |
| Los Angeles Lakers    | Pacífico |
| LA Clippers           | Pacífico |
| Golden State Warriors | Pacífico |
| San Antonio Spurs     | Suroeste |
| New Orleans Pelicans  | Suroeste |
| Memphis Grizzlies     | Suroeste |
| Houston Rockets       | Suroeste |
| Dallas Mavericks      | Suroeste |
+-----------------------+----------+
15 rows in set (0.00 sec)
```

También podemos hacerlo indiano el número de columna, así el ejemplo anterior sería:

```
SELECT Nombre, Division FROM equipos
WHERE Conferencia='Oeste'
ORDER BY 2 ASC, 1 DESC;
+------------------------+----------+
| Nombre                 | Division |
+------------------------+----------+
| Utah Jazz              | Noroeste |
| Portland Trail Blazers | Noroeste |
| Oklahoma City Thunder  | Noroeste |
| Minnesota Timberwolves | Noroeste |
| Denver Nuggets         | Noroeste |
| Sacramento Kings       | Pacífico |
| Phoenix Suns           | Pacífico |
| Los Angeles Lakers     | Pacífico |
| LA Clippers            | Pacífico |
| Golden State Warriors  | Pacífico |
| San Antonio Spurs      | Suroeste |
| New Orleans Pelicans   | Suroeste |
| Memphis Grizzlies      | Suroeste |
| Houston Rockets        | Suroeste |
| Dallas Mavericks       | Suroeste |
+------------------------+----------+
15 rows in set (0.00 sec)
```

4.6. Consultas de resumen

En SQL se pueden generar consultas más complejas que resuman cierta información, extrayendo información calculada de varios conjuntos de registros. Un ejemplo de consulta resumen seria la siguiente:

```
SELECT count(*) FROM vehiculos;
+----------+
| count(*) |
+----------+
|        5 |
+----------+
```

Esta consulta devuelve el número de registros de la tabla vehículos, es decir, se genera un resumen de la información contenida en la tabla vehículos. La expresión count(*) es una función que toma como entrada los registros de la tabla consultada y cuenta cuántos registros hay. El resultado de la función count es un único valor (1 fila, 1 columna) con el número 5 (número de registros de la tabla vehículos).

Para poder generar información resumida hay que hacer uso de las *funciones de columna*. Estas funciones de columna convierten un conjunto de registros en una información simple cuyo resultado es un cálculo. A continuación, se expone una lista de las funciones de columna disponibles en SQL:

```
SUM (Expresión)    #Suma los valores indicados en el argumento
AVG (Expresión)    #Calcula la media de los valores
MIN (Expresión)    #Calcula el mínimo
MAX (Expresión)    #Calcula el máximo
COUNT (nbColumna) #Cuenta el número de valores de una columna
     #(excepto los nulos)
COUNT (*)          #Cuenta el número de valores de una fila
     #Incluyendo los nulos.
```

A modo de ejemplo, se muestran algunas consultas resúmenes:

```
#consulta 1
#¿Cuánto pesa el jugador más pesado de la nba?

SELECT max(peso) FROM jugadores;

#consulta 2
#¿Cuánto mide el jugador más bajito de la nba?

SELECT min(altura) FROM jugadores;

#consulta 3
#¿Cuántos jugadores tienen los Lakers?

SELECT count(*) FROM jugadores WHERE Nombre_equipo='Los Angeles Lakers';

#consulta 4
#¿Cuánto pesan de media los jugadores de los 'Portland Trail Blazers'?

SELECT avg(peso) FROM jugadores WHERE Nombre_equipo='Portland Trail Blazers';
```

Con las consultas de resumen se pueden realizar *agrupaciones* de registros. Se denomina agrupación de registros a un conjunto de registros que cumplen que tienen una o varias columnas con el mismo valor. Por ejemplo, en la tabla vehículos:

```
SELECT * FROM vehiculos;
+-----------+----------------+---------+
| matricula | modelo         | marca   |
+-----------+----------------+---------+
| 1129FGT   | ibiza gt       | seat    |
| 1132GHT   | leon tdi 105cv | seat    |
| M6836YX   | corolla g6     | toyota  |
| 7423FZY   | coupe          | hyundai |
| 3447BYD   | a3 tdi 130cv   | audi    |
+-----------+----------------+---------+
```

En esta consulta hay dos registros cuya marca='seat'. Se pueden agrupar estos dos registros formando un único grupo, de tal manera que el grupo 'seat' tiene los modelos ibiza gt (1129FGT) y leon tdi 105cv (1132GHT). A este grupo de registros se le puede aplicar una función de columna para realizar determinados cálculos, por ejemplo, contarlos:

```
SELECT marca, count(*) FROM
vehiculos GROUP BY marca;
+---------+----------+
| marca   | count(*) |
+---------+----------+
| audi    |        1 |
| hyundai |        1 |
| seat    |        2 |
| toyota  |        1 |
+---------+----------+
```

En este caso, si se agrupa (GROUP BY) por el campo marca, salen 4 grupos (audi, hyundai, seat y toyota). La función de columna, cuando se agrupa por un campo, actúa para cada grupo. En este caso, para cada grupo se ha contado el número de registros que tiene. En el caso de seat, cuenta los 2 antes mencionados.

La sintaxis para la sentencia SELECT con GROUP BY queda como sigue:

```
SELECT [DISTINCT] select_expr [,select_expr] ...
[FROM tabla]
[WHERE filtro]
[GROUP BY expr [, expr].... ]
[ORDER BY {nombre_columna | expr | posición} [ASC | DESC] , ...]
```

Se observa que GROUP BY va justo antes de la cláusula ORDER BY. A continuación, a modo de ejemplo, se muestran algunas consultas con grupos y funciones de columna.

```
#consulta 1
#¿Cuánto pesa el jugador más pesado de cada equipo?
 SELECT Nombre_equipo, max(peso)
 FROM jugadores GROUP BY Nombre_equipo;
+-----------------------+-----------+
| Nombre_equipo         | max(peso) |
+-----------------------+-----------+
| Atlanta Hawks         |       240 |
| Boston Celtics        |       240 |
| ...                   |     ... |
| Washington Wizards    |       240 |
+-----------------------+-----------+
30 rows in set (0.01 sec)
#consulta 2
#¿Cuántos equipos tiene cada conferencia en la nba?
# Podemos usar un alias para que los sustituya en el nombre de columna
# en lugar de la expresión
SELECT Conferencia, count(*) AS "Nro de equipos"
FROM equipos GROUP BY conferencia;
+-------------+----------------+
| Conferencia | Nro de equipos |
+-------------+----------------+
| Este        |             15 |
| Oeste       |             15 |
+-------------+----------------+
2 rows in set (0.00 sec)
#query 3
#¿Cuánto pesan de media los jugadores de españa, francia e italia?
SELECT Procedencia, avg(Peso) AS "Peso Medio" FROM jugadores WHERE procedencia
IN ('Spain','Italy','France') GROUP BY procedencia;
+-------------+------------+
| Procedencia | Peso Medio |
+-------------+------------+
| Spain       |   223.0000 |
| France      |   214.8333 |
| Italy       |   233.0000 |
+-------------+------------+
3 rows in set (0.00 sec)
```

IMPORTANTE: Se observa que para cada agrupación, se ha seleccionado también el nombre de la columna por la cual se agrupa. Esto no es posible si no se incluye el GROUP BY. Por ejemplo:

```
mysql> SELECT count(*),conferencia FROM equipos;
ERROR 1140 (42000): Mixing of GROUP columns
 (MIN(),MAX(),COUNT(),...) with no GROUP columns is illegal
if there is no GROUP BY clause
```

Precisamente, el SGBD advierte de que para mezclar funciones de columna y columnas de una tabla hay que escribir una cláusula GROUP BY.

En MySQL es posible indicar información adicional en una agrupación, por ejemplo podemos agrupar por división para contar los equipos y además indicar a la Conferencia que pertenece cada División:

```
SELECT Division, Conferencia, count(Nombre) AS "Nro Equipos"
FROM equipos GROUP BY Division;
+-----------+-------------+-------------+
| Division  | Conferencia | Nro Equipos |
+-----------+-------------+-------------+
| Sureste   | Este        |           5 |
| Atlántico | Este        |           5 |
| Central   | Este        |           5 |
| Suroeste  | Oeste       |           5 |
| Noroeste  | Oeste       |           5 |
| Pacífico  | Oeste       |           5 |
+-----------+-------------+-------------+
6 rows in set (0.00 sec)
```

Si hicieramos los mismo en Oracle nos mostraría un error, ya que obliga a agrupar por todos los campos que acompañen a la función de çolumna"(avg, sum, min, max, ...):

```
SELECT Division, Conferencia, count(Nombre) AS "Nro Equipos"
FROM equipos GROUP BY Division
*
ERROR at line 1:
ORA-00979: not a GROUP BY expression
```

Para que la consulta fuera correcta en Oracle tenemos que agrupar por todos los campos.

192

```
SELECT Division, Conferencia, count(Nombre) AS "Nro Equipos"
FROM equipos GROUP BY Division,Conferencia;

DIVISION              CONFE Nro Equipos
--------------------  ----- -----------
Central               Este           5
Atlántico             Este           5
Noroeste              Oeste          5
Sureste               Este           5
Pacífico              Oeste          5
Suroeste              Oeste          5

6 rows selected.
```

4.6.1. Filtros de Grupos

Los filtros de grupos deben realizarse mediante el uso de la cláusula HAVING puesto que WHERE actúa antes de agrupar los registros. Es decir, si se desea filtrar resultados calculados mediante agrupaciones se debe usar la siguiente sintaxis:

```
SELECT [DISTINCT] select_expr [,select_expr] ...
[FROM tabla]
[WHERE filtro]
[GROUP BY expr [, expr] ... ]
[HAVING filtro_grupos]
[ORDER BY {nombre_columna | expr | posición} [ASC | DESC] , ...]
```

HAVING aplica los mismos filtros que la cláusula WHERE. A continuación se ilustran algunos ejemplos:

```
#query 1:
#Seleccionar los equipos de la nba cuyos jugadores
#pesen de media más de 228 libras
SELECT Nombre_equipo,avg(peso)
FROM jugadores
GROUP BY  Nombre_equipo
HAVING avg(peso)>228 ORDER BY avg(peso);
+--------------------+----------+
| Nombre_equipo      | avg(peso) |
+--------------------+----------+
| Utah Jazz          | 228.2000 |
| Los Angeles Lakers | 230.7000 |
```

```
+--------------------+----------+
2 rows in set (0.00 sec)

#query 2
# Seleccionar qué equipos de la nba tienen más de 1 jugador
# procedente de 'Texas'
 SELECT Nombre_equipo,count(*)
    FROM jugadores
    WHERE procedencia='Texas'
    GROUP BY Nombre_equipo
    HAVING count(*)>1;
+---------------+----------+
| Nombre_equipo | count(*) |
+---------------+----------+
| Brooklyn Nets |        2 |
+---------------+----------+
1 row in set (0.00 sec)
```

4.7.   Subconsultas

Las subconsultas se utilizan para realizar filtrados con los datos de otra consulta. Estos filtros pueden ser aplicados tanto en la cláusula WHERE para filtrar registros como en la cláusula HAVING para filtrar grupos. Por ejemplo, con la base de datos de la NBA, es posible codificar una consulta para pedir los nombres de los jugadores de la división 'Suroeste':

```
SELECT nombre FROM jugadores
WHERE Nombre_equipo IN
(SELECT Nombre FROM equipos WHERE division='Suroeste');
+--------------------+
| nombre             |
+--------------------+
| Luka Dončić        |
| Kristaps Porziņģis |
| ...                |
| Devontae Cacok     |
+--------------------+
50 rows in set (0.00 sec)
```

Se observa que la subconsulta es precisamente la sentencia SELECT encerrada entre paréntesis. De esta forma, se hace uso del operador *in* para tomar los equipos de la división 'Suroeste'. Si se ejecuta la subconsulta por separado se obtiene:

```
SELECT Nombre FROM equipos
WHERE division='Suroeste';
+----------------------+
| Nombre               |
+----------------------+
| Dallas Mavericks     |
| Houston Rockets      |
| Memphis Grizzlies    |
| New Orleans Pelicans |
| San Antonio Spurs    |
+----------------------+
5 rows in set (0.00 sec)
```

Una vez que se ejecuta la subconsulta, la consulta se convierte en algo equivalente a:

```
SELECT nombre FROM jugadores
WHERE Nombre_equipo IN
('Dallas Mavericks','Houston Rockets',
'Memphis Grizzlies','New Orleans Pelicans',
'San Antonio Spurs');
```

En las siguientes secciones se detallan los posibles operadores que se pueden usar con las subconsultas.

4.7.1. Test de Comparación

Consiste en usar los operadores de comparación =, >=, <=, <>, >y <para comparar el valor producido con un valor único generado por una subconsulta. Por ejemplo, para consultar el nombre del jugador de mayor altura de la nba, es posible hacer algo como esto:

```
SELECT nombre FROM jugadores
WHERE altura =
       (SELECT max(altura) FROM jugadores);
+-------------------+
| nombre            |
+-------------------+
| Kristaps Porziņģis |
+-------------------+
1 row in set (0.03 sec)
```

Se puede comprobar que la subconsulta produce un único resultado, utilizándolo para filtrar.

Nótese que con este tipo de filtro la subconsulta solo debe producir un único valor (una fila y una columna), por tanto, si se codifica algo del tipo:

```
SELECT nombre FROM jugadores
WHERE altura = (SELECT max(altura),max(peso) FROM jugadores);
ERROR 1241 (21000): Operand should contain 1 column(s)
```

También fallaría que la subconsulta devolviera más de una fila:

```
SELECT nombre FROM jugadores
WHERE altura = (SELECT max(altura)
FROM jugadores GROUP BY Nombre_Equipo);
ERROR 1242 (21000): Subquery returns more than 1 row
```

Una restricción importante es que la subconsulta debe estar siempre al lado derecho del operador de comparación. Es decir:

```
Campo <= subconsulta
```

siendo inválida la expresión:

```
subconsulta >= Campo
```

4.7.2. Test de pertenencia a conjunto

Este test consiste en una variante del usado para consultas simples, y es el que se ha utilizado para ilustrar el primer ejemplo de la sección. Consiste en usar el operador IN para filtrar los registros cuya expresión coincida con algún valor producido por la subconsulta.

Por ejemplo, para extraer las divisiones de la nba donde juegan jugadores españoles:

```
SELECT division FROM equipos WHERE nombre in
(SELECT Nombre_equipo FROM jugadores WHERE procedencia='Spain');
+----------+
| division |
+----------+
| Central  |
| Suroeste |
| Suroeste |
+----------+
3 rows in set (0.00 sec)
+----------+
```

4.7.3. Test de existencia

El test de existencia permite filtrar los resultados de una consulta si existen filas en la subconsulta asociada, esto es, si la subconsulta genera un número de filas distinto de 0.

Para usar el test de existencia se utiliza el operador EXISTS:

```
SELECT columnas FROM tabla
WHERE EXISTS (subconsulta)
```

El operador EXISTS también puede ser precedido de la negación (NOT) para filtrar si no existen resultados en la subconsulta:

```
SELECT columnas FROM tabla
WHERE NOT EXISTS (subconsulta)
```

Para seleccionar los equipos que no tengan jugadores españoles se podría usar la siguiente consulta:

```
SELECT Nombre FROM equipos WHERE NOT EXISTS
      (SELECT  Nombre FROM jugadores
      WHERE equipos.Nombre = jugadores.Nombre_Equipo
      AND procedencia='Spain');
+------------------------+
| Nombre                 |
+------------------------+
| Atlanta Hawks          |
| Boston Celtics         |
| ...                    |
| Washington Wizards     |
+------------------------+
27 rows in set (0.06 sec)
```

Para comprender la lógica de esta query, se puede asumir que cada registro devuelto por la consulta principal provoca la ejecución de la subconsulta, así, si la consulta principal (SELECT Nombre FROM Equipos) devuelve 30 registros, se entenderá que se ejecutan 30 subconsultas, una por cada nombre de equipo que retorne la consulta principal. Esto en realidad no es así, puesto que el SGBD optimiza la consulta para hacer tan solo dos consultas y una operación *join* que se estudiará más adelante, pero sirve de ejemplo ilustrativo del funcionamiento de esta consulta:

```
 SELECT Nombre from equipos;
+-----------------------+
| Nombre                |
+-----------------------+
| Atlanta Hawks         |-> subconsulta ejecutada #1
| Boston Celtics        |-> subconsulta ejecutada #2
| ...                   |
| Cleveland Cavaliers   |-> subconsulta ejecutada #6
| ...                   |

```

Cada subconsulta ejecutada sería como sigue:

```
#subconsulta ejecutada #1
SELECT  Nombre FROM jugadores
        WHERE 'Atlanta Hawks' = jugadores.Nombre_Equipo
        AND procedencia='Spain';
```

Esta subconsulta no retorna resultados, por tanto, el equipo 'Atlanta Hawks' es seleccionado para ser devuelto en la consulta principal, puesto que no existen (NOT EXISTS) jugadores españoles.

Sin embargo para el registro 6 de la consulta principal, aquel cuyo Nombre es 'Cleveland Cavaliers', la consulta:

```
#subconsulta ejecutada #6
SELECT  Nombre FROM jugadores
        WHERE 'Cleveland Cavaliers' = jugadores.Nombre_Equipo
        AND procedencia='Spain';

+-------------+
| Nombre      |
+-------------+
| Ricky Rubio |
+-------------+
1 row in set (0.00 sec)
```

devuelve 1 jugador, por tanto, existen (EXISTS) registros de la subconsulta y por tanto el equipo 'Cleveland Cavaliers' NO es seleccionado por la consulta principal.

En conclusión, se puede decir que la consulta principal *enlaza* los registros con los devueltos por las subconsultas.

4.7.4. Test cuantificados ALL y ANY

Los test cuantificados sirven para calcular la relación entre una expresión y todos los registros de la subconsulta (ALL) o algunos de los registros de la subconsulta (ANY).

De esta manera se podría saber los jugadores de la nba que pesan más que todos los jugadores españoles:

```
SELECT nombre,peso from jugadores
WHERE peso > ALL
(SELECT peso FROM jugadores WHERE procedencia='Spain');
+--------------------+------+
| nombre             | peso |
+--------------------+------+
| Anthony Davis      |  253 |
| Dwight Howard      |  265 |
| ...                |  ... |
| Andre Drummond     |  279 |
+--------------------+------+
23 rows in set (0.00 sec)
```

Al igual que en el caso del operador exists, se puede asumir que por cada registro de la consulta principal se ejecuta una subconsulta. En tal caso, para el jugador 'Anthony Davis' cuyo peso es 253 libras, se comprobaría si 253 es mayor que los pesos de todos los jugadores españoles, que son devueltos por la subconsulta (SELECT peso FROM jugadores WHERE procedencia='Spain').

También se podría consultar los bases (en inglés Guard 'G') *posicion='G'*, que pesan más que cualquier (ANY) pivot (en inglés Center 'C') *posicion='C'* de la nba:

```
SELECT nombre,peso from jugadores
WHERE posicion='G' AND
peso > ANY
(SELECT peso FROM jugadores where posicion='C');
+-----------------+------+
| nombre          | peso |
+-----------------+------+
| Anthony Edwards |  225 |
| Jaime Jaquez Jr |  225 |
| Malcolm Brogdon |  229 |
| Ben Simmons     |  240 |
+-----------------+------+
4 rows in set (0.00 sec)
```

Se comprueba que en el caso de 'Joe Johnson', su peso (235 libras), es mayor que algún peso de algún pivot de la nba, dándose así el peculiar caso de un base más pesado que algún pivot.

4.7.5. Subconsultas anidadas

Se puede usar una subconsulta para filtrar los resultados de otra subconsulta. De esta manera se *anidan* subconsultas. Por ejemplo, si se desea obtener el nombre de la ciudad donde juega el jugador más alto de la nba, habría que pensar cómo hacerlo de forma estructurada:

1. Obtener la altura del jugador más alto:

   ```
   X <- (SELECT max(altura) from jugadores)
   ```

2. Obtener el nombre del jugador, a través de la altura se localiza al jugador y por tanto, su equipo:

   ```
   Y <- SELECT Nombre_equipo from jugadores WHERE Altura = X
   ```

3. Obtener la ciudad:

   ```
   SELECT ciudad FROM equipos WHERE nombre= Y
   ```

Ordenando todo esto, se puede construir la consulta de abajo a arriba:

```
SELECT ciudad FROM equipos WHERE nombre =
  (SELECT Nombre_equipo FROM jugadores WHERE altura =
     (SELECT MAX(altura) FROM jugadores));
+--------+
| ciudad |
+--------+
| Dallas |
+--------+
1 row in set (0.00 sec)
```

Esta manera de generar consultas es muy sencilla, y a la vez permite explorar la información de la base de datos de forma *estructurada*. En opinión de muchos autores esta forma estructurada de generar consultas es la que dio a SQL su 'S' de *Structured*.

4.8. Consultas multitabla

Una consulta multitabla es aquella en la que se puede consultar información de más de una tabla. Se aprovechan los campos relacionados de las tablas para *unirlas* (join). Para poder realizar este tipo de consultas hay que utilizar la siguiente sintaxis:

```
SELECT [DISTINCT] select_expr [,select_expr] ...
[FROM referencias_tablas]
[WHERE filtro]
[GROUP BY expr [, expr].... ]
[HAVING filtro_grupos]
[ORDER BY {nombre_columnas | expr | posición} [ASC | DESC] , ...]
```

La diferencia con las consultas sencillas se halla en la cláusula FROM. Esta vez en lugar de una tabla se puede desarrollar el token referencias_tablas:

```
referencias_tablas:
 referencia_tabla[, referencia_tabla] ...
 | referencia_tabla [INNER | CROSS] JOIN referencia_tabla [ON condición]
 | referencia_tabla LEFT [OUTER] JOIN referencia_tabla ON condición
 | referencia_tabla RIGHT [OUTER] JOIN referencia_tabla ON condición
 | referencia_tabla JOIN referencia_tabla USING columna
referencia_tabla:
 nombre_tabla [[AS] alias]
```

La primera opción, (referencia_tabla[, referencia_tabla] ...) es típica de SQL 1 (SQL-86) para las uniones, que consisten en un producto cartesiano más un filtro por las columnas relacionadas, y el resto de opciones son propias de SQL 2 y posteriores (SQL-92, SQL-99 y SQL-2003).

4.8.1. Consultas multitabla SQL 1

El producto cartesiano de dos tablas son todas las combinaciones de las filas de una tabla unidas a las filas de la otra tabla. Por ejemplo, una base de datos de mascotas con dos tablas animales y propietarios:

```
SELECT * FROM propietarios;
+-----------+--------------------+
| dni       | nombre             |
+-----------+--------------------+
| 51993482Y | José Pérez         |
```

```
| 2883477X  | Matías Fernández  |
| 37276317Z | Francisco Martínez |
+-----------+--------------------+
```

```
SELECT * FROM animales;
+--------+----------+-------+------------+
| codigo | nombre   | tipo  | propietario |
+--------+----------+-------+------------+
|      1 | Cloncho  | gato  | 51993482Y  |
|      2 | Yoda     | gato  | 51993482Y  |
|      3 | Sprocket | perro | 37276317Z  |
+--------+----------+-------+------------+
```

Un producto cartesiano de las dos tablas se realiza con la siguiente sentencia:

```
SELECT * FROM animales,propietarios;
+--------+----------+-------+------------+-----------+-------------------+
| codigo | nombre   | tipo  | propietario | dni      | nombre            |
+--------+----------+-------+------------+-----------+-------------------+
|      1 | Cloncho  | gato  | 51993482Y  | 51993482Y | José Pérez        |
|      2 | Yoda     | gato  | 51993482Y  | 51993482Y | José Pérez        |
|      3 | Sprocket | perro | 37276317Z  | 51993482Y | José Pérez        |
|      1 | Cloncho  | gato  | 51993482Y  | 2883477X  | Matías Fernández  |
|      2 | Yoda     | gato  | 51993482Y  | 2883477X  | Matías Fernández  |
|      3 | Sprocket | perro | 37276317Z  | 2883477X  | Matías Fernández  |
|      1 | Cloncho  | gato  | 51993482Y  | 37276317Z | Francisco Martínez |
|      2 | Yoda     | gato  | 51993482Y  | 37276317Z | Francisco Martínez |
|      3 | Sprocket | perro | 37276317Z  | 37276317Z | Francisco Martínez |
+--------+----------+-------+------------+-----------+-------------------+
```

La operación genera un conjunto de resultados con todas las combinaciones posibles entre las filas de las dos tablas, y con todas las columnas. Aparentemente esto no tiene mucha utilidad, sin embargo, si se aplica un filtro al producto cartesiano, es decir, una condición WHERE que escoja solo aquellas filas en las que el campo dni (del propietario) coincida con el propietario (de la mascota), se obtienen los siguientes interesantes resultados:

```
SELECT * FROM animales,propietarios
    WHERE propietarios.dni=animales.propietario;
+--------+----------+-------+------------+-----------+-------------------+
| codigo | nombre   | tipo  | propietario | dni      | nombre            |
+--------+----------+-------+------------+-----------+-------------------+
```

```
|      1 | Cloncho  | gato  | 51993482Y   | 51993482Y | José Pérez         |
|      2 | Yoda     | gato  | 51993482Y   | 51993482Y | José Pérez         |
|      3 | Sprocket | perro | 37276317Z   | 37276317Z | Francisco Martínez |
+--------+----------+-------+-------------+-----------+--------------------+
```

Mediante esta consulta se ha obtenido información relacionada entre las dos tablas. Se aprecia cómo los dos gatos (Cloncho y Yoda) aparecen con su dueño (José Perez), y que, Sprocket el perro, aparece con su dueño Francisco Martínez. Esta operación se llama *JOIN* de las tablas Propietarios y Animales, y consiste en realizar un producto cartesiano de ambas y un filtro por el campo relacionado (Clave Foránea *vs* Clave Primaria).

Por tanto, *JOIN = PRODUCTO CARTESIANO + FILTRO*. En el apartado siguiente se estudiará que existen varios tipos de join y que SQL 2 incluye en su sintaxis formas de parametrizar estos tipos de join.

Este mismo procedimiento se puede aplicar con N tablas, por ejemplo, con la base de datos *jardineria"*, cuyo gráfico de relaciones es el siguiente:

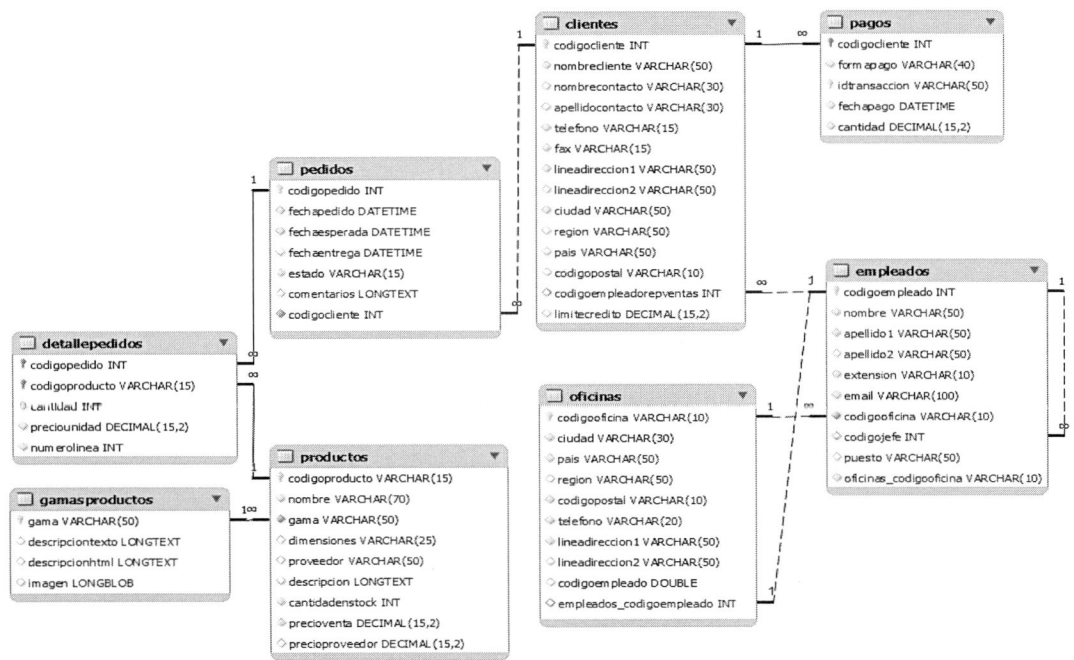

Figura 4.1: Relaciones de la bbdd "jardineria".

Se puede generar una consulta para obtener un listado de pedidos gestionados por cada empleado:

```
SELECT Empleados.Nombre,Clientes.NombreCliente,Pedidos.CodigoPedido
FROM Clientes, Pedidos, Empleados
WHERE Clientes.CodigoCliente=Pedidos.CodigoCliente
    AND
    Empleados.CodigoEmpleado = Clientes.CodigoEmpleadoRepVentas
ORDER BY Empleados.Nombre;
+-----------------+-------------------------------+---------------+
| Nombre          | NombreCliente                 | CodigoPedido  |
+-----------------+-------------------------------+---------------+
| Alicia          | Camunas Jardines S.L.         |            23 |
| Alicia          | Camunas Jardines S.L.         |            25 |
| ...             | ...                           |           ... |
| Walter Santiago | Gardening Associates          |            93 |
| Walter Santiago | Gardening Associates          |            94 |
+-----------------+-------------------------------+---------------+
114 rows in set (0.04 sec)
```

Se observa que en este caso hay dos JOIN, el primer join entre la tabla Clientes y Pedidos, con la condición Clientes.CodigoCliente=Pedidos.CodigoCliente y la segunda join entre el resultado de la primera join y la tabla Empleados (Empleados.CodigoEmpleado = Clientes.CodigoEmpleadoRepVentas). Nótese que los dos filtros de la join están unidos por el operador AND. De esta forma se va extrayendo de la base de datos toda la información relacionada, obteniendo así mucha más potencia en las consultas.

También hay que fijarse en que como hay dos campos CodigoCliente, para hacerles referencia, hay que precederlos de su nombre de tabla (p.e. Pedidos.CodigoCliente) para evitar que el SGBD informe de que hay una columna con nombre ambiguo.

Realizar una consulta multitabla no limita las características de filtrado y agrupación que ofrece SQL, por ejemplo, si se desea realizar una consulta para obtener cuántos pedidos ha gestionado cada empleado, se modificaría la consulta anterior para agrupar por la columna Nombre de Empleado y contar la columna CodigoPedido:

```
SELECT Empleados.Nombre,
COUNT(Pedidos.CodigoPedido) as NumeroDePedidos
FROM Clientes, Pedidos, Empleados
WHERE
    Clientes.CodigoCliente=Pedidos.CodigoCliente
    AND
    Empleados.CodigoEmpleado = Clientes.CodigoEmpleadoRepVentas
GROUP BY Empleados.Nombre
```

```
ORDER BY NumeroDePedidos;
+-----------------+-----------------+
| Nombre          | NumeroDePedidos |
+-----------------+-----------------+
| Michael         |               5 |
| Lucio           |               9 |
| ...             |             ... |
| Walter Santiago |              20 |
+-----------------+-----------------+
10 rows in set (0.00 sec)
```

4.8.2. Consultas multitabla SQL 2

SQL 2 introduce otra sintaxis para los siguientes tipos de consultas multitablas: las joins (o composiciones) internas, externas y productos cartesianos (también llamadas composiciones cruzadas):

1. Join Interna:

    - De equivalencia (INNER JOIN)
    - Natural (NATURAL JOIN)

2. Producto Cartesiano (CROSS JOIN)

3. Join Externa

    - De tabla derecha (RIGHT OUTER JOIN)
    - De tabla izquierda (LEFT OUTER JOIN)
    - Completa (FULL OUTER JOIN)

Composiciones internas. INNER JOIN

Hay dos formas diferentes para expresar las INNER JOIN o composiciones internas. La primera, usa la palabra reservada JOIN, mientras que la segunda usa ',' para separar las tablas a combinar en la sentencia FROM, es decir, las de SQL 1.

Con la operación INNER JOIN se calcula el producto cartesiano de todos los registros, después, cada registro en la primera tabla es combinado con cada registro de la segunda tabla, y solo se seleccionan aquellos registros que satisfacen las condiciones que se especifiquen. Hay que tener en cuenta que los valores Nulos no se combinan.

Como ejemplo, la siguiente consulta toma todos los registros de la tabla animales y encuentra todas las combinaciones en la tabla propietarios. La JOIN compara los

valores de las columnas dni y propietario. Cuando no existe esta correspondencia
entre algunas combinaciones, estas no se muestran; es decir, que si el DNI de un
propietario de una mascota no coincide con algún dni de la tabla de propietarios,
no se mostrará el animal con su respectivo propietario en los resultados.

```
SELECT * FROM animales INNER JOIN propietarios
  ON animales.propietario = propietarios.dni;
+--------+----------+-------+-------------+-----------+-------------------+
| codigo | nombre   | tipo  | propietario | dni       | nombre            |
+--------+----------+-------+-------------+-----------+-------------------+
|      1 | Cloncho  | gato  | 51993482Y   | 51993482Y | José Pérez        |
|      2 | Yoda     | gato  | 51993482Y   | 51993482Y | José Pérez        |
|      3 | Sprocket | perro | 37276317Z   | 37276317Z | Francisco Martínez |
+--------+----------+-------+-------------+-----------+-------------------+

# Nótese que es una consulta equivalente a la vista en el apartado anterior
# select * from animales,propietarios
#   where animales.propietario=propietarios.dni;
```

Además, debe tenerse en cuenta que si hay un animal sin propietario no saldrá
en el conjunto de resultados puesto que no tiene coincidencia en el filtro:

```
INSERT INTO animales VALUES (null,'Arco','perro',null);
SELECT * FROM animales;
+--------+----------+-------+-------------+
| codigo | nombre   | tipo  | propietario |
+--------+----------+-------+-------------+
|      1 | Cloncho  | gato  | 51993482Y   |
|      2 | Yoda     | gato  | 51993482Y   |
|      3 | Sprocket | perro | 37276317Z   |
|      4 | Arco     | perro | NULL        |   #nueva mascota sin propietario
+--------+----------+-------+-------------+

SELECT * FROM animales INNER JOIN propietarios
  ON animales.propietario = propietarios.dni;
+--------+----------+-------+-------------+-----------+-------------------+
| codigo | nombre   | tipo  | propietario | dni       | nombre            |
+--------+----------+-------+-------------+-----------+-------------------+
|      1 | Cloncho  | gato  | 51993482Y   | 51993482Y | José Pérez        |
|      2 | Yoda     | gato  | 51993482Y   | 51993482Y | José Pérez        |
|      3 | Sprocket | perro | 37276317Z   | 37276317Z | Francisco Martínez |
+--------+----------+-------+-------------+-----------+-------------------+
#LA NUEVA MASCOTA NO APARECE!
```

Pueden hacerse variantes de la inner join cambiando el operador del filtro, por ejemplo:

```
SELECT * FROM animales INNER JOIN propietarios
   ON propietarios.dni >= animales.propietario;
+--------+----------+-------+------------+----------+-------------------+
| codigo | nombre   | tipo  | propietario | dni      | nombre           |
+--------+----------+-------+------------+----------+-------------------+
|      1 | Cloncho  | gato  | 51993482Y  | 51993482Y | José Pérez        |
|      2 | Yoda     | gato  | 51993482Y  | 51993482Y | José Pérez        |
|      3 | Sprocket | perro | 37276317Z  | 51993482Y | José Pérez        |
|      3 | Sprocket | perro | 37276317Z  | 37276317Z | Francisco Martínez |
+--------+----------+-------+------------+----------+-------------------+
```

Composiciones naturales. NATURAL JOIN

Es una especialización de la INNER JOIN. En este caso se comparan todas las columnas que tengan el mismo nombre en ambas tablas. La tabla resultante contiene solo una columna por cada par de columnas con el mismo nombre.

```
Describe Pagos;
+---------------+---------------+------+-----+---------+-------+
| Field         | Type          | Null | Key | Default | Extra |
+---------------+---------------+------+-----+---------+-------+
| codigocliente | int           | NO   | PRI | NULL    |       | #relación
| formapago     | varchar(40)   | NO   |     | NULL    |       |
| idtransaccion | varchar(50)   | NO   | PRI | NULL    |       |
| fechapago     | datetime      | NO   |     | NULL    |       |
| cantidad      | decimal(15,2) | NO   |     | NULL    |       |
+---------------+---------------+------+-----+---------+-------+
Describe Clientes;
+------------------------+-------------+------+-----+---------+-------+
| Field                  | Type        | Null | Key | Default | Extra |
+------------------------+-------------+------+-----+---------+-------+
| codigocliente          | int         | NO   | PRI | NULL    |       | #relación
| nombrecliente          | varchar(50) | NO   |     | NULL    |       |
| nombrecontacto         | varchar(30) | YES  |     | NULL    |       |
| apellidocontacto       | varchar(30) | YES  |     | NULL    |       |
| telefono               | varchar(15) | NO   |     | NULL    |       |
| fax                    | varchar(15) | NO   |     | NULL    |       |
| lineadireccion1        | varchar(50) | NO   |     | NULL    |       |
| lineadireccion2        | varchar(50) | YES  |     | NULL    |       |
| ciudad                 | varchar(50) | NO   |     | NULL    |       |
| region                 | varchar(50) | YES  |     | NULL    |       |
```

207

```
| pais                    | varchar(50)  | YES |     | NULL |       |
| codigopostal            | varchar(10)  | YES |     | NULL |       |
| codigoempleadorepventas | int          | YES | MUL | NULL |       |
| limitecredito           | decimal(15,2)| YES |     | NULL |       |
+-------------------------+--------------+-----+-----+------+-------+
#NATURAL JOIN coge los mismos nombres de campo, en este caso CodigoCliente
SELECT CodigoCliente, NombreCliente, IdTransaccion, Cantidad
FROM Clientes NATURAL JOIN Pagos;
+--------------+----------------------------+---------------+----------+
| CodigoCliente | NombreCliente              | IdTransaccion | Cantidad |
+--------------+----------------------------+---------------+----------+
|            1 | DGPRODUCTIONS GARDEN       | ak-std-000001 |  2000.00 |
|            1 | DGPRODUCTIONS GARDEN       | ak-std-000002 |  2000.00 |
|            3 | Gardening Associates       | ak-std-000003 |  5000.00 |
|            3 | Gardening Associates       | ak-std-000004 |  5000.00 |
...
|           38 | El Jardin Viviente S.L     | ak-std-000026 |  1171.00 |
+--------------+----------------------------+---------------+----------+
26 rows in set (0.00 sec)
```

Hay que fijarse en que, aunque CodigoEmpleado es un campo que está en dos tablas, esta vez no es necesario precederlo del nombre de tabla puesto que NATURAL JOIN devuelve un único campo por cada pareja de campos con el mismo nombre.

Se puede dar el caso de que haya más de dos campos que se llamen igual en las dos tablas, en este caso no sabemos que es lo que hará el SGBD. Observa el siguiente ejemplo:

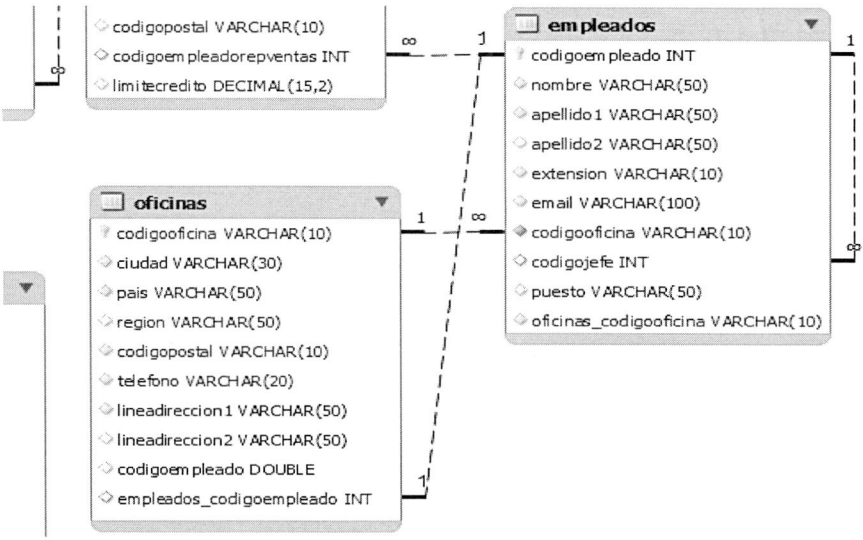

Figura 4.2: Relaciones entre Empleados y Oficinas.

Los campos CodigoEmpleado y el campo CodigoOficina están en ambas tablas y la unión será muy diferencte dependiendo de campo que usemos para la unión (join) de las tablas. Para solucinar este problema en la versión SQL 3 (SQL-99) se introdujo la unión **JOIN .. USING** en la que para evitar la ambigüedad se indica expresamente el campo común por el que se quiere hacer la unión. Ilustrémoslo con unos ejemplos:

En el primer ejemplo vamos a sacar un listado de los empleados junto a la ciudad en la que está ubicada su oficina. En este caso nos interesa que se junten por CodigoOficina. Obteniendo el listado de todos los empleados:

```
SELECT Nombre, Apellido1, Ciudad FROM Empleados
-> JOIN Oficinas USING (CodigoOficina);
+-----------------+-----------+---------------------+
| Nombre          | Apellido1 | Ciudad              |
+-----------------+-----------+---------------------+
| Juan            | Alba      | Barcelona           |
| José Manuel     | Martinez  | Barcelona           |
| David           | Palma     | Barcelona           |
| Oscar           | Palma     | Barcelona           |
...
| Pablo           | de Castro | Talavera de la Reina |
| Ruben           | López     | Talavera de la Reina |
| Alberto         | Soria     | Talavera de la Reina |
| Juan Carlos     | Manrique  | Talavera de la Reina |
| Lourdes         | Ramos     | Talavera de la Reina |
| Juan Carlos     | Ortiz     | Talavera de la Reina |
| Nei             | Nishikori | Tokyo               |
| Narumi          | Riko      | Tokyo               |
| Takuma          | Nomura    | Tokyo               |
+-----------------+-----------+---------------------+
31 rows in set (0.00 sec)
```

En el siguiente ejemplo vamos a hacer exactamente la misma consulta pero vamos a indicar que el campo que vamos a usar para la unión es CodigoEmpleado. El resultado es el empleado que dirige la oficina y la ciudad donde está ubicada:

```
SELECT Nombre, Apellido1, Ciudad FROM Empleados
JOIN Oficinas USING (CodigoEmpleado);
```

```
+-------------+-----------+----------------------+
| Nombre      | Apellido1 | Ciudad               |
+-------------+-----------+----------------------+
| Juan        | Alba      | Barcelona            |
| Hilary      | Washington| Boston               |
| Amy         | Johnson   | Londres              |
| Juan Carlos | Manrique  | Madrid               |
| Francois    | Fignon    | Paris                |
| Michael     | Bolton    | San Francisco        |
| Kevin       | Fallmer   | Sydney               |
| Juan Carlos | Manrique  | Talavera de la Reina |
| Nei         | Nishikori | Tokyo                |
+-------------+-----------+----------------------+
9 rows in set (0.00 sec)
```

Producto cartesiano.CROSS JOIN

Este tipo de sintaxis devuelve el producto cartesiano de dos tablas:

```
#equivalente a SELECT * FROM animales,propietarios;
SELECT * FROM animales CROSS JOIN propietarios;
+--------+----------+-------+------------+-----------+--------------------+
| codigo | nombre   | tipo  | propietario| dni       | nombre             |
+--------+----------+-------+------------+-----------+--------------------+
|      1 | Cloncho  | gato  | 51993482Y  | 51993482Y | José Pérez         |
|      1 | Cloncho  | gato  | 51993482Y  | 2883477X  | Matías Fernández   |
|      1 | Cloncho  | gato  | 51993482Y  | 37276317Z | Francisco Martínez |
|      2 | Yoda     | gato  | 51993482Y  | 51993482Y | José Pérez         |
|      2 | Yoda     | gato  | 51993482Y  | 2883477X  | Matías Fernández   |
|      2 | Yoda     | gato  | 51993482Y  | 37276317Z | Francisco Martínez |
|      3 | Sprocket | perro | 37276317Z  | 51993482Y | José Pérez         |
|      3 | Sprocket | perro | 37276317Z  | 2883477X  | Matías Fernández   |
|      3 | Sprocket | perro | 37276317Z  | 37276317Z | Francisco Martínez |
|      4 | Arco     | perro | NULL       | 51993482Y | José Pérez         |
|      4 | Arco     | perro | NULL       | 2883477X  | Matías Fernández   |
|      4 | Arco     | perro | NULL       | 37276317Z | Francisco Martínez |
+--------+----------+-------+------------+-----------+--------------------+
```

Nótese que aparece también el nuevo animal insertado sin propietario (Arco).

Composiciones externas.OUTER JOIN

En este tipo de operación, las tablas relacionadas no requieren que haya una equivalencia. El registro es seleccionado para ser mostrado aunque no haya otro registro que le corresponda.

OUTER JOIN se subdivide dependiendo de la tabla a la cual se le admitirán los registros que no tienen correspondencia, ya sean de tabla izquierda, de tabla derecha, o combinación completa.

Si los registros que admiten no tener correspondencia son los que aparecen en la tabla de la izquierda se llama composición de tabla izquierda o LEFT JOIN (o LEFT OUTER JOIN):

```
#ejemplo de LEFT OUTER JOIN
#animales LEFT OUTER JOIN propietarios
#animales está a la izquierda
#propietarios está a la derecha
SELECT * FROM animales LEFT OUTER JOIN propietarios
  ON animales.propietario = propietarios.dni;
+--------+----------+-------+-------------+-----------+-------------------+
| codigo | nombre   | tipo  | propietario | dni       | nombre            |
+--------+----------+-------+-------------+-----------+-------------------+
|      1 | Cloncho  | gato  | 51993482Y   | 51993482Y | José Pérez        |
|      2 | Yoda     | gato  | 51993482Y   | 51993482Y | José Pérez        |
|      3 | Sprocket | perro | 37276317Z   | 37276317Z | Francisco Martínez |
|      4 | Arco     | perro | NULL        | NULL      | NULL              |
+--------+----------+-------+-------------+-----------+-------------------+
```

Se observa que se incluye el perro Arco que no tiene propietario, por tanto, sus campos relacionados aparecen con valor NULL. El sentido de esta query podría ser, sacar todos los animales y si tienen relación, sacar sus propietarios, y si no tiene propietario, indicarlo con un valor NULO o con VACÍO.

¿Sabías que ...? Oracle implementaba las consultas externas antes de la aparición de las OUTER JOIN, utilizando el operador (+)= en lugar del operador = en la cláusula WHERE. Esta sintaxis aún está disponible en las nuevas versiones de este SGBD.

Si los registros que admiten no tener correspondencia son los que aparecen en la tabla de la derecha, se llama composición de tabla derecha RIGHT JOIN (o RIGHT OUTER JOIN):

```
#ejemplo de RIGHT OUTER JOIN
#animales RIGHT OUTER JOIN propietarios
#animales está a la izquierda y propietarios está a la derecha
SELECT * FROM animales RIGHT OUTER JOIN propietarios
     ON animales.propietario = propietarios.dni;
+--------+----------+-------+-------------+-----------+-------------------+
| codigo | nombre   | tipo  | propietario | dni       | nombre            |
+--------+----------+-------+-------------+-----------+-------------------+
|      1 | Cloncho  | gato  | 51993482Y   | 51993482Y | José Pérez        |
|      2 | Yoda     | gato  | 51993482Y   | 51993482Y | José Pérez        |
|   NULL | NULL     | NULL  | NULL        | 2883477X  | Matías Fernández  |
|      3 | Sprocket | perro | 37276317Z   | 37276317Z | Francisco Martínez|
+--------+----------+-------+-------------+-----------+-------------------+
```

En este caso, en el resultado aparecen son todos los propietarios, incluido Matías Fernández que no tiene una mascota. Se ve que el perro Arco no aparece, pues esta vez los registros que se desean mostrar son todos los de la tabla derecha (es decir, propietarios).

La operación que admite registros sin correspondencia tanto para la tabla izquierda como para la derecha, por ejemplo, animales sin propietario y propietarios sin animales, se llama composición externa completa o FULL JOIN (FULL OUTER JOIN). Esta operación presenta los resultados de tabla izquierda y tabla derecha aunque no tengan correspondencia en la otra tabla. La tabla combinada contendrá, entonces, todos los registros de ambas tablas y presentará valores nulos para registros sin pareja.

```
#ejemplo de FULL OUTER JOIN-> animales FULL OUTER JOIN propietarios
#animales está a la izquierda y propietarios está a la derecha
SELECT * FROM animales FULL OUTER JOIN propietarios
       ON animales.propietario = propietarios.dni;
+--------+----------+-------+-------------+-----------+-------------------+
| codigo | nombre   | tipo  | propietario | dni       | nombre            |
+--------+----------+-------+-------------+-----------+-------------------+
|      1 | Cloncho  | gato  | 51993482Y   | 51993482Y | José Pérez        |
|      2 | Yoda     | gato  | 51993482Y   | 51993482Y | José Pérez        |
|      3 | Sprocket | perro | 37276317Z   | 37276317Z | Francisco Martínez|
|      4 | Arco     | perro | NULL        | NULL      | NULL              |
|   NULL | NULL     | NULL  | NULL        | 2883477X  | Matías Fernández  |
+--------+----------+-------+-------------+-----------+-------------------+
```

¿Sabías que . . . ? En SQL existe el operador UNION, que añade al conjunto de resultados producidos por una SELECT, los resultados de otra SELECT. La sintaxis es:

```
SELECT .... FROM ....
UNION [ALL]
SELECT .... FROM ....
```

El parámetro ALL incluye todos los registros de las dos SELECT, incluyendo los que son iguales. Si no se indica ALL, se excluyen los duplicados.

Aunque MySQL no implementa la característica FULL OUTER JOIN, sí que se puede simular haciendo una unión de los resultados de un LEFT OUTER JOIN y los resultados de un RIGHT OUTER JOIN, puesto que UNION, sin la opción ALL, elimina los registros duplicados, por tanto, se podría codificar la FULL OUTER JOIN anterior de la siguiente forma:

```
SELECT * FROM animales LEFT OUTER JOIN propietarios
ON animales.propietario = propietarios.dni
UNION
SELECT * FROM animales RIGHT OUTER JOIN propietarios
 ON animales.propietario = propietarios.dni;
+--------+----------+-------+-------------+-----------+--------------------+
| codigo | nombre   | tipo  | propietario | dni       | nombre             |
+--------+----------+-------+-------------+-----------+--------------------+
|      1 | Cloncho  | gato  | 51993482Y   | 51993482Y | José Pérez         |
|      2 | Yoda     | gato  | 51993482Y   | 51993482Y | José Pérez         |
|      3 | Sprocket | perro | 37276317Z   | 37276317Z | Francisco Martínez |
|      4 | Arco     | perro | NULL        | NULL      | NULL               |
|   NULL | NULL     | NULL  | NULL        | 2883477X  | Matías Fernández   |
+--------+----------+-------+-------------+-----------+--------------------+
```

4.9. Consultas reflexivas

A veces, es necesario obtener información de relaciones reflexivas, por ejemplo, un informe de empleados donde junto a su nombre y apellidos apareciera el nombre y apellidos de su jefe. Para ello, es necesario hacer una JOIN entre registros de la misma tabla:

```
desc Empleados;
+----------------+--------------+------+-----+---------+-------+
| Field          | Type         | Null | Key | Default | Extra |
+----------------+--------------+------+-----+---------+-------+
| CodigoEmpleado | int(11)      | NO   | PRI | NULL    |       |
| Nombre         | varchar(50)  | NO   |     | NULL    |       |
| Apellido1      | varchar(50)  | NO   |     | NULL    |       |
| Apellido2      | varchar(50)  | YES  |     | NULL    |       |
| Extension      | varchar(10)  | NO   |     | NULL    |       |
| Email          | varchar(100) | NO   |     | NULL    |       |
| CodigoOficina  | varchar(10)  | NO   |     | NULL    |       |
| CodigoJefe     | int(11)      | YES  |     | NULL    |       | #autorelación
| Puesto         | varchar(50)  | YES  |     | NULL    |       |
+----------------+--------------+------+-----+---------+-------+

SELECT concat(emp.Nombre,' ',emp.Apellido1) as Empleado,
concat(jefe.Nombre,' ',jefe.Apellido1) as jefe
FROM Empleados emp INNER JOIN Empleados jefe
ON emp.CodigoJefe=jefe.CodigoEmpleado;
+------------------------+------------------------+
| Empleado               | jefe                   |
+------------------------+------------------------+
| Ruben López            | Pablo de Castro        |
| Alberto Soria          | Ruben López            |
| Juan Carlos Manrique   | Alberto Soria          |
| Lourdes Ramos          | Juan Carlos Manrique   |
...
| Mariko Kishi           | Kevin Fallmer          |
+------------------------+------------------------+
30 rows in set (0.00 sec)
```

Analizando la query anterior, primero se observa el uso de la tabla empleados dos veces, una con un alias emp que representa los empleados como subordinados y otra con alias jefe que representa los empleados como jefes. Ambas tablas (aunque en realidad son la misma) se unen en una JOIN a través de la relación CodigoEmpleado y CodigoJefe.

Por otro lado, el primer campo que se selecciona es la concatenación del nombre y apellido del empleado *concat(emp.Nombre,' ',emp.Apellido1)* al que a su vez le damos un alias *empleado* y el segundo campo que es la concatenación de los empleados jefes, al que le se le da el alias *jefe*.

Se puede observar que en esta query no aparecen los empleados sin jefe, puesto que se ha utilizado un INNER JOIN. Para mostrarlos, habría que usar un LEFT o RIGHT OUTER JOIN.

4.10. Consultas con tablas derivadas

Las consultas con tablas derivadas, o *inline views*, son aquellas que utilizan sentencias SELECT en la cláusula FROM en lugar de nombres de tablas, por ejemplo:

```
SELECT * FROM (SELECT CodigoEmpleado, Nombre FROM Empleados
               WHERE CodigoOficina='TAL-ES') as tabla_derivada;
```

En este caso se ha de distinguir, por un lado la tabla derivada, (SELECT CodigoEmpleado, Nombre FROM Empleados) que tiene un alias tabla_derivada, es decir, una especie de tabla temporal cuyo contenido es el resultado de ejecutar la consulta, su nombre es tabla_derivada y tiene dos columnas, una CodigoEmpleado y otra Nombre. Este tipo de consultas ayudará a obtener información relacionada de forma mucho más avanzada.

Por ejemplo, en la base de datos *jardineria*, si se desea sacar el importe del pedido de menor coste de todos los pedidos, hay que pensar primero como sacar el total de todos los pedidos y de ahí, el pedido con menor coste con la función de columna MIN:

```
#1: Para calcular el total de cada pedido, hay que codificar esta query
SELECT SUM(Cantidad*PrecioUnidad) as total,CodigoPedido
    FROM DetallePedidos  GROUP BY CodigoPedido;

#2: Para calcular el menor pedido, se puede hacer una tabla
#  derivada de la consulta anterior y con la función MIN
#  obtener el menor de ellos:
SELECT MIN(total) FROM (
    SELECT SUM(Cantidad*PrecioUnidad) as total,CodigoPedido
        FROM DetallePedidos
        GROUP BY CodigoPedido) AS TotalPedidos;

#TotalPedidos es la tabla derivada formada
#por el resultado de la consulta entre paréntesis
```

Las tablas derivadas no tienen limitación, es decir, se pueden unir a otras tablas, filtrar, agrupar, etc.

4.11. Prácticas Resueltas

Práctica 4.1: Consultas simples en MS-Access

Con la BBDD Automóviles, genera sentencias SQL para obtener:

1. El nombre de las marcas y modelos de los vehículos.

2. El nombre de los modelos cuyas emisiones estén entre 150 y 165.

3. El nombre de los modelos cuyas emisiones estén entre 150 y 165 o que su consumo esté entre 5 y 6 ordenado por consumo descendentemente.

4. Un listado de todas las Marcas que hay (sin repeticiones).

Para crear una consulta en modo SQL en Access, se pulsa en la pestaña "Crear", opción "Diseño de Consulta", y a continuación, se pulsa en el botón "SQL". Finalmente, se escribe la sentencia SELECT y, para ejecutarla, se pulsa en la admiración de la pestaña "Diseño".

```
#1
SELECT Marca,Modelo FROM Automóviles;
#2
SELECT modelo FROM Automóviles WHERE
  Emisiones >= 150 AND Emisiones <=165;
#3
SELECT modelo,consumo,emisiones FROM Automóviles WHERE
  (Emisiones >= 150 AND Emisiones <=165)  OR (Consumo>=5 AND Consumo<=6)
      ORDER BY consumo DESC;
#4
SELECT DISTINCT Marca FROM Automóviles;
```

◇

Práctica 4.2: Consultas simples con la BBDD jardinería

Codifica en MySQL y Oracle sentencias para obtener la siguiente información:

1. El código de oficina y la ciudad donde hay oficinas.

2. Cuántos empleados hay en la compañía.

3. Cuántos clientes tiene cada país.

4. Cuál fue el pago medio en 2024 (pista: Usar la función YEAR de MySql o la función to_char(fecha,'yyyy') de Oracle).

5. Cuántos pedidos están en cada estado ordenado descendente por el número de pedidos.

6. El precio del producto más caro y del más barato.

```
#1
SELECT CodigoOficina,ciudad FROM Oficinas;
#2
SELECT Count(*) FROM Empleados;
#3
SELECT Count(*),Pais FROM Clientes GROUP BY Pais;
#4
SELECT AVG(Cantidad) FROM Pagos WHERE YEAR(FechaPago)=2024; #(mysql) ó
#4
SELECT AVG(Cantidad) FROM Pagos WHERE TO_CHAR(FechaPago,'YYYY')='2024';
#5
SELECT Count(*),Estado FROM Pedidos GROUP BY Estado
ORDER BY Count(*) DESC;
#6
SELECT Max(PrecioVenta),Min(PrecioVenta) FROM Productos;
```

◇

Práctica 4.3: Subconsultas con la BBDD jardinería

Codifica en SQL las siguientes sentencias:

1. Obten el nombre del cliente con mayor limite de crédito.

2. Obten el nombre, apellido1 y cargo de los empleados que no representen a ningún cliente.

```
#1
SELECT NombreCliente FROM Clientes WHERE
 LimiteCredito = (SELECT Max(LimiteCredito) FROM Clientes);
#2
SELECT Nombre, Apellido1, Puesto FROM Empleados WHERE CodigoEmpleado
 NOT IN (SELECT CodigoEmpleadoRepVentas FROM Clientes );
```

◇

Práctica 4.4: Consultas multitabla con la BBDD jardinería

Codifica en SQL las siguientes consultas:

1. Saca un listado con el nombre de cada cliente y el nombre y apellido de su representante de ventas.

2. Muestra el nombre de los clientes que no hayan realizado pagos junto con el nombre de sus representantes de ventas.

3. Lista las ventas totales de los productos que hayan facturado más de 3000 euros. Se mostrará el nombre, unidades vendidas, total facturado y total facturado con impuestos (18 % IVA).

4. Lista la dirección de las oficinas que tengan clientes en Fuenlabrada.

```
#1
SELECT NombreCliente, Nombre as NombreEmp, Apellido1 as ApeEmp
    FROM Clientes INNER JOIN Empleados ON
    Clientes.CodigoEmpleadoRepVentas=Empleados.CodigoEmpleado;
#2
 SELECT NombreCliente,Nombre as NombreEmp, Apellido1 as ApeEmp
    FROM Clientes INNER JOIN Empleados ON
    Clientes.CodigoEmpleadoRepVentas=Empleados.CodigoEmpleado
    where CodigoCliente not in (SELECT CodigoCliente FROM Pagos);
#3
 SELECT Nombre, SUM(Cantidad) As TotalUnidades,
    SUM(Cantidad*PrecioUnidad) as TotalFacturado,
    SUM(Cantidad*PrecioUnidad)*1.18 as TotalConImpuestos
 FROM DetallePedidos NATURAL JOIN Productos
 GROUP BY Nombre
 HAVING Sum(Cantidad*PrecioUnidad)>3000;
#4
 SELECT CONCAT(Oficinas.LineaDireccion1,Oficinas.LineaDireccion2),
    Oficinas.Ciudad
 FROM Oficinas, Empleados,Clientes
 WHERE Oficinas.CodigoOficina=Empleados.CodigoOficina AND
    Empleados.CodigoEmpleado=Clientes.CodigoEmpleadoRepVentas AND
    Clientes.Ciudad='Fuenlabrada';
```

◇

Práctica 4.5: Consulta con tablas derivadas

Saca el cliente que hizo el pedido de mayor cuantía:

Esta consulta es mejor codificarla en un archivo de texto para no tener que escribirla múltiples veces si da errores. La estrategia para resolverla es hacer pequeñas consultas (querys A,B y C) para luego unirlas y generar la definitiva:

```
#query A: Sacar la cuantía de los pedidos:
(select CodigoPedido, CodigoCliente,
sum(Cantidad*PrecioUnidad) as total
from Pedidos natural join DetallePedidos
group by CodigoPedido,CodigoCliente) TotalPedidos;

#query B: Sacar el pedido más caro:
select max(total) from
(select CodigoPedido, CodigoCliente,
sum(Cantidad*PrecioUnidad) as total
from Pedidos natural join DetallePedidos
group by CodigoPedido,CodigoCliente) TotalPedidos;

#query C: Sacar el código de cliente correspondiente
al pedido más caro (querydefinitiva.sql)
```

———— querydefinitiva.sql ————

```
Select TotalPedidos.CodigoCliente,NombreCliente from
(select CodigoPedido, CodigoCliente,
sum(Cantidad*PrecioUnidad) as total
from Pedidos natural join DetallePedidos
group by CodigoPedido,CodigoCliente) TotalPedidos
inner join Clientes on
Clientes.CodigoCliente=TotalPedidos.CodigoCliente
where total=
( select max(total) from
(select CodigoPedido, CodigoCliente,
sum(Cantidad*PrecioUnidad) as total
from Pedidos natural join DetallePedidos
group by CodigoPedido,CodigoCliente) TotalPedidos
);
```

◇

4.12. Prácticas Propuestas

Práctica 4.6: Consultas simples en MS-Access

Con la BBDD Automóviles, genera sentencias SELECT para obtener esta información:

1. Modelos de vehículos TDI.[4]

2. Modelos de la marca 'Audi' y de la marca 'Seat' ordenado por Marca y Modelo.

3. Marcas de Vehículos que empiecen por T y terminen en a.

4. Vehículos que tengan foto.

5. El consumo de los vehículos está expresado en litros/100km. Listar el consumo de los vehículos 'Seat' en MPG, Millas por galón (10 MPG=23.49 l/100km).

◇

Práctica 4.7: Consultas simples con la BBDD jardinería

Codifica en SQL (Oracle y MySQL) sentencias para obtener la siguiente información:

1. La ciudad y el teléfono de las oficinas de Estados Unidos.

2. El nombre, los apellidos y el email de los empleados a cargo de Alberto Soria.

3. El cargo, nombre, apellidos y email del jefe de la empresa.

4. El nombre, apellidos y cargo de aquellos que no sean representantes de ventas.

5. El número de clientes que tiene la empresa.

6. El nombre de los clientes españoles.

7. Cuántos clientes tiene cada país.

8. Cuántos clientes tiene la ciudad de Madrid.

9. Cuántos clientes tienen las ciudades que empiezan por M.

10. El código de empleado y el número de clientes al que atiende cada representante de ventas.

---

[4]Hay que tener en cuenta que en Access, el comodín % es un *

11. El número de clientes que no tiene asignado representante de ventas.

12. Cuáles fueron el primer y el último pago que hizo algún cliente.

13. El código de cliente de aquellos clientes que hicieron pagos en 2023.

14. Los distintos estados por los que puede pasar un pedido.

15. El número de pedido, código de cliente, fecha requerida y fecha de entrega de los pedidos que no han sido entregados a tiempo.

16. Cuántos productos existen en cada línea de pedido.

17. Un listado de los 20 códigos de productos más pedidos ordenado por cantidad pedida. (Pista: Usar el filtro LIMIT de MySQL o el filtro rownum de Oracle.)

18. El número de pedido, código de cliente, fecha requerida y fecha de entrega de los pedidos cuya fecha de entrega ha sido al menos dos días antes de la fecha requerida. (Pista: Usar la función addDate de MySQL o el operador + de Oracle).

19. La facturación que ha tenido la empresa en toda la historia, indicando la base imponible, el IVA y el total facturado. NOTA: La base imponible se calcula sumando el coste del producto por el número de unidades vendidas. El IVA, es el 21 % de la base imponible, y el total, la suma de los dos campos anteriores.

20. La misma información que en la pregunta anterior, pero agrupada por código de producto filtrada por los códigos que empiecen por FR. ◇

Práctica 4.8: Subconsultas con la BBDD jardinería

Codifica en SQL sentencias para obtener la siguiente información:

1. El nombre del producto más caro.

2. El nombre del producto del que más unidades se hayan vendido en un mismo pedido.

3. Los clientes cuya línea de crédito sea mayor que los pagos que haya realizado.

4. El producto que más unidades tiene en stock y el que menos unidades tiene. ◇

Práctica 4.9: Consultas multitabla con la BBDD jardinería

Codifica en SQL las siguientes consultas:

1. El nombre de los clientes y el nombre de sus representantes junto con la ciudad de la oficina a la que pertenece el representante.

2. La misma información que en la pregunta anterior pero solo con los clientes que no hayan echo pagos.

3. Un listado con el nombre de los empleados junto con el nombre de sus jefes.

4. El nombre de los clientes a los que no se les ha entregado a tiempo un pedido (FechaEntrega>FechaEsperada).

$\diamond$

Práctica 4.10: Consultas variadas con la BBDD jardinería

Codifica en SQL las siguientes consultas:

1. Un listado de clientes indicando el nombre del cliente y cuántos pedidos ha realizado.

2. Un listado con los nombres de los clientes y el total pagado por cada uno de ellos.

3. El nombre de los clientes que hayan hecho pedidos en 2023.

4. El nombre del cliente y el nombre y apellido de sus representantes de aquellos clientes que no hayan realizado pagos.

5. Un listado de clientes donde aparezca el nombre de su comercial y la ciudad donde está su oficina.

6. El nombre, apellidos, oficina y cargo de aquellos que no sean representantes de ventas.

7. Cuántos empleados tiene cada oficina, mostrando el nombre de la ciudad donde está la oficina.

8. Un listado con el nombre de los empleados, y el nombre de sus respectivos jefes.

9. El nombre, apellido, oficina (ciudad) y cargo del empleado que no represente a ningún cliente.

10. La media de unidades en stock de los productos agrupados por gama.

11. Los clientes que residan en la misma ciudad donde hay una oficina, indicando dónde está la oficina.

12. Los clientes que residan en ciudades donde no hay oficinas ordenado por la ciudad donde residen.

13. El número de clientes que tiene asignado cada representante de ventas.

14. Cuál fue el cliente que hizo el pago con mayor cuantía y el que hizo el pago con menor cuantía.

15. Un listado con el precio total de cada pedido.

16. Los clientes que hayan hecho pedidos en el 2023 por una cuantía superior a 2000 euros.

17. Cuántos pedidos tiene cada cliente en cada estado.

18. Los clientes que han pedido más de 200 unidades de cualquier producto.

◇

Práctica 4.11: Más consultas variadas

Con la base de datos *NBA* codifica las siguientes consultas:

1. Equipo y ciudad de los jugadores españoles de la NBA.

2. Equipos que comiencen por L y terminen en S.

3. Puntos por partido de 'LeBron James' en toda su carrera.

4. Equipos que hay en la conferencia Oeste.

5. Jugadores de Arizona que pesen más de 100 kilos y midan más de 1.82 m (6 pies).

6. Puntos por partido de los jugadores de los 'Cleveland Cavaliers'.

7. Jugadores cuya tercera letra de su nombre sea la v.

8. Número de jugadores que tiene cada equipo de la conferencia Oeste.

9. Número de jugadores Franceses (France) en la NBA.

10. Máxima media de puntos de 'LeBron James' en su carrera.

11. Asistencias por partido de 'Ricky Rubio' en la temporada '2021-22'.

12. Puntos por partido de 'LeBron James' desde la temporada 2021-22 a la temporada 2023-24.

13. Número de jugadores que tiene cada equipo de la conferencia 'Este'.

14. Tapones por partido de los jugadores de los 'Porland Trail Blazers'.

15. Media de rebotes de los jugadores de la conferencia 'Este'.

16. Rebotes por partido de los jugadores de los equipos de 'Los Angeles'.

17. Número de jugadores que tiene cada equipo de la división 'Noroeste'.

18. Número de jugadores de España y Francia en la NBA.

19. Número de pivots 'C' que tiene cada equipo.

20. ¿Cuánto mide el pívot más alto de la nba?

21. ¿Cuánto pesa (en libras y en kilos) el pívot más alto de la NBA?

22. Número de jugadores que empiezan por 'W'.

23. Jugadores que no metieron ningún punto en alguna temporada.

24. Número total de jugadores de cada división.

25. Peso medio en kilos y en libras de los jugadores de los 'Toronto Raptors'.

26. Mostrar un listado de jugadores con el formato Nombre(Equipo) en una sola columna.

27. Puntuación más baja de un partido de la NBA.

28. Primeros 10 jugadores por orden alfabético.

29. Temporada con más puntos por partido de 'LeBron James'.

30. Número de bases 'G' que tiene cada equipo de la conferencia 'Este'.

31. Número de equipos que tiene cada conferencia.

32. Nombre de las divisiones de la conferencia 'Este'.

33. Máximo reboteador de los 'Phoenix Suns'.

34. Máximo anotador de la toda base de datos en una temporada.

35. Sacar cuántas letras tiene el nombre de cada jugador de los 'Memphis Grizzlies' (Usar función LENGTH).

36. ¿Cuántas letras tiene el equipo con nombre más largo de la NBA (Ciudad y Nombre)?

◇

Práctica 4.12: Consultas con tablas derivadas

Realizar las siguientes consultas con tablas derivadas con las BBDD NBA y jardineria:

- El importe medio de los pedidos de la BBDD jardineria.

- Un listado con el número de partidos ganados por los equipos de la NBA.

- La media de partidos ganados por los equipos del oeste.

- ¿Cuál es el pedido más caro del empleado que más clientes tiene?

◇

4.13. Resumen

Los conceptos clave de este capítulo son los siguientes:

- La sentencia SELECT devuelve un conjunto de resultados en forma de tabla compuesto por filas (o registros) y columnas (o campos).

- La cláusula FROM de la sentencia SELECT especifica las tablas de las que se extrae la información, y permite, a través de operaciones como el producto cartesiano y las JOIN, construir conjuntos de datos de información relacionada.

- Cuando se especifica más de una tabla en la cláusula FROM se denomina consulta multitabla. Pueden ser escritas en dos tipos de sintaxis, SQL1 y SQL2. SQL1 solo permite composiciones internas (INNER JOIN), mientras que SQL2 permite, además, composiciones externas (OUTER JOIN). Las NATURAL JOIN, son un tipo de INNER JOIN que hace coincidir la información de dos campos con el mismo nombre.

- Los registros de una SELECT se pueden FILTRAR mediante el uso de la cláusula WHERE. Los filtros se pueden construir mediante expresiones, el operador de pertenencia a conjuntos (IN), operador de rango (BETWEEN), test de valor nulo (IS, IS NOT), test de patrón (LIKE), y límitación de registros (LIMIT y numrows).

- Para ordenar un conjunto de resultados se utiliza la palabra clave ORDER BY. Se puede ordenar ascendentemente (ASC) o descendentemente (DESC).

- Las consultas de resumen se usan para calcular información en base a conjuntos o grupos de datos. Los grupos se construyen mediante la cláusula GROUP BY.

- Los filtros sobre grupos se generan mediante la cláusula HAVING.

- Las subconsultas son SELECT usadas para filtrar información mediante test de comparación, Test de Existencia (EXISTS), Test cuantificados (ANY y ALL). Pueden ser anidadas.

- Las consultas reflexivas son las que forman en su cláusula FROM la misma tabla dos o más veces.

- Las tablas derivadas son tablas virtuales generadas a través de consultas en tiempo de ejecución. Tienen un alias que las identifica.

4.14. Test de repaso

1. ¿Para qué sirve DISTINCT en una SELECT?

a) Para mostrar las filas idénticas

b) Para no mostrar filas idénticas

c) Para mostrar, aparte, las filas distintas

d) Ninguna de las anteriores

2. Un filtro WHERE puede incorporar expresiones con

a) Operadores numéricos

b) Operadores relacionales

c) Llamadas a funciones

d) Todas las anteriores

3. El operador IN no se puede usar para

a) Escribir en un filtro una lista de valores

b) Escribir en un filtro una subconsulta

c) Una ordenación

d) Encadenar varios condiciones de tipo AND

4. El test de valor nulo

a) Sirve para comprobar si un conjunto de resultados es vacío

b) Sirve para comprobar si el valor de un campo es desconocido

c) Sirve para comprobar si el valor de un campo es o no es desconocido

d) Todas las anteriores son correctas

5. El patrón %AX_ _ seleccionaría el valor

a) XXXAX11

b) AX1111

c) XXXX1F

d) XXXAX1

6. Filtrar por el número de resultados

a) No se puede de ninguna manera en Oracle

b) Se puede mediante la cláusula LIMIT en Oracle

c) Se puede mediante la cláusula numrows en Oracle

d) No se puede hacer de ninguna manera en MySQL

7. En SQL se puede ordenar por

a) El número de columna (1,2,3...)

b) El nombre de la columna

c) Una expresión

d) Todas las anteriores

8. Si junto a una función de columna, se selecciona un campo

a) Se debe agrupar por el campo

b) No se debe agrupar por el campo

c) No se puede seleccionar el campo

d) No se puede seleccionar la función de columna

9. Una subconsulta

a) Es un tipo especial de tabla derivada

b) Se puede anidar con otras subconsultas

c) Sus resultados se pueden ordenar bajo determinadas circunstancias

d) Todas las opciones anteriores son posibles

Soluciones: 1.b,2.d,3.c,4.c,5.a,6.c,7.d,8.a,9.b.

227

4.15. Comprueba tu aprendizaje

1. Realiza una lista con los operadores que puedes escribir en un filtro, clasificándolos según su tipo.

2. La tabla alumno tiene un campo llamado Nacionalidad. Escribe una consulta para sacar los alumnos de España, Italia y Dinamarca de dos formas, una con el operador IN, y otra con operadores AND.

3. Escribe la sintaxis de la sentencia SELECT con todas sus cláusulas correspondientes (ORDER BY, HAVING, GROUP BY, etc.) y describe para qué sirve cada una.

4. Haz un esquema clasificando los tipos de JOIN que existen. Incorpora un ejemplo de cada una de ellas.

5. ¿En qué se diferencia LEFT OUTER JOIN de RIGHT OUTER JOIN? Pon un ejemplo de una consulta que afecte a dos tablas, indicando la diferencia.

6. ¿En qué se diferencia FULL OUTER JOIN de INNER JOIN? Pon un ejemplo de una consulta que afecte a dos tablas, indicando la diferencia.

7. ¿Qué es una tabla derivada? ¿Debe llevar alias una tabla derivada? ¿Por qué?

8. Escribe un ejemplo de la ejecución de una subconsulta con el operador EXISTS y otra con el operador NOT EXISTS.

9. ¿Para qué sirve el operador UNION? Pon un ejemplo de su uso.

10. Define para qué sirven los siguientes operadores de filtros, y pon un ejemplo de cada uno de ellos:

    - BETWEEN ... AND
    - ANY
    - ALL
    - IS
    - IS NOT
    - LIKE

11. ¿Qué diferencia hay entre HAVING x>y y WHERE x>y?

12. ¿Para qué sirve un CROSS JOIN?

13. ¿Qué diferencia hay entre NATURAL JOIN e INNER JOIN? Pon un ejemplo usando ambas de dos consultas que hagan produzcan los mismos resultados.

14. ¿Qué es una consulta reflexiva? Pon un ejemplo de una sentencia SQL con una consulta reflexiva.

15. ¿Se podría utilizar una tabla derivada dentro de una subconsulta?

## CAPÍTULO 5

Tratamiento de los datos

Contenidos

- ☞ Herramientas gráficas proporcionadas por el SGBD

- ☞ Sentencia INSERT

- ☞ INSERT y SELECT

- ☞ Sentencia UPDATE

- ☞ Sentencia DELETE

- ☞ UPDATE y DELETE con subconsultas

- ☞ Borrado y modificación de registros con relaciones

- ☞ Transacciones

- ☞ Acceso concurrente a los datos

- ☞ Vistas, usuarios y privilegios

Objetivos

- ☞ Identificar herramientas y sentencias para modificar el contenido de la base de datos

- ☞ Insertar, borrar y actualizar datos en las tablas

- ☞ Incluir en una tabla información de una consulta

- ☞ Adoptar medidas para mantener la integridad y consistencia de la información

- ☞ Reconocer el funcionamiento de transacciones y anular parcial o totalmente cambios producidos por una transacción

- ☞ Identificar efectos de las políticas de bloqueo de registros

- ☞ Crear vistas y usuarios y asignar privilegios

En este capítulo se detalla la sintaxis de las sentencias INSERT, UPDATE y DELETE. Se expone el tratamiento de las transacciones y los problemas del acceso concurrente a los datos. Además, se introducen las principales herramientas gráficas de edición de datos y se explica cómo crear vistas, usuarios y otorgar y revocar permisos.

5.1. Herramientas gráficas para la edición de los datos

Existen multitud de herramientas gráficas para la edición de datos, algunas, incorporadas como parte del software del gestor de base de datos, por ejemplo, el entorno gráfico de Access; otras herramientas se distribuyen como paquetes a añadir al SGBD, como phpMyAdmin o MySQL Workbench de MySQL; y el software de terceros,programas por los que hay que pagar una licencia aparte como *TOAD* o *Aqua Data Studio*. Otros gestores como Oracle, no incorporan expresamente una herramienta de edición de datos como tal (se pueden consultar, pero no se puede editar datos desde Enterprise Manager), pero se aprovechan de herramientas de terceros para esta labor.

5.1.1. Edición con phpMyAdmin

Una de las muchas utilidades de phpMyAdmin es la inserción de datos a través de formularios web, donde, de forma muy sencilla, se escriben los valores para cada campo de la tabla deseada. Tan solo hay que seleccionar la pestaña *Insertar* y seleccionar la tabla donde se va a insertar los registros. Se rellenan los valores y se pulsa continuar.

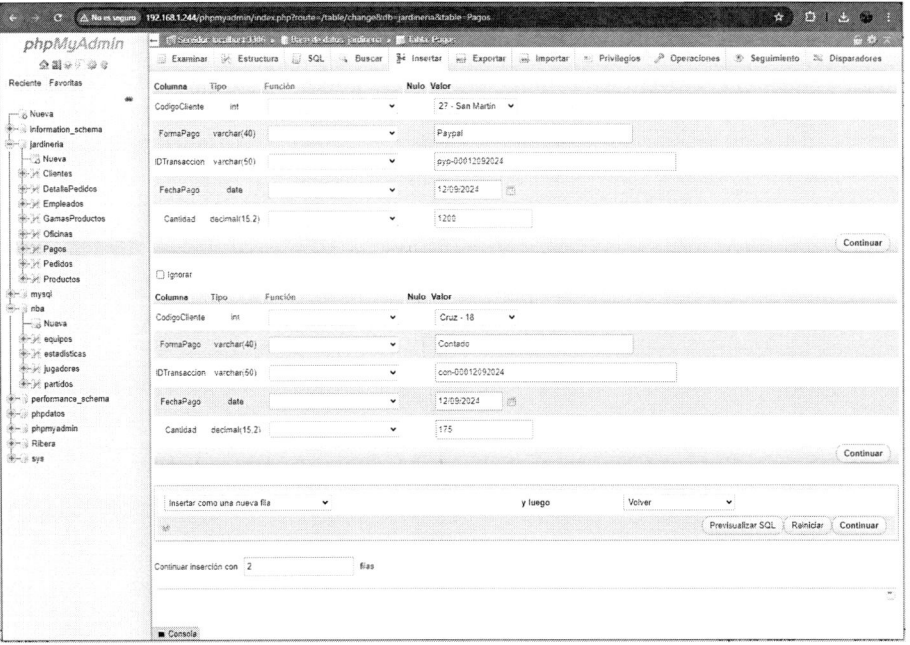

Figura 5.1: Inserción de datos a través de phpmyadmin (paso 1).

De esta forma, se genera el código SQL automáticamente para insertar los valores.

¿Sabías que ...? En MySQL existe la sintaxis **extended insert**, que permite insertar varios registros con un solo INSERT. *Véase* Figura. 5.2

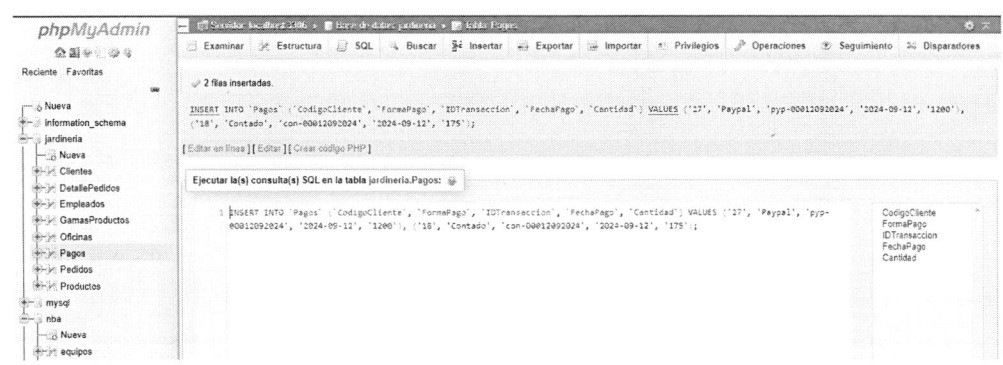

Figura 5.2: Inserción a través de phpmyadmin (paso 2).

Para eliminar o modificar registros, se utiliza la pestaña *Examinar*:

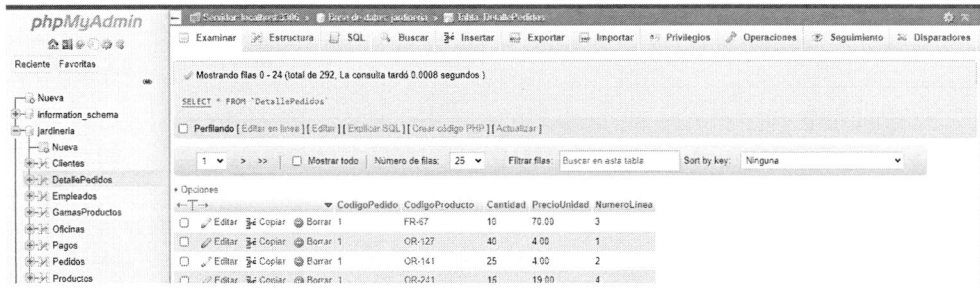

Figura 5.3: Modificación y eliminación de datos a través de phpMyAdmin.

5.1.2. Access como entorno gráfico para otros gestores

Si se conoce el entorno Access es muy sencillo conectarlo con otros gestores, y de esta manera, aprovecharse del conocimiento de la interfaz de Microsoft para administrar otros gestores de bases de datos. Esto es posible gracias a la utilización de conectores ODBC. ODBC son las siglas de *Open Database Connectivity*. Es una herramienta que, de forma estándar, permite conectar aplicaciones a cualquier gestor de bases de datos. Muchas aplicaciones ofimáticas, como Excel, Word y el propio Access permiten el acceso remoto a datos de un SGBD. Para esto, tan solo es necesario instalar el driver ODBC para ese SGBD. De esta manera, se puede crear una DSN o *Data Source Name*, es decir, una referencia a cierta base de datos.

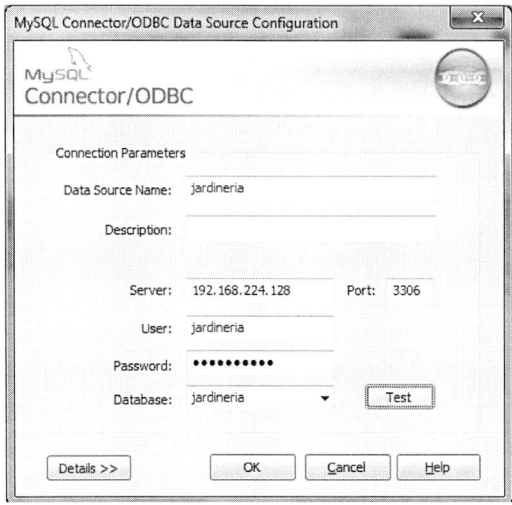

Figura 5.4: Creación de un origen de datos ODBC para MySQL.

Esta referencia se crea en Windows a través del panel de Control, Herramientas Administrativas, y la opción *Orígenes de Datos ODBC*. Cada origen de datos requiere, además de un nombre para el propio origen, el nombre del usuario, la contraseña, el nombre de la base de datos y los datos de conexión al servidor (Dirección IP y puerto TCP/UDP por donde se conecta).

A través de un origen de datos ODBC, se pueden enlazar a Access las tablas de un SGDB para el cual se ha configurado la DSN. Para ello, a través de la pestaña de Access *Datos Externos*, opción *más*, se elige la opción *bases de datos de ODBC* y a continuación se siguen los pasos del asistente. Después, se elige la opción de vincular al origen de datos creando una tabla vinculada, y finalmente, se selecciona la DSN creada anteriormente desde la pestaña *Origen de datos de equipo*.

◇ **Actividad 5.1**: Descarga desde la página web de mysql el conector ODBC para MySQL, en el momento de escribir este libro está en la URL: `https://dev.mysql.com/downloads/connector/odbc/`. Instálalo en tu ordenador y conéctate a la base de datos **jardinería**. Para conectarte debes abrir el *Panel de control*, luego selecciona *Herramientas administrativas*, y accede a *Orígenes de Datos ODBC(64 bits)*. Aquí tienes que agregar el conector y configurar los parámetros para conectar con la Base de datos. Después haz clic en el botón *Test* para asegurar que la conexión funciona. Ya sólo queda abrir una base de datos en Access y elegir la opción de menú *Datos* *externos*, luego haz clic en el Icono *Nuevo origen de datos* y finalmente selecciona *De otros orígenes - Bases de Datos OBDC*. Finalmente, selecciona la conexión OBDC que configuramos anteriormente y elegimos las tablas con las que se quiere trabajar. Puedes hacer una copia de los datos o vincular de manera que todos los cambios afecten a nuestra base de datos.(Asegúrate, en ese caso, de tener desactivada la opción bind-address del servidor mysql en el fichero /etc/mysql/my.cnf para poder conectar desde fuera de la propia máquina virtual).

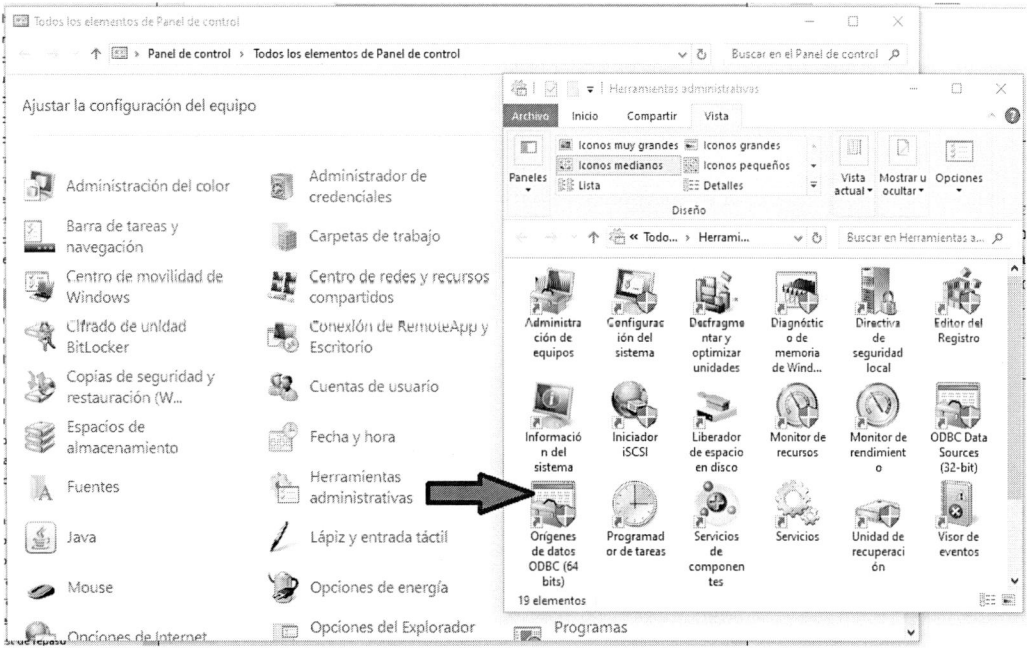

Figura 5.5: Orígenes de datos ODBC.

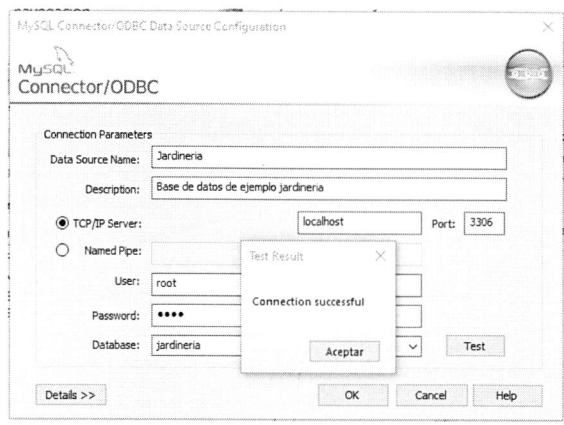

Figura 5.6: Configura los parámetros de la conexión ODBC.

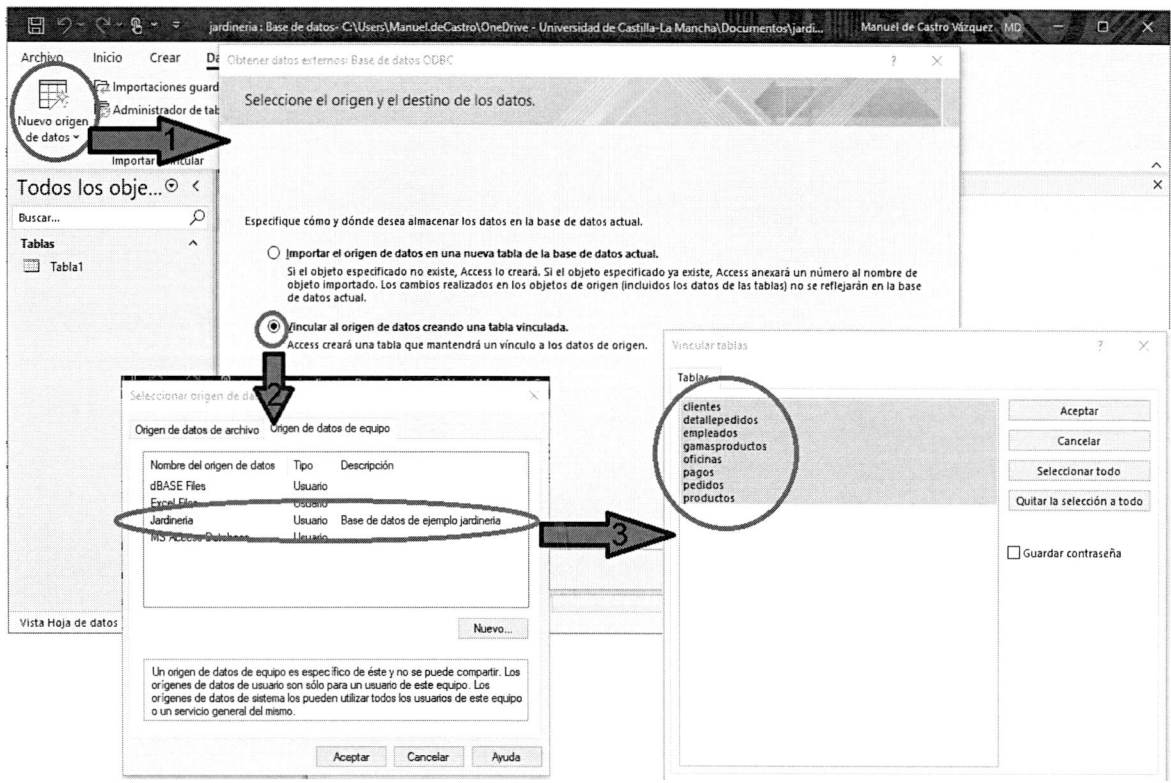

Figura 5.7: Vínculo de MySQL a Access.

5.2. La sentencia INSERT

La sentencia INSERT de SQL permite insertar una fila en una tabla, es decir, añadir un registro de información a una tabla.

El formato de uso es muy sencillo:

```
INSERT [INTO] nombre_tabla [(nombre_columna,...)]
VALUES ({expr | DEFAULT},...)
```

nombre_tabla es el nombre de la tabla donde se quiere insertar la fila. Después del nombre de la tabla, de forma optativa, se pueden indicar las columnas donde se va a insertar la información. Si se especifican las columnas, la lista de valores (VALUES) a insertar se asociará correlativamente con los valores a las columnas indicadas. Si no se especifican las columnas, la lista de valores se escribirá conforme al orden de las columnas en la definición de la tabla. A continuación se muestran unos cuantos ejemplos:

```
desc mascotas;
+---------+-------------+------+-----+---------+
| Field   | Type        | Null | Key | Default |
+---------+-------------+------+-----+---------+
| codigo  | int(11)     | NO   | PRI | NULL    |
| nombre  | varchar(50) | YES  |     | NULL    |
| raza    | varchar(50) | YES  |     | NULL    |
| cliente | varchar(9)  | YES  |     | NULL    |
+---------+-------------+------+-----+---------+

#INSERT especificando la lista de columnas
INSERT INTO mascotas (Codigo, Nombre, Raza)
VALUES
(1,'Pequitas','Gato Común Europeo')
```

Este tipo de INSERT, hace corresponder a la columna Codigo el valor 1, a la columna Nombre el valor 'Pequitas' y a la columna raza el valor 'Gato Común Europeo'. La columna cliente, queda con un valor NULL, puesto que no se ha indicado un valor.

```
#INSERT sin especificar la lista de columnas.
INSERT INTO mascotas VALUES
(2, 'Calcetines', 'Gato Común Europeo', '59932387L')
```

En este caso, al no especificarse la lista de columnas, hay que indicar todos los valores para todas las columnas en el orden en que están definidas las columnas en la tabla.

```
#INSERT con columnas con valores por defecto
INSERT INTO vehiculos VALUES ('1215 BCD','Toledo TDI', DEFAULT);
```

Aquí, se ha usado el valor DEFAULT para asignar el valor por defecto a la tercera columna de la tabla vehículos, es decir, la columna marca tiene definida la asignación por defecto del valor 'Seat'.

Si se construye una sentencia INSERT con más campos en la lista de valores que el número de columnas especificadas (o número de columnas de la tabla) el SGBD informará del error.

```
#INSERT Errónea
insert into vehiculos (Matricula,Modelo,Marca)
            VALUES ('4123 BFH','Ibiza');
ERROR 1136 (21S01): Column count doesn't match value count at row 1
```

5.3.   La sentencia INSERT extendida

La sintaxis extendida de INSERT para gestores tipo MySQL es la siguiente:

```
INSERT [INTO] nombre_tabla [(nombre_columna,...)]
VALUES ({expr | DEFAULT},...),(...),...
```

Los puntos suspensivos del final indican que se puede repetir varias veces la lista de valores. Así, MySQL admitiría algo del estilo:

```
insert into vehiculos (Matricula,Modelo,Marca)
            VALUES ('4123 BFH','Ibiza','Seat'),
                   ('1314 FHD','Toledo','Seat'),
                   ('3923 GJS','León','Seat');
```

5.4. INSERT y SELECT

Una variante de la sentencia INSERT consiste en una utilizar la sentencia SE-LECT para obtener un conjunto de datos y, posteriormente, insertarlos en la tabla.

```
INSERT
[INTO] nombre_tabla [(nombre_columna,...)]
SELECT ... FROM ...
```

Se puede ejecutar la siguiente consulta:

```
#Inserta en una tabla Backup todos los vehículos
INSERT INTO BackupVehiculos
SELECT * FROM vehiculos;
```

La sentencia SELECT debe devolver tantas columnas como columnas tenga la tabla donde se introduce la información. En el ejemplo anterior, la tabla Backup-Vehiculos tiene una estructura idéntica a la tabla vehículos.

Se puede ver, además, que la sentencia SELECT puede ser tan compleja como se desee, usando filtros, agrupaciones, ordenaciones, etc.

5.5. La sentencia UPDATE

La sentencia UPDATE de SQL permite modificar el contenido de cualquier columna y de cualquier fila de una tabla. Su sintaxis es la siguiente:

```
UPDATE nombre_tabla
SET nombre_col1=expr1 [, nombre_col2=expr2 ] ...
[WHERE filtro]
```

La actualización se realiza dando a las columnas nombre_col1, nombre_col2... los valores expr1, expr2,... Se actualizan todas las filas seleccionadas por el filtro indicado mediante la cláusula WHERE. Esta cláusula WHERE, es idéntica a la que se ha utilizado para el filtrado de registros en la sentencia SELECT.

Por ejemplo, si se desea actualizar el equipo de 'Usman Garuba' porque ha fichado por otro equipo, por ejemplo, los 'Los Angeles Lakers', habría que ejecutar la siguiente sentencia:

```
UPDATE jugadores SET Nombre_equipo='Los Angeles Lakers'
WHERE Nombre='Usman Garuba';
Query OK, 1 row affected (0.02 sec)
Rows matched: 1  Changed: 1  Warnings: 0
```

El gestor informa de que el filtro seleccionó una fila, y que, por tanto, cambió 1 fila, en este caso, la columna Nombre_equipo de esa fila seleccionada.

Es posible cambiar más de una columna a la vez:

```
UPDATE jugadores SET Nombre_equipo='Los Angeles Lakers', Peso=210
WHERE Nombre='Usman Garuba';
Query OK, 1 row affected (0.02 sec)
Rows matched: 1  Changed: 1  Warnings: 0
```

Si se omite el filtro, el resultado es la modificación de todos los registros de la tabla, por ejemplo, para cambiar el peso de los jugadores de la NBA de libras a kilos:

```
UPDATE jugadores SET Peso=Peso*0.4535;
```

5.6.   La sentencia DELETE

En SQL se utiliza la sentencia DELETE para eliminar filas de una tabla. Su sintaxis es:

```
DELETE FROM nombre_tabla
    [WHERE filtro]
```

El comando DELETE borra los registros seleccionados por el filtro WHERE, que es idéntico al de la sentencia SELECT.

Si se desea borrar al jugador 'Usman Garuba' de la base de datos, habría que escribir la siguiente sentencia:

```
DELETE FROM jugadores WHERE Nombre='Usman Garuba';
Query OK, 1 row affected (0.01 sec)
```

Si se omite el filtro, el resultado es el borrado de todos los registros de la tabla:

```
DELETE FROM jugadores;
Query OK, 300 rows affected (2.42 sec)
```

5.7. Las sentencias UPDATE y DELETE con subconsultas

Es posible actualizar o borrar registros de una tabla filtrando a través de una subconsulta. La única limitación es que hay gestores que no permiten realizar cambios en la tabla que se está leyendo a través de la subconsulta.

Por ejemplo, si se desea eliminar los empleados 'Representante Ventas' que no tengan clientes se podría codificar:

```
DELETE FROM Empleados
WHERE CodigoEmpleado Not in
   (SELECT CodigoEmpleadoRepVentas
   FROM Clientes)
AND Puesto='Representante Ventas';
```

No sería posible, sin embargo, escribir una sentencia de este tipo para borrar los clientes con LimiteCredito=0, puesto que se leen datos de la misma tabla que se borran:

```
DELETE FROM Clientes
WHERE CodigoCliente in
   (SELECT CodigoCliente
   FROM Clientes WHERE LimiteCredito=0);
ERROR 1093 (HY000): You can't specify target table 'Clientes' for update
in FROM clause
```

5.8. Borrado y modificación de registros con relaciones

Hay que tener en cuenta que no siempre se pueden borrar o modificar datos: Considérese por ejemplo, que un cliente llama a una empresa pidiendo darse de baja como cliente, pero el cliente tiene algunos pagos pendientes. Si el operador de la BBDD intenta eliminar el registro (DELETE), el SGBD debería informar de que no es posible eliminar ese registro puesto que hay registros relacionados.

O por ejemplo, se desea cambiar (UPDATE) el nombre de un equipo de la NBA (que es su clave primaria), ¿qué sucede con los jugadores? También habrá que cambiar el nombre del equipo de los jugadores, puesto que el campo Nombre_Equipo es una clave foránea.

En este punto, hay que recordar las cláusulas REFERENCES de la sentencia CREATE TABLE para crear las relaciones de clave foránea-clave primaria de alguna columna de una tabla:

```
definición_referencia:
    REFERENCES nombre_tabla[(nombre_columna,...)]
            [ON DELETE opción_referencia]
            [ON UPDATE opción_referencia]


opción_referencia:
    CASCADE | SET NULL | NO ACTION
```

Las cláusulas ON DELETE y ON UPDATE personalizan el comportamiento de estos dos casos. Si por ejemplo, se intenta eliminar un registro con otros registros relacionados, y se ha seleccionado la opción ON DELETE NO ACTION y ON UPDATE NO ACTION el comportamiento sería el siguiente:

```
#dos tablas relacionadas en mysql
#han de ser innodb para soportar FOREING KEYS
CREATE TABLE clientes (
    dni varchar(15) PRIMARY KEY,
    nombre varchar(50),
    direccion varchar(50)
) engine=innodb;

CREATE TABLE pagos_pendientes(
    dni varchar(15),
    importe double,
    FOREIGN KEY(dni) REFERENCES clientes(dni)
            on delete NO ACTION
        on update NO ACTION
) engine=innodb;

#un cliente y dos pagos pendientes
INSERT INTO clientes
```

```
     VALUES ('5555672L','Pepe Cifuentes','C/Los almendros,23');
INSERT INTO pagos_pendientes VALUES ('5555672L',500);
INSERT INTO pagos_pendientes VALUES ('5555672L',234.5);

#Se intenta borrar el cliente y no es posible
DELETE FROM clientes WHERE dni='5555672L';
ERROR 1451 (23000): Cannot delete or update a parent row:
 a foreign key constraint fails ('gestion/pagos_pendientes',
  CONSTRAINT 'pagos_pendientes_ibfk_1'
  FOREIGN KEY ('dni') REFERENCES 'clientes' ('dni'))

#Se intenta modificar el dni del cliente y no lo permite
UPDATE clientes set dni='5555555L' WHERE dni='5555672L';
ERROR 1451 (23000): Cannot delete or update a parent row:
a foreign key constraint fails ('gestion/pagos_pendientes',
  CONSTRAINT 'pagos_pendientes_ibfk_1'
  FOREIGN KEY ('dni') REFERENCES 'clientes' ('dni'))

#de igual modo si se intenta borrar la tabla clientes,
#tampoco podemos
DROP TABLE clientes;
ERROR 1217 (23000): Cannot delete or update
a parent row: a foreign key constraint fails
```

Sin embargo, si la creación de la relación estuviese personalizada con las opciones ON UPDATE CASCADE y ON DELETE CASCADE, el comportamiento sería:

```
#dos tablas relacionadas en mysql
create table clientes (
   dni varchar(15) primary key,
   nombre varchar(50),
   direccion varchar(50)
) engine=innodb;
create table pagos_pendientes(
   dni varchar(15),
   importe double,
   foreign key (dni) references clientes(dni)
          on delete CASCADE on update CASCADE
) engine=innodb;

#un cliente y dos pagos pendientes
INSERT INTO clientes
        values ('5555672L','Pepe Cifuentes','C/Los almendros,23');
INSERT INTO pagos_pendientes VALUES ('5555672L',500);
INSERT INTO pagos_pendientes VALUES ('5555672L',234.5);
```

```
#se borra el cliente...
DELETE FROM clientes WHERE dni='5555672L';
Query OK, 1 row affected (0.00 sec)

#además, se verifica que ha borrado en cascada sus pagos pendientes.
SELECT * FROM pagos_pendientes;
Empty set (0.00 sec)

#si en lugar de borrar el cliente, se hubiera cambiado el dni:
UPDATE clientes set dni='55555555L' WHERE dni='5555672L';
Query OK, 1 row affected (0.02 sec)

#ha cambiado el dni de los pagos en cascada.
SELECT  * FROM pagos_pendientes;
+-----------+---------+
| dni       | importe |
+-----------+---------+
| 55555555L |     500 |
| 55555555L |   234.5 |
+-----------+---------+
```

Recuerda. En Oracle, solo existe la cláusula ON DELETE. Para implementar ON UPDATE, se debe generar un *TRIGGER* (*Véase* Capítulo 6)

◇ **Actividad 5.2**: Crea las tablas de mascotas y clientes con la opción ON UP-DATE y ON DELETE a SET NULL y comprueba el resultado de ejecutar las inserciones, actualizaciones y borrados de los ejemplos anteriores.

5.9. Transacciones

Un SGBD actualiza múltiples datos a través de una transacción. Una transacción es un conjunto de sentencias SQL que se tratan como una sola instrucción (atómica). Una transacción puede ser confirmada (commit), si todas las operaciones individuales se ejecutaron correctamente, o, abortada (rollback) a la mitad de su ejecución si hubo algún problema (por ejemplo, el producto pedido no está en stock, por tanto no se puede generar el envío). Trabajar con transacciones puede ser esencial para mantener la integridad de los datos. Por ejemplo, se puede dar el caso de que se descuenta el stock de un producto antes de proceder a su envío, pero cuando se va a generar la cabecera del pedido, la aplicación cliente sufre un corte en las comunicaciones y no da tiempo a generarlo. Esto supone una pérdida de stock. La transacción garantiza la atomicidad de la operación: **O se hacen todas las operaciones, o no se hace ninguna**.

Generalmente, cuando se conecta con un cliente a un SGBD, por defecto está activado el modo *AUTOCOMMIT=ON*, es decir, cada comando SQL que se ejecute, será considerado como una transacción independiente. Para activar las transacciones de múltiples sentencias hay que establecer el modo *AUTOCOMMIT=OFF*. A partir de ese momento, todos los comandos SQL enviados al SGBD tendrán que terminarse con una orden COMMIT o una orden ROLLBACK. De este modo, se asegura la integridad de los datos a un nivel más alto. Muchos SGBD requieren de una orden *START TRANSACTION* o *START WORK* para comenzar una transacción y otros lo hacen de forma implícita al establecer el modo autocommit=off.

```
#MySQL, 3 formas para comenzar una transacción:
SET AUTOCOMMIT=0; #ó
START TRANSACTION; #ó
BEGIN WORK;
--Oracle:
SET AUTOCOMMIT OFF
```

Para terminar una transacción, tanto en MySQL como en ORACLE, hay que aceptar, o rechazar los cambios mediante:

```
#La palabra clave WORK es opcional
COMMIT WORK; #Acepta los cambios.
ROLLBACK WORK; #Cancela los cambios
```

Cualquier conjunto de sentencias SQL se considera cancelado si termina abruptamente la sesión de un usuario sin hacer COMMIT. Un ejemplo de transacción en MySQL sería la siguiente:

```
SET AUTOCOMMIT 0;
#se actualiza el stock
UPDATE Productos SET Stock=Stock-2 WHERE CodigoProducto='AAAF102';
#se inserta la cabecera del pedido
INSERT INTO Pedidos VALUES
    (25,now(),'Francisco Garcia','Pendiente de Entrega');
#se inserta el detalle del pedido
INSERT INTO DetallePedidos
```

```
(CodigoPedido,CodigoProducto,Unidades) VALUES
       (25,'AAAF102',2);
#aceptar transacción
COMMIT WORK;
```

5.10. Acceso concurrente a los datos

Cuando se utilizan transacciones, pueden suceder problemas de concurrencia en el acceso a los datos, es decir, problemas ocasionados por el acceso al mismo dato de dos transacciones distintas. Estos problemas están descritos por SQL estándar y son los siguientes:

Dirty Read (Lectura Sucia). Una transacción lee datos escritos por una transacción que no ha hecho COMMIT.

Nonrepeateable Read (Lectura No Repetible). Una transacción vuelve a leer datos que leyó previamente y encuentra que han sido modificados por otra transacción.

Phantom Read (Lectura Fantasma). Una transacción lee unos datos que no existían cuando se inició la transacción.

Cuando se trabaja con transacciones, el SGBD puede bloquear conjuntos de datos para evitar o permitir que sucedan estos problemas. Según el nivel de concurrencia que se desee, es posible solicitar al SGBD cuatro niveles de aislamiento. Un nivel de aislamiento define cómo los cambios hechos por una transacción son visibles a otras transacciones:

Read Uncommited (Lectura no acometida). Permite que sucedan los tres problemas. Las sentencias SELECT son efectuadas sin realizar bloqueos, por tanto, todos los cambios hechos por una transacción pueden verlos las otras transacciones.

Read Commited (Lectura acometida). Los datos leídos por una transacción pueden ser modificados por otras transacciones. Se pueden dar los problemas de Phantom Read y Non Repeteable Read.

Repeateable Read (Lectura Repetible). Tan solo se permite el problema del Phantom Read. Consiste en que ningún registro leído con un SELECT se puede cambiar en otra transacción.

Serializable. Las transacciones ocurren de forma totalmente aislada a otras transacciones. Se bloquean las transacciones de tal manera que ocurren unas detrás de otras, sin capacidad de concurrencia. El SGBD las ejecuta concurrentemente si puede asegurar que no hay conflicto con el acceso a los datos.

En MySQL, las tablas innodb tienen el nivel de aislamiento por defecto establecido en REPETEABLE READ, y se puede alterar cambiándolo en el fichero de configuración my.cnf o ejecutando:

```
SET TRANSACTION ISOLATION
LEVEL {READ UNCOMMITTED | READ COMMITTED
                        | REPEATABLE READ | SERIALIZABLE}
```

En Oracle, el nivel por defecto es *READ COMMITED* y, además de este, solo permite SERIALIZABLE. Se puede cambiar ejecutando el comando:

```
SET TRANSACTION ISOLATION LEVEL {READ COMMITTED|SERIALIZABLE};
```

¿Sabías que ...? Algunas transacciones pueden quedar interbloqueadas dependiendo del nivel de aislamiento seleccionado. Esta situación de *interbloqueo*, o *deadlock* entre dos transacciones, consiste en que ninguna de ellas puede seguir ejecutándose porque la primera intenta acceder a un bloque de datos que tiene bloqueada la segunda, y la segunda, intenta acceder a un bloque de datos que tiene bloqueada la primera. En esta situación de interbloqueo, el SGBD elimina a una de las dos transacciones, siendo la *víctima* del interbloqueo la que hace rollback de sus operaciones.

5.10.1. Ejemplo de problemas en el acceso concurrente

A continuación se muestran, mediante una serie de consultas en MySQL cómo reproducir los problemas típicos de la concurrencia en bases de datos. Primero, para consultar el tipo de aislamiento y cambiarlo a *read uncommited*, que permite que se produzcan los tres problemas, se pueden ejecutar los comandos:

```
#consulta tipo de aislamiento
mysql> select @@tx_isolation;
+-----------------+
| @@tx_isolation  |
+-----------------+
| REPEATABLE-READ |
+-----------------+
1 row in set (0.00 sec)
```

```
#establecer el tipo de aislamiento a read uncommitted
mysql> set session transaction isolation level read uncommitted;
Query OK, 0 rows affected (0.00 sec)
```

Para el siguiente ejemplo se utilizará la tabla *coches* creada con el motor innodb:

```
create table coches (nombre varchar(20)) engine=innodb;
insert into coches values ('toyota'),('audi'),('seat');
```

La lectura no repetible

A continuación, dos sesiones distintas, de dos usuarios distintos, consultan la base de datos en el siguiente orden para producir una lectura no repetible:

```
──────────────── Lectura no repetible-1 ────────────────
#sesión 1
mysql> start transaction;
Query OK, 0 rows affected (0.00 sec)

mysql> select * from coches;
+--------+
| nombre |
+--------+
| toyota |
| audi   |
| seat   |
+--------+
3 rows in set (0.00 sec)
```

La sesión 1 inició una transacción para hacer operaciones y segundos después una segunda sesión realiza cambios en la tabla mientras la transacción continúa en

la sesión 1:

```
──────────────── Lectura no repetible-2 ────────────────
#sesión 2
mysql> update coches set nombre='volvo' where nombre='audi';
Query OK, 1 row affected (0.00 sec)
Rows matched: 1  Changed: 1  Warnings: 0
```

La sesión 2 ha realizado un cambio en los datos, por tanto, la transacción de la primera sesión no será capaz de reproducir la situación anterior puesto que se ha producido una *lectura no repetible*:

```
 Lectura no repetible-3
#sesión 1
mysql> select * from coches;
+--------+
| nombre |
+--------+
| toyota |
| volvo  |
| seat   |
+--------+
3 rows in set (0.00 sec)
```

La lectura fantasma

Si a continuación, el cliente 2 inserta un nuevo registro en la tabla, la sesión 1 podrá inmediatamente ver los cambios. Esto es lo que se llama una *lectura fantasma*:

```
 Lectura fantasma-1
#cliente 2
mysql> insert into coches values ('renault');
Query OK, 1 row affected (0.00 sec)
```

```
 Lectura fantasma-2
#cliente 1
mysql> select * from coches;
+---------+
| nombre  |
+---------+
| toyota  |
| volvo   |
| seat    |
| renault |
+---------+
4 rows in set (0.00 sec)
```

La potencial situación problemática tanto de la lectura no repetible como de la lectura fantasma es que datos que participan en una transacción cambian o aparecen sin previo aviso, pudiendo provocar que la transacción genere información que no es del todo íntegra.

La lectura sucia

El último problema, y más grave, es el de la lectura sucia. A continuación, siguiendo con las dos sesiones de los ejemplos anteriores, se reproduce esta situación. En este caso, la sesión 2 inicia una transacción y realiza operaciones DML sobre los datos:

```
──────────────────── Lectura sucia-1 ────────────────────

#sesión 2
mysql> start transaction;
Query OK, 0 rows affected (0.00 sec)

mysql> insert into coches values ('alfa');
Query OK, 1 row affected (0.00 sec)

mysql> update coches set nombre='honda' where nombre='toyota';
Query OK, 1 row affected (0.00 sec)
Rows matched: 1  Changed: 1  Warnings: 0
```

Después, la sesión 1 lee los datos que hay en la tabla:

```
──────────────────── Lectura sucia-2 ────────────────────

#sesión 1
mysql> select * from coches;
+---------+
| nombre  |
+---------+
| honda   |
| volvo   |
| seat    |
| renault |
| alfa    |
+---------+
5 rows in set (0.00 sec)
```

Se puede observar, que gracias a esa lectura la sesión 1 puede generar nueva información o realizar algún trabajo que implique trabajar con la información modificada por la sesión 2. Pero, supóngase que ahora, la sesión 2 realiza un *rollback* de sus operaciones:

```
──────────────────── Lectura sucia-3 ────────────────────

#sesión 2
mysql> rollback;
Query OK, 0 rows affected (0.00 sec)
```

Podemos apreciar que la sesión 1, aunque ya no puede acceder a la información que fue insertada por la sesión 2, puesto que se ha efectuado un rollback, puede haber estado trabajando con datos, que, en realidad, nunca han estado en la base de datos. Esto, es una *lectura sucia*:

```
────────── Lectura sucia-4 ──────────

#sesión 1
mysql> select * from coches;
+---------+
| nombre  |
+---------+
| honda   |
| volvo   |
| seat    |
| renault |
| alfa    |
+---------+
5 rows in set (0.00 sec)
```

5.11. El acceso a la información

Cuando se administra la seguridad en el acceso a información de una base de datos, es común utilizar dos tipos de seguridad, la integrada con el sistema operativo y la proporcionada por el SGBD (nativa). En la seguridad integrada, se suele contar con los usuarios de un sistema de dominio o un servicio de directorio (LDAP) para proporcionar el acceso a determinados recursos del gestor de base de datos. En la seguridad nativa del SGBD, es el propio software servidor el que proporciona los mecanismos mediante los cuales se autoriza a un usuario a utilizar distintos elementos de bases de datos.

El alcance de este libro es tratar la seguridad nativa de un SGBD a través de SQL explicando el funcionamiento básico de la seguridad en MySQL, Oracle y DB2.

5.12. Las vistas

Una vista es una tabla sin contenido, totalmente virtual, que devuelve las filas resultado de ejecutar una consulta SQL. La diferencia con una consulta ejecutada directamente es que, mientras cada sentencia SQL enviada al SGBD tiene que pasar por un proceso de compilación, la vista es una consulta cuya definición ha sido almacenada previamente y que ya ha sido compilada, siendo por tanto el tiempo de ejecución bastante menor. También tiene una implicación importante en el hecho de que un usuario podría no tener acceso a la información de varias tablas y, sin embargo, sí tener acceso a la vista que consulta esas tablas, proporcionando de esta manera un acceso controlado solo a determinadas filas y columnas de esas tablas.

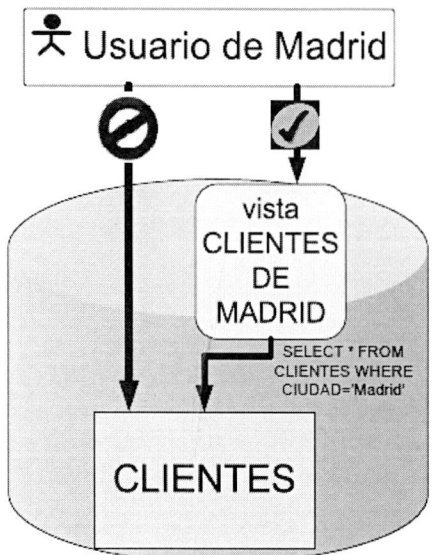

Figura 5.8: Vistas.

Por ejemplo, en una tabla de clientes, un usuario de una oficina de Madrid podría tener solo acceso a la información de los clientes de Madrid, y tan solo a ciertos campos. De esta manera, no tendría acceso a ningun campo de la tabla de clientes y, sin embargo, podría tener acceso a una vista que consulte aquellos clientes cuya provincia sea Madrid.

La sintaxis para crear una vista es la siguiente:

```
CREATE [OR REPLACE] VIEW [esquema.]nombre_vista [(lista_columnas)] AS
       sentencia_select
```

La ejecución del CREATE VIEW provoca que se compile la sentencia select y que se almacene con el nombre nombre_vista. Los nombres de las columnas de la vista se pueden especificar mediante lista_columnas. Si se especifica la lista de columnas, cada columna tendrá el alias correspondiente, si no, se obtendrá el nombre devuelto por la consulta. Si la vista ya existe, se puede reemplazar con *OR REPLACE*.

Un ejemplo de CREATE VIEW es el siguiente:

```
CREATE VIEW nba.jugadoresMiami AS
   SELECT Nombre, Posicion FROM nba.jugadores WHERE Nombre_equipo='Miami Heat';
SELECT * from nba.jugadoresMiami;
```

Además, se pueden crear vistas para que los usuarios no expertos puedan acceder de forma fácil a la información, proporcionándoles, a través de una vista, información obtenida a través de una sentencia SQL compleja:

```
CREATE VIEW VistaPedidos  (CodigoPedido,Cliente,Total) AS
   SELECT CodigoPedido, NombreCliente, SUM(Cantidad*PrecioUnidad)
   FROM Clientes NATURAL JOIN Pedidos NATURAL JOIN DetallePedidos
   GROUP BY CodigoPedido;
```

Para eliminar una vista se hace uso del comando DROP VIEW:

```
DROP VIEW [esquema.]nombre_vista;
```

Hay pequeñas variaciones en la sintaxis de los comandos CREATE VIEW y DROP VIEW dependiendo del SGBD que se utilice. Además, se dispone también de un comando ALTER VIEW para hacer modificaciones a la definición de la vista. Para más información sobre estas variaciones, consultar los manuales de cada gestor.

5.13. Los usuarios

Para crear cuentas de usuario que permitan a los usuarios acceder a ciertos objetos con un nivel determinado de privilegios hay que hacer uso del comando CREATE USER.

```
CREATE USER nombre_usuario IDENTIFIED BY 'password' [opciones];
```

Esta sencilla sentencia crea una cuenta usuario que permite la autentificación de un usuario en el SGBD a traves de la password identificada mediante la opción IDENTIFIED BY. Esta sintaxis de create user es válida tanto para MySQL como para Oracle, aunque a Oracle se le pueden incluir multitud de opciones extras para dar características adicionales, como la asignación de cuota para añadir información a un tablespace o bloquear la cuenta temporalmente. En DB2 no se utiliza el comando CREATE USER puesto que la mayor parte de la gestión de usuarios se hace de forma integrada con el Sistema Operativo. A continuación se muestran ejemplos de creación de usuarios:

```
#creación de usuario en MySQL
CREATE USER paco IDENTIFIED BY 'o99238kjkA';

--creación de usuario en Oracle
CREATE USER paco
  IDENTIFIED BY 'o99238kjkA'
  DEFAULT TABLESPACE 'Nominas'
    QUOTA UNLIMITED ON 'Nominas'
    ACCOUNT LOCK;
```

⋄ **Actividad 5.3**: Crea los usuarios Pedro y Javier en los SGBD mysql y Oracle con passwords apropiadas. En Oracle, asigna quota de 1MB en algún tablespace.

Para eliminar usuarios, se puede utilizar la sentencia DROP USER:

```
DROP USER nombre_usuario [CASCADE];
```

En Oracle, se puede incluir el token CASCADE para indicar que junto con el usuario se borren todos los objetos de su esquema. En MySQL, se pueden borrar a la vez varios usuarios, separando los nombres de los usuarios mediante comas.

Para modificar usuarios, Oracle utiliza el comando ALTER USER, que no está disponible en MySQL. Este comando ALTER USER usa las mismas opciones que CREATE USER.

```
--Modificación de usuario en Oracle
ALTER USER Paco
IDENTIFIED BY 'nueva_pass' DEFAULT Tablespace 'Facturas';
```

En MySQL hay que modificar los usuarios actualizando sus datos en la propia tabla mysql.user del sistema. Por ejemplo, para cambiar el host desde el que el usuario Javier se puede conectar, habría que ejecutar la siguiente sentencia. Cuando en MySQL se modifica algún permiso modificando el contenido de las tablas del sistema, hay que ejecutar además el comando FLUSH PRIVILEGES para forzar al gestor a volver leer las tablas de permisos y que los cambios en los permisos sean efectivos desde ese momento.

```
#Modificación de usuario en mysql.
UPDATE mysql.user
SET host='192.168.3.1' where user='JAVIER';
FLUSH PRIVILEGES;
```

En MySQL también se puede renombrar un usuario conservando todos sus privilegios utilizando el comando RENAME USER y cambiar la password mediante el comando SET PASSWORD:

```
#Modificación de usuarios en MySQL. Cambiar nombre y password al usuario Paco
RENAME USER Paco@localhost to PacoSanchez@localhost;
SET PASSWORD for Paco@localhost = PASSWORD('nueva_pass');
```

⬦ **Actividad 5.4**: Ejecuta el siguiente comando para cambiar la password de un usuario en mysql:

```
UPDATE mysql.user
SET Password = PASSWORD("nueva_pwd")
WHERE user='paco' AND host='localhost';
```

⬦ **Actividad 5.5**: Cambia la password de los usuarios Pedro y Javier creados en Oracle y bloquea sus cuentas mediante la opción ACCOUNT UNLOCK.

5.14. Los privilegios

Un usuario puede obtener privilegios para manipular objetos de una base de datos con el comando GRANT. Asímismo, se le pueden denegar permisos con el comando REVOKE. Estos comandos varían en su sintaxis dependiendo del SGBD que se está usando puesto que el sistema de seguridad de cada uno es distinto. Además, influye también la forma en que el subsistema de permisos del SGBD se integra con el sistema operativo.

5.14.1.   El sistema de privilegios de MySQL

La sintaxis del comando GRANT para MySQL es la siguiente:

```
GRANT tipo_privilegio [(columnas)] [, tipo_privilegio [(columnas)]] ...
ON {nombre_tabla | * | *.* | base_datos.* | base_datos.nombre_tabla}
    TO usuario [IDENTIFIED BY [PASSWORD] 'password']
        [, usuario [IDENTIFIED BY [PASSWORD] 'password']] ...
    [WITH opcion [opcion] ...

opcion =
    GRANT OPTION
  | MAX_QUERIES_PER_HOUR count
  | MAX_UPDATES_PER_HOUR count
  | MAX_CONNECTIONS_PER_HOUR count
  | MAX_USER_CONNECTIONS count
```

En MySQL se puede otorgar a un usuario permisos para hacer cualquier operación a nivel de host, de base de datos, de tabla o de columna. Así, es posible asignar, por ejemplo, permisos de SELECT sobre las columnas NombreCliente, Dirección y Telefono de la tabla clientes:

```
GRANT SELECT (NombreCliente,Telefono,Ciudad)
ON Clientes TO paco@localhost;
```

Con esta sentencia el usuario *paco@localhost* solo podrá seleccionar las columnas *NombreCliente, Telefono y Ciudad* de la tabla clientes, siéndole denegada una consulta del tipo *select * from clientes*.

tipo_privilegio es la clase de permiso que puede ser a otorgar, típicamente pueden ser *select, insert, update, ...* Pueden ser de los más variados. En el Cuadro 5.3 de la página 256 hay algunos ejemplos de los permisos disponibles en MySQL.

Estos tipos de privilegio se pueden aplicar a las siguientes expresiones:

Expresión	Se aplica el permiso a
nombre_tabla	La tabla nombre_tabla
*	Todas las tablas de la base de datos que se está usando
.	Todas las tablas de todas las bases de datos
base_datos.*	Todas las tablas de la base de datos db_name
base_datos.nombre_tabla	Solo la tabla nombre_tabla de la base de datos db_name

Cuadro 5.1: Tipos de objetos a los que se puede otorgar permisos.

Finalmente con 'TO usuario' se indica el usuario al que se quiere otorgar el permiso. Si el usuario user no existe, se crea, opcionalmente con la password indicada mediante la cláusula identified by.

Adicionalmente, se puede indicar ciertas opciones precedidas de la cláusula WITH:

Expresión	Función
GRANT OPTION	Permite conceder a otros usuarios los permisos que tiene el usuario, por tanto, el administrador debe ser muy cauto a la hora de conceder esta opción a los usuarios de la base de datos.
MAX_QUERIES_PER_HOUR count	Permite restringir el número de consultas por hora que puede realizar un usuario.
MAX_UPDATES_PER_HOUR count	Permite restringir el número de modificaciones por hora que puede realizar un usuario.
MAX_CONNECTIONS_PER_HOUR count	Permite restringir las conexiones (logins) por hora que realiza un usuario.
MAX_USER_CONNECTIONS count	Permite limitar el número de conexiones simultáneas que puede tener un usuario.

En cualquiera de las opciones MAX_ si a count se le da el valor 0, significa ilimitado.

Cuadro 5.2: Opciones adicionales a los permisos.

Privilegio	Significado
ALL [PRIVILEGES]	Da todos los permisos simples excepto GRANT OPTION
ALTER	Permite el uso de ALTER TABLE
ALTER ROUTINE	Modifica o borra rutinas almacenadas
CREATE	Permite el uso de CREATE TABLE
CREATE ROUTINE	Crea rutinas almacenadas
CREATE TEMPORARY TABLES	Permite el uso de CREATE TEMPORARY TABLE
CREATE USER	Permite el uso de CREATE USER, DROP USER, RENAME USER, y REVOKE.
CREATE VIEW	Permite el uso de CREATE VIEW
DELETE	Permite el uso de DELETE
DROP	Permite el uso de DROP TABLE
EXECUTE	Permite al usuario ejecutar rutinas almacenadas
FILE	Permite el uso de SELECT ... INTO OUTFILE y LOAD DATA INFILE
INDEX	Permite el uso de CREATE INDEX y DROP INDEX
INSERT	Permite el uso de INSERT
LOCK TABLES	Permite el uso de LOCK TABLES en tablas para las que tenga el permiso SELECT
PROCESS	Permite el uso de SHOW FULL PROCESSLIST
RELOAD	Permite el uso de FLUSH
REPLICATION CLIENT	Permite al usuario preguntar dónde están los servidores maestro o esclavo
REPLICATION SLAVE	Necesario para los esclavos de replicación
SELECT	Permite el uso de SELECT
SHOW DATABASES	SHOW DATABASES muestra todas las bases de datos
SHOW VIEW	Permite el uso de SHOW CREATE VIEW
SHUTDOWN	Permite el uso de mysqladmin shutdown
UPDATE	Permite el uso de UPDATE
USAGE	Sinónimo de 'no privileges', permite únicamente la conexión al gestor
GRANT OPTION	Permite dar permisos

Cuadro 5.3: Tipos de privilegios en mysql.

Algunos ejemplos de consultas para asignación de permisos en MySQL son los siguientes:

```
#Otorga permisos de select e insert a todas las tablas de nba
GRANT SELECT, INSERT on nba.* TO paco@localhost;

#Otorga todos los privilegios a la tabla Clientes de jardineria
GRANT ALL PRIVILEGES on jardineria.Clientes TO paco@localhost;

#Otorga permisos de select a todas las tablas de todas las bases de datos
#permitiendo al usuario ceder esos permisos a otros usuarios
GRANT SELECT on *.* to paco@localhost WITH GRANT OPTION;

#Otorga permisos de SELECT, INSERT, UPDATE y DELETE con un límite de 10
#consultas a la hora en la tabla jugadores de la nba
GRANT SELECT,INSERT,UPDATE,DELETE on nba.jugadores to paco@localhost
WITH MAX_QUERIES_PER_HOUR 10 MAX_UPDATES_PER_HOUR 10
```

La sentencia revoke deniega permisos a un usuario sobre un objeto. A continuación se describe la sintaxis:

```
REVOKE tipo_privilegio [(columnas)] [, tipo_privilegio [(columnas)]] ...
    ON {nombre_tabla | * | *.* | base_datos.* | base_datos.nombre_tabla}
    FROM usuario [, usuario] ...
```

La sintaxis es muy parecida a la de la sentencia grant, a continuación se muestran unos cuantos ejemplos:

```
#quita el permiso de select en la tabla jardineria.Cliente
revoke select on jardineria.Clientes from paco@localhost;

#elimina el permiso ALL PRIVILEGES de todas las tablas
revoke all privileges on *.* from paco@localhost;

#quita los permisos de select e insert de todas las tablas de jardineria
revoke select,insert on jardineria.* from paco@localhost;
```

Otra forma de asignar y eliminar permisos en MySQL es utilizando las tablas del catálogo de metadatos, es decir, las tablas de la base de datos *mysql* creada en toda instalación del SGBD y que almacena toda la información sobre todos los objetos manejados por el gestor. En esta base de datos existen 5 tablas relacionadas con el sistema de permisos de MySQL, user, db, host, tables_priv y columns_priv. Estas tablas se pueden manipular manualmente con inserts y deletes para otorgar y denegar permisos a nivel de usuario, base de datos, equipo, tablas y columnas respectivamente.

A continuación se ilustra cómo MySQL procesa una consulta. Al recibir la instrucción SQL, se comprueba si el acceso a los diversos objetos está autorizado en cualquiera de estas tablas. Si ninguno de los niveles permite el acceso, la consulta es denegada por falta de permisos.

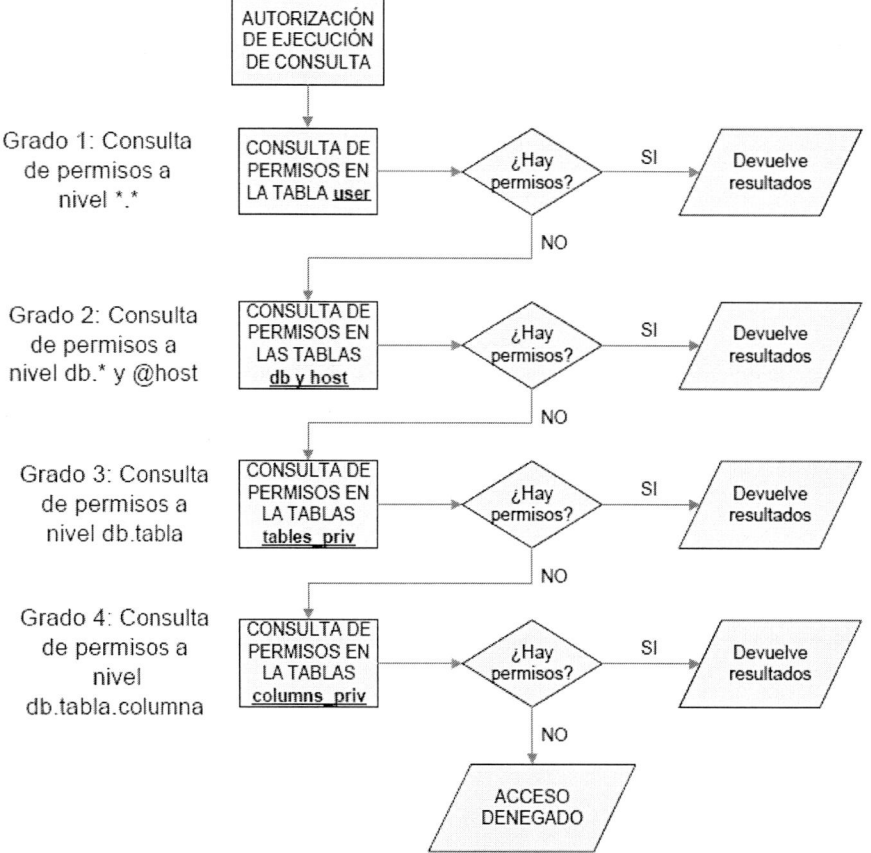

Figura 5.9: Estructura de permisos en mysql.

5.14.2. El sistema de privilegios de Oracle

El sistema de privilegios de Oracle clasifica los permisos en dos tipos, privilegios del sistema y privilegios de objetos. Además define los siguientes conceptos:

- *ROLES* Conjunto de privilegios que se pueden asignar a un determinado usuario. Un usuario puede pertenecer a múltiples roles.

- *PERFILES* Un perfil es un conjunto de restricciones sobre el uso de recursos. Cada usuario puede pertenecer a un único perfil.

De esta manera, Oracle permite asignar a un usuario privilegios del sistema, de objetos, roles y perfiles, todo ello a través de la sentencia GRANT:

```
GRANT privilegio [ON [esquema.]objeto] TO {usuario | rol | PUBLIC}
    [WITH {GRANT | ADMIN} OPTION]
privilegio =
    tipo_privilegio [(columnas)] [, tipo_privilegio [(columnas)]] ...
    | privilegio_sistema
    | rol
```

El privilegio a otorgar puede ser de varios tipos:

- Un privilegio sobre un objeto a un usuario o rol. Si el privilegio es INSERT o UPDATE se puede indicar sobre qué columnas se tiene el permiso. En este caso, se debe incluir la cláusula ON para indicar sobre qué objeto se va a aplicar el permiso.

```
-- permiso de select y update en dos columnas de la tabla Clientes
GRANT SELECT, UPDATE (NombreCliente, Telefono)
ON Jardineria.Clientes To Javier;
-- todos los permisos sobre Pedidos al rol ADMINISTRACION
GRANT ALL PRIVILEGES ON Jardineria.Pedidos to ADMINISTRACION;
```

- Un privilegio de sistema sobre un usuario o rol.

```
--permiso para crear tablas
GRANT CREATE TABLE to Javier;
--permiso para crear tablas al rol ADMINISTRACION
GRANT CREATE TABLE to ADMINISTRACION;
```

- Un rol sobre un usuario u otro rol. El rol puede estar predefinido (rol de sistema) o puede ser definido por el usuario.

```
--asignar Rol de acceso y consumo a otro Rol
GRANT CONNECT, RESOURCE to ADMINISTRACION;
--asignar el rol ADMINISTRACION a Javier
GRANT ADMINISTRACION to Javier;
```

- Un privilegio de objeto o sistema a todo el mundo (PUBLIC).

```
--permiso de acceso y consumo de recurso a todos
GRANT CONNECT, RESOURCE to PUBLIC;
--permiso de update sobre las columnas Nombre y email de empleados
GRANT UPDATE (Nombre, email) ON Jardineria.Empleados to Public;
```

Privilegio	Significado
ALL [PRIVILEGES]	Da todos los permisos simples incluido GRANT OPTION
DELETE	Permite el uso de DELETE
INSERT	Permite el uso de INSERT
SELECT	Permite el uso de SELECT
UPDATE	Permite el uso de UPDATE
REFERENCES	Permite crear claves foráneas
EXECUTE	Permite ejecutar un procedimiento, función, paquete...
ALTER	Permite cambiar la definición de un objeto
INDEX	Permite crear índices de una tabla

Cuadro 5.4: Tipos de privilegios de objeto en Oracle.

Privilegio	Significado
ALTER DATABASE	Permite ejecutar el comando ALTER DATABASE
ALTER SYSTEM	Permite el uso de ALTER SYSTEM
AUDIT SYSTEM	Permite la auditoría mediante la sentencia AUDIT
CREATE [ANY] objeto	Permite el uso de CREATE para un tipo de objeto (TABLE, VIEW, PROCEDURE, USER, PROFILE, etc...)
ALTER [ANY] objeto	Permite el uso de ALTER para un tipo de objeto (TABLE, VIEW, PROCEDURE, USER, PROFILE, etc...)
SYSDBA	Permite ejecutar operaciones de parada y puesta en marcha de la BBDD
ANALYZE [ANY] objeto	Permite analizar un tipo de objeto

Cuadro 5.5: Tipos de privilegios de sistema en Oracle.

Las cláusulas WITH GRANT OPTION o WITH ADMIN OPTION transmiten la autorización de conceder ese privilegio de objeto o de sistema a otro usuario o rol. Para denegar privilegios sobre un objeto Oracle utiliza la sentencia *REVOKE*

```
REVOKE privilegio
    [ON [esquema.]objeto]
    FROM {usuario | rol | PUBLIC}

privilegio =
    tipo_privilegio [(columnas)] [, tipo_privilegio [(columnas)]] ...
    | privilegio_sistema
    | rol
```

Algunos ejemplos de esta sentencia son los siguientes:

```
--Denegar permiso de select en Clientes al rol ADMINISTRACION
REVOKE SELECT ON Jardineria.Clientes FROM ADMINISTRACION;
--Denegar rol CONNECT a todos
REVOKE CONNECT FROM PUBLIC;
--Denegar los roles ALMACEN Y CONTABILIDAD A Javier;
REVOKE ALMACEN,CONTABILIDAD FROM Javier;
--Denegar todos los privilegios a Javier en la tabla Pedidos
REVOKE ALL PRIVILEGES ON Pedidos FROM Javier;
```

Cuando se elimina un privilegio de un usuario, el SGBD elimina el permiso de ese usuario de forma inmediata a él y a todos los usuarios a los que se les haya concedido el privilegio con la opción WITH GRANT o WITH ADMIN.

Los roles

Para simplificar la tarea de organizar los permisos, Oracle permite la creación de Roles con la sentencia CREATE ROLE:

```
CREATE ROLE nombre_rol [opciones_identificacion];

opciones_identificacion:
    NOT IDENTIFIED
    | IDENTIFIED
        { BY password | EXTERNALLY | GLOBALLY | USING [esquema].package}
```

Al crear un rol, se puede especificar el tipo de autentificación. Si se especifica NOT IDENTIFIED, el rol está autorizado por la base de datos y no es necesaria ninguna contraseña para activarlo, sin embargo si se especifica IDENTIFIED, el usuario debe ser autorizado antes de activar el rol. Dentro de IDENTIFIED existen varias posibilidades:

- BY password, donde el usuario debe indicar la contraseña antes de activar el papel.

- EXTERNALLY, para ser autorizado mediante un servicio externo (como el sistema operativo).

- GLOBALLY, que cede la autorización al servicio Oracle Security Service.

- Si se elige USING, se opta por crear un rol de aplicación segura, es decir, un rol que solo puede ser activado por las aplicaciones que usen el paquete.

Cuando un usuario se conecta al SGBD, este otorga al usuario los permisos que se le hayan concedido explícitamente mediante la orden GRANT y los permisos que tengan los roles por defecto del usuario. Para asignar un rol por defecto a un usuario se utiliza la sentencia ALTER USER de la siguiente forma:

```
ALTER USER usuario DEFAULT ROLE [opciones_rol];
opciones_rol:
    rol [, rol] ...
    | ALL [EXCEPT rol]
    | NONE
```

Se puede anular el rol por defecto mediante la opción NONE, o habilitar todos los roles mediante ALL, o todos menos uno mediante ALL EXCEPT rol, o conceder varios separados por coma. Por ejemplo, para asignar los roles ADMINISTRACION y CONTABILIDAD al usuario Javier:

```
GRANT Contabilidad,Administracion to Javier;
ALTER USER Javier DEFAULT ROLE ADMINISTRACION,CONTABILIDAD;
```

Finalmente, se puede utilizar también la sentencia SET ROLE para dotar momentáneamente de ciertos privilegios a un usuario que tenga autorizado su uso. Por ejemplo, se puede crear el rol ALMACEN, con todos los privilegios sobre la tabla Productos y asignarselo al usuario Javier. Si el usuario Javier no activa el rol AL-MACEN mediante SET ROLE y su contraseña, no podrá disfrutar de sus privilegios

```
CREATE ROLE ALMACEN IDENTIFIED BY AlmacenPwd;
GRANT ALL Privileges ON Jardineria.Productos TO ALMACEN;
GRANT ALMACEN to Javier;

--conexión con el usuario Javier
SQL> select count(*) from Jardineria.productos;
select count(*) from Jardineria.productos
                              *
ERROR en línea 1:
ORA-00942: la tabla o vista no existe

SQL> SET ROLE ALMACEN identified by AlmacenPwd;
Rol definido.

SQL> select count(*) from Jardineria.productos;
  COUNT(*)
----------
       276
```

Creación de perfiles

Los perfiles se usan para limitar la cantidad de recursos del sistema o de la base de datos disponibles para un usuario. Existe un perfil llamado DEFAULT que concede recursos ilimitados a todos los usuarios. Para evitar esto, se puede hacer uso de la sentencia CREATE PROFILE para crear nuevos perfiles.

```
CREATE PROFILE perfil LIMIT recursos ...
recursos =
        recurso { cantidad | UNLIMITED | DEFAULT }
        | password
recurso =
   SESSIONS_PER_USER
  | CPU_PER_SESSION
  | CPU_PER_CALL
  | CONNECT_TIME
  | IDLE_TIME
  | LOGICAL_READS_PER_SESSION
  | LOGICAL_READS_PER_CALL
  | COMPOSITE_LIMIT
  | PRIVATE_SGA
password =
  parametro { cantidad | UNLIMITED | DEFAULT }
  | PASSWORD_VERIFY_FUNCTION { función | NULL | DEFAULT }
parametro =
  FAILED_LOGIN_ATTEMPTS
  | PASSWORD_LIFE_TIME
  | PASSWORD_REUSE_TIME
  | PASSWORD_REUSE_MAX
  | PASSWORD_LOCK_TIME
  | PASSWORD_GRACE_TIME
```

Los diferentes límites que se pueden utilizar están definidos en la siguiente tabla:

Límite	Función
SESSIONS_PER_USER	Número máximo de sesiones abiertas a la vez por un usuario
CPU_PER_SESSION	Tiempo límite para una sesión expresado en centésimas de segundos
CPU_PER_CALL	Tiempo límite de respuesta para una llamada (parse, fetch o ejecución) en centésimas de segundos
CONNECT_TIME	Tiempo límite total de una sesión, expresado en minutos
IDLE_TIME	Tiempo máximo de inactividad de una sesión expresados en minutos
LOGICAL_READS_PER_SESSION	Número máximo de bloques de datos leidos en una sesión
LOGICAL_READS_PER_CALL	Número máximo de bloques de datos leidos en una llamada
PRIVATE_SGA	Tamaño de memoria que una sesión puede reservar del espacio privado de memoria del SGA
COMPOSITE_LIMIT	Coste total en recursos de una sesión, expresado mediante el promedio de ciertos parámetros

Cuadro 5.6: Tipos de recursos.

Por ejemplo, se puede crear el perfil OPERADOR con los siguientes límites:

```
CREATE PROFILE OPERADOR LIMIT
        SESSIONS_PER_USER 5      -- 5 sesiones concurrentes
        CPU_PER_SESSION UNLIMITED --Tiempo de CPU ilimitado
        IDLE_TIME 10             -- 10 minutos de inactividad
        CONNECT_TIME 120         -- 2 horas totales de conexion
        ;
```

También es posible alterar un perfil mediante la sentencia ALTER PROFILE:

```
--modificar el perfil DEFAULT para que la password no caduque
alter profile DEFAULT LIMIT PASSWORD\_LIFE\_TIME Unlimited;

--modificar el perfil OPERADOR para que su límite de sesión sea de 1 hora
-- y un máximo de 10 sesiones concurrentes
alter profile OPERADOR LIMIT CONNECT_TIME 60 SESSIONS_PER_USER 10;
```

Un perfil se puede asignar en el momento de crear o modificar el usuario, por ejemplo:

```
-- creación de un usuario con el perfil OPERADOR
CREATE USER Francisco IDENTIFIED BY FrancisPwd
    QUOTA UNLIMITED ON Users
    PROFILE OPERADOR;
```

5.14.3. El sistema de privilegios de DB2

Desde el punto de vista de la seguridad, se puede decir que en DB2 existen tres grandes puntos de gestión de los privilegios de acceso:

1. Autenticación

2. Autorización

3. Privilegio

La autenticación busca responder a las siguientes preguntas: ¿quién puede acceder a la instancia o base de datos?, ¿dónde se verificará la password de usuario? En DB2 los usuarios de autenticación deben estar dados de alta en el sistema operativo, es decir, que para resolver la primera pregunta, bastaría con decir que solo los usuarios del sistema pueden acceder a la instancia o base de datos, pero ¡ojo!, los usuarios pueden serlo del sistema local o de un sistema cliente remoto que esté intentando la conexión, esto sería así en función de cómo se defina la variada política de autenticación que dará respuesta a la segunda pregunta. La política de autenticación no solo permite o no la conexión desde clientes, sino que, entre otras cosas, indica si habrá encriptación o no del usuario y password, e incluso de los datos intercambiados durante la comunicación con el servidor.

La autorización hace referencia al nivel de permisos con que un usuario materializa el acceso a la instancia o base de datos. También determina los comandos que el usuario puede ejecutar, los datos que puede leer o modificar, o los tipos de objetos de base de datos que se le permite crear, modificar o borrar. Todas estas consideraciones están preprogramadas en siete grupos de autorizaciones que pueden ser concedidos, en función del caso, a un grupo de usuarios o a un usuario determinado.

- SYSADM: es el único al que se le permite modificar los parámetros de la instancia. Comparable a la autoridad del usuario *root* en Unix, puede ejecutar cualquier comando contra la instancia, contra todas las bases de datos de la instancia y contra todos los objetos de cualquier base de datos.

- SYSCTRL: puede hacer todas las actividades de administración (crear y borrar bases de datos y tablespaces) y mantenimiento (hacer backups, pasar estadísticas, actualizar parámetros de la base de datos), pero no podrá acceder a ningún dato de las bases de datos a no ser que le sean concedidos explícitamente los privilegios adecuados.

- SYSMAINT: solo puede ejecutar labores de mantenimiento (hacer backups, pasar estadísticas, actualizar parámetros de la base de datos).

- SYSMON: pueden obtener fotos estáticas de monitorización (en inglés *database system monitor snapshots*) de la instancia o sus bases de datos.

- DBADM: solo existe en el contexto de una base de datos concreta. Le está permitido crear y borrar tablas, ejecutar estadísticas, y conceder o quitar privilegios, pero en ningún caso podrá borrar la base de datos, ni crear tablespaces, ni hacer backups, o modificar parámetros de configuración.

- LOAD: permite ejecutar cargas de datos sobre las tablas y pasar estadísticas. Es un permiso a nivel de usuario.

- SECADM: es la autorización encargada de gestionar toda la implementación de las *LBAC* (del inglés *label-based access control=LBAC*), esto es el control de acceso basado en etiquetas.

Los privilegios propiamente dichos pueden ser a nivel de toda la base de datos o solo estar referidos a un objeto concreto. En esencia son prácticamente iguales que los permisos de Oracle, se conceden con el comando *GRANT* y se revocan con el *REVOKE*. Van desde el simple *CONNECT*, pasando por los DML (*SELECT*, *INSERT*, *DELETE*, *UPDATE*), hasta los típicos *ALTER*, *DROP*...

5.15. Prácticas Resueltas

Práctica 5.1: Inserciones, Actualizaciones y Borrados

Con la base de datos 'Jardinería', crea y ejecuta un script 'actualiza.sql' que realice las siguientes acciones:

1. Inserta una oficina con sede en Fuenlabrada. El campo codigoempleado de la tabla de Oficinas es el emplado que es el responsable de dicha oficina, como todavía no hay empleados por su valor a nulo.

2. Inserta un empleado para la oficina de Fuenlabrada que sea representante de ventas.

3. Inserta un cliente del representante de ventas insertado en el punto 2.

4. Inserta un pedido del cliente anterior (con su detalle) de al menos 2 productos con una transacción.

5. Actualiza la oficina de Fuenlabrada para que el responsable sea el empleado que acabas de crear en el ejercicio 2.

6. Actualiza el código del cliente insertado y averigua si hubo cambios en las tablas relacionadas.

7. Borra el cliente y verifica si hubo cambios.

```
────────────────── actualiza.sql ──────────────────

#1
INSERT INTO Oficinas VALUES
('FUE-ES','Fuenlabrada','España','Madrid',
 '28941','918837627','C/Las suertes,27','Bajo A', null);

#2
INSERT INTO Empleados (CodigoEmpleado,Nombre,
Apellido1,Extension,Email,CodigoOficina,Puesto) VALUES
(400,'Ismael','Sánchez',2234,'isanchez@jardineria.com','FUE-ES','Rep.Ventas');

#3
INSERT INTO Clientes(CodigoCliente, NombreCliente, Telefono,Fax,
LineaDireccion1,Ciudad,CodigoEmpleadoRepVentas)
VALUES (288,'Riegos Pérez','918882763','918882777','C/ de Sabatini, 25',
'Leganés',400);
```

```
#4
START TRANSACTION;
INSERT INTO Pedidos (CodigoPedido, FechaPedido,FechaEsperada, Estado,
 CodigoCliente)
VALUES (1900,'2024-06-03','2024-06-05','Pendiente',288);
INSERT INTO DetallePedidos (CodigoPedido, CodigoProducto,Cantidad,
PrecioUnidad,NumeroLinea) VALUES (1900,'OR-99',1,15.99,1);
INSERT INTO DetallePedidos (CodigoPedido, CodigoProducto ,Cantidad,
PrecioUnidad,NumeroLinea) VALUES (1900,'OR-251',3,168,2);
COMMIT WORK;

#5
UPDATE Oficinas SET CodigoEmpleado=400 WHERE CodigoOficina='FUE-ES';

#6
UPDATE Clientes SET CodigoCliente=290 WHERE CodigoCliente=288;
#no permite la modificación, debería tener la FK con ON UPDATE CASCADE

#7
DELETE FROM Clientes WHERE CodigoCliente=288;
#tampoco permite el borrado, debería tener la FK con ON DELETE CASCADE
# Este código es en MySQL, en Oracle tiene pequeñas variaciones:
# el formato de la fecha (DD/MM/AA) y la transacción entre BEGIN Y COMMIT;
```

◇

Práctica 5.2: Actualizaciones y borrados con subconsultas

Usa subconsultas en los filtros y realiza las siguientes actualizaciones y borrados:

1. Borra los clientes que no tengan pedidos.

2. Incrementa en un 20 % el precio de los productos que no tengan pedidos.

3. Borra los pagos del cliente con menor límite de crédito.

4. Establece a 0 el límite de crédito del cliente que menos unidades pedidas tenga del producto 'OR-179'.

```
#1
delete from Clientes where CodigoCliente not in
(Select distinct CodigoCliente from Pedidos);
```

```
#2
update Productos set PrecioVenta=PrecioVenta*1.2 where not exists
(Select distinct CodigoProducto from DetallePedidos
where DetallePedidos.CodigoProducto=Productos.CodigoProducto);

#3
delete from Pagos where CodigoCliente=
  (Select CodigoCliente from Clientes where LimiteCredito =
    (Select min(LimiteCredito) from Clientes)
  );

#4
update Clientes set LimiteCredito=0 where CodigoCliente=
  (Select CodigoCliente from Pedidos natural join DetallePedidos
   where Cantidad = (Select Min(Cantidad) From DetallePedidos where
                    CodigoProducto='OR-179') AND CodigoProducto='OR-179'
  );
```

◇

Práctica 5.3: Creación y consulta de vistas

Crea las vistas extrayendo los datos necesarios para poder realizar luego la consulta final. borrados:

1. Suponiendo que el precio de compra siempre ha sido el mismo en la historia de la empresa. Calcula cuánto hemos facturado a cada proveedor. Ten en cuenta que además de las unidades que vendimos en cada pedido hay que sumar las unidades que tenemos en Stock (campo CANTIDADENSTOCK en la tabla de PRODUCTOS).

2. Lista el nombre de equipo y el número total de partidos que ha ganado cada equipo en cada temporada, ordenado por temporada en ascendente y por partidos ganados en descendente.

3. Lista el nombre de equipo, ciudad, número de partidos jugados en casa, y el número de partidos ganados en casa en la temporada 2021-2022 que al menos hayan ganado el 65 % de los partidos disputados como local.

```
#1
# Lo primero que vamos a hacer es un lisado agrupado por proveedor
# de las cantidades que se han facturado por las ventas de los pedidos.
CREATE OR REPLACE VIEW Facturacion_Proveedores_Ventas (Proveedor, TotalV) AS
SELECT Proveedor, SUM(Cantidad*PrecioProveedor)
FROM DetallePedidos NATURAL JOIN Productos
GROUP BY Proveedor;

# Despúes creamos una vista para ver cual es la facturación a cada
# proveedor por las unidades que hemos comprado y aún no hemos vendido.
# Es decir, las unidades en stock.

CREATE OR REPLACE VIEW Facturacion_Proveedores_Stock (Proveedor, TotalS) AS
SELECT Proveedor, SUM(CantidadEnStock*PrecioProveedor) FROM Productos
GROUP BY Proveedor;

# Finalmente, unimos las dos tablas sumando ambas cantidades.

SELECT Proveedor, TotalV+TotalS AS Total
FROM Facturacion_Proveedores_Ventas NATURAL JOIN Facturacion_Proveedores_Stock;

#2
# En primer lugar creamos una vista contando los partidos que ha ganado en
# casa (puntos_local>puntos_visitante) cada equipo en cada temporada.

CREATE OR REPLACE VIEW GanadosCasa (temporada,equipo,pg) AS
SELECT temporada, equipo_local, COUNT(*) AS PG FROM partidos
WHERE puntos_local > puntos_visitante
GROUP BY temporada, equipo_local;

# Después creamos una vista contando los partidos que ha ganado
# fuera (puntos_local < puntos_visitante) cada equipo en cada temporada.
CREATE OR REPLACE VIEW GanadosFuera (temporada,equipo,pg) AS
SELECT temporada, equipo_visitante, COUNT(*) AS PG F
ROM partidos
WHERE puntos_local < puntos_visitante
GROUP BY temporada, equipo_visitante;

# Finalmente sumamos los partidos ganados en casa + fuera de casa y
# ordenamos por temporada en ascendente y por partidos ganades en descendente
SELECT gc.temporada, gc.equipo, gc.pg + gf.pg AS Partidos_Ganados
FROM GanadosCasa gc, GanadosFuera gf
WHERE gc.equipo=gf.equipo AND gc.temporada=gf.temporada
ORDER BY gc.temporada,Partidos_Ganados DESC;
);

# 3
```

```
# Creamos una vista para contar los partidos jugados
# por cada equipo en la temporada 2021-22
CREATE OR REPLACE VIEW Partidos_Jugados_Casa (Equipo, PJ) AS
SELECT equipo_local, COUNT(*)
FROM partidos WHERE temporada='2021-22'
GROUP BY equipo_local;

# Creamos otra vista para contar los partidos ganados por cada equipo
# en la temporada 2021-22
CREATE OR REPLACE VIEW Partidos_Ganados_Casa (Equipo, PG) AS
SELECT equipo_local, COUNT(*)
FROM partidos
WHERE temporada='2021-22' AND puntos_local > puntos_visitante
GROUP BY equipo_local;

# Unimos las dos vistas para filtrar los que el número de partidos ganados
# sean más del 65%
SELECT pjc.Equipo, PJ, PG
FROM Partidos_Jugados_Casa pjc JOIN Partidos_Ganados_Casa pgc
ON pjc.Equipo=pgc.Equipo
WHERE PG > PJ*0.65;
```

◇

5.16. Prácticas Propuestas

Práctica 5.4: Vincular tablas a través de Access / ODBC

Mediante el driver ODBC para MySQL, enlaza a una BBDD Access las tablas de la BBDD NBA y las tablas de la BBDD jardineria. A continuación, realiza las siguientes acciones:

1. Exporta a Excel la tabla jugadores de la NBA.

2. Con Word, crea una carta modelo de felicitación de navidad a los clientes de la base de datos y combina la correspondencia para que, automáticamente, se genere una carta para cada cliente.

3. Inserta dos registros en la tabla Empleados de jardineria mediante un formulario creado en Access, y después, inserta dos jugadores de la NBA siguiendo el mismo procedimiento. Hay que asegurarse de que, efectivamente, están los registros insertados.

272

Se puede repetir esta misma operación con el driver ODBC para Oracle, pero hay que tener en cuenta que junto al driver, se debe instalar el software cliente de Oracle (sqlplus, tnsnames, etc.) para que funcione. ◇

Práctica 5.5: Actualizaciones y borrados variados

1. Modifica la tabla DetallePedido para insertar un campo numérico llamado IVA. Mediante una transacción, establece el valor de ese campo a 18 para aquellos registros cuyo pedido tenga fecha a partir de Julio de 2010. A continuación actualiza el resto de Pedidos estableciendo al 21 el IVA.

2. Modifica la tabla DetallePedido para incorporar un campo numérico llamado TotalLinea, y actualiza todos sus registros para calcular su valor con la fórmula TotalLinea=PrecioUnidad*Cantidad*IVA/100.

3. Borra el cliente que menor límite de crédito tenga. ¿Es posible borrarlo solo con una consulta? ¿Por qué?

4. A través de phpMyAdmin o, mediante Access (vinculado vía ODBC), inserta dos clientes nuevos para un empleado a tu elección. A continuación, inserta un pedido con al menos 3 líneas de detalle. Después, ejecuta una consulta para rebajar en un 5 % el precio de los productos que sean más caros de 200 euros. ◇

Práctica 5.6: Inserciones, Actualizaciones y Borrados

En Oracle, con la BBDD 'Jardinería', codifica en SQL las siguientes acciones:

1. Inserta una oficina con sede en Leganés y dos empleados.

2. Inserta un cliente de cada empleado insertado.

3. Inserta dos pedidos de los clientes anteriores (con su detalle) de al menos 2 productos con una transacción.

4. Borra uno de los clientes y comprueba si hubo cambios en las tablas relacionadas. Si no hubo cambios, modifica las tablas necesarias estableciendo la clave foránea con la cláusula ON DELETE CASCADE.

5. Ejecuta el siguiente código para simular el ON UPDATE CASCADE de la tabla Pedidos y modifica el código de algún pedido. Comprueba que haya modificado los registros relacionados en la tabla DetallePedido:

```
CREATE OR REPLACE TRIGGER ActualizaPedidos
AFTER UPDATE ON Pedidos FOR EACH ROW
BEGIN
  UPDATE DetallePedidos SET CodigoPedido = :new.CodigoPedido
  WHERE CodigoPedido= :old.CodigoPedido;
END ActualizaClientes;
```

6. Crea ahora el siguiente disparador y prueba a cambiarle el código a un Emplea-do. ¿Qué sucede? Busca el concepto de tabla mutante y estudia el problema.

```
CREATE OR REPLACE TRIGGER ActualizaClientes
AFTER UPDATE ON Empleados FOR EACH ROW
BEGIN
 UPDATE Clientes SET CodigoEmpleadoRepVentas = :new.CodigoEmpleado
  WHERE CodigoEmpleadoRepVentas = :old.CodigoEmpleado;
 UPDATE Empleados SET CodigoJefe = :new.CodigoEmpleado
  WHERE CodigoJefe = :old.CodigoEmpleado;
END ActualizaClientes;
/
```

◇

Práctica 5.7: MySQL: Crear usuarios y asignar permisos en local

Realiza las siguientes operaciones y almacena los comandos y los resultados en un fichero:

1. Crea un usuario llamado manu@localhost con la sintaxis create user con permisos de solo conexión y comprueba que se pueda conectar.

2. Crea un usuario llamado juan@localhost con la sintaxis grant con permisos de solo conexión y comprueba que se pueda conectar.

3. Otorga al usuario manu@localhost permisos de select en la tabla jardineria.Clientes y comprueba que se pueda consultar la tabla.

4. Otorga al usuario juan@localhost permisos de select, insert y update en las tablas de la base de datos jardineria con opcion GRANT.

5. Conéctate con el usuario juan y otorga permisos a manu de selección en la tabla jardineria.Empleados.

6. Quítale ahora los permisos a manu de selección sobre la tabla jardineria.Clientes.

7. Conéctate con root y elimina todos los permisos que has concedido a manu y juan.

8. Otorga a juan los permisos de SELECT sobre las columnas CodigoOficina y Ciudad de la tabla Oficinas de la base de datos jardineria.

9. Conéctate con juan y ejecuta la query 'SELECT * from jardineria.Oficinas' ¿Qué sucede?.

10. Borra el usuario manu@localhost.

⋄

Práctica 5.8: MySQL: Crear usuarios y asignar permisos en remoto

Realiza las siguientes operaciones y almacena los comandos y los resultados en un fichero:

1. Crea un nuevo usuario llamado usuario@direccion_ip donde direccion_ip es una máquina de un compañero tuyo y usuario su nombre.

2. Otórgale permisos de selección en todas las tablas de la base de datos 'jardineria'. Ten cuidado, es posible que tu servidor solo permita conexiones desde el ordenador local, para permitir conexiones remotas debes comentar la linea bind-adress de tu fichero my.cnf que impide conexiones desde otros sitios que no sea el especificado (127.0.0.1). Asegúrate de reiniciar el servidor.

3. Pide a tu compañero que se conecte desde su máquina y que averigue qué permisos le has otorgado. Él a tí te pedirá lo mismo, es decir, que te conectes a su máquina. Indica qué instrucción sql ejecutas para conocer los permisos que tienes.

4. Revócale los permisos concedidos al usuario usuario@direccion_ip.

5. Concédele ahora permisos de creación de tablas en una nueva base de datos que has creado.

6. Solicítale que se conecte y que pruebe a crear una tabla. ¿Puede consultar la información?

7. Borra ahora el usuario usuario@direccion_ip.

8. Con la bbdd mysql consulta qué privilegios tiene el usuario *juan@localhost* a nivel de servidor, a nivel de base de datos, a nivel de tablas y a nivel de columnas. Utiliza el comando *show grants for usuario*.

◇

Práctica 5.9: Oracle: Creación de usuarios, roles y perfiles

1. Crea dos roles, uno llamado ADMINISTRACION con todos los privilegios sobre la tabla CLIENTES y PEDIDOS del esquema JARDINERIA y otro llamado CONTABILIDAD con todos los privilegios sobre la tabla PAGOS del mismo esquema. El rol CONTABILIDAD estará identificado por contraseña.

2. A continuación, crea un usuario Fernando en Oracle con las siguientes opciones: DEFAULT TABLESPACE Users, TEMPORARY TABLESPACE Temp, QUOTA 100 Megabytes en Users y otorga el rol CONNECT y RESOURCE.

3. Otorga como Rol por defecto ADMINISTRACION al usuario Fernando.

4. Con el usuario Fernando, prueba a ejecutar una consulta sobre la tabla Clientes y otra sobre la tabla PAGOS.

5. A continuación, activa el Rol CONTABILIDAD y repite la consulta sobre la tabla PAGOS con el usuario Fernando.

6. Desactiva todos los roles del usuario Fernando, incluyendo el rol por defecto.

7. Consulta la tabla Clientes.

◇

Práctica 5.10: Oracle: Vistas

1. Lista la Ciudad de la Oficina, el nombre de apellidos de los empleados, el total facturado a todos los clientes por ese empleado, el total facturado en la oficina y el porcentaje que representa las ventas de ese empleado con respecto a las ventas totales de la Oficina ordenados por la ciudad de la Oficina.

2. Obtén un listado con el nombre de País, codigoproducto y nombre del producto, unidades totales vendidas en ese país, del producto más vendido en cada país.

3. Lista el NombreCliente, País, el total facturado por el cliente y la cantidad total pagada por cada cliente.

4. Lista la gama, el total facturado por cada gama en el año 2023, y el porcentaje que representa la facturación de la gama ese año sobre el total facturado de cada gama en la historia de la empresa.

5. Mostrar los clientes, y la facturación media de sus pedidos para los que la facturación media de los pedidos sea superior a la facturación media pedidos realizados en dicho pais.

6. Lista el nombre del equipo, el numero de partidos ganados en casa, el número de partidos ganados fuera, el número total de partidos ganadados, puntos a favor y puntos en contra. Todos estos datos nos interesa que sean de la temporada 2021-2022. El listado se mostrará en orden descendente por número de partidos ganados, en caso de que hayan ganado el mismo número de partidos debcrá aparcccr antcs cl cquipo quc más puntos haya anotado.

◇

5.17. Resumen

Los conceptos clave de este capítulo son los siguientes:

- La sentencia INSERT se utiliza para insertar una fila o registro en una tabla. Algunos SGBD, como MySQL, permiten la inserción de más de una fila mediante la sintaxis *extended-insert*. Con INSERT se pueden insertar valores para todas las columnas o solo para algunas de ellas.

- La sentencia UPDATE se utiliza para actualizar uno o varios registros de una tabla. DELETE sirve para eliminar registros de una tabla. Se puede filtrar la información a modificar o borrar mediante un filtro WHERE. El filtro, puede tener todas las características del filtro de la SELECT. Si no se especifica filtro, se actualizan o borran todas las filas de la tabla. También se pueden actualizar o borrar filas con UPDATE y DELETE filtrando a través de una subconsulta. En este caso, la limitación consiste en no poder modificar o borrar registros de una tabla a la que se accede en la subconsulta.

- Se puede realizar la inserción de múltiples registros en una tabla con los resultados devueltos por una SELECT. La SELECT debe devolver tantas columnas como se especifiquen en la sentencia INSERT.

- No siempre es posible actualizar o borrar información de tablas puesto que existen restricciones. Además, algunas restricciones provocan cambios en cascada en tablas relacionadas.

- Las transacciones son conjuntos de operaciones SQL que se ejecutan de forma atómica. Una vez iniciadas, se pueden *acometer* (COMMIT) o *cancelar* ROLLBACK.

- El tratamiento de transacciones, produce problemas de concurrencia, es decir, problemas que se presentan al haber varios usuarios actualizando, borrando y consultando un conjunto de datos. Estos problemas están clasificados por ANSI/ISO en 3 problemas típicos. Los SGBD permiten que ocurran o no, dependiendo del nivel de aislamiento que se seleccione.

- El comando CREATE VIEW sirve para crear vistas, personalizando la forma en la que el usuario obtiene la información.

- Se puede crear usuarios mediante el comando CREATE USER al cual se le pueden asignar un perfil y varios roles. Mediante los comandos GRANT y REVOKE se otorgan y deniegan permisos.

5.18. Test de repaso

1. En la sentencia INSERT

a) No se pueden omitir valores de columnas

b) Se pueden especificar un número distinto de valores y columnas

c) Se pueden omitir los nombres de columnas

d) Ninguna de las anteriores

2. Con GRANT y REVOKE

a) Se pueden otorgar permisos de select a una o varias tablas

b) Se pueden otorgar permisos para borrar una tabla

c) Se puede otorgar permisos para ejecutar comandos DDL

d) Todas las anteriores

3. Para poner una columna al valor por defecto

a) Se tiene que poner NULL

b) Se tiene que poner DEFAULT

c) No es posible hacerlo

d) Ninguna de las anteriores

4. En sentencias UPDATE y DELETE

a) Se puede especificar el mismo tipo de filtro que para WHERE

b) Se puede especificar el mismo tipo de filtro que para HAVING

c) Se puede filtrar mediante una subconsulta

d) Todas las anteriores

5. Si se especifica ON DELETE CASCADE

a) No se puede borrar el registro referenciado

b) Se borra en cascada el registro referenciado

c) No se puede borrar el registro que referencia

d) Se borra en cascada el registro que referencia

6. En una sola sentencia UPDATE

a) Solo se puede modificar un campo de un registros

b) Solo se puede modificar un campo de varios registros

c) Solo se pueden modificar varios campos de un registro

d) Se pueden modificar varios campos de varios registros

7. Una transacción

a) Puede tener sentencias SELECT

b) No puede tener sentencias INSERT

c) No puede tener sentencias SELECT

d) Solo puede tener sentencias UPDATE

8. Para comenzar una transacción se usa

a) START WORK

b) START TRANSACTION

c) SET AUTOCOMMIT=OFF

d) Todas las anteriores

9. Los perfiles en Oracle

a) Al igual que los roles, sirven para limitar los recursos

b) No se pueden limitar recursos mediante perfiles

c) Sirven para agrupar conjunto de permisos

d) Ninguna de las anteriores

Soluciones: 1.c, 2.d, 3.b, 4.d, 5.d, 6.d, 7.a, 8.d, 9.d.

5.19.   Comprueba tu aprendizaje

1. Escribe el formato de la sentencia INSERT y, ejemplifica su funcionamiento mediante dos inserciones, una especificando la lista de campos y otra indicando todos los valores para todas las columnas.

2. Transforma las dos sentencias INSERT anteriores en un único INSERT con sintaxis extendida.

3. Escribe el formato de la sentencia UPDATE y, ejemplifica su funcionamiento mediante tres querys, una que actualice una columna de una fila, una que actualice dos columnas de varias filas, y otra que actualice todas las filas de una tabla.

4. Escribe el formato de la sentencia DELETE y, ejemplifica su funcionamiento mediante dos querys, una que borre una sola fila y otra que borre todos los registros de una tabla.

5. ¿En qué consiste un INSERT-SELECT? Pon un ejemplo de su funcionamiento.

6. ¿Qué condiciones deben darse para que al hacer una modificación en una tabla, sus cambios se propaguen a la tabla que la referencia mediante una clave foránea?

7. Imagina una situación, y pon un ejemplo de borrado en cascada de registros.

8. Imagina otra situación distinta, y pon un ejemplo de actualización en cascada tanto en Oracle, como en MySQL.

9. ¿Qué quiere decir que una actualización o borrado se filtra mediante una consulta? ¿Existe alguna restricción al respecto?

10. Define el concepto de transacción indicando en qué situaciones son útiles y qué problemas puede ocasionar.

11. Define los tipos de problemas ocasionados por la concurrencia en el acceso a los datos:

    a) Dirty Read o Lectura Sucia

    b) Nonrepeateable Read o Lectura No Repetible

    c) Phantom Read o Lectura Fantasma

12. ¿Qué significa que un SGBD tenga una política de aislamiento?

13. Enumera los tipos de aislamiento estándar.

Programación de Base de Datos

Contenidos

☞ Lenguajes de programación

☞ Tipos de datos. Identificadores y variables

☞ Operadores

☞ Estructuras de control

☞ Estructuras funcionales: módulos, procedimientos y funciones

☞ Sentencias SQL en PL/SQL

☞ Manejo de cursores

☞ Tratamiento de excepciones

☞ Disparadores o Triggers

Objetivos

☞ Introducción a la programación de bases de datos mediante lenguajes procedimentales

☞ Uso de estructuras de control: sentencia, condicionales y bucles

☞ Creación de procedimientos y funciones

☞ Acceso a datos mediante el uso de cursores

☞ Tratamiento del error. Manejo de excepciones

☞ Uso de disparadores o triggers para controlar la modificación, inserción o borrado de datos

En este capítulo el alumno aprenderá a interactuar con la base de datos a través de un lenguaje de programación procedimental, como es PL/SQL, aquello más complejo que no era posible realizar con SQL, seguramente lo pueda programar con procedimientos y funciones en PL/SQL.

6.1.   ¿Por qué PL/SQL?

Hasta ahora se ha visto cómo interrogar a la base de datos utilizando las sentencias SQL, que es un lenguaje declarativo con fuerte base matemática cimentado sobre el álgebra relacional. SQL ofrece una gran potencia para interrogar y administrar la base de datos. Sin embargo, se puede percibir que hay ciertos tipos de preguntas o acciones que no es posible realizar, se necesita un lenguaje más potente, para ello ORACLE desarrolla un lenguaje procedimental, que va a extender la potencia que ofrece SQL, y el resultado es el PL/SQL (Procedural Language/Structured Query Language), un lenguaje de programación incrustado en Oracle. PL/SQL soporta el lenguaje de consultas, es decir el SQL, pero no soporta órdenes de definición de datos (DDL) ni de control de datos (DCL). PL/SQL además va a incluir las características propias de un lenguaje procedimental:

1. El uso de variables.

2. Estructuras de control de flujo y toma de decisiones.

3. Control de excepciones.

4. Reutilización del código a través de paquetes, procedimientos y funciones.

Los programadores van a poder escribir procedimientos o funciones, o bien pueden escribir bloques de código anónimo como scripts. Luego estos scripts son ejecutado desde el intérprete de comandos SQL*Plus.

El código desarrollado en PL/SQL se puede almacenar como objetos de la base de datos, creando paquetes, funciones o procedimientos, pudiendo ser reutilizado este código por los usuarios que estén autorizados.

El código PL/SQL es ejecutado en el servidor, lo que supone un ahorro de recursos a los clientes.

Otro código especial es el uso de disparadores, también conocidos como *triggers*, que permiten realizar una acción concreta sobre la base de datos cuando se ha modificado, insertado o borrado un registro de una tabla.

¿Sabías que ... ? La forma habitual de atacar la base de datos es mediante programación a través de las interfaces o formularios que los programadores diseñan para que los usuarios introduzcan los datos, de igual forma se extraen los datos de la misma mostrando las consultas a través de informes, facturas, etc.

6.2. Otros lenguajes de programación

En el punto anterior se justifica la necesidad del uso de los lenguajes procedimientales para trabajar con las bases de datos, Oracle desarrolla PL/SQL para su SGBD. Pero ¿qué pasa con otros SGBD? ¿se puede usar PL/SQL en MySQL o en cualquier otro SGBD? ¿se pueden usar lenguajes de programación con los que se desarrolla habitualmente como C, C++, Java, PHP,..., para manejar la Base de Datos?

Respondiendo a las cuestiones anteriores hay que decir que no todos los SGBD permiten usar PL/SQL, lo desarrolló ORACLE y lo incorporan los SGBD Oracle. Otros SGBD tienen lenguajes procedurales similares, aunque **no son compatibles directamente con PL/SQL**. Por ejemplo:

- PostgreSQL tiene PL/pgSQL

- Microsoft SQL Server usa T-SQL (Transact-SQL)

- MySQL utiliza un lenguaje procedimental en sus procedimientos almacenados que es diferente de PL/SQL

- IBM DB2 utiliza SQL PL (SQL Procedural Language), que tiene similitudes con PL/SQL pero también presenta diferencias importantes.

Es decir, si usas bases de datos que no son de Oracle, necesitarás adaptar tu conocimiento de PL/SQL al lenguaje procedural específico de ese SGBD. Esto puede implicar aprender las diferencias en sintaxis y capacidades de cada lenguaje.

Por otro lado, el uso de los lenguajes de programación en general (Java, Python, C, C++, C#, Visual Basic, JavaScript, PHP, ...) para hacer una acceso programático a las Bases de Datos es una práctica común en el desarrollo de software. Cada lenguaje ofrece sus propias bibliotecas y frameworks para facilitar la conexión y la manipulación de datos en las bases de datos. Cada lenguaje tiene sus propias particularidades y ventajas para trabajar con bases de datos, y la elección del lenguaje dependerá de varios factores, incluyendo el entorno de desarrollo, la base de datos específica y las necesidades del proyecto.

6.3.   Bloques de Código Anónimos en PL/SQL

El código más basico en PL/SQL son los bloques de código anónimos, son intruccciones del lenguaje que se pueden teclear directamente en la consola de SQL, y que son ejecutadas tras introducir el caracter '/'. Este código no se guarda ni pertenece a la definición de la Base de datos. Si se necesita volver a ejecutarlo se debe volver a introducir el código.

La estructura de un bloque anónimo en PL/SQL es la siguiente:

```
───────────────── Bloque Anónimo ─────────────────

[DECLARE]
-- variables, cursores, excepciones definidas por el usuario
BEGIN
        --sentencias SQL
        --sentencias de control PL/SQL;
[EXCEPTION]
        -- acciones a realizar cuando se producen errores
END;
/
```

De acuerdo con la sintaxis, lo único obligatorio para crear un bloque anónimo en PL/SQL son las palabra clave *BEGIN Y END;*.

En el apartado DECLARE se van a declarar todas las variables, constantes, cursores y excepciones definidas por el usuario, a lo largo de este capítulo se irá explicando para qué sirve cada uno de estos elementos, que serán de vital importancia para aprovechar la potencia del PL/SQL.

Entre las palabras clave *BEGIN ... END;* se van a introducir todas las sentencias de control de PL/SQL que ofrecen los lenguajes de programación:

- Secuencias: Se trata de órdenes del lenguaje, asignaciones, llamadas a funciones o procedimientos, etc., que se escriben una detrás de otra separadas por punto y coma ';'.

- Alternativas: Se trata de sentencias u órdenes que van a romper la secuencia, en lugar de ejecurarse las ordenes una tras otra, se evalúa una expresión y dependiendo del valor de esta se va a redirigir el flujo del programa a una instrucción o conjunto de instrucciones.

- La iteración o bucle: Se repetirá una sentencia o secuencia de sentencias mientras se cumpla, o hasta que deje de cumplirse una condición.

PL/SQL se trata de un lenguaje procedimental, un lenguaje de programación estructurada, por lo que seguiremos para su aprendizaje dicha formula, aprenderemos las estructuras de datos, tipos de datos disponibles en el lenguaje, y cómo manipularlos con los algoritmos, que desarrollaremos conociendo las sentencias de control: secuencia, alternativa e iteraciones o bucles que implementa PL/SQL para crear los PROGRAMAS.

La Programación Orientada a Objetos (POO) fue introducida en PL/SQL con la versión Oracle 8, que fue lanzada en 1997. Esta versión introdujo la capacidad de definir tipos de objetos, permitiendo a los desarrolladores crear estructuras de datos más complejas y aprovechar las ventajas de la programación orientada a objetos dentro del entorno de la base de datos Oracle.

6.4. Tipos de datos en PL/SQL

Las variables y constantes tienen que ser de un tipo de dato soportado por el lenguaje, las variables son datos cuyos valores van a poder cambiar a lo largo de la ejecución del programa, mientras que las constantes permanecen inalterables.

Al elegir el tipo de dato para la variable o constante va a condicionar el formato de almacenamiento, restricciones y rango de valores válidos para dicho elemento.

PL/SQL proporciona una variedad predefinida de tipos de datos que coinciden con los soportados en SQL, ya vistos en el lenguaje de definición de datos (DDL), más algunos adicionales propios de PL/SQL.

Los tipos de datos más comunes son:

- NUMBER (Numérico): Almacena números enteros o de punto flotante, virtualmente de cualquier longitud, aunque puede ser especificada la precisión (Número de dígitos) y la escala que es la que determina el número de decimales. NUMBER (5,3) tendría una precisión de 5 dígitos de los cuales 3 serían posiciones decimales.

- INTEGER_PLS y BINARY_INTEGER (Numérico entero): Almacena números enteros en representación binaria y es mucho más eficiente que NUMBER para operaciones aritméticas.

- CHAR (Carácter): Almacena datos de tipo carácter con una longitud máxima de 32767 y cuyo valor de longitud por defecto es 1.

- VARCHAR2 (Carácter de longitud variable): Almacena datos de tipo carácter empleando solo la cantidad necesaria aun cuando la longitud establecida sea mayor. La longitud máxima: 32767 bytes.

- CLOB: (Carácter de longitud variable): Almacena datos de tipo carácter para volúmenes de texto muy grande. empleando solo la cantidad necesaria aun cuando la longitud máxima sea mayor.

- BOOLEAN (lógico): Se emplea para almacenar valores TRUE o FALSE.

- DATE (Fecha): Almacena datos de tipo fecha. Las fechas se almacenan internamente como datos numéricos, por lo que es posible realizar operaciones aritméticas con ellas.

- TIMESTAMP (Fecha y hora con fracciones de segundo): Almacena datos de tipo fecha. Las fechas se almacenan internamente como datos numéricos, por lo que es posible realizar operaciones aritméticas con ellas.

- BLOB: Almacena grandes volúmenes de datos binarios.

- Atributos de tipo. Un atributo de tipo PL/SQL es un modificador que puede ser usado para obtener información de un objeto de la base de datos. El atributo %TYPE permite conocer el tipo de una variable, constante o campo de la base de datos. El atributo %ROWTYPE permite obtener los tipos de todos los campos de una tabla de la base de datos, de una vista o de un cursor. PL/SQL también permite la creación de tipos personalizados (registros) y colecciones(tablas de PL/SQL).

6.4.1. Declaración de variables

Para poder utilizar variables es necesario antes declararlas en el apartado DE-CLARE del bloque de código anónimo. Con la declaración se reserva el espacio de memoria necesario para almacenar dicha variable. Además en la propia declaración es posible la inicialización de la variable, es decir que además tome un valor.

```
Sintaxis:
NombreId [CONSTANT] tipo_dato [NOT NULL] [:= | DEFAULT | Expresion];
```

Ejemplos

```
    -- Declaramos una variable tipo Fecha y no la inicializamos.
    fechaNacimiento DATE;
    -- Declaramos una variable numérica y la inicializamos.
    nroDepartamento NUMBER(2) NOT NULL := 10;
    -- Declaramos una variable caracter y la inicializamos.
    localidadCliente VARCHAR2(13) := 'Talavera de la Reina';
    -- Decalaramos una constante numérica.
    fijoComision CONSTANT NUMBER := 500;
```

Como se indicó anteriormente, también existen los atributos de tipo: %TYPE y %ROWTYPE. Son atributos especiales que permiten declarar una variable basada en cómo sea el tipo de otra variable previamente declarada, por ejemplo, se puede hacer que una variable sea del mismo tipo que un campo de una tabla de la base de datos. Esto tiene la ventaja de que si en un futuro se cambia el tipo del campo, todas las variables que hayan sido declaradas así se cambiarán automáticamente, y el código seguirá funcionando.

Por ejemplo:

```
    nombreCliente Clientes.Nombre%TYPE;
```

Se pueden declarar variables que hagan referencia a toda una fila completa de la tabla, es decir, a un registro utilizando %ROWTYPE.

Por ejemplo:

```
    regCliente Clientes%ROWTYPE;
```

> **¿Sabías que ... ?** Cuando tenemos una variable de tipo registro, podemos referirnos a cada uno de los campos, usando el nombre de la variable y del campo separados por un punto:
> regCliente.Nombre

Una tarea muy importante en la programación es la asignación de valores a las variables y constantes, en el momento de la declaración tan solo se reserva un espacio en la memoria para almacenar en la variable declarada un valor del tipo indicado, es decir, ante una declaración CHAR(10), se estaría reservando un espacio de memoria para almacenar 10 caracteres, pero hasta el momento en el que se asigne un valor a la variable, esta no contiene nada en PL/SQL, en otros lenguajes suele tomar valores 'basura', no válidos.

La asignación se hace con el operador ':='.

```
Sintaxis:
 identificador := expresión;
Por ejemplo:
numero:=100;
```

También se puede hacer a la vez que se hace la declaración de la variable en el bloque DECLARE, se suele denominar a esta operación inicialización de la variable.

```
        fechaNacimiento  DATE:= '01-SEP-1998';
        nombreCliente VARCHAR2(20):= 'Iván López';
```

Las constantes también necesitan ser inicializadas en la declaración, y a diferencia de las variables no se puede asignar ningún otro valor en la ejecución del programa. De hacerlo, se produciría un error durante la ejecución del código indicando que la variable no puede ser objeto de asignación.

```
DECLARE
PI CONSTANT NUMBER(5,4):= 3.1416;
```

Otra forma que permite asignar valores en PL/SQL es tomándolos desde una consulta:

```
SELECT SUM(PrecioUnidad*Cantidad) INTO totalFacturado
FROM DetallePedidos;
```

Si se ha declarado una variable registro como: regCliente Clientes %ROWTYPE; se puede asignar el valor de una fila de una consulta.

```
SELECT * INTO regCliente FROM Clientes WHERE CodigoCliente=1;
```

En estos casos hay que tener cuidado de que la consulta no devuelva más de una fila, ya que produciría un error, más adelante se verá cómo abordar este tipo de consultas.

6.4.2. Tipos de datos definidos por el usuario

Los tipos de datos definidos por el usuario permiten crear estructuras personalizadas que pueden adaptarse mejor a las necesidades específicas de una aplicación. Estos tipos de datos incluyen registros, colecciones (arrays y tablas asociativas), y objetos. Aquí te presentamos una descripción de estos tipos y ejemplos de cómo definirlos y usarlos.

Los **registros** son tipos de datos compuestos que permiten agrupar varios campos de diferentes tipos de datos bajo un solo nombre. Se usan comúnmente para manipular filas de datos como una unidad.

```
DECLARE
TYPE EmpleadoRec IS RECORD (
id        NUMBER,
nombre    VARCHAR2(50),
sueldo    NUMBER(7,2),
fecha_ing DATE
);

empleado EmpleadoReg; -- Declarar una variable de tipo EmpleadoReg
BEGIN
-- Asignar valores a los campos del registro
empleado.id := 9999;
empleado.nombre := 'Lucía de Castro';
empleado.salario := 60000;
empleado.fecha_ing := SYSDATE;

-- Mostrar los valores del registro
DBMS_OUTPUT.PUT_LINE('ID: ' || empleado.id);
DBMS_OUTPUT.PUT_LINE('Nombre: ' || empleado.nombre);
DBMS_OUTPUT.PUT_LINE('Salario: ' || empleado.sueldo);
DBMS_OUTPUT.PUT_LINE('Fecha de Ingreso: ' ||
TO_CHAR(empleado.fecha_ing, 'DD-MON-YYYY'));
END;
/
```

Los **vectores** en PL/SQL se denominan VARRAYS.Son arrays con un tamaño fijo que se establece en el momento de la definición. Son útiles cuando el número de elementos es conocido y fijo.

```
DECLARE
TYPE SalariosArray IS VARRAY(5) OF NUMBER(7,2);
```

```
salarios SalariosArray := SalariosArray(30000, 40000, 50000,
60000, 70000);
BEGIN
FOR i IN 1..salarios.COUNT LOOP -- Veremos los bucles más adelante
DBMS_OUTPUT.PUT_LINE('Salario ' || i || ': ' || salarios(i));
END LOOP;
END;
/
```

Las **tablas asociativas** son colecciones indexadas por claves que pueden ser enteros o cadenas. Son muy flexibles y útiles para casos donde necesitas una estructura de datos similar a un mapa o diccionario. Los índices de las tablas asociativas pueden ser números (PLS_INTEGER o BINARY_INTEGER) O VARCHAR2.

```
DECLARE
TYPE DiasMes IS TABLE OF PLS_INTEGER INDEX BY VARCHAR2(10);
nDias DiasMes;
BEGIN
nDias('enero') := 31;
nDias('febrero') := 28;
nDias('marzo') := 31;
nDias('abril') := 30;
nDias('mayo') := 31;
nDias('junio') := 30;
nDias('julio') := 31;
nDias('agosto') := 31;
nDias('septiembre') := 30;
nDias('octubre') := 31;
nDias('noviembre') := 30;
nDias('diciembre') := 31;
DBMS_OUTPUT.PUT_LINE('Enero tiene: ' || nDias('enero') || ' días.');
END;
/
```

Las **tablas anidadas** son similares a las tablas asociativas pero no tienen restricciones en los índices y pueden ser extendidas dinámicamente. Se utilizan a menudo para almacenar conjuntos de filas. Los índices son númericos.

```
DECLARE
TYPE estudiosTable IS TABLE OF VARCHAR2(50);
estudios estudiosTable := estudiosTable('SMR', 'ASIR', 'DAM');
```

```
BEGIN
estudios.EXTEND;
estudios(4) := 'DAW';

FOR i IN 1..estudios.COUNT LOOP
DBMS_OUTPUT.PUT_LINE('Estudios de ' || i || ': ' || estudios(i));
END LOOP;
END;
/
```

6.5. Operadores y expresiones

Se pueden realizar distintas operaciones con las variables y constantes, para esto se usan los operadores, que combinándolas con aquellas darán lugar a expresiones cuyos resultados serán el fundamento de la lógica de la programación.

En la siguiente tabla están enumerados los operadores disponibles, así como su orden de precedencia, los primeros tienen mayor precedencia, es decir, en caso de que en una expresión se mezclen operadores, se harán primero las operaciones del operador que tenga mayor precedencia:

Operador	Acción
**	potencia
+ - (unarios)	signo positivo o negativo
*	multiplicación
/	división
+	suma
-	resta
||	concatenación. Muy útil para juntar varias cadenas en una
=, <, >, <=	comparaciones: igual, menor, mayor, menor o igual
>=, <>, !=	mayor o igual, distinto, distinto
IS NULL, LIKE	es nulo, como
BETWEEN, IN	entre, en
NOT	negación lógica de un tipo boolean
AND	operador AND lógico entre tipos de dato boolean
OR	operador OR lógico entre tipos de dato boolean

> **¿Sabías que ... ?** Se utilizan los peréntesis para cambiar la precedencia de los operadores. Las expresiones dentro del paréntesis se harán en primer lugar. Es decir, en una expresión como: a:=2+4**2, el resultado sería 18, primero se hace la potencia y luego la suma. Si deseamos que primero se haga la suma, debemos poner entre paréntesis aquellas operaciones que deseamos tengan prioridad, en el ejemplo anterior: a:=(2+4)**2 daría como resultado 36.

En la siguiente tabla se muuestra el resultado de la operación AND (Y lógica), para todos los posibles valores incluyendo valores nulos:

A	B	A AND B
FALSE	FALSE	FALSE
TRUE	FALSE	FALSE
FALSE	TRUE	FALSE
TRUE	TRUE	TRUE
TRUE	NULL	NULL
FALSE	NULL	FALSE
NULL	TRUE	NULL
NULL	FALSE	FALSE

De igual forma para el operador OR (O lógica) las posibilidades son las siguientes:

A	B	A OR B
FALSE	FALSE	FALSE
TRUE	FALSE	TRUE
FALSE	TRUE	TRUE
TRUE	TRUE	TRUE
TRUE	NULL	TRUE
FALSE	NULL	NULL
NULL	TRUE	TRUE
NULL	FALSE	NULL

La tabla para la negación NOT(La negación) sería la siguiente:

A	NOT A
FALSE	TRUE
TRUE	FALSE
NULL	NULL

◇ **Actividad 6.1**: Analiza las siguientes expresiones, indicando si su resultado sería: TRUE, FALSE o NULL

a) (16 - 8) / 2 = 4	b) NULL OR (2 * 5 = 10)	c) 'a12' = 'a' || '12'
d) (7 + 3) != 10	e) 0 <> NULL	f) 0 IS NULL
g) 0 IS NOT NULL	h) 4 BETWEEN 3 AND 9	i) 'ANA' LIKE '%N'
j) (3=(9/3)) AND NULL	k) NOT(2**3=8)	l) 'B' IN ('A','D')

6.6.   Entrada y salida para la depuración

PL/SQL no está pensado para interactuar directamente con un usuario final, por lo que carece de instrucciones especializadas en la entrada y salida, teclado y pantalla. Pero sería muy interesante disponer de algún método que permita mostrar el resultado de lo que se está haciendo por pantalla, así como poder asignar valores a las variables desde teclado para ir probando cómo se comportan los programas con distintos valores en las variables, sin necesidad de ir modificando el código en cada caso.

6.6.1.   La salida

Decir que para que funcione, es necesario activar la variable SERVEROUTPUT de Oracle, de la siguiente manera, solamente es necesario hacerlo una vez en la sesión tecleando:

```
SET SERVEROUTPUT ON
```

Una vez activada podemos escribir por pantalla utilizando el método predefinido de ORACLE, que sirve para que el servidor muestre información por pantalla:
Sintaxis:

```
dbms_output.put_line (Cadena de salida);
```

¿Qué información se puede mostrar?

Se puede mostrar texto, o el contenido de variables y constantes. Para mostrar texto, simplemente se pone entre comillas simples:

```
dbms_output.put_line('Hola alumnos');
```

Para mostar el contenido de una variable, basta con poner el nombre de la variable:

```
dbms_output.put_line(nombreCliente);
```

En la mayoría de las ocasiones interesa mostrar información de distintos tipos, por ejemplo cadenas de texto para aclarar lo que se va a mostrar seguido de valores de las variables, para ello es muy útil el operador que concatena cadenas, el operador '||'.

Ejemplo:
```
dbms_output.put_line('Nombre del Cliente: ' || nombreCliente);
```

No importa si la variable fuera de tipo numérico:

Ejemplo:
```
dbms_output.put_line('Total facturado' || Importe);
```

Incluso pueden ser funciones, cuyo resultado se mostrará:

Ejemplo:
```
dbms_output.put_line('El mayor es: ' || mayor(4,6));
```

O variables y funciones de oracle:

Ejemplo:
```
dbms_output.put_line('Hola '||user||', Hoy es '||sysdate);
```

A lo largo de los ejemplos de este capítulo se empleará mucho este método, ya que en muchos casos será la única forma de comprobar si el programa funciona correctamente.

6.6.2. La entrada

Para leer valores de teclado hay que hacer una asignación a una variable y poner el símbolo & seguido de una cadena de caracteres que se mostrará al pedir la entrada, esta cadena debe ir sin espacios en blanco, se recomienda usar guiones bajos para separar palabras y que no sea muy larga, el problema de esta pseudo-entrada de valores por teclado, es que nada más ejecutar el procedimiento lee por teclado todas las variables que se hayan asignado de esta forma en nuestro código, independientemente del lugar en donde se haya escrito la instrucción.

Capítulo 6. Programación de Base de Datos

```
-- Entrada de valores a variables por teclado
nombeVariable := &Texto_a_mostrar;
```

Por ejemplo, el siguiente código:

```
──────── triangulo.sql ────────

SET SERVEROUTPUT ON
-- Este código nos pide introducir el valor de Altura, Base
- - y calcula el área del triángulo.
DECLARE
Altura INT;
Base INT;
BEGIN
Altura:=&INTRODUCE_EL_VALOR_DE_ALTURA;
Base:=&INTRODUCE_EL_VALOR_DE_BASE;
DBMS_OUTPUT.PUT_LINE('UN TRIÁNGULO DE: '||Base||' Y DE ALTURA: '
||Altura||' TIENE UN AREA DE: '||Base*Altura/2);
END;
/
```

```
SQL> @triangulo.sql
Introduzca un valor para introduce_el_valor_de_altura: 4
antiguo   5: Altura:=&INTRODUCE_EL_VALOR_DE_ALTURA;
nuevo    5: Altura:=4;
Introduzca un valor para introduce_el_valor_de_base: 5
antiguo    6: Base:=&INTRODUCE_EL_VALOR_DE_BASE;
nuevo    6: Base:=5;
UN TRIÁNGULO DE: 5 Y DE ALTURA: 4 TIENE UN AREA DE: 10

Procedimiento PL/SQL terminado correctamente.
```

En el código anterior se aprecia cómo pide el programa que se introduzca el valor de cada variable.

◇ **Actividad 6.2**: Escribe un bloque de código anónimo que cuando lo ejecutes te pida tu nombre, y después el programa te salude, diciendo Hola TuNombre. Es decir, si te llamas Pablo, tiene que contestar: Hola Pablo.

6.7. Estructuras de Control

Hasta ahora se ha visto, cómo declarar variables y contantes, de los distintos tipos aceptados por el lenguaje, también se ha explicado cómo relacionarlos usando los operadores, formando expresiones más o menos complejas. Se ha aprendido a dar valor a las variables inicializando sus valores en el momento de la declaración y con el operador de asignación.

Con lo aprendido hasta ahora, se pueden hacer programas que ejecuten instrucciones una tras de otra, por ejemplo, se puede crear un programa que simplemente sea declarar dos variables e imprimir la suma, resta, multiplicación y división de ambas, sería algo así:

```sql
operaciones.sql

-- Este código hace la suma,resta,multiplicación
-- y división de dos variables enteras
DECLARE
A INT:=9;
B INT:=3;
BEGIN
DBMS_OUTPUT.PUT_LINE(A||' + '||B||' = '||A+B);
DBMS_OUTPUT.PUT_LINE(A||' - '||B||' = '||A-B);
DBMS_OUTPUT.PUT_LINE(A||' * '||B||' = '||A*B);
DBMS_OUTPUT.PUT_LINE(A||' / '||B||' = '||A/B);
END;
/
```

El teorema del programa estructurado establece que toda función computable puede ser implementada en un lenguaje de programación que combine solo tres estructuras lógicas. Estas tres formas, también llamadas estructuras de control, son:

- Secuencia: ejecución de una instrucción tras otra.

- Selección: ejecución de una de dos instrucciones (o conjuntos), según el valor de una variable o expresión booleana.

- Iteración: ejecución de una instrucción (o conjunto) mientras una variable o expresión booleana sea 'verdadera'. Esta estructura lógica también se conoce como ciclo o bucle.

En el ejemplo anterior se hizo un programa solo usando secuencias. En los siguientes apartados se explicará la selección y la iteración.

6.7.1. La Selección

Sentencias IF

También conocida como Alternativa o Condicional. Se trata de evaluar una expresión y en función del valor de que esta expresión sea verdadera o falsa se hacen unas acciones u otras. Sintaxis:

```
IF condición THEN
   instrucciones;
[ELSIF condición THEN
   instrucciones;]
[ELSE
   instrucciones;]
END IF;
```

Atendiendo a la sintaxis anterior, se ofrecen distintas variantes, desde el condicional más simple a la escala IF ... ELSIF. La forma menos compleja es evaluar la condición y si esta se cumple hacer las instrucciones y en caso contrario no hacer nada.

```
IF A>B THEN
        DBMS_OUTPUT.PUT_LINE(A||' ES MAYOR QUE '|| B);
END IF;
```

Otra forma bastante común es realizar una o varias acciones en caso de que la acción sea verdadera y otra u otras cuando sea falsa.

```
IF A>B THEN
        DBMS_OUTPUT.PUT_LINE(A||' ES MAYOR QUE '|| B);
ELSE
        DBMS_OUTPUT.PUT_LINE(A||' NO ES MAYOR QUE '|| B);
END IF;
```

Si las opciones a evaluar son muchas se puede recurrir a la escala IF .. ELSIF, por ejemplo, si se desea establecer una nota númerica, de manera que si la nota obtenida es menor de 5 sea INSUFICIENTE, entre 5 y 6 sea SUFICIENTE, entre 6 y 7 BIEN, de 7 a 9 sea NOTABLE, de 9 a 10 SOBRESALIENTE y cualquier otra nota será una nota errónea.

```
IF nota >=0  AND nota < 5 THEN
        DBMS_OUTPUT.PUT_LINE('INSUFICIENTE');
ELSIF nota >=5 AND nota < 6 THEN
        DBMS_OUTPUT.PUT_LINE('SUFICIENTE');
```

```
ELSIF nota >=6 AND nota < 7 THEN
        DBMS_OUTPUT.PUT_LINE('BIEN');
ELSIF nota >=7 AND nota < 9  THEN
        DBMS_OUTPUT.PUT_LINE('NOTABLE');
ELSIF nota >=9 AND nota < 10 THEN
        DBMS_OUTPUT.PUT_LINE('SOBRESALIENTE');
ELSE
        DBMS_OUTPUT.PUT_LINE('NOTA NO VÁLIDA')
END IF;
```

En cada ELSIF se evalúa una condición, en el ejemplo es un rango comprendido entre dos valores, en caso de ser verdadera se ejecuta el código que viene tras la palabra clave THEN; la cláusula ELSE del final es ejecutada cuando no se ha evaluada como verdadera ninguna de las expresiones de las cláusulas IF ... ELSIF anteriores.

La sentencia CASE

Es similar al switch del lenguaje C, evalúa cada condición hasta encontrar alguna que se cumpla. La sintaxis es:

```
CASE [expresion]
WHEN {condicion1|valor1} THEN
        bloque_instrucciones_1
WHEN {condicion2|valor2} THEN
        bloque_instrucciones_2
        ...
ELSE
        bloque_instrucciones_por_defecto
END CASE;
```

Se puede evaluar el valor de una variable, o evaluar distintas condiciones, en los siguientes ejemplos se ven ambas propuestas:

```
CASE Resultado
WHEN '1' THEN
        DBMS_OUTPUT.PUT_LINE('GANA EL EQUIPO LOCAL');

WHEN 'X' THEN
        DBMS_OUTPUT.PUT_LINE('EMPATAN LOS EQUIPOS');

WHEN '2' THEN
        DBMS_OUTPUT.PUT_LINE('GANA EL EQUIPO VISITANTE');
```

```
ELSE
        DBMS_OUTPUT.PUT_LINE('NO ES UN VALOR VÁLIDO');
END CASE;
```

En este caso se evalúa el valor de la variable Resultado, en cada cláusula WHEN se pone un valor que puede tomar la variable y a continuación de THEN las instrucción que se llevarán a cabo en caso afirmativo, por último ELSE recoge las acciones que se ejecutarán si el valor de la variable no ha coincidido con ninguno de los valores anteriores.

Para ver la otra forma de trabajar con CASE, se resuelve de nuevo el problema de poner las notas de forma literal que vimos en el punto anterior.

```
CASE
WHEN nota >=0  AND nota < 5 THEN
        DBMS_OUTPUT.PUT_LINE('INSUFICIENTE');
WHEN nota >=5 AND nota < 6 THEN
        DBMS_OUTPUT.PUT_LINE('SUFICIENTE');
WHEN nota >=6 AND nota < 7  THEN
        DBMS_OUTPUT.PUT_LINE('BIEN');
WHEN nota >=7 AND nota < 9  THEN
        DBMS_OUTPUT.PUT_LINE('NOTABLE');
WHEN nota >=9 AND nota < 10 THEN
        DBMS_OUTPUT.PUT_LINE('SOBRESALIENTE');
ELSE
        DBMS_OUTPUT.PUT_LINE('NOTA NO VÁLIDA')
END CASE;
```

⋄ **Actividad 6.3**: Diseña un código que lea el valor de dos variables y escriba en pantalla la mayor.

⋄ **Actividad 6.4**: Diseña un código que lea el valor de dos variables, que es el resultado de un partido de fútbol, es decir, los goles del equipo que juega en casa y los del equipo que juega fuera, tras la lectura tiene que mostrar por pantalla el resultado y el signo de la quiniela.

```
Ejemplo de salida para la entrada 0 1:
Goles de casa: 0 Goles de fuera: 1 Signo de Quiniela: 2
```

◇ **Actividad 6.5**: Diseña un código que lea el valor de tres variables, las dos primeras serán operandos, y la tercera variable debe ser un número que significa lo siguiente: si introducen un 1 se deben sumar los operandos, si es un 2 se restan, si es un 3 se multiplican y si es otro número, mostrará un mensaje de operación no permitida. Realiza dos versiones, una usando IF y otra con CASE.

```
Ejemplo de salida para la entrada 4 3 3:
4 x 3 = 12
Ejemplo de salida para la entrada 4 3 7:
Error operación no permitida.
```

¿Sabías que ...? Existen dos funciones muy útiles para la toma de decisiones, pero solo se usan dentro de sentencias SQL:

- DECODE(argumento, patrón1, resultado1, patrón2, resultado2..., resultado_por_defecto): Compara el valor del argumento con cada uno de los patrones y en cuando encuentra la coincidencia devuelve el resultado correspondiente, o el *resultado_por_defecto* en caso de que no encuentre coincidencia en ningún patrón proporcionado. Cualquiera de los patrones puede tomar el valor *NULL*. Es decir, con esta función en una sola orden podemos resumir una selección múltiple.

- NVL(valor1, valor2): Esta función devuelve el valor1 salvo que este sea nulo, si valor1 es nulo entonces se devuelve el valor2.

```
SELECT Nombre, NVL(nota,1), DECODE(nota, 1, 'Insuficiente',
  2,'Insuficiente',3,'Insuficiente', 4, 'Insuficiente',
  5, 'Suficiente', 6,'Bien', 7,'Notable', 8,'Notable',
  9,'Sobresaliente',  10, 'Sobresaliente','Nota no válida')
  FROM ALUMNOS;

Esta sentencia SQL, muestra el nombre del alumno, la nota
o un 1 si el valor es nulo, y por último la nota literal
que calcula la función DECODE.
```

6.7.2. La Iteración

Los bucles repiten una sentencia o un grupo de sentencias varias veces. Hay varios tipos de bucles que dependiendo de si se sabe o no el número de veces que se van a repetir las acciones, o si por el contrario conocemos la condición de repetición o de salida del bucle, será más interesante usar un tipo de bucle que otro. En PL/SQL existen tres tipos de bucles:

- Bucle básico. LOOP. Acciones repetitivas sin condiciones globales.

- Bucle FOR. Acciones repetitivas basándose en un contador. Número conocido de vueltas.

- Bucle WHILE. Basándose en una condición.

Bucle básico LOOP

Sintaxis:

```
LOOP
        Instrucciones;
END LOOP;
```

Este bucle estaría repitiendo infinitamente las instrucciones, no suele ser habitual programar un bucle infinito, por lo que conviene evaluar dentro del bucle alguna condición que cuando se cumpla provoque la salida del bucle. Se puede hacer de dos formas:

- Combinarlo con una condicional IF, de forma que cuando se cumpla una condición se fuerze que deje de iterar con la orden EXIT.

- O bien usarlo con la opción WHEN y cuando se haga cierta la condición salga del bucle.

Ejemplo usando WHEN:

bucleloopwhen.sql

```
SET SERVEROUTPUT ON
DECLARE
N INT:=0;
LOOP
        N:=N+1;
        EXIT WHEN N >=100;
END LOOP;
```

Ejemplo usando IF:

```
─────────── bucleloopif.sql ───────────

DECLARE
N INT:=0;
LOOP
        N:=N+1;
        IF N >=100 THEN
                EXIT;
        END IF;
END LOOP;
END;
```

En ambos casos la salida del bucle es cuando la variable N alcance el valor de 100.

Bucle WHILE

El bucle WHILE se va a estar ejecutando mientras que la condición que se evalúa sea cierta, por lo que dentro del cuerpo del bucle debe de haber alguna instrucción que cambie dicha condición, ya que en caso contrario sería un bucle infinito, el programador debe tener presente esto a la hora de utilizar un bucle WHILE. Sintaxis:

```
WHILE condición LOOP
instrucciones;
...
END LOOP;
```

En el siguiente ejemplo, el valor de la variable que se utiliza en la condición va variando en cada iteración hasta que la evaluación de la condición sea falsa y esto provoque la salida del bucle.

```
─────────── buclewhile.sql ───────────

DECLARE
        Contador INT := 0;
BEGIN
WHILE Contador <= 100 LOOP
        DBMS_OUTPUT.PUT_LINE(Contador);
        Contador := Contador + 1;
END LOOP;
END;
/
```

En el ejemplo anterior el bloque de código imprimiría los números desde 0 a 100.

Bucle FOR

Cuando se conoce de antemano el número de repeticiones o iteraciones, sin duda el bucle ideal para hacerlo es FOR. Sintaxis:

```
FOR indice IN [REVERSE] valor_inicial .. valor_final LOOP
        instrucciones;
        ...
END LOOP;
```

El índice del bucle se declara implícitamente, no es necesario declarar la variable antes. Esta variable que se emplea para controlar las iteraciones del bucle no hay que declararla, tan solo utilizarla en el bucle FOR. La primera vez que entra en el bucle tiene vale lo que hayamos indicado en *valor_inicial*, e irá aumentando de uno en uno hasta llegar al *valor_final*.

Este índice fuera del bucle no está definido, por lo tanto no se puede referenciar, daría un error como si la variable no estuviera declarada, que es lo que realmente ocurre. Solo es "conocido" dentro del bucle.

No se debe usar un índice como objetivo de una asignación ya que en este caso se estaría cambiando el valor de esta variable y por lo tanto, cambiando la condición de salida del bucle pudiendo tener resultados inesperados.

En este ejemplo se imprimen los números del 0 al 100, de una forma sencilla, sin necesidad de preocuparse de incrementar el valor del índice, en cada pasada del bucle este valor se incrementa una unidad automáticamente.

Ejemplo:

buclefor.sql

```
SET SERVEROUPUT ON
BEGIN
FOR i IN 0 .. 100 LOOP
        DBMS_OUTPUT.PUT_LINE(i);
END LOOP;
END;
/
```

Si se quiere que el valor del índice vaya disminuyendo en lugar de aumentando se utiliza la palabra reservada REVERSE antes de los límites, que se mantienen en orden, es decir, primero el menor y luego el mayor.

Ejemplo:

```
———————————————— bucleforinverso.sql ————————————————

SET SERVEROUTPUT ON
BEGIN
FOR i IN REVERSE 0 .. 100 LOOP
        DBMS_OUTPUT.PUT_LINE(i);
END LOOP;
END;
/
```

El bucle anterior imprimiría desde el número 100 a 0, se decrementa una unidad automáticamente en cada iteración.

◇ **Actividad 6.6**: Realiza un programa en PL/SQL que muestre por pantalla los números pares menores de 100.
Realiza una versión con cada tipo de bucle.

◇ **Actividad 6.7**: Realiza un programa en PL/SQL que muestre por pantalla la suma números pares menores de 100.
Realiza una versión con cada tipo de bucle.

◇ **Actividad 6.8**: Realiza un programa en PL/SQL que muestre por pantalla las tablas de multiplicar del 1 al 10.
Realiza una versión con cada tipo de bucle.

6.8. Estructuras funcionales: procedimientos y funciones

Hasta ahora se ha trabajado con los bloques anónimos de código que son escritos directamene en la consola de sqlplus, se ejecutan y en caso de volver a querer utilizarlos hemos de introducir otra vez dicho código.

PL/SQL, como la mayoría de los lenguajes de programación, tanto los procedimentales como los orientados a objetos, permiten que unas determinadas sentencias formen parte de lo que se llama un procedimiento (método en Programación Orientada a Objetos) o función. Permitiendo la reutilización del código.

Tan solo usando el nombre del procedimiento o función se ejecutarán todas las instrucciones que lo forman, esto se conoce como invocar o llamar al procedimiento o función, incluso es posible utilizar distintos valores en la llamada para dar incluso más potencia, de manera que los métodos y funciones sean más versátiles. A estos valores que se utilizan cuando se invoca a un procedimiento o función se los denomina parámetros.

Por ejemplo, se puede crear un procedimiento para imprimir los 100 primeros números, y usarlo simplemente llamándolo. No obstante, es mejor un procedimiento en el que se pase también un número e imprima todos los números dese el cero hasta dicho número, y además ese número puedo cambiarse cada vez que llame al procedimiento.

Una vez creados, los procedimientos y funciones forman parte de la definición de la base de datos y se pueden volver a utilizar tantas veces como se quiera. Lo mismo ocurre con los Triggers, también llamados disparadores, que son unos procedimientos especiales, la gran diferencia de los triggers es que se invocan automáticamente como respuesta a un evento, por ejemplo ante una inserción, borrado o modificación en una tabla de la Base de Datos.

Aunque en un principio pueda parecer complejo, paradójimanete el uso de procedimientos y funciones hace que la programación sea mucho más fácil, los programas mas claros y legibles, y mucho más sencillo el mantenimiento. Además, al poder reutilizar el código se reduce el tiempo de codificación, y es más fácil también la depuración de errores.

6.8.1. Procedimientos

Un procedimiento va a agrupar un bloque de código que va a ser ejecutado cada vez que el procedimiento se invoque.

Sintaxis:

```
CREATE [OR REPLACE] PROCEDURE [esquema].nomproc
(nombre_parámetro {IN | OUT | IN OUT} tipo de dato, ..)
{IS | AS}
Declaración de variables;
Declaración de constantes;
Declaración de cursores;
BEGIN
Cuerpo del subprograma PL/SQL;
[EXCEPTION]
Bloque de excepciones PL/SQL;
END;
/
```

Analizando la sintaxis, se puede observar que para crear un procedimiento hay que usar la palabra CREATE PROCEDURE, la fórmula normal es usar CREATE OR REPLACE PROCEDURE ya que si hubiera una versión anterior del procedimiento lo reemplaza o sustituye, a continuación se indica un nombre de procedimiento válido. No está permitido usar palabras claves del lenguaje SQL o PL/SQL, de variables de entorno, etc. Es recomendable emplear palabras significativas, que resuman lo que hace el procedimiento, después del nombre entre paréntesis los parámetros que utiliza y a continuación se pone la palabra clave AS o IS, cualquiera de las dos es válida, tras ello va toda la declaración de variables que van a ser usadas en el procedimiento.

Por último, entre las palabras BEGIN y END; va el código del procedimiento.

——————— procedimiento01.sql ———————

```
CREATE OR REPLACE PROCEDURE LISTARCIEN AS
BEGIN
FOR i IN 1 .. 100 LOOP
        DBMS_OUTPUT.PUT_LINE(i);
END LOOP;
END;
/
```

Este es un procedimiento muy simple, sin parámetros, basta con poner su nombre LISTARCIEN, desde otro código para que sea sustituido por todas las instrucciones que tiene su cuerpo, en definitva es una intrucción que muestra por pantalla los números del 1 al 100.

Este procedimiento siempre hace lo mismo, es necesario estudiar el siguiente apartado, para comprender cómo funcionan los parámetros, para dar mayor versatilidad a nuestros procedimientos y funciones.

Parámetros en procedimientos y funciones

Los parámetros son de vital importancia para ofrecer versatilidad a los procedimientos y funciones. Ya que va a ser la manera que tenemos de comunicar a los procedimientos y funciones los valores sobre los que queremos que se opere en el cuerpo del procedimiento o función.

```
(nombre_parámetro {IN | OUT | IN OUT} tipo de dato, ...)
```

Examinando la sintaxis, se puede ver que los parámetros tienen un nombre para identificarlos, pueden ser IN, OUT o IN OUT, si se omite, por defecto son IN, y son de un tipo de dato, es decir, carácter, fecha, numérico, etc.

En programación, en el tema de llamadas a procedimientos y funciones se manejan dos conceptos muy importantes cuando nos referimos a parámetros de los procedimientos y funciones, estos conceptos son el de parámetro formal y parámetro actual. Entender estos conceptos es fundamental para entender si declaramos un parámetro como IN, OUT o IN OUT.

- **Parámetro formal**: es el nombre del parámetro definido en la función, funcionan como variables locales en la función o procedimiento, con la particularidad de que se incializan con el valor que tengan los parámetros actuales en el momento de llamarlo.

- **Parámetros actuales:** son los valores que tienen los parámetros cuando se llaman a la función, es el valor que se asignan en la invocación a los parámetros formales.

Por ejemplo, teniendo la siguiente cabecera en la declaración de un procedimiento:

```
CREATE OR REPLACE PROCEDURE
    PRO_EJEMPLO ( P1 IN INT, P2 IN OUT INT) AS
        ...
```

Se declara un parámetro P1 de entrada de tipo entero. Y un parámetro P2 de entrada y salida de tipo entero. P1 y P2 son los parámetros formales.

Ahora se crea el siguiente bloque de código:

```
DECLARE
N1 INT:=3;
N2 INT:=10;
BEGIN
PRO_EJEMPLO(N1,N2) - - LLAMADA AL PROCEDIMIENTO
END;
/
```

Cuando se hace la llamada al procedimiento se está asignando el valor de los parámetros actuales a los parámetros formales, es decir se esta haciendo que P1:=N1 y P2:=N2.

- IN: Significa que el parámetro es de entrada, y que cualquier modificación realizada en el procedimiento no afectará a su valor fuera del procedimiento, el parámetro actual no puede cambiar. Es decir, si en el procedimiento o función se asignara un valor P1, el valor de N1 no se ve afectado.

- OUT: Significa que el parámetro es de salida, es decir, en el procedimiento se va a asignar un valor a este parámetro y va a afectar al parámetro actual, pero no sirve para pasar un valor al procedimiento a través del parámetro formal.

- IN OUT: Significa que el parámetro se usa tanto para entrada como para salida, es decir, cuando se llama a la función o procedimiento se hace la asignación P2:=N2, y cuando el procedimiento termina se hace la asignación N2:=P2.

Para ilustrar esta explicación, se va a exponer un ejemplo clásico en programación, el de cambiar el valor de dos variables entre sí, es decir dados a y b, hacer que b tenga el valor de a y a el de b; se suele hacer usando una tercera variable auxiliar, en este caso se llamará aux, que almacena el valor de una de ellas justo antes de que se asigne el valor de la otra, para no destruirla y para poder hacer el intercambio.

Se diseña el procedimiento intercambio, al que se le pasan dos variables para intercambiar sus valores, luego es necesarios que estos parámetros sean IN OUT, para pasar el valor y recibir el valor intercambiado.

Quedaría de la siguiente manera:

```
───── prointercambio.sql ─────
CREATE OR REPLACE PROCEDURE
INTERCAMBIO(A IN OUT NUMBER, B IN OUT NUMBER) AS
AUX NUMBER;
BEGIN
        AUX:=A;
        A:=B;
        B:=AUX;
END;
/
```

A continuación se crea un programa desde el que llamar al procedimiento intercambio:

```
───── intercambia.sql ─────
DECLARE
N1 NUMBER:=3;
N2 NUMBER:=6;
BEGIN
        DBMS_OUTPUT.PUT_LINE('N1: '||N1||'N2: '||N2);
        INTERCAMBIO(N1,N2);
        DBMS_OUTPUT.PUT_LINE('N1: '||N1||'N2: '||N2);
END;
/
```

Se puede ejecutar el programa desde sqlplus y comprobar que funciona correctamente:

```
SQL> @prointercambio.sql

Procedimiento creado.

SQL> @intercambia.sql;
N1: 3 N2: 6
N1: 6 N2: 3

Procedimiento PL/SQL terminado correctamente.
```

◇ **Actividad 6.9**: Diseña un prodecimiento llamado listarNumeros que pasemos como parámetro un entero, y el procedimiento escriba los números desde el 0 al número que es pasado como parámetro.

◇ **Actividad 6.10**: Diseña un prodecimiento llamado DividirNumero que pasemos como parámetros de entrada: el dividendo y el divisor y devuelva como parámetros de salida: el cociente y el resto.

Usa este procedimiento en un programa en el que se divida 18 entre 4, y que muestre por pantalla el dividendo, divisor, cociente y resto.

6.8.2. Funciones

Las funciones en PL/SQL son muy parecidas a los procedimientos, la principal diferencia es que la función va a devolver, cuando es llamada o invocada, un resultado que será de un tipo de dato concreto, esto hay que indicarlo en la cabecera con RETURN tipo-de-dato tal y como se puede ver en la sintaxis.

Sintaxis:

```
CREATE OR REPLACE FUNCTION
        [esquema].nombre-funcion (nombre-parámetro tipo-de-dato, ..)
RETURN tipo-de-dato
{IS, AS}
Declaración de variables;
Declaración de constantes;
Declaración de cursores;
BEGIN
Cuerpo del subprograma PL/SQL;
-- Alguna sentencia debe ser del estilo RETURN valor;
EXCEPTION
Bloque de excepciones PL/SQL;
END;
/
```

Al menos debe haber una orden RETURN en el código de la función que devuelva un valor del mismo tipo que fue declarada.

Las funciones son muy útiles, y se pueden usar en otras expresiones, con tan solo poner su nombre y los parámetros, y es sustituida en la expresión por el valor devuelto por la función.

El siguiente ejemplo se trata de una función en la que se pasa como parámetro un número, este sirve de límite superior al bucle for que va desde 1 hasta dicho número, sumando en cada iteración el valor del indice; al final al salir del bucle la variable acumula la suma de todos los números desde el 1 al parámtro, por último se devuelve la suma con la intrucción RETURN.

—————————————— funsuma.sql ——————————————

```
CREATE OR REPLACE FUNCTION SUMANUMEROS(A IN NUMBER)
RETURN NUMBER AS
SUMA NUMBER:=0;
BEGIN
        FOR I IN 1..A LOOP
                SUMA:=SUMA+I;
        END LOOP;
        RETURN(SUMA);
END;
/
```

Ahora se podría hacer una instrucción desde un programa como esta:

```
a:=SUMANUMEROS(4)*3;
```

SUMANUMEROS(4) será sustituido por el valor 10 tras ejecutar la función y la variable *a* tomará el valor de 10*3, es decir valdrá 30.

Llamadas a funciones y procedimientos

Se puede llamar a un procedimiento o función desde un bloque anónimo, simplemente poniendo su nombre, y los parámetros actuales.

```
DECLARE
Resultado INT;
BEGIN
Procedimiento_ejemplo1(100,2);
Resultado:=Funcion_Ejemplo1(245);
END;
/
```

Por supuesto, una vez creada una función o procedimiento, se puede utilizar en nuevos procedimientos y funciones.

También podemos invocar a un procedimiento desde el intérprete de comandos de sqlplus usando las ordenes CALL o EXEC.

```
CALL procedimiento_ejemplo1(100,2);
EXEC procedimiento_ejemplo1(100,2);
```

Sin embargo si se quiere usar una función, debemos incluirla en una expresión, por ejemplo, para imprimir el valor numérico que devuelve la función desde el intérprete de comandos, se haría así:

```
CALL DBMS_OUTPUT.PUT_LINE(SUMANUMEROS(10));
```

Este sería el resultado:

```
SQL> CALL DBMS_OUTPUT.PUT_LINE(SUMANUMEROS(10));
55

Llamada terminada.
```

⬦ **Actividad 6.11**: Diseña una función que se pasen como parámetros dos números enteros y nos devuelva el mayor de los dos.

⬦ **Actividad 6.12**: Diseña una función a la que se le pasen como parámetros dos números enteros y nos devuelva verdadero, si el primer parámetro es múltiplo del segundo. Nota: Para poder hacerlo usa la función MOD(a;b) que devuelve el resto de dividir a entre b.

> **¿Sabías que ...?** Los procedimientos y funciones pueden estar contenidos dentro de otros objetos más grandes llamados paquetes, los cuales están compuestos por *la cabecera* y *el cuerpo*.

6.9. Funciones Comunes Predefinidas en PL/SQL

PL/SQL de Oracle proporciona una amplia gama de funciones predefinidas que se pueden usar para realizar diversas operaciones dentro de un bloque PL/SQL. Estas funciones se dividen en varias categorías según su propósito. A continuación, se presenta una descripción de algunas de las funciones predefinidas más comunes en PL/SQL:

Funciones de Manipulación de Cadenas

- **UPPER**: Convierte una cadena a mayúsculas.

  ```
  UPPER('oracle')  -- Resultado: 'ORACLE'
  ```

- **LOWER**: Convierte una cadena a minúsculas.

  ```
  LOWER('ORACLE')  -- Resultado: 'oracle'
  ```

- **SUBSTR**: Devuelve una subcadena de una cadena dada.

  ```
  SUBSTR('oracle', 2, 3)  -- Resultado: 'rac'
  ```

- **INSTR**: Devuelve la posición de una subcadena dentro de una cadena.

  ```
  INSTR('oracle', 'a')  -- Resultado: 4
  ```

- **LENGTH**: Devuelve la longitud de una cadena.

  ```
  LENGTH('oracle')  -- Resultado: 6
  ```

- **TRIM**: Elimina los espacios en blanco de ambos lados de una cadena.

  ```
  TRIM(' oracle ')  -- Resultado: 'oracle'
  ```

- **REPLACE**: Reemplaza todas las ocurrencias de una subcadena dentro de una cadena con otra subcadena.

  ```
  REPLACE('oracle', 'a', 'e')  -- Resultado: 'orecle'
  ```

- **LPAD:** Rellena una cadena a la izquierda con un carácter especificado para alcanzar una longitud deseada.

  ```
  LPAD('oracle', 10, '-') -- Resultado '----oracle'
  -- Añade el caracter '-' a la izquierda
  -- hasta alcanzar una longitud de 10
  ```

- **RPAD:** Rellena una cadena a la derecha con un carácter especificado para alcanzar una longitud deseada.

```
RPAD(cadena, 10, '.') -- Resultado 'oracle----'
-- Añade el caracter '-' a la derecha hasta
-- alcanzar una longitud de 10
```

LPAD y RPAD son muy útiles para conseguir que en los listados las columnas tengan la misma longitud rellenando con espacios en blanco ' '.

Funciones Numéricas

- **ROUND**: Redondea un número a un número específico de decimales.

```
ROUND(123.456, 2)  -- Resultado: 123.46
```

- **TRUNC**: Trunca un número a un número específico de decimales.

```
TRUNC(123.456, 2)  -- Resultado: 123.45
```

- **MOD**: Devuelve el residuo de la división de dos números.

```
MOD(10, 3)  -- Resultado: 1
```

- **ABS**: Devuelve el valor absoluto de un número.

```
ABS(-10)  -- Resultado: 10
```

- **POWER**: Devuelve un número elevado a la potencia de otro número.

```
POWER(2, 3)  -- Resultado: 8
```

- **SQRT**: Devuelve la raíz cuadrada de un número.

```
SQRT(16)  -- Resultado: 4
```

Funciones de Fecha y Hora

- **SYSDATE**: Devuelve la fecha y hora actuales del sistema.

```
SYSDATE  -- Resultado: 28-JUL-2024 (o la fecha y hora actuales)
```

- **ADD_MONTHS**: Añade un número específico de meses a una fecha.

```
ADD_MONTHS(SYSDATE, 3)  -- Resultado: Fecha tres meses después
                        -- de la fecha actual
```

- **MONTHS_BETWEEN**: Devuelve el número de meses entre dos fechas.

```
MONTHS_BETWEEN('01-JAN-2024', '01-JUL-2024')  -- Resultado: 6
```

- **NEXT_DAY**: Devuelve la fecha del próximo día especificado después de una fecha dada.

```
NEXT_DAY(SYSDATE, 'MONDAY')  -- Resultado: La fecha del
                            -- próximo lunes
```

- **LAST_DAY**: Devuelve la última fecha del mes de una fecha dada.

```
LAST_DAY(SYSDATE)  -- Resultado: La última fecha del mes actual
```

- **TRUNC**: Trunca la parte de tiempo de una fecha.

```
TRUNC(SYSDATE)  -- Resultado: La fecha actual sin
                -- la parte de tiempo
```

Funciones de Conversión

- **TO_CHAR**: Convierte una fecha o número en una cadena.

```
TO_CHAR(SYSDATE, 'DD-MON-YYYY')  -- Resultado: '28-JUL-2024'
```

- **TO_DATE**: Convierte una cadena en una fecha.

```
TO_DATE('28-JUL-2024', 'DD-MON-YYYY')  -- Resultado: 28-JUL-2024
```

- **TO_NUMBER**: Convierte una cadena en un número.

```
TO_NUMBER('12345')  -- Resultado: 12345
```

Funciones de Manejo de Nulos

- **NVL**: Sustituye un valor nulo por un valor dado.

```
NVL(expr1, expr2)  -- Resultado: expr1.
-- Si expr1 es nulo devuelve expr2
```

- **NVL2**: Devuelve uno de los dos valores en función de si una expresión es nula o no.

```
NVL2(expr1, expr2, expr3)  -- Resultado: expr2
-- si expr1 es nulo sino expr3.
```

- **COALESCE**: Devuelve el primer valor no nulo en una lista de expresiones.

```
COALESCE(NULL, NULL, 'primer no nulo')
-- Resultado: 'primer no nulo'
```

6.10. Sentencias SQL en PL/SQL

Hasta este punto, se han explicado los aspectos generales de este lenguaje de programación, haciendo incluso una pequeña introducción a la programación. Sin embargo, el propósito de este capítulo va más allá de aprender a programar, interesa aprender a programar en PL/SQL para trabajar con la información almacenada en la base de datos.

A partir de ahora interesa saber cómo integrar en los programas de PL/SQL sentencias SQL, combinándolo con todo lo aprendido hasta el momento: variables, sentencias de control, procedimientos, funciones, etc. Todo jundo va a proporcionar una gran potencia para trabajar con las Bases de Datos de Oracle.

6.10.1. Recuperar datos de la BD con SELECT

Esta operación se va a usar para asignar a nuestras variables en el código valores que son resultado de una consulta realizada con una sentencia SELECT.

Sintaxis:

```
SELECT lista_columnas
INTO {variable_nombre[, ...]| nombre_registro}
FROM nombre_tabla WHERE condicion;
```

Detallando este tipo de operaciones, en primer lugar hay que decir que el resultado de la consulta debe ser una sola fila, ya que si devuelve más se produciría un error. También es importante indicar que la consulta debe coincidir en número y tipo la lista de columnas que devuelve la consulta con el número de variables, o los campos de la variable registro.

En el siguiente ejemplo se puede ver cómo recuperar la suma de los pagos que ha realizado el cliente 1 y luego se imprime.

```
_____ seleccion01.sql _____

DECLARE
Pagado NUMBER;
BEGIN
  SELECT SUM(CANTIDAD) INTO Pagado
  FROM PAGOS WHERE CODIGOCLIENTE=1;
  DBMS_OUTPUT.PUT_LINE('El cliente 1 ha pagado: '||Pagado);
END;
/
```

En este otro ejemplo se recupera un registro entero de la tabla Clientes sobre un registro declarado igual que los registros de la tabla Clientes usando %ROWTYPE e imprime algunos campos.

```
_____ seleccion02.sql _____

DECLARE
RegCli CLIENTES%ROWTYPE;
BEGIN
  SELECT * INTO RegCli
  FROM CLIENTES WHERE CODIGOCLIENTE=1;
  DBMS_OUTPUT.PUT_LINE('Nombre:   '||RegCli.NOMBRECLIENTE);
  DBMS_OUTPUT.PUT_LINE('Teléfono: '||RegCli.TELEFONO);
  DBMS_OUTPUT.PUT_LINE('Ciudad:   '||RegCli.CIUDAD);
END;
/
```

6.10.2. Inserción de datos en PL/SQL

Otra operación permitida es añadir registros en una tabla. En PL/SQL podemos usar la orden INSERT de SQL que ya vimos.

Sintasis:

```
INSERT INTO nombre_tabla
[(campo1[,campo2,...])]
values
(valor1,valor2,...);
```

Por ejemplo, podemos añadir el pago de un Cliente.

```
DECLARE
CANTIDADPAGO NUMBER:=30000;
BEGIN
        INSERT INTO PAGOS VALUES
        (1,'PayPal','ak-000031','07-SEP-2024',CANTIDADPAGO);
END;
```

6.10.3. Actualización de datos en PL/SQL

Por último, comentar la posibilidad de modificar los valores de los campos de una tabla.

Sintaxis:

```
UPDATE nombreTabla
SET  campo1 = valor1
        {[,campo2> = valor2,...,campoN = valorN]}
[ WHERE condicion];
```

Por ejemplo, un procedimiento que aumente un tanto ciento el precio de venta de los productos de gama que deseemos.

—————————— subeproducto.sql ——————————

```
CREATE OR REPLACE PROCEDURE
  SUBEPRODUCTO(AUMENTO IN INT,TIPO IN PRODUCTOS.GAMA%TYPE)
AS
BEGIN
UPDATE PRODUCTOS
SET PRECIOVENTA=PRECIOVENTA+PRECIOVENTA*AUMENTO/100
WHERE GAMA=TIPO;
END;
/
```

En la siguiente imagen se puede ver, cómo aumenta el diez por ciento a los productos de la gama 'Herramientas'.

```
SQL> SELECT NOMBRE, PRECIOVEnTA, GAMA FROM PRODUCTOS WHERE GAMA='Herramientas';

NOMBRE                                                  PRECIOVENTA GAMA
-------------------------------------------------- ----------- -------------
Sierra de Poda 400MM                                          13,86 Herramientas
Pala                                                          13,86 Herramientas
Rastrillo de Jardín                                           11,88 Herramientas
Azadón                                                        11,88 Herramientas

SQL> EXEC SUBEPRODUCTO(10,'Herramientas');

Procedimiento PL/SQL terminado correctamente.

SQL> SELECT NOMBRE, PRECIOVEnTA, GAMA FROM PRODUCTOS WHERE GAMA='Herramientas';

NOMBRE                                                  PRECIOVENTA GAMA
-------------------------------------------------- ----------- -------------
Sierra de Poda 400MM                                          15,25 Herramientas
Pala                                                          15,25 Herramientas
Rastrillo de Jardín                                           13,07 Herramientas
Azadón                                                        13,07 Herramientas
```

Como se puede comprobar la posibilidad de añadir sentencias SQL en el código, funciones y procedimientos nos da una tremenda potencia para programar nuestra Base de Datos.

6.11. Acceso a la Base de Datos. Cursores

Los cursores son áreas de memoria que almacenan datos extraídos de la Base de Datos mediante una consulta SELECT (SQL), o por manipulación de datos con sentencias de actualización o inserción de datos (DML). Los hay de dos tipos: los implícitos y los explícitos.

Los implícitos no necesitan ser declarados por el programador, están en todas las sentencias del DML y SELECT de PL/SQL que devuelven una sola fila. En caso de que devuelva más de una fila, la consulta produciría un error que deberíamos de tratar en el bloque de excepciones (EXPECPTION).

Para declarar un cursor de forma explícita usamos la siguiente sintaxis.

```
CURSOR nombre_cursor IS Sentencia SELECT ; /* sin INTO */
```

Por Ejemplo:

```
DECLARE
varNombre Clientes.Nombre\%TYPE;
varCiudad Clientes.Ciudad\%TYPE;
```

```
CURSOR cursorCliente IS SELECT nombre, ciudad
  FROM Clientes WHERE Pais = 'España';
BEGIN
  ...
END;
 /
```

Con la declaración del cursor tan solo se reserva el espacio para recuperar la consulta, pero para trabajar con el cursor en el bloque de código va a ser necesario realizar varias operaciones. Estas son: apertura del cursor, recuperación de datos y cierre del cursor.

Para abrir el cursor hay que escribir: OPEN NombredelCursor; es justo en ese momento cuando se ejecuta la consulta SQL indicada en la declaración del cursor.

El cursor quedaría situado justo en la primera fila devuelta por la consulta, y en caso de que la consulta no devolviera ninguna fila no se produciría ningún error, este hecho se debe controlar mediante programación. Preguntando por el valor de los atributos de estado del cursor se puede conocer entre otras cosas: cuántas filas devuelve la consulta, si el cursor está abierto, si la última lectura tuvo éxito...

Para recuperar los datos, es decir hacer una lectura de una fila, se hace usando la orden FETCH, y se debe hacer sobre tantas variables del mismo tipo que campos tenga la fila que se recupera, o bien sobre una variable de tipo registro con los mismos campos. Lógicamente también tienen que coincidir el orden, los tipos de datos de las variables y de los campos de la consulta.

```
FETCH Nombre_del Cursor INTO {[var1,var2,...] | nom_registro};
```

Cada vez que se realiza un FETCH, el cursor avanza a la siguiente fila recuperada, por lo que es necesario comprobar los atributos del cursor para ver si el cursor tiene filas o ya ha llegado al final. Se debe recorrer el cursor hasta encontrar la información que interese o no haya más filas, y es necesario usar un bucle para repetir estas acciones hasta conseguir el resultado buscado.

Después de trabajar con el cursor se debe cerrar tecleando: CLOSE Nombredel-Cursor;

Con esta orden se desactiva el cursor liberando la memoria que ocupaban los datos recuperados por este al abrirlo.

Se deben abrir y cerrar los cursores según se necesiten, hay un límite en el número de cursores que pueden estar abiertos a la vez en la BD.

Una vez cerrado no es posible recuperar datos, hasta que no se abra de nuevo.

Para comprobar el estado de un cursor se pueden comprobar sus atributos, esto se hace poniendo: NombredelCursor %atributo_deseado.

Los atributos son:

- %ISOPEN: Devuelve un valor Booleano, TRUE si está abierto el cursor o FALSE si está cerrado.

- %NOTFOUND: TRUE si tras la recuperación más reciente no se recuperó ninguna fila.

- %FOUND: TRUE si tras la recuperación más reciente se recuperó una fila.

- %ROWCOUNT: número de filas devueltas hasta ese momento.

Resumiendo, para trabajar con un cursor explícito, se debe declarar el cursor, abrirlo, mientras se puedan recuperar filas se leen con FETCH pasando los datos a las variables o variable tipo registro que sea del mismo tipo que los datos de la fila, y por último, cuando se ha procesado todo el cursor o se ha obtenido la información deseada, se cierra el cursor para liberar la memoria.

Se verá mejor con un ejemplo, sobre todo es interesante observar cómo se puede programar el proceso de la lectura de las filas del cursor, se han añadido comentarios para una mayor comprensión.

```
DECLARE
CURSOR cursorEmpleado IS SELECT Nombre, Cargo, Oficina
 FROM Empleados;
 -- Usamos %ROWTYPE para  mismo tipo que la fila
 -- que devuelve el cursor
 registroEmpleado cursorEmpleado%ROWTYPE;
BEGIN
OPEN cursorEmpleado; /* Abrir cursor */
FETCH cursorEmpleado INTO registroEmpleado; /* Leer primera fila */
-- iniciamos el proceso de la consulta
WHILE cursorEmpleado%FOUND LOOP /* mientras haya filas */
   DBMS_OUTPUT.PUT_LINE(registroEmpleado.Nombre||' '
```

```
    ||registroEmpleado.Cargo ||' '
    ||registroEmpleado.Oficina); /*  procesamos la información */
   FETCH cursorEmpleado INTO registroeEmpleado; /*leer siguiente*/
END LOOP;
CLOSE emp_cursor; /* cerrar cursor */
/* presentar resultados finales del proceso  (si procede) */
END;
/
```

Hay que observar que después de abrir el cursor se hace el primer FETCH, como la condición del bucle es que la operación de recuperación sea cierta: lo hace comprobando el valor de cursorEmpleado %FOUND. En caso de que la consulta estuviera vacía no procesa nada, en cualquier otro caso va a procesar registros hasta que haya una operación FECTH que no devuelva nada, es decir, cuando se llegue al final del cursor. En ese momento cursorEmpleado %FOUND vale *Falso*

Se puede simplificar el código para recorrer un cursor, usando el FOR para cursores, la sintaxis sería la siguiente:

```
                        recorrecursor01.sql

FOR variableRegistro IN NombredelCursor LOOP
instrucción1;
instrucción2;
....
END LOOP;
```

Esta sintaxis ofrece muchas ventajas:

- No es necesario ni abrir ni cerrar el cursor.

- La variableRegistro se declara implícitamente, es decir, no es necesario declararla previamente, solo está disponible dentro del bucle FOR.

- Otra ventaja es que en cada iteración del bucle, también implícitamente, se hace una operación FETCH sobre la variableRegistro.

- Por último el bucle finaliza automáticamente cuando recorre todas las filas del cursor.

El mismo ejemplo anterior usando esta sintaxis quedaría así:

```
                    ─── recorrecursor02.sql ───

DECLARE
CURSOR cursorEmpleado IS SELECT Nombre, Cargo, Oficina
       FROM Empleados;
BEGIN
-- iniciamos el proceso de la consulta no necesitamos
FOR registroEmpleado IN cursorEmpleado LOOP
       -- Dentro del bucle se procesa la información
       DBMS_OUTPUT.PUT_LINE(registroEmpleado.Nombre||' '
       ||registroEmpleado.Cargo ||' '
       ||registroEmpleado.Oficina);
       -- En cada iteración se hace una lectura automáticamente
       END LOOP; /*el bucle finaliza cuando no hay más filas*/

 /* presentar resultados finales del proceso (si procede)*/
END;
/
```

6.12. Excepciones en PL/SQL

Una excepción es un Identificador PL/SQL que surge durante la ejecución del código provocado por un error, o bien porque el programador lo lanza explícitamente.

Cuando salta la excepción, si se ha desarrollado el bloque de código de tratamiento de la excepción entonces se puede capturar y tratarlo, bien en el propio bloque de código o en el padre.

Si la excepción no es capturada, Oracle mostrará un error al usuario.

Como norma general, interesa saber que cuando se produce una excepción en la sección ejecutable, tener desarrollado el bloque EXCEPTION, donde se tratará el error.

Tratamiento de excepciones implícitas

En este apartado se van a estudiar los errores de ejecución en los que es el propio Oracle el que lanza implícitamente la excepción.

En el código se desarrolla el bloque EXCEPTION, donde se intentará controlar los errores previsibles, si por ejemplo se estan recuperando datos con una consulta SELECT sobre una variable, puede ser previsible que se produzca un error si no se recupera ningún valor o por el contrario, si la consulta devuelve muchos valores. En estos casos, Oracle producirá la excepción NO_DATA_FOUND o TOO_MANY_ROWS respectivamente, si se captura la EXCEPTION antes de que llegue al usuario, se puede tener programado lo que se debe hacer en cada caso, evitando la teminación abrupta e incorrecta del progama. El formato general para tratar este tipo de excepciones es:
Sintaxis.

```
[EXCEPTION
    WHEN exception1 [OR exception2...]] THEN
    ...
    [WHEN exception3 [OR exception4...] THEN
    ...]
    [WHEN OTHERS THEN
    ...]
```

En cada cláusula WHEN se identifica la excepción previsible que es conocida, y además se tiene la posiblidad en el apartado *WHEN OTHERS* de capturar cualquier excepción que no corresponda con ninguna de las anteriores, quedando de esta forma todas las excepciones capturadas, incluso aquellas imprevistas.

Ejemplo:

```
──────────────── errores.sql ────────────────
EXCEPTION
WHEN TOO_MANY_ROWS THEN
  DBMS_OUTPUT.PUT_LINE('Se recuperaron muchos datos');
WHEN NO_DATA_FOUND THEN
  DBMS_OUTPUT.PUT_LINE('No se recupero ningún dato');
WHEN OTHERS THEN
  DBMS_OUTPUT.PUT_LINE('Se produjo un error inesperado');
```

Al capturar la excepción no se pierde el control del programa.

Cuando Oracle lanza una excepción, esta es identificada por un número y tiene asociado un mensaje, que son asociadas a dos funciones predefinidas por ORACLE SQLCODE y SQLERR, de esta forma se puede capturar la EXCEPTION en el apartado OTHERS, y mostrar el contenido de estas variables.

```
────────────────── error01.sql ──────────────────
DECLARE
  resultado  NUMBER;
BEGIN
  SELECT 14/0 INTO resultado
  FROM DUAL;
END;
/
```

El siguiente codigo es el mismo pero capturando la excepción y mostrando los mensajes de error predefinido por Oracle.

```
────────────────── error02.sql ──────────────────
DECLARE
  resultado  NUMBER;
BEGIN
  SELECT 14/0 INTO resultado FROM DUAL;
EXCEPTION
WHEN OTHERS THEN
  DBMS_OUTPUT.put_line('Código de error nº:'||SQLCODE);
  DBMS_OUTPUT.put_line(SQLERRM);
END;
/
```

Ejecutando ambos códigos en la consola de sqlplus

```
SQL> @error01.sql
DECLARE
*
ERROR en línea 1:
ORA-01476: el divisor es igual a cero
ORA-06512: en línea 6


SQL> @error02.sql
Error:-1476
ORA-01476: el divisor es igual a cero

Procedimiento PL/SQL terminado correctamente.

SQL>
```

En el primer caso el programa 'aborta', no finaliza correctamente, sin embargo, en el segundo caso el procedimiento acaba correctamente. Esta claro el mensaje del sistema: 'Procedimiento PL/SQL terminado correctamente.'. Esto es muy importante, porque si las excepciones son capturadas cuando se produzca un error en el programa, en una llamada a procedimiento o función, se ejecutan las intrucciones del bloque de tratamiento de la excepción, y continúa la ejecución del programa. Sin embargo, si se produce un error que no es capturado el programa acaba, aborta su ejecución.

Algunos de los valores de excepciones que pueden interceptarse son:

- **CASE_NOT_FOUND:** ninguna de las condiciones de la sentencia *WHEN* en la estructura *CASE* se corresponde con el valor evaluado y no existe cláusula *ELSE*.

- **CURSOR_ALREADY_OPEN:** el cursor que intenta abrirse ya está abierto.

- **INVALID_CURSOR:** la operación que está intentando realizarse con el cursor no es válida, por ejemplo, porque quiera cerrarse un cursor que no se ha abierto previamente.

- **INVALID_NUMBER o VALUE_ERROR:** la conversión de una cadena a valor numérico no es posible porque la cadena no representa un valor numérico válido.

- **VALUE_ERROR:** error ocurrido en alguna operación aritmética, de conversión o truncado, por ejemplo, cuando se intenta insertar en una variable un valor de más tamaño.

- **LOGIN_DENIED:** un programa está intentando acceder a la base de datos con un usuario o password incorrectos.

- **NOT_LOGGED_ON:** un programa está intentando ejecutar algo en la base de datos sin haber formalizado previamente la conexión.

- **NO_DATA_FOUND:** una sentencia *SELECT INTO* no devuelve ningún registro.

- **TOO_MANY_ROWS:** una sentencia *SELECT INTO* devuelve más de un registro.

- **TIMEOUT_ON_RESOURCE:** se ha acabado el tiempo que el SGBD puede esperar por algún recurso.

- **ZERO_DIVIDE:** algún programa intenta hacer una división de un número entre cero.

- **OTHERS:** es la opción por defecto. Interceptará todos los errores no tenidos en cuenta en las condiciones *WHEN* anteriores.

El tratamiento del error es un tema extenso, en este capítulo solo se pretende poner en conocimiento del alumno su existencia y concienciarlo de que es un problema que se debe tratar. Aquí tan solo se ha explicado como capturar los errores que lanza Oracle. A continuación se va a explicar las excepciones que pueden ser lanzadas por el programador.

Excepciones lanzadas por el programador

Con la sentencia RAISE el desarrollador puede lanzar una excepción de forma explícita. Es posible utilizar esta sentencia en cualquier lugar que se encuentre dentro del alcance de la excepción, donde está declarada, se hace igual que la declaración de variables.

Sintaxis:

```
DECLARE
-- Se declara en la misma zona que las variables y cursores
        NOMBRE_DE_LA_EXECEPCION EXCEPTION
BEGIN
      ...
    -- Es lanzada con la orden RAISE donde interese
        RAISE NOMBRE_DE_LA_EXCEPCION
      ...
        EXCEPTION
```

```
      WHEN NOMBRE_DE_LA_EXCEPCION THEN
            -- Instucciones para tratar la excepción.

END;
```

En el siguiente ejemplo, se crea una excepción propia para tratar los valores negativos, como se puede observar, se define la excepción en el bloque *DECLARE*. En el cuerpo del programa se detecta la situación en la que el número puede ser negativo y se lanza la excepción con la sentencia *RAISE*, finalmente se hace el tratamiento de la excepción en el Bloque *EXCEPTION*.

```
──────────────── lanzaerror.sql ────────────────

DECLARE
  -- Declaramos una excepcion identificada por VALOR_NEGATIVO
     PUNTOS_NEGATIVOS EXCEPTION;
     puntuacion NUMBER;
BEGIN
          -- Ejecucion
        ...
        valor := -10;
        IF puntuacion < 0 THEN
                RAISE PUNTOS_NEGATIVOS;
        END IF;
        ...
EXCEPTION
  -- Tratamiento de la Excepción
        WHEN PUNTOS_NEGATIVOS THEN
        dbms_output.put_line('No están permitidas
        puntuaciones negativas');
END;
```

6.13. Disparadores o Triggers

Un trigger es código PL/SQL parecido a los procedimientos y funciones, pero que tiene la particularidad de estar asociado a una tabla y de ejecutarse automáticamente como reacción a una operación DML específica (INSERT, UPDATE o DELETE) sobre dicha tabla.

Sintaxis

```
CREATE {OR REPLACE} TRIGGER nombre_disp
    [BEFORE|AFTER] [DELETE|INSERT|UPDATE {OF columnas}]
        [OR [DELETE|INSERT|UPDATE {OF columnas}]...]
        ON tabla
        [FOR EACH ROW [WHEN condicion disparo]]
        [DECLARE]
        -- Declaración de variables locales
        BEGIN
        -- Instrucciones de ejecución
        [EXCEPTION]
        -- Instrucciones de excepción
        END;
```

Observando la sintaxis, es prácticamente igual que la de las funciones y procedimientos, la principal diferencia es la cabecera. Tras poner el nombre del TRIGGER, a continuación viene la temporalidad, es decir, cuándo se ejecuta el trigger:

- BEFORE: Indica que el código se va a ejecutar antes de la operación DML (DELETE,INSERT,UPDATE).

- AFTER: Indica que el código se va a ejecutar justo después de realizar la operación DML.

Lo siguiente a indicar es la operación con la que se desea que salte la ejecución del código del Trigger, si no se indica nada, se ejecutaría con cualquier operación DML sobre la tabla, se puede elegir una o varias, incluso se puede seleccionar que sea al modificar una columna determinada de la tabla, se puede unir varias operaciones usando el operador OR.

Una vez indicada las operaciones ante las que se 'disparía' el trigger y sobre qué tabla, se debe indicar si el disparador es de fila o de orden. El modificador FOR EACH ROW indica que el trigger se disparará cada vez que se realizan operaciones sobre cada fila de la tabla. Si se acompaña del modificador WHEN, se establece una restricción; el trigger solo actuará, sobre las filas que satisfagan la restricción. Si no se indica la cláusula FOR EACH ROW el código solo se ejecuta una vez por operación independientemente de las filas que se vean afectadas por la operación DML.

Finalmente en el cuerpo del programa, es decir, entre el BEGIN y END, se puede codificar cualquier orden de consulta o manipulación de la base de datos, y llamadas a funciones o procedimientos como en cualquier codigo PL/SQL, respentando la integridad de la Base de Datos. Tampoco se puede usar el control de transacciones (commit y rollback). Los prodedimientos y funciones a las que invoque el trigger deben cumplir también las restricciones anteriores.

Cuando el trigger puede ser disparado por varias operaciones, se puede conocer dentro del cuerpo del trigger qué operación lo lanzó, para ello hay que hacer uso de los predicados condicionales en combinación con sentencias IF. Los predicados condicionales son los siguientes:

- Inserting: devuelve el valor TRUE cuando el trigger ha sido disparado por una orden INSERT.

- Deleting: será TRUE si ha sido disparado por una orden DELETE.

- Updating: tendrá valor true si trigger ha sido disparado por una orden UPDATE.

- Updating (columna): Retorna TRUE cuando el trigger ha sido disparado por una orden UPDATE y la columna ha sido modificada.

Como se indicó anteriormente, si se usa la cláusula FOR EACH ROW, se estaría usando un disparador con nivel de fila, y se ejecuta el código una vez por cada fila procesada por la orden que provoca el disparo. Dentro del cuerpo del trigger al programador le puede interesar acceder a la información de la fila que se está procesando en ese momento, para ello PL/SQL nos facilita dos pseudo-registros, :old y :new, que serán registros del mismo tipo que la tabla, es decir, tabla %ROWTYPE.

Orden	:old	:new
INSERT	No definido; todos los campos toman el valor NULL.	Valores que se insertan cuando se complete la orden.
UPDATE	Valores originales de la fila, antes de la actualización.	Nuevos valores que se escriben cuando se complete la orden.
DELETE	Valores originales, antes del borrado de la fila.	No definido; todos los campos toman el valor NULL

Resumimos con el siguiente ejemplo los conceptos aprendidos:

```
──────────────── auditarPagos ────────────────

CREATE OR REPLACE TRIGGER auditarPagos
  BEFORE INSERT OR DELETE OR UPDATE
  OR UPDATE OF CANTIDAD ON Pagos FOR EACH ROW
BEGIN
  IF INSERTING THEN
    INSERT INTO audiPagos VALUES (USER ||' Introduce Pago Código:
    ||:NEW.IDTRANSACCION ||' Cantidad: '||:NEW.CANTIDAD);
  ELSIF DELETING THEN
    INSERT INTO audiPagos VALUES (USER ||' Borra Pago Código: '
    ||:OLD.IDTRANSACCION ||' Cantidad: '|| :OLD.CANTIDAD );
  ELSIF UPDATING('CANTIDAD') THEN
    INSERT INTO audiPagos VALUES (USER ||' modifica la cantidad
    de la operación Código: '||:OLD.IDTRANSACCION ||
    ' de ' || :OLD.CANTIDAD ||' a '||:NEW.CANTIDAD);
  ELSIF UPDATING THEN
    INSERT INTO audiPagos VALUES (USER || ' modifica Código: ' ||
    :OLD.IDTRANSACCION ||' Código actual: ' || :NEW.IDTRANSACCION);
  END IF;
END;
/
```

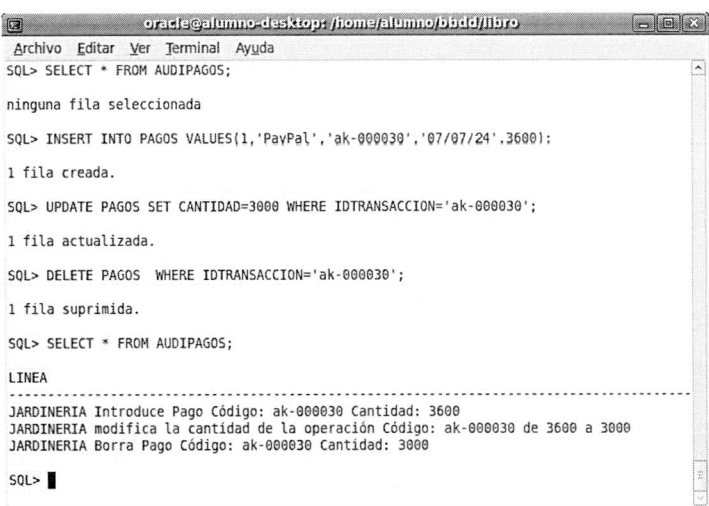

En el ejemplo anterior, se ha programado un trigger que cada vez que se modifica una cantidad, se inserta o borra un registro, hace una entrada de texto en la Tabla

AudiPagos que solo contiene un campo VARCHAR. En la imagen anterior puedes comprobar cómo al realizar operaciones indicadas sobre la tabla Pagos, se crea una entrada en la tabla audiPagos.

Puede haber varios trigger sobre una misma tabla, por ejemplo, que se ejecute un código al actualizar registros sobre una tabla a nivel de orden, de registro, y además que se hagan una serie de comprobaciones antes y después de la operación.

PL/SQL establece el siguiente orden en la ejecución de los triggers: Los disparadores se activan al ejecutarse la sentencia SQL.

1. Si existe, se ejecuta el trigger de tipo BEFORE con nivel de orden.

2. Para cada fila a la que afecte la orden:

    1) Se ejecuta si existe, el disparador de tipo BEFORE con nivel de fila.

    2) Se ejecuta la propia orden.

    3) Se ejecuta si existe, el disparador de tipo AFTER con nivel de fila.

3. Se ejecuta, si existe, el disparador de tipo AFTER con nivel de orden.

⋄ **Actividad 6.13**: Crea un trigger asociado a la tabla Pedidos, de manera que cuando queramos cambiar el valor de CodigoPedido de la tabla DetallePedidos. Esto simularía la opción ON UPDATE CASCADE que Oracle no implementa.

6.14. Prácticas Resueltas

Práctica 6.1: Procedimientos y funciones. Números Primos

Un número primo solo es divisible por 1 y por él mismo, por lo que deseamos que diseñes una función que determine si un determinado número es primo o no.

También deseamos crear un procedimiento que use la función anterior y que pasándolo un número como parámetro, liste todos los números primos menores o iguales a dicho número.

1. Lo primero que vamos a hacer es crear la función que determine si un número es primo o no. Usamos una variable lógica llamada primo que iniciamos a TRUE, y luego dividimos el número que estamos probando si es primo entre los números menores que él, desde el 2 a la mitad del número, del bucle sale bien porque prueba todos las divisiones y ninguna da exacta, y sería un número primo, o porque una división fue exacta y el número no es primo. Para comprobar el resto de una división usamos la función MOD(Dividendo,Divisor) y devuelve el resto. La solución sería así:

```
───────────────── funcionprimo.sql ─────────────────

CREATE OR REPLACE FUNCTION
    ESPRIMO(N IN INT) RETURN BOOLEAN IS
PRIMO BOOLEAN:=TRUE;
I INTEGER;
BEGIN
I:=2;
WIIILE (i<= N/2 AND PRIMO) LOOP
        IF MOD(N,I)=0 THEN
                PRIMO:=FALSE;
        END IF;
        I:=I+1;
END  LOOP;
RETURN PRIMO;
END;
/
```

2. El procedimiento para listar primos, va a ser muy sencillo al basarnos en la función creada en el punto anterior, basta con ir generando números, probar si son primos e imprimirlos. La solución sería así:

```
                        procedimientoprimo.sql

CREATE OR REPLACE PROCEDURE P_PRIMO(NPRIMO IN INT)
IS
BEGIN
FOR J IN 1..NPRIMO LOOP
        IF ESPRIMO(J) THEN
                DBMS_OUTPUT.PUT_LINE(J);
        END IF;
END LOOP;
END;
/
```

◇

Práctica 6.2: Uso de cursores y control de errores

Crea un procedimiento llamado VER_VENTAS_PRODUCTO que al pasar el código
de un producto nos muestre el nombre del producto, la gama a la que pertenece
y el proveedor que lo suminstra. Además, debe listar la fecha, número de pedido,
unidades vendidas, precio de venta, importe de venta en ese pedido. Finalmente, debe
indicar el número total de unidades vendidas, y el total facturado de este producto.
También deseamos incluir un bloque de control de errores (bloque exception).

```
                        VerVentasProducto.sql

CREATE OR REPLACE PROCEDURE VER_VENTAS_PRODUCTO
(CodPro IN DetallePedidos.CodigoProducto%TYPE) AS
CURSOR CPro IS
    SELECT CodigoPedido, FechaPedido, Cantidad, PrecioUnidad,
    Cantidad*PrecioUnidad AS Total
    FROM Pedidos NATURAL JOIN DetallePedidos
    NATURAL JOIN Productos
    WHERE CodigoProducto=CodPro;
RegPro Productos%ROWTYPE;
TotalCantidad NUMBER:=0;
TotalVentas NUMBER:=0;
BEGIN
SELECT * INTO RegPro
        FROM Productos
        WHERE CodigoProducto=CodPro;
```

```
-- Mostramos  los datos del producto
DBMS_OUTPUT.PUT_LINE('Código Producto: '||RegPro.CodigoProducto);
DBMS_OUTPUT.PUT_LINE('Nombre del Producto: '||RegPro.Nombre);
DBMS_OUTPUT.PUT_LINE('Proveedor : '||RegPro.Proveedor);
DBMS_OUTPUT.PUT_LINE('Cantidad en Stock : '||
RegPro.CantidadEnStock);

-- Hacemos la cabecera del listado
DBMS_OUTPUT.PUT_LINE('CODIGO  FECHA   CANTIDAD  PRECIO  TOTAL');
DBMS_OUTPUT.PUT_LINE('-------------------------------------');

-- Debemos recorrer el cursor para listar los pedidos
FOR RP IN CPro LOOP
        DBMS_OUTPUT.PUT_LINE(LPAD(RP.CodigoPedido,6,' ')||
        LPAD(RP.FechaPedido,10,' ')||LPAD(RP.Cantidad,9,' ')||
        LPAD(RP.PrecioUnidad,6,' ')||LPAD(RP.Total,7,' '));
END LOOP;

-- Hacemos unas consultas para los resultados totales
SELECT SUM(Cantidad) INTO TotalCantidad
FROM DetallePedidos
WHERE CodigoProducto=CodPro;

SELECT SUM(Cantidad*PrecioUnidad) INTO TotalVentas
FROM DetallePedidos
WHERE CodigoProducto=CodPro;

DBMS_OUTPUT.PUT_LINE('TOTAL CANTIDADES VENDIDAS: '||TotalCantidad);
DBMS_OUTPUT.PUT_LINE('CANTIDAD TOTAL FACTURADA : '||TotalVentas);
-- Incluimos un bloque básico de tratamiento de errores
EXCEPTION
WHEN NO_DATA_FOUND THEN
        DBMS_OUTPUT.PUT_LINE(' NO EXISTE EL CÓDIGO DEL PRODUCTO ');
WHEN OTHERS THEN
        DBMS_OUTPUT.PUT_LINE(' ERROR DESCONOCIDO ');
END;
/
```

◇

Práctica 6.3: Uso de Triggers

Crea un TRIGGER para que cuando se inserte un pago en la tabla PAGOS se aumente el limiteCredito del cliente la cantidad pagada y cuando se borre un pago se disminuya el limiteCredito la cantidad borrada en la tabla CLIENTES.

```
──────── muestrapedido.sql ────────

-- SOLUCIÓN 1 CREANDO DOS TRIGGERS
-- TRIGGER QUE AUMENTA EL LÍMITE DE CRÉDITO
-- CUANDO REALIZAMOS UN PAGO
CREATE OR REPLACE TRIGGER trg_incrementar_limiteCredito
AFTER INSERT ON PAGOS
FOR EACH ROW
DECLARE
BEGIN
UPDATE CLIENTES
SET limiteCredito = limiteCredito + :NEW.cantidad
WHERE CodigoCliente = :NEW.CodigoCliente;
END;
/

-- TRIGGER QUE DISMINUYE EL LIMITE DE CRÉDITO
-- CUANDO ELIMINAMOS UN PAGO
CREATE OR REPLACE TRIGGER trg_decrementar_limiteCredito
AFTER DELETE ON PAGOS
FOR EACH ROW
DECLARE
BEGIN
UPDATE CLIENTES
SET limiteCredito = limiteCredito - :OLD.cantidad
WHERE CodigoCliente = :OLD.CodigoCliente;
END;
/

-- SOLUCIÓN 2: REFUNDIÉNDOLOS EN UN SOLO TRIGGER
CREATE OR REPLACE TRIGGER trg_modificar_limiteCredito
AFTER INSERT OR DELETE ON PAGOS
FOR EACH ROW
DECLARE
BEGIN
```

```
IF INSERTING THEN
UPDATE CLIENTES
SET limiteCredito = limiteCredito + :NEW.cantidad
WHERE CodigoCliente = :NEW.CodigoCliente;
ELSIF DELETING THEN
UPDATE CLIENTES
SET limiteCredito = limiteCredito - :OLD.cantidad
WHERE CodigoCliente = :OLD.CodigoCliente;
END IF;
END;
/
```

◇

6.15. Prácticas Propuestas

Práctica 6.4: Funciones y Procedimientos. El factorial

El factorial de un número se define como ese número multiplicado por todos los números menores que él hasta el 1.
Se representa con el símbolo '!'.

```
4! = 4 x 3 x 2 x 1 = 24
3! = 3 x 2 x 1 = 6
0! = 1
```

Crea una función llamada factorial que le pasemos como parámetro un número y devuelva el factorial de dicho número. $\diamond$

Práctica 6.5: Funciones y Procedimientos. Número combinatorio

El número combinatorio se representa según la siguiente fórmula:

$$\binom{n}{k} = \frac{n!}{k!\,(n-k)!}$$

Crea una función que calcule el valor de un número combinatorio apoyándote en la función factorial creada en el ejercicio anterior. El número combinatorio representa el número de combinaciones de n elementos tomados en grupos de k elementos. Es el caso de la loteria primitiva, que son 49 números tomadas de 6 es 6. Calcula su número combinatorio y sabrás cuántas son las posibles combinaciones de la lotería primitiva.

$$\binom{49}{6} = ?`?$$

     $\diamond$

Práctica 6.6: Funciones y Procedimientos. Facturación

Abre la base de datos de jardineria. El gerente de la empresa nos ha pedido que hagamos más fáciles las consultas sobre la facturación de los clientes. Para ello, tras analizar el problema, hemos pensado en crear una función y un procedimiento que nos facilite la tarea.

1. Crea una función llamada CALCULA_FACTURACION_CLIENTE de manera que pasemos como parámetro el codigocliente, y un año y nos devuelva la lo que ha facturado ese cliente en ese año.

2. Crea el procedimiento LISTAR_FACTURACION_CLIENTES_ANIO que pasemos como parámetro el año y usando la función anterior liste el nombre de Cliente, Ciudad y País y el Total Facturado (Usando la función creada en el ejercicio anterior) ordenado en orden inverso por volumen de facturación. Además, debe de mostrar el total facturado ese año.

◇

Práctica 6.7: Cursores y Excepciones

Deseamos tener un procedimiento que pasemos el código de un cliente y nos liste los datos de ese cliente: Código, Nombre, Ciudad y País, así como los pagos que ha realizado, ordenados cronológicamente. Para finalizar que muestre la cantidad total pagada. Fíjate bien en la imagen capturada para ver todos los detalles que debe mostrar el procedimiento. Implementa también el tratamiento de excepciones.

◇

Práctica 6.8: Triggers. Control de Stock

Es muy importante para la empresa saber en todo momento el número de productos que tenemos disponibles. Conocemos el número de unidades disponibles de un producto por el valor del campo CantidadEnStock de la tabla de Productos.

Queremos que cuando se producen ventas o devoluciones este campo se actualice automáticamente. Para ello vamos a diseñar un disparador o trigger que realice lo siguiente:

- Cuando se inserte una línea de DetallePedidos, se disminuya la misma cantidad en el campo CantidadEnStock de la tabla Productos. Esto sería una venta.

- En el caso de que se elimine una línea de la tabla DetallePedidos deseamos que se aumente la CantidadEnStock del producto la misma cantidad que aparecia en la línea eliminada de DetallePedidos. Esto sería una devolución o anulación.

◇

6.16. Resumen

Los conceptos clave de este capítulo son los siguientes:

- El lenguaje PL/SQL fue desarrollado por Oracle para añadir más potencia de ejecución a las sentencias SQL, se trata de un lenguaje procedimental que permite definir variables, crear estructuras de control de flujo, toma de decisiones, incorporar sentencias de SQL, control de errores...

- Las partes de un programa PL/SQL son el bloque *DECLARE* si necesitamos declarar variables, el bloque *BEGIN..END* en el que van las instrucciones y es el único obligatorio. El subbloque *EXCEPTION*, opcional y contenido en el anterior, donde tratamos los errores. A este tipo básico de código se conoce como Bloque de Código Anónimo.

- PL/SQL permite trabajar con una programación modular, facilitando la reutilización del código a través de los procedimientos y funciones.

- Otro tipo 'especial' de procedimiento muy importante son los TRIGGERS, son procedimientos que se ejecutan automáticamente ante una operación DML (INSERT, DELETE, UPDATE) en una tabla.

- Además de usar los tipos de datos de SQL, PL/SQL nos ofrece algunos nuevos como el tipo de dato Booleano, que es muy importante para la toma de decisiones en los programas.

- Podemos crear expresiones para que sean evaluadas por los programas combinando operandos (variables y constantes) y los operadores para hacer distintas operaciones: aritméticas, lógicas, relacionales...

- Pl/SQL nos permite trabajar con las estructuras de estructuras de control clásicas de los lenguajes de programación: secuencia, alternativa e iteración que sirven para controlar el flujo del programa. Dispone de sentencias IF y CASE para la alternativa, y para las iteraciones los bucles. LOOP, WHILE y FOR.

- PL/SQL además de permitir trabajar con sentencias SELECT, también permite usar sentencias DML como INSERT,DELETE y UPDATE.

- Los cursores, bien sean imlícitos o explícitos, son elementos muy importantes para acceder a la información de la Base de Datos.

- El control de excepciones aunque es un bloque opcional dentro de la programación es muy recomendable utilizarlo para no perder el control de nuestros programas y que estos finalicen de forma correcta.

6.17. Test de repaso

1. Si deseamos que una variable sea del mismo tipo que un registro de una tabla usamos...

a) No se puede hacer.

b) %VARTYPE.

c) %TYPE.

d) %ROWTYPE.

2. ¿Qué bucle es mejor si conocemos el número de iteraciones?

a) LOOP WHEN.

b) LOOP IF EXIT.

c) FOR.

d) WHILE.

3. ¿Cómo se llaman los parámetros que escribimos cuando invocamos a una función

a) Parámetros actuales;

b) Parámetros formales.

c) IN.

d) IN OUT.

4. ¿Podemos crear una tabla desde un programa PL/SQL?

a) Sí.

b) No.

5. A qué corresponde esta cabecera EsCodigoValido(a int) RETURN BOOLEAN IS ... corresponde a

a) Un procedimiento

b) Una función

c) Un triggers

d) Una excepción

6. Si la variable *A* es *TRUE*, y la variable *B* es *FALSO* qué valor tendrá la expresión *A AND B*

a) FALSE

b) NULL

c) TRUE

7. Señala cuánto vale la siguiente expresión $2+3**(2*0)+2$

a) 7

b) 3

c) 9

d) 5

8. ¿Cuál es el operador para concatenar cadenas?

a) ——.

b) ++.

c) &&.

d) **.

9. ¿Con qué orden lanzarías una excepción?

a) RETURN

b) EXCEPTION

c) RAISE

Soluciones: 1.d, 2.c, 3.a, 4.b, 5.b, 6.b, 7.d, 8.a, 9.c

6.18. Comprueba tu aprendizaje

1. Define qué es un cursor, para qué sirve y distintas formas de recorrerlo.

2. Define los distintos bloques que componen un programa PL/SQL.

3. ¿En qué estructuras se pueden agrupar las funciones y procedimientos?

4. Define qué es un disparador.

5. Enumera los tipos de datos tipo carácter.

6. Enumera los tipos y subtipos de datos tipo numérico.

7. Enumera los tipos de datos tipo fecha.

8. Describe los distintos tipos de bucles.

9. Pon un ejemplo de código que use CASE.

10. Pon el ejemplo anterior con IF..ELSIF.. ELSE.

11. ¿Qué es una excepción?

12. ¿Qué ha ocurrido si se lanzó la excepción *TOO_MANY_ROWS*?

13. Explica cómo se usan las funciones especiales *SQLCODE* y *SQLERRM*.

14. ¿Para qué se usa el atributo %TYPE? ¿y %ROWTYPE?

15. Explica cómo se declara un cursor explícitamente.

16. Cómo recorrerías un cursor con un bucle while.

17. Indica cómo se haría con un bucle FOR.

18. ¿Cuál es la principal diferencia entre un procedimiento y una función.

19. Explica qué son los parámetros actuales y formales.

20. ¿Qué significa que un parámetro sea IN, OUT o IN OUT?

21. Explica en qué orden se ejecutan los triggers sobre una tabla en caso de existir varios.

## CAPÍTULO 7

Uso de BBDD no relacionales

Contenidos

☞ Introducción a las BBDD NoSQL: Características, tipos de BBDD no SQL y elementos

☞ Sistemas gestores de BBDD no relacionales

☞ Herramientas de los SGBD no relacionales para la gestión de la información almacenada

Objetivos

☞ Caracterizar y evaluar las BBDD no relacionales

☞ Identificar los elementos utilizados en BBDD no relacionales

☞ Identificar distintas formas de gestión de la información según el tipo de BBDD no relacional

☞ Utilizar las herramientas del SGBD

En este capítulo se introducen las bases de datos no relaciones, también llamadas NoSQL. El acceso a este tipo de datos en la nube o en servidores locales para montar servicios de tipo API Rest y similares son la base de las aplicaciones modernas.

7.1. Las BBDD No Relacionales: Características

Las bases de datos no relacionales, también conocidas como bases de datos NoSQL (Not Only SQL), representan un paradigma alternativo al modelo relacional tradicional. Este enfoque ha ganado popularidad debido a su capacidad para abordar diversos desafíos que las bases de datos relacionales pueden enfrentar en entornos de alta escalabilidad, variedad de datos y distribución geográfica.

Una de las características distintivas de las bases de datos no relacionales es su flexibilidad en el esquema de datos. A diferencia de las bases de datos relacionales, que requieren un esquema rígido y predefinido, las bases de datos NoSQL permiten la inserción de datos sin una estructura fija. Este enfoque facilita la gestión de datos semi-estructurados y no estructurados, comunes en aplicaciones web y móviles modernas.

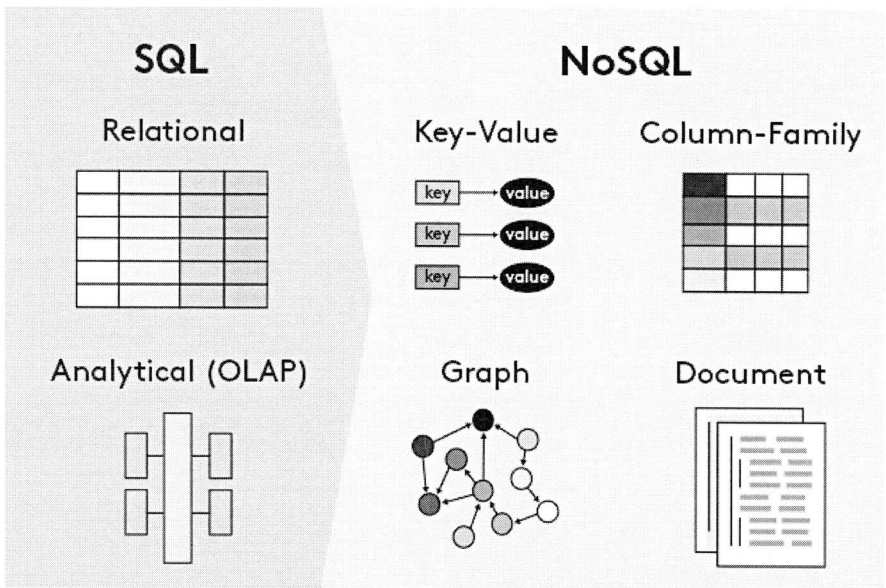

Figura 7.1: Diferencia entre BBDD SQL y NoSQL.

Otra característica esencial es la capacidad de escalar horizontalmente de manera más eficiente. Las bases de datos NoSQL están diseñadas para distribuir la carga de trabajo entre múltiples servidores, permitiendo un crecimiento lineal en términos de rendimiento y capacidad de almacenamiento. Esto es especialmente beneficioso en entornos donde se requiere un manejo ágil de grandes volúmenes de datos, como en sistemas de redes sociales, comercio electrónico y análisis de big data.

Además, las bases de datos no relacionales suelen ofrecer modelos de datos específicos para casos de uso particulares. Estos modelos pueden incluir bases de datos de documentos, columnares, clave-valor, grafos, entre otros. Cada modelo está optimizado para diferentes tipos de consultas y operaciones, lo que permite una mayor eficiencia y rendimiento en aplicaciones especializadas.

7.1.1. Diferencias entre BBDD NoSQL y BBDD SQL

Las bases de datos NoSQL y las bases de datos SQL difieren en varios aspectos fundamentales, que abarcan desde la estructura de datos hasta el modelo de consistencia y la escalabilidad.

- **Estructura:** En las bases de datos SQL, los datos se organizan en tablas relacionales con filas y columnas, siguiendo un esquema predefinido y estricto. Por otro lado, las bases de datos NoSQL permiten una estructura de datos más flexible, donde los datos pueden almacenarse en varios formatos, como documentos, pares clave-valor, columnares o grafos, adaptándose mejor a la naturaleza variada y semi-estructurada de los datos modernos.

- **Modelo de Consistencia** En las bases de datos SQL, el modelo de consistencia suele ser ACID (Atomicidad, Consistencia, Aislamiento y Durabilidad), lo que garantiza que las transacciones se realicen de manera segura y fiable. Por el contrario, las bases de datos NoSQL pueden ofrecer modelos de consistencia más flexibles, como BASE (Basically Available, Soft state, Eventually consistent), que priorizan la disponibilidad y la tolerancia a fallos sobre la consistencia estricta en todo momento.

- **Escalabilidad** Las bases de datos SQL tradicionales suelen escalar verticalmente. Esto significa que aumentas la capacidad de un servidor (CPU, RAM, almacenamiento) para manejar más carga. Este enfoque puede tener limitaciones debido a los costos y limitaciones físicas del hardware mientras que las No SQL suelen escalar horizontalmente, lo que implica añadir más servidores a la infraestructura para distribuir la carga y el almacenamiento de datos. Esto permite gestionar volúmenes de datos mucho mayores y distribuir la carga de manera más eficiente en múltiples nodos.

- **Tipos de consulta y operaciones:** Las bases de datos SQL son adecuadas para consultas complejas que requieren operaciones de tipo JOIN y transacciones ACID, ideales para aplicaciones donde la integridad de los datos es fundamental. Por el contrario, las bases de datos NoSQL suelen ser más eficientes en consultas simples y rápidas, especialmente en entornos de lectura intensiva y alta disponibilidad.

Y desde el punto de vista del almacenamiento de la información, las diferencias más notables son:

7.1.2. Diferencias en la forma de almacenar la información

Las diferencias en la forma de almacenar la información entre una base de datos SQL y una base de datos NoSQL son significativas y abarcan varios aspectos clave.

Modelo SQL (Relacional)

- **Estructura Tabular:** Los datos se organizan en tablas con filas y columnas, siguiendo un modelo relacional.

- **Esquema Fijo:** Requiere un esquema predefinido y riguroso para la creación de tablas, con tipos de datos específicos para cada columna.

- **Normalización:** Se aplica para evitar la redundancia y garantizar la integridad de los datos, dividiendo la información en tablas más pequeñas y relacionadas.

- **Soporte de JOIN:** Las consultas pueden involucrar múltiples tablas y hacer uso de operaciones JOIN para combinar datos relacionados.

Modelo No SQL (No Relacional)

- **Estructura Flexible:** Los datos se pueden almacenar en diversos formatos, como documentos, pares clave-valor, columnares o grafos, ofreciendo mayor flexibilidad.

- **Esquema Dinámico:** No se requiere un esquema fijo, permitiendo la inserción de datos sin una estructura predefinida.

- **Desnormalización:** Los datos pueden estar denormalizados para optimizar el rendimiento y simplificar las consultas, aunque esto pueda conllevar cierta redundancia.

- **Operaciones Simples:** Las operaciones suelen ser más simples y directas, ya que cada registro puede contener toda la información relevante, reduciendo la necesidad de JOINs complejos.

En resumen, estas diferencias en la forma de almacenar la información son fundamentales para comprender las características y el funcionamiento de las bases de datos SQL y NoSQL.

7.1.3. Formato JSON: Pares clave-valor

En las BBDD no relacionales hay muchas formas de almacenar la información, siendo más popular y extendido el formato JSON.

JSON (JavaScript Object Notation) es un formato de intercambio de datos ligero y fácil de leer, ampliamente utilizado en la comunicación entre sistemas web. Está diseñado para ser fácilmente legible para humanos y fácilmente interpretable por las máquinas. A continuación, se proporciona una explicación básica de la estructura y sintaxis de JSON, seguida de un ejemplo práctico.

Estructura y Sintaxis Los datos en JSON se organizan en pares de *clave*: *valor* dentro de objetos. Un objeto JSON comienza con { y termina con }. Cada par clave-valor se separa por una coma. Por ejemplo:

```
{
  "clave1": "valor1",
  "clave2": "valor2",
  "clave3": "valor3"
}
```

Los valores en JSON pueden ser strings, números, objetos, listas (arrays), booleanos o null.

Las listas en JSON son colecciones ordenadas de valores, y se delimitan por [y].

Por ejemplo:

```
["valor1", "valor2", "valor3"]
```

Figura 7.2: Logo de JSON.

Para crear un documento JSON que representa información de un usuario y sus pedidos se codificaría de la siguiente forma:

```json
{
  "usuario": {
    "id": "123456789",
    "nombre": "Juan Pérez",
    "edad": 30,
    "email": "juan@example.com",
    "direcciones": [
      {
        "tipo": "casa",
        "calle": "Calle Principal",
        "ciudad": "Ciudad A",
        "codigo_postal": "12345"
      },
      {
        "tipo": "trabajo",
        "calle": "Avenida Secundaria",
        "ciudad": "Ciudad B",
        "codigo_postal": "54321"
      }
    ],
    "pedidos": [
      {
        "id": "987654321",
        "productos": [
          {"nombre": "Camisa", "cantidad": 2},
          {"nombre": "Pantalón", "cantidad": 1}
        ],
        "total": 150.00,
        "fecha": "2024-03-09"
      },
      {
        "id": "567890123",
        "productos": [
          {"nombre": "Zapatos", "cantidad": 1}
        ],
        "total": 80.00,
        "fecha": "2024-03-08"
      }
    ]
  }
}
```

Este ejemplo muestra un objeto JSON que contiene información de un usuario, incluyendo su nombre, edad, direcciones y pedidos. Cada pedido incluye un identificador, una lista de productos con sus cantidades, el total del pedido y su fecha.

¿Sabías que . . . ? Existen páginas web como https://jsoneditoronline.org/ que, con una interfaz gráfica para editar JSON de manera intuitiva, permite a los usuarios visualizar los datos en una estructura de árbol. Esta herramienta facilita la edición directa de los datos, la inserción de nuevos elementos y la estructuración de documentos JSON complejos. También puedes importar y exportar tus datos en varios formatos.

◇ **Actividad 7.1**: Utilizando la web https://jsoneditoronline.org/ crea un documento JSON para almacenar la lista de las notas de ciertos alumnos en diferentes asignaturas:

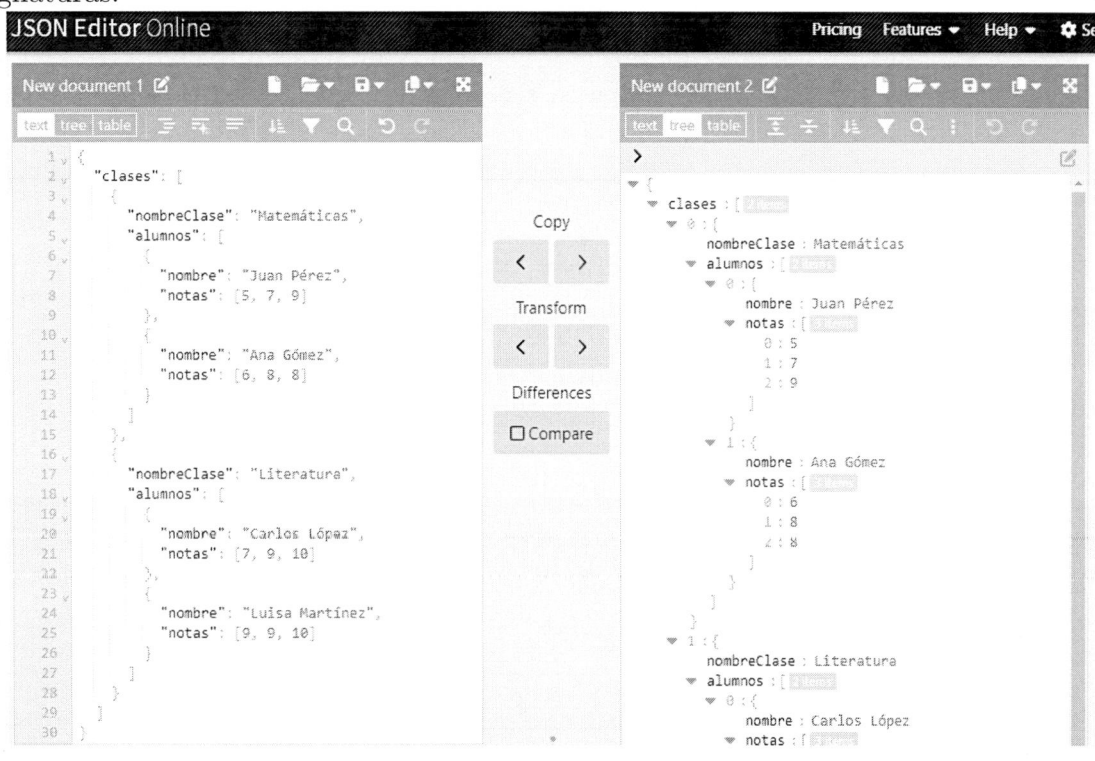

Además del formato JSON, existen otros formatos de almacenamiento de datos que son comunes en bases de datos NoSQL. Algunos de estos formatos incluyen:

- **BSON (Binary JSON):** Similar a JSON, pero los datos se almacenan en formato binario, lo que puede ofrecer mejoras en el rendimiento y la eficiencia de almacenamiento. BSON es utilizado especialmente en bases de datos NoSQL como MongoDB.

- **XML (eXtensible Markup Language):** Aunque menos común en bases de datos NoSQL modernas, XML sigue siendo utilizado en algunos sistemas para representar datos de manera jerárquica y estructurada.

- **AVRO:** Avro es un formato de serialización de datos binarios que se utiliza en bases de datos NoSQL como Apache Hadoop. Es compacto, rápido y compatible con múltiples lenguajes de programación.

- **Protocol Buffers (protobuf):** Similar a Avro, protobuf es un formato de serialización binaria utilizado para almacenar y transferir datos de manera eficiente. Es especialmente popular en sistemas distribuidos y bases de datos NoSQL como Apache Cassandra.

- **Parquet:** Parquet es un formato de archivo columnar diseñado para el almacenamiento eficiente de datos en sistemas de big data. Se utiliza en bases de datos NoSQL como Apache Hadoop y Apache Hive para optimizar consultas y análisis en entornos distribuidos.

7.1.4. Tipos de BBDD no relacionales

Existen varios tipos de bases de datos NoSQL, cada uno diseñado para abordar diferentes necesidades y casos de uso. Aquí se presentan algunos de los tipos más comunes de bases de datos NoSQL:

- **Bases de Datos de Documentos:** Almacenan datos en documentos similares a JSON o BSON. Cada documento puede contener un conjunto flexible de campos con valores de diversos tipos. Ejemplos populares incluyen MongoDB y Couchbase.

- **Bases de Datos de Clave-Valor:** Almacenan datos en una estructura de pares clave-valor, donde cada clave está asociada con un valor. Estas bases de datos son muy eficientes en operaciones de lectura y escritura simples. Redis y Amazon DynamoDB utilizan estos formatos.

- **Bases de Datos de Columnas:** Organizan los datos en columnas en lugar de filas, lo que permite un acceso más eficiente a subconjuntos específicos de datos. Son ideales para aplicaciones que requieren consultas analíticas y agregaciones complejas. Esta categoría incluyen sistemas como Apache Cassandra y Apache HBase.

- **Bases de Datos de Grafos:** Almacenan datos en forma de nodos y relaciones entre ellos. Son especialmente útiles para representar y analizar redes complejas de datos, como redes sociales o sistemas de recomendación. Neo4j y Amazon Neptune serían ejemplos de esta clasificación.

◇ **Actividad 7.2**: Echa un vistazo a la página web https://neo4j.com/docs/browser-manual/current/visual-tour/ para ver las herramientas que permiten explorar las bases de datos de grafos.

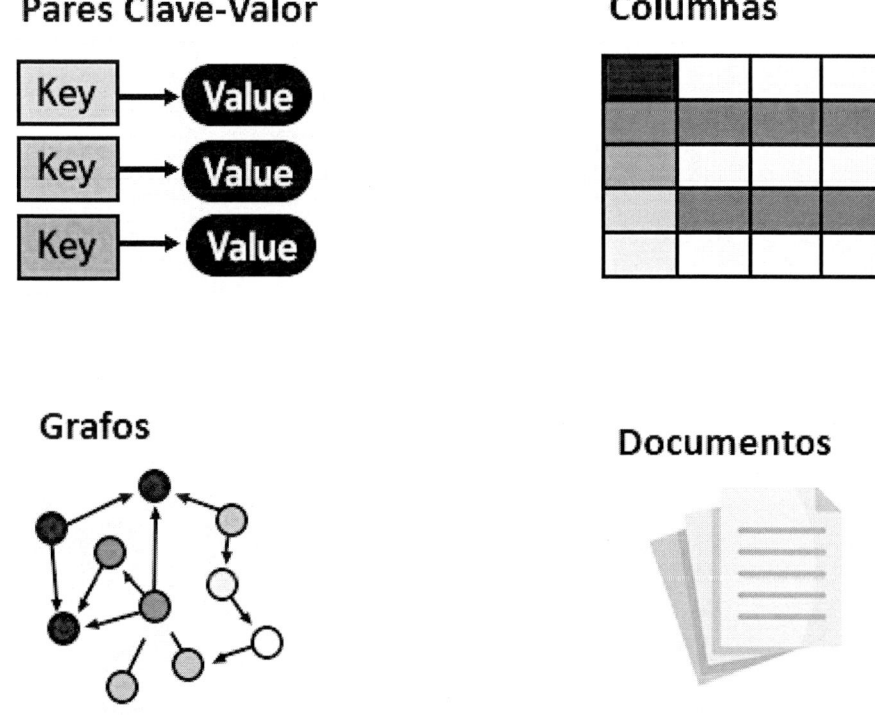

Figura 7.3: Tipos de BBDD No SQL

7.1.5. Elementos fundamentales de una BBDD NoSQL

Las bases de datos NoSQL se caracterizan por su flexibilidad en el manejo de datos, ofreciendo una estructura menos rígida en comparación con las bases de datos relacionales. Aunque los elementos específicos pueden variar según el tipo de base de datos NoSQL, los componentes fundamentales incluyen:

- **Datos no estructurados o semiestructurados:** A diferencia de las bases de datos relacionales, las NoSQL pueden almacenar datos no estructurados (como texto libre, multimedia) o semiestructurados (como JSON, XML), lo que permite una mayor flexibilidad en el almacenamiento y la consulta de datos.

- **Modelos de datos variados:** Las bases de datos NoSQL pueden utilizar distintos modelos de datos, incluyendo clave-valor, documentos, columnares y grafos, cada uno optimizado para un tipo específico de consulta o carga de trabajo.

- **Esquemas dinámicos:** Los esquemas en las bases de datos NoSQL son generalmente dinámicos, lo que permite a los desarrolladores modificar la estructura de los datos en cualquier momento sin necesidad de detener las bases de datos.

- **Escalabilidad horizontal:** Las bases de datos NoSQL están diseñadas para escalar horizontalmente, distribuyendo datos a través de múltiples servidores para manejar grandes volúmenes de datos y altas cargas de trabajo sin comprometer el rendimiento.

- **Replicación y distribución de datos:** Para garantizar la alta disponibilidad y la tolerancia a fallos, las bases de datos NoSQL suelen replicar y distribuir datos entre varios nodos o ubicaciones geográficas.

- **Consistencia eventual:** A diferencia de las bases de datos relacionales que siguen el modelo de consistencia inmediata (ACID), muchas bases de datos NoSQL optan por una consistencia eventual para mejorar la disponibilidad y la escalabilidad.

- **APIs y lenguajes de consulta flexibles:** Las bases de datos NoSQL ofrecen APIs y lenguajes de consulta flexibles y a menudo específicos del tipo de base de datos, lo que permite un desarrollo más ágil y una integración más sencilla con aplicaciones modernas.

7.1.6. Ejemplo de arquitectura de software con BD NoSQL

Una arquitectura de software diseñada para aprovechar las capacidades de las bases de datos NoSQL se caracteriza por su capacidad para escalar de manera eficiente, gestionar grandes volúmenes de datos no estructurados o semiestructurados, y proporcionar un alto rendimiento en entornos de alta demanda. Un ejemplo paradigmático de tal arquitectura podría ser el de una aplicación web de comercio electrónico, diseñada para soportar un amplio rango de operaciones y transacciones de usuarios. A continuación, se describen los componentes fundamentales de esta arquitectura:

1. **Interfaz de Usuario (Frontend):** Emplea tecnologías avanzadas como React, Angular, o Vue.js, las cuales facilitan la creación de experiencias de usuario altamente interactivas y responsivas directamente en el navegador del cliente.

2. **Servidor de Aplicaciones (Backend):** Se implementa utilizando marcos de trabajo como Node.js (Express), Python (Flask o Django), o Ruby on Rails, los cuales manejan la lógica de negocios, procesan solicitudes de clientes, y se comunican con la base de datos NoSQL para el almacenamiento y recuperación de datos.

3. **Base de Datos NoSQL:** Se opta por soluciones como MongoDB, para bases de datos orientadas a documentos, o Redis, para bases de datos clave-valor, con el objetivo de almacenar datos relacionados con usuarios, productos, transacciones, entre otros. Las bases de datos NoSQL son seleccionadas por su flexibilidad esquemática, escalabilidad horizontal, y eficiencia en operaciones de lectura y escritura.

4. **Servicio de Autenticación:** Puede incorporarse mediante servicios especializados como Auth0 o Firebase Authentication, que ofrecen gestión de registros de usuarios, inicio de sesión y seguridad robusta.

5. **Servicios de Almacenamiento en la Nube y Distribución de contenido en la red (CDN):** Se pueden usar servicios como Amazon S3 o Firestore de Google para el almacenamiento de contenido estático (e.g., imágenes de productos, archivos CSS/JS), y CloudFront u otras redes CDN para su distribución eficiente.

6. **Bibliotecas de modelados de objetos:** Actúa como una capa de abstracción sobre la BBDD NoSQL, proporcionando una manera fácil y lógica de organizar, configurar, validar y manipular datos. Introducen esquemas y validaciones, características típicamente asociadas con bases de datos relacionales. Mongoose es un ejemplo de este tipo de librerías.

7. **Balanceador de Carga:** Se emplea para distribuir las solicitudes entrantes entre múltiples instancias del servidor de aplicaciones, garantizando así la equidad en la carga de trabajo y la alta disponibilidad del sistema.

8. **Cola de Mensajes:** Sistemas como Kafka o RabbitMQ se utilizan para manejar tareas asíncronas (e.g., envío de correos electrónicos, procesamiento de pagos, actualizaciones de inventario), permitiendo su ejecución independiente y desacoplada de la lógica principal de la aplicación.

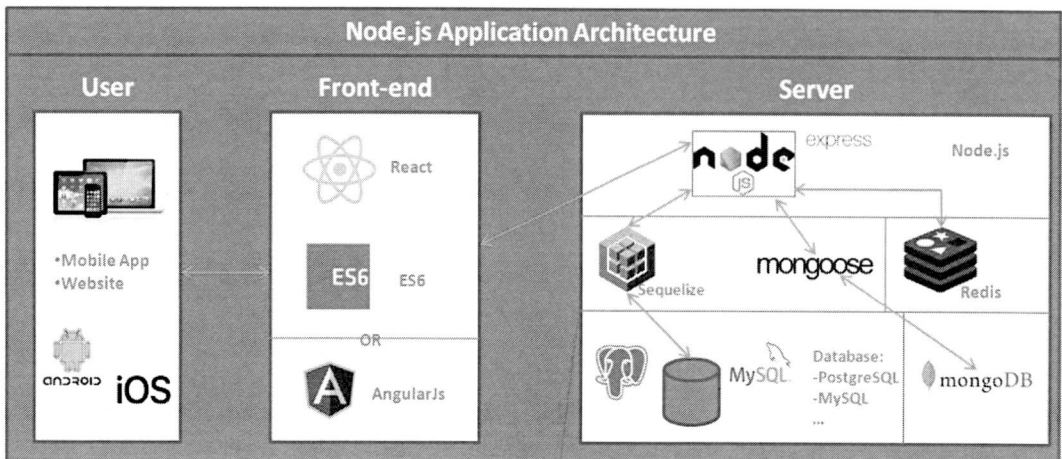

Figura 7.4: Ejemplo de una arquitectura de aplicación web moderna con NodeJS

Flujo de Datos: Se inicia con la interacción del usuario con la interfaz de usuario, generando solicitudes que son enviadas al servidor de aplicaciones mediante una API REST o GraphQL. El servidor procesa estas solicitudes, interactuando con la base de datos NoSQL para la recuperación o almacenamiento de datos, y posiblemente encolando tareas para su procesamiento asíncrono. Finalmente, el servidor responde al cliente, completando así el ciclo de solicitud-respuesta.

7.2. Los Sistemas de gestión de BBDD NoSQL

Los Sistemas de Gestión de Bases de Datos NoSQL surgieron como una solución a las limitaciones de los sistemas de bases de datos relacionales, especialmente para manejar grandes volúmenes de datos no estructurados y para aplicaciones que requieren escalabilidad horizontal y una alta disponibilidad.

MongoDB MongoDB es una base de datos NoSQL orientada a documentos que ofrece alta flexibilidad y escalabilidad. Es ampliamente utilizada para almacenar grandes volúmenes de datos no estructurados. Su modelo de datos basado en documentos facilita el desarrollo de aplicaciones y la integración de datos de diversas fuentes. Utiliza MongoDB Query Language (MQL), que es expresivo y poderoso, permitiendo a los desarrolladores realizar consultas complejas. MQL está diseñado para ser intuitivo para quienes están familiarizados con JSON, facilitando la consulta de documentos basados en su estructura jerárquica.

Figura 7.5: Logo de MongoDB

Firebase Realtime Database   Firebase Realtime Database es una base de datos alojada en la nube que permite a los desarrolladores construir aplicaciones ricas y colaborativas. Ofrece sincronización en tiempo real entre dispositivos y soporta aplicaciones offline, lo que la hace ideal para aplicaciones móviles y web en tiempo real.

Figura 7.6: Logo de Firebase Realtime Database

Cassandra   Apache Cassandra es una base de datos distribuida diseñada para manejar grandes cantidades de datos en múltiples nodos sin un punto único de fallo. Ofrece una escalabilidad y rendimiento excepcionales, especialmente para aplicaciones que necesitan leer y escribir grandes volúmenes de datos rápidamente. Su lenguaje de consultas CQL (Cassandra Query Language) se asemeja a SQL en sintaxis, haciendo la transición de bases de datos relacionales a Cassandra más suave para los desarrolladores. Permite consultas eficientes sobre grandes conjuntos de datos distribuidos.

Figura 7.7: Logo de Cassandra

Couchbase Couchbase es un sistema de gestión de base de datos NoSQL orientado a documentos que ofrece escalabilidad, rendimiento y facilidad de uso. Es particularmente útil para aplicaciones móviles, web y de Internet de las Cosas (IoT), gracias a sus capacidades de sincronización de datos y soporte para aplicaciones offline. Couchbase utiliza N1QL (pronunciado como *nickel*), un lenguaje de consulta inspirado en SQL pero adaptado para trabajar con JSON y modelos de documentos. N1QL combina la familiaridad de SQL con las capacidades flexibles de las bases de datos orientadas a documentos, soportando consultas ad-hoc y operaciones de indexación y agregación complejas.

Figura 7.8: Logo de Couchbase

Redis Redis es un almacén de estructuras de datos en memoria, utilizado como base de datos, caché y agente de mensajes. Es conocido por su simplicidad, rendimiento y soporte para diversos tipos de datos, como cadenas, hashes, listas, conjuntos y conjuntos ordenados. Proporciona un conjunto de comandos simples pero expresivos, optimizados para operaciones de alta velocidad. Estos comandos permiten manipular estructuras de datos como cadenas, listas, mapas, conjuntos y más, directamente desde el código de la aplicación.

Figura 7.9: Logo de Redis

Neo4j: Neo4j, una base de datos orientada a grafos, utiliza Cypher como su lenguaje de consulta. Cypher está diseñado específicamente para trabajar con grafos, permitiendo expresar patrones de navegación y relaciones entre nodos de manera declarativa y eficiente.

Figura 7.10: Logo de neo4j

7.2.1. MongoDB: Un SGBD No SQL muy popular

MongoDB es un sistema de gestión de bases de datos NoSQL orientado a documentos que fue lanzado inicialmente en 2009 por la compañía *10gen*, la cual más tarde cambiaría su nombre a MongoDB Inc. La historia de MongoDB es una de rápido crecimiento y evolución, respondiendo a las necesidades emergentes de manejo de datos de forma eficiente y escalable.

Orígenes y Desarrollo: La creación de MongoDB estuvo motivada por la necesidad de un sistema de base de datos que pudiera ofrecer una mayor escalabilidad que los sistemas relacionales tradicionales y que proporcionara una mayor flexibilidad en cuanto a los esquemas de datos. Inicialmente parte de un proyecto para desarrollar una plataforma como servicio (PaaS), el enfoque se desplazó hacia la mejora del sistema de base de datos subyacente, culminando en el desarrollo de MongoDB.

¿Sabías que ... ? El nombre *MongoDB* proviene de *humongous*, palabra en inglés que significa *enorme*, lo cual refleja la habilidad de MongoDB para manejar vastos volúmenes de datos. Dwight Merriman y Eliot Horowitz, creadores de MongoDB, tomaron la decisión de ponerle el nombre de *MongoDB* por considerarlo un término único y memorable, reflejando la escala de datos que la base de datos estaba diseñada para manejar. *Mongo*, derivado de *humongous*, se destacó por su sonoridad y por ser fácil de recordar.

Crecimiento y Popularidad: MongoDB rápidamente ganó popularidad en la industria del software, destacándose por su modelo de datos flexible, capacidad para escalar horizontalmente y un conjunto rico de funcionalidades. Su capacidad para almacenar documentos en formato JSON o BSON con esquemas dinámicos lo hizo especialmente atractivo para aplicaciones web modernas, móviles y del Internet de las Cosas (IoT).

Características: Entre las características distintivas de MongoDB se encuentran su facilidad de escalado horizontal mediante sharding, capacidades robustas de replicación y alta disponibilidad, esquemas flexibles, y un extenso conjunto de operaciones para la consulta y actualización de documentos.

Evolución del Producto: A lo largo de los años, MongoDB ha introducido significativas mejoras y características nuevas, tales como el soporte para transacciones ACID en múltiples documentos a partir de la versión 4.0, avances en seguridad, la introducción de MongoDB Atlas y el lanzamiento de MongoDB 5.0, que trajeron mejoras en flexibilidad y usabilidad.

Impacto en la Industria: MongoDB ha jugado un papel significativo en la industria de las bases de datos, desafiando el dominio de los sistemas relacionales y fomentando el desarrollo y adopción de sistemas NoSQL. Su enfoque en la facilidad de uso, escalabilidad y flexibilidad ha inspirado el desarrollo de una nueva generación de sistemas de bases de datos.

La arquitectura de MongoDB

MongoDB presenta una arquitectura compuesta por varios elementos de software esenciales para su funcionamiento. Estos componentes interactúan entre sí para ofrecer una plataforma de almacenamiento de datos que es flexible, escalable y de alto rendimiento. A continuación, se describen los componentes principales:

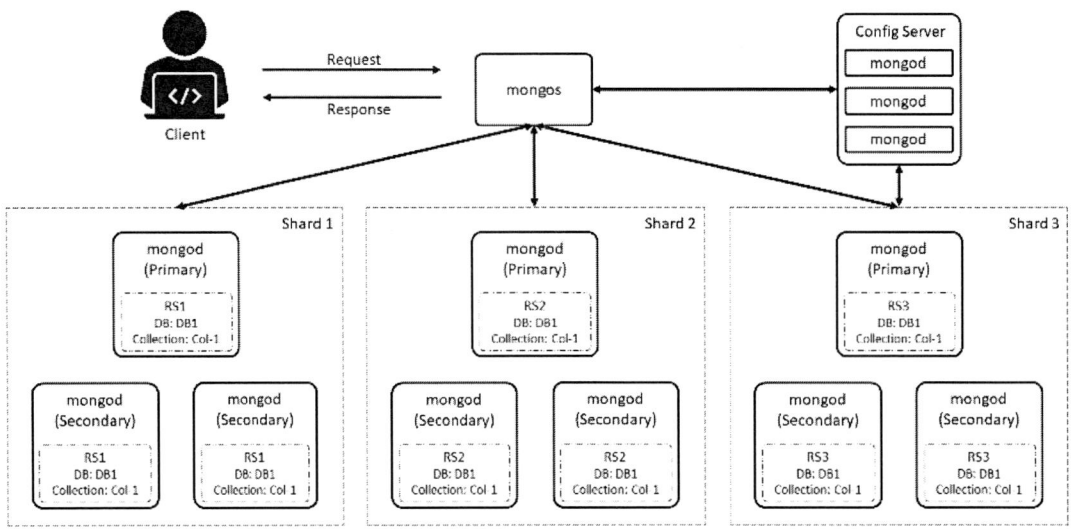

Figura 7.11: Arquitectura de MongoDB

1. **Cliente:** Las aplicaciones o servicios que interactúan con la base de datos para realizar operaciones CRUD (crear, leer, actualizar, borrar), ejecutar consultas y administrar la base de datos. La interacción se facilita a través de drivers específicos de MongoDB disponibles para una variedad de lenguajes de programación, como Python, Java, Node.js, entre otros.

2. **Servidor:** El proceso principal de MongoDB, conocido como `mongod`, gestiona el acceso a la base de datos. Funciona como el motor de la base de datos, atendiendo solicitudes de los clientes, ejecutando operaciones y devolviendo resultados. Maneja todas las solicitudes de datos, persistencia de los mismos, y funciones críticas como la replicación, sharding y transacciones.

3. **Motor de Almacenamiento:** MongoDB emplea motores de almacenamiento para administrar el almacenamiento de datos en disco. WiredTiger, el motor de almacenamiento predeterminado desde la versión 3.2 de MongoDB, ofrece alto rendimiento, soporte para transacciones ACID y compresión de datos. Aunque MongoDB permite cambiar el motor de almacenamiento, WiredTiger es recomendado para la mayoría de los casos de uso.

4. **Interfaz de Línea de Comandos (CLI):** Varias herramientas CLI están disponibles para interactuar y administrar la base de datos, incluyendo `mongo`, el shell interactivo de MongoDB, que permite ejecutar consultas, administrar colecciones y documentos, y realizar tareas administrativas directamente desde la línea de comandos.

5. **Configuración de Replicación:** Se refiere al conjunto de procesos y datos involucrados en el establecimiento de un conjunto de réplicas, incluyendo instancias del servidor `mongod` que actúan como miembros primarios y secundarios, gestionando la replicación de datos para alta disponibilidad y recuperación ante desastres.

6. **Sharding:** La distribución de datos a través de múltiples servidores para lograr escalabilidad horizontal. Incluye servidores de configuración que almacenan el metadata del cluster, routers de consultas (`mongos`) que dirigen las operaciones de los clientes al shard correcto, y los shards que son instancias de `mongod` almacenando subconjuntos de datos.

7. **Seguridad:** MongoDB incluye características de seguridad como autenticación, autorización, control de acceso, encriptación de datos en reposo y en tránsito, y auditoría, esenciales para proteger los datos y asegurar el acceso solo a usuarios autorizados.

Estos componentes son fundamentales para proporcionar una plataforma robusta y escalable para el almacenamiento y gestión de grandes volúmenes de datos no estructurados o semiestructurados. La arquitectura flexible de MongoDB permite a los desarrolladores y administradores de bases de datos optimizar el rendimiento, la escalabilidad y la seguridad de acuerdo a las necesidades específicas de sus aplicaciones.

7.3. Herramientas para MongoDB

Para instalar un servidor de MongoDB debemos descargar el software del servidor desde la página web https://www.mongodb.com/try/download/community. MongoDB Community Server es la versión gratuita y de código abierto de MongoDB, diseñada para ser utilizada por desarrolladores y empresas que buscan una solución de gestión de bases de datos NoSQL potente y flexible.

La instalación es muy sencilla, en windows se descarga el paquete directamente de la página web y se instala con un asistente:

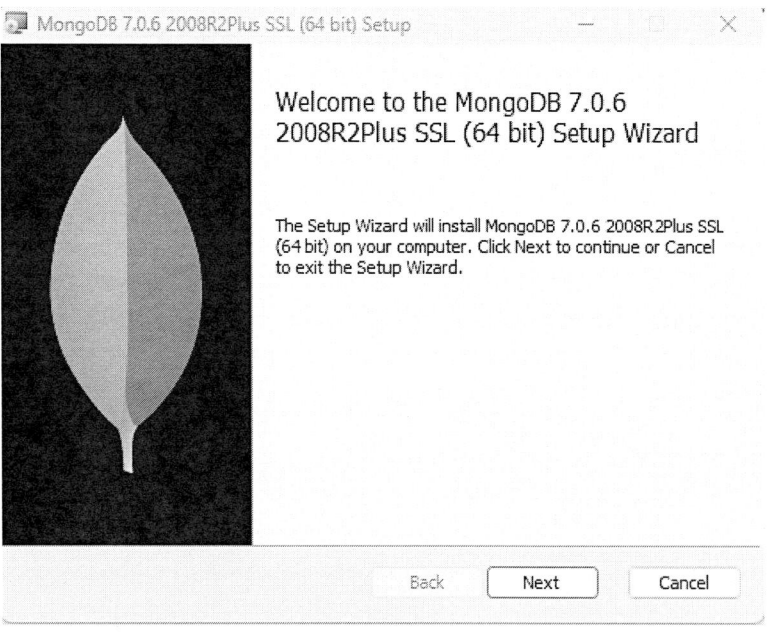

Figura 7.12: Instalación de MongoDB Community Server 7.06 para windows

En Linux, también es muy sencillo. Tan solo hay que utilizar el gestor de paquetes adecuado para cada distribución. En la página web de MongoDB hay instrucciones para la mayoría de distribuciones.

El servidor se ejecuta a través de un servicio llamado *mongod*. El proceso `mongod` en MongoDB actua como el daemon del servidor que gestiona todas las interacciones de datos. Este proceso es responsable de ejecutar las operaciones de lectura y escritura, gestionar las consultas, y administrar las estructuras de datos en el almacenamiento físico. Como el corazón operativo de MongoDB, `mongod` escucha y procesa las solicitudes de los clientes, garantizando el manejo eficiente de la persistencia de datos, la replicación, el sharding y la gestión de conexiones. Su propósito fundamental es asegurar un rendimiento óptimo, escalabilidad y fiabilidad, características vitales para el mantenimiento de bases de datos robustas y eficientes en ambientes de producción.

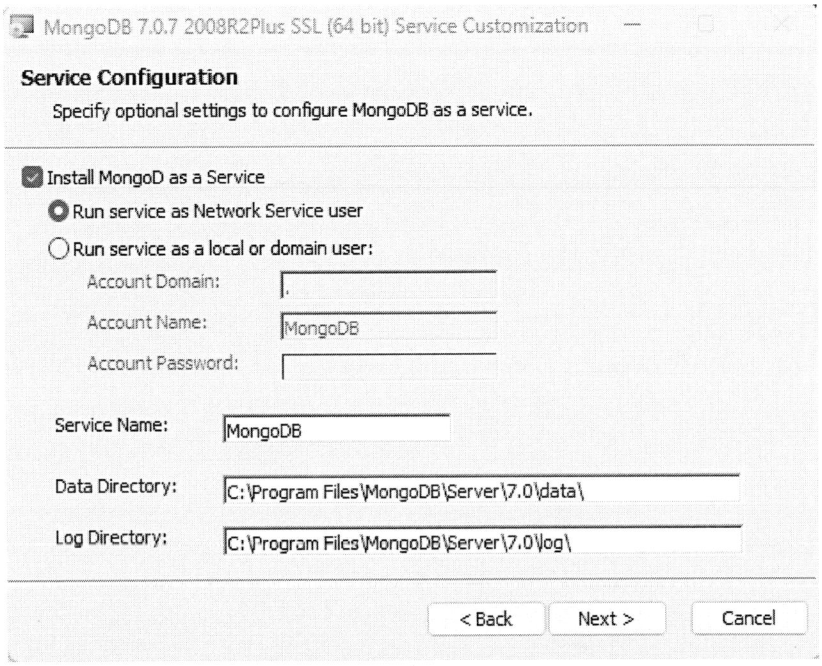

Figura 7.13: Instalación en Windows de **mongod** como servicio

En Windows, el cliente por defecto es MongoDB Compass, que permite conexiones al servidor de base de datos a través de una interfáz gráfica tipo web. Para acceder a través de línea de comandos, además, hay que descargar **mongosh** de la página de descargas https://www.mongodb.com/try/download/shell

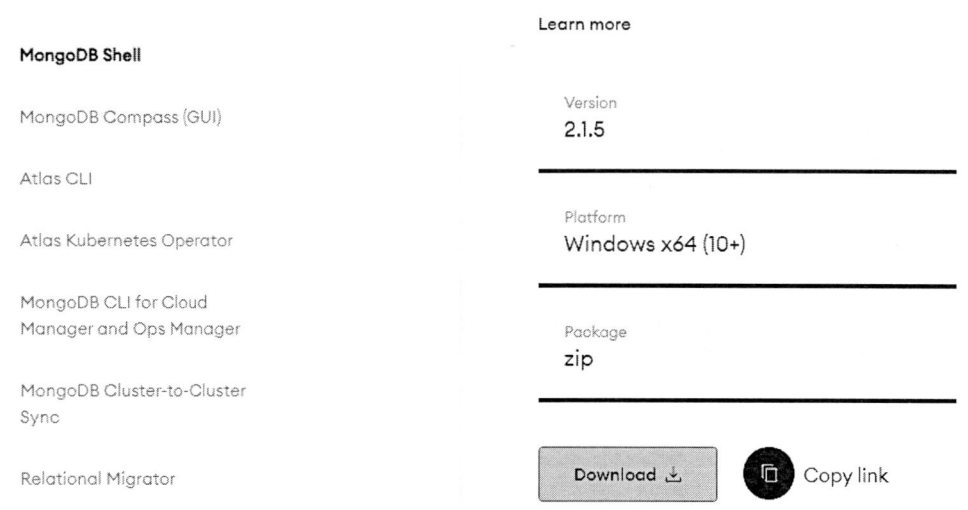

Figura 7.14: Descarga de **mongosh** para Windows

◇ **Actividad 7.3**: Para utilizar mongosh, es conveniente descomprimirlo en algún directorio incluido dentro de la variable de entorno *PATH*, por ejemplo, el propio directorio bin de MongoDB Community Server.

Una vez instalado MongoDB Community Server y Mongo Shell, se puede conectar a MongoDB a través del shell de MongoDB (mongosh). Para verificar que todo está funcionando correctamente hay que ejecutar un comando simple como show dbs, que te mostrará las bases de datos existentes:

```
> ./mongosh
Current Mongosh Log ID: 65ed7c09ed21b41bca189e9e
Connecting to:          mongodb://127.0.0.1:27017/?appName=mongosh+2.1.5
Using MongoDB:          7.0.7-rc2
Using Mongosh:          2.1.5
------
   The server generated these startup warnings when booting
   2024-03-09T16:57:32.800+01:00: Access control is not enabled for the db.
   Read and write access to data and configuration is unrestricted
------
test> show dbs;
admin   40.00 KiB
config  12.00 KiB
local   40.00 KiB
```

El ecosistema de MongoDB comprende una diversidad de herramientas diseñadas para facilitar su uso, administración y monitorización, contribuyendo significativamente a la eficiencia del desarrollo de aplicaciones y al manejo óptimo de bases de datos. Estas herramientas se pueden clasificar en diversas categorías, cada una atendiendo a distintas necesidades de los desarrolladores y administradores de bases de datos. A continuación, se describen algunas de las herramientas más relevantes en el ecosistema de MongoDB:

7.3.1. Herramientas de desarrollo

- **MongoDB Compass:** Interfaz gráfica de usuario oficial que permite a los usuarios visualizar y manipular sus datos, así como administrar las configuraciones de las bases de datos de manera intuitiva. Compass simplifica tareas como la consulta de datos, la optimización del rendimiento y la visualización de esquemas.

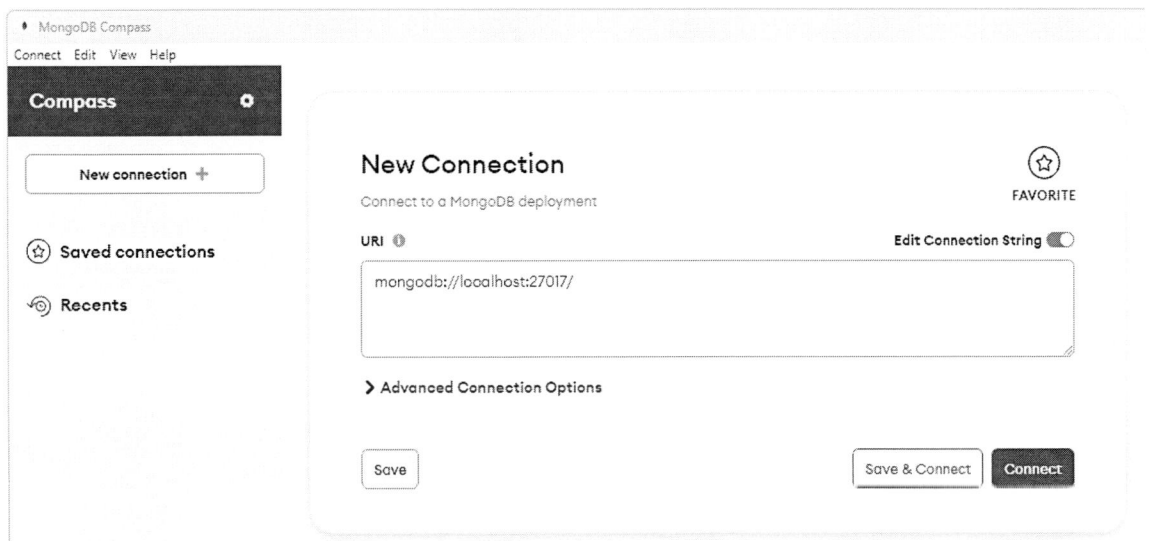

Figura 7.15: MongoDB Compass, interfaz web para gestión de MongoDB

- **MongoDB Shell (mongosh):** La interfaz de línea de comandos actualizada para MongoDB que permite la interacción directa con la base de datos para ejecutar consultas, administrar datos y realizar tareas administrativas.

- **Drivers de MongoDB:** Bibliotecas disponibles para varios lenguajes de programación, como Python, Java, Node.js, y C#, que facilitan la integración de aplicaciones con bases de datos MongoDB, ofreciendo una API para realizar operaciones de bases de datos de forma nativa desde el código de la aplicación.

7.3.2. Herramientas de administración y monitorización

- **MongoDB Atlas:** Servicio completamente gestionado que ofrece MongoDB como base de datos como servicio (DBaaS) en la nube. Proporciona capacidades como el despliegue automático, el escalado, el backup y la recuperación ante desastres, así como el monitoreo y alertas en tiempo real.

- **Ops Manager:** Herramienta que permite a los administradores gestionar, monitorear y respaldar sus despliegues de MongoDB de manera centralizada, ideal para infraestructuras on-premise o en la nube privada.

- **MongoDB Cloud Manager:** Servicio similar al Ops Manager, pero ofrecido como una solución basada en la nube para el monitoreo, la administración y la configuración de despliegues de MongoDB.

7.3.3. Herramientas de integración y migración

- **MongoDB Connector for BI:** Permite conectar MongoDB con herramientas de inteligencia de negocios (BI) para realizar análisis de datos SQL en tiempo real sobre los datos almacenados en MongoDB.

- **MongoDB Database Tools:** Conjunto de herramientas de línea de comandos para la importación, exportación, y manipulación de datos en MongoDB, facilitando la migración y el backup de datos.

La selección de la herramienta adecuada dependerá de las necesidades específicas del proyecto, incluyendo el desarrollo de la aplicación, la administración de la base de datos, el monitoreo del rendimiento, o la integración con otras plataformas. La disponibilidad de estas herramientas enfatiza la versatilidad y la adaptabilidad de MongoDB a diferentes entornos y requerimientos, consolidando su posición como un sistema de gestión de bases de datos de alto rendimiento y flexible en el ámbito de las tecnologías NoSQL.

7.4. Consultas sobre de MongoDB

Para trabajar con MongoDB, primero hay que comprender cómo crear bases de datos y documentos. MongoDB es una base de datos NoSQL orientada a documentos, lo que significa que los datos se almacenan en formato de documentos BSON, una representación binaria de JSON.

7.4.1. Creación de BBDD no relacionales con MongoDB

Una base de datos en MongoDB es un contenedor físico para colecciones. Cada base de datos tiene su propio conjunto de archivos en el sistema de archivos del servidor. Un servidor MongoDB puede contener múltiples bases de datos, cada una de las cuales puede ser considerada como un espacio de nombres independiente. La base de datos proporciona el nivel más alto de separación de datos en MongoDB, permitiendo agrupar colecciones relacionadas bajo un mismo entorno lógico, cada una potencialmente con su propio conjunto de usuarios y permisos.

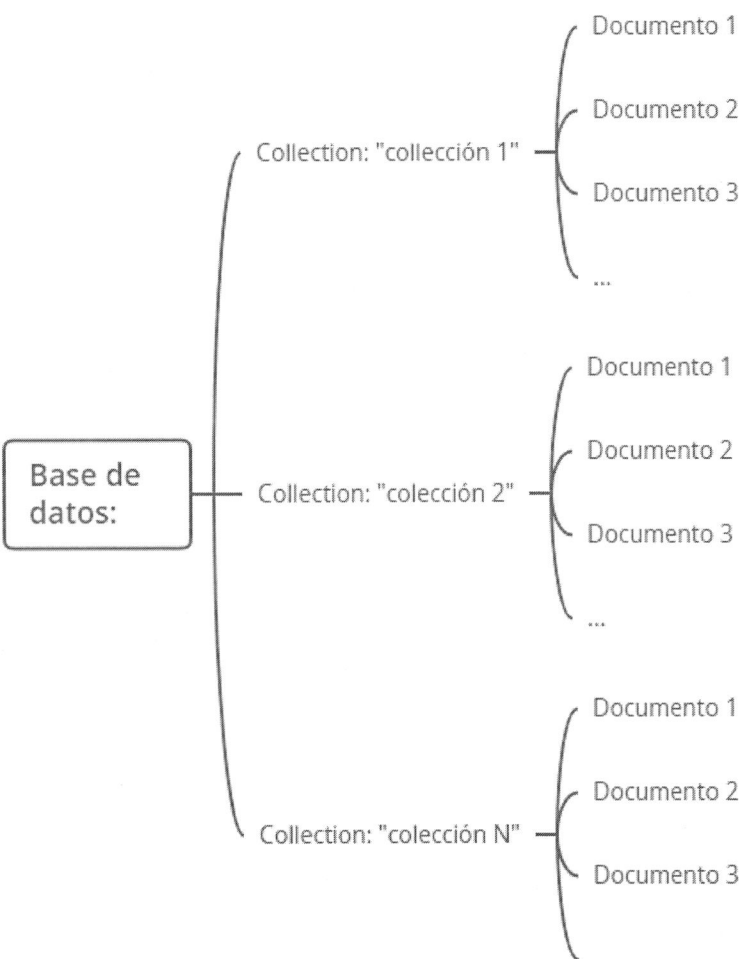

Figura 7.16: Estructura de una BBDD en MongoDB

Una colección en MongoDB es un grupo de documentos MongoDB y es el equivalente más cercano al concepto de una tabla en las bases de datos relacionales. Sin embargo, a diferencia de las tablas en el modelo relacional, las colecciones no imponen un esquema fijo. Esto significa que los documentos dentro de una colección pueden tener diferentes campos. Las colecciones son el principal medio a través del cual se organiza y se accede a los datos en MongoDB.

Antes de crear bases de datos o documentos, hay que conectarse a la instancia de MongoDB utilizando el shell de MongoDB, `mongosh`. Hay que abrir un terminal o línea de comandos y escribir `mongosh` para iniciar la sesión.

Para crear una nueva base de datos, se usa el comando `use` seguido del nombre de la base de datos que se desea crear o seleccionar:

```
use miBaseDeDatos
```

Si la base de datos no existe, MongoDB la creará tan pronto como se almacene en ella el primer documento. Por ejemplo, para crear la BBDD Alumnos:

```
test> use alumnos
switched to db alumnos
```

7.4.2. Creación y borrado de colecciones en MongoDB

En el ámbito de las bases de datos NoSQL orientadas a documentos, como lo es MongoDB, la organización y almacenamiento de los datos se realiza a través de estructuras denominadas colecciones. Estas constituyen agrupaciones lógicas de documentos, permitiendo una gestión eficaz de los datos sin la imposición de un esquema fijo. La creación de colecciones en MongoDB puede ser abordada mediante dos enfoques fundamentales: la creación explícita y la creación implícita.

Creación Explícita: La instauración explícita de una colección se efectúa mediante la utilización del comando `db.createCollection()`. Este procedimiento no solo facilita la creación de la colección, sino que también brinda la oportunidad de especificar una serie de opciones configurables, tales como la validación de documentos, la configuración de colecciones con tamaño fijo (conocidas como çapped collections"), entre otras. Un ejemplo representativo de este método sería:

```
db.createCollection("nombreDeLaColeccion", {opciones})
```

donde nombreDeLaColeccion es el nombre que se desea asignar a la nueva colección y opciones es un documento que especifica la configuración de la colección. Este parámetro es opcional.

Por ejemplo, para crear una colección simple sin opciones específicas:

```
db.createCollection("misAlumnos")
```

Y para crear una colección con validación de documentos, se podría hacer algo como esto:

```
db.createCollection("misAlumnos", {
   validator: { $jsonSchema: {
      bsonType: "object",
      required: [ "nombre", "edad" ],
      properties: {
         nombre: {
            bsonType: "string",
            description: "debe ser una cadena y es requerido"
         },
         edad: {
            bsonType: "int",
            minimum: 0,
            description: "debe ser un entero positivo y es requerido"
         }
      }
   }}
})
```

donde nombreDeLaColeccion representa el identificador asignado a la nueva colección, y opciones un documento que dicta las configuraciones específicas de la misma. La especificación de estas opciones es opcional, permitiendo así una flexibilidad en la creación acorde a las necesidades del proyecto.

Con el comando db.createCollection("misAlumnos", { ...}) se crea una nueva colección denominada **misAlumnos** con reglas de validación específicas aplicadas a los documentos que se insertarán. Este comando implementa un esquema JSON para definir las reglas de validación a través de un validador de esquemas. A continuación, se detallan las partes constituyentes de este comando:

- db.createCollection("misAlumnos", { ...}): Este método crea explícitamente una colección con el nombre **misAlumnos**, permitiendo especificar opciones adicionales, como un esquema de validación para los documentos.

- **validator**: Especifica las reglas de validación que los documentos deben cumplir para ser aceptados en la colección. Estas reglas garantizan que solo los documentos que se ajusten al esquema definido puedan ser almacenados en **misAlumnos**.

- **$jsonSchema**: Define el esquema JSON que se utilizará para validar los documentos dentro de la colección, describiendo la estructura esperada de los documentos, incluyendo los tipos de datos y restricciones.

- **bsonType**: Indica el tipo de dato BSON esperado para el campo, estableciendo que **nombre** debe ser una cadena (`"string"`) y **edad** debe ser un entero (`ïnt"`).

- **required**: Un array que lista los nombres de los campos obligatorios en cada documento, señalando que cada documento debe contener los campos **nombre** y **edad**.

- **properties**: Define las propiedades específicas de los campos del documento, como el tipo de dato y cualquier restricción o descripción adicional. Para **nombre**, se requiere que sea una cadena y para **edad**, se exige que sea un entero positivo (con un valor mínimo de 0).

- **description**: Ofrece una descripción de cada campo, útil para la documentación o para generar mensajes de error más informativos.

Creación Implícita: Por otro lado, MongoDB admite la creación implícita de colecciones, la cual se lleva a cabo al insertar el primer documento en una colección inexistente. Este mecanismo simplifica el proceso de creación, eliminando la necesidad de una intervención directa para la instauración de la colección:

```
db.nombreDeLaColeccion.insert({ clave: "valor" })
```

Por ejemplo, para insertar un documento en una colección llamada usuarios que aún no existe:

```
db.usuarios.insert({ nombre: "Juan Pérez Sánchez", edad: 20 })
```

En este contexto, al ejecutar una inserción en `nombreDeLaColeccion`, si dicha colección no existe en la base de datos, MongoDB procederá automáticamente a su creación, seguido de la inserción del documento proporcionado.

7.4.3. Borrado de colecciones

Para borrar una colección en MongoDB, se utiliza el método db.collection.drop().
Este comando elimina completamente la colección especificada del database actual,
incluyendo todos sus documentos y metadatos asociados, como índices:

```
db.nombreDeLaColeccion.drop()
```

Donde nombreDeLaColeccion es el nombre de la colección que se desea eliminar.
Por ejemplo, para borrar la collección de alumnos se usaría el siguiente comando:

```
db.misAlumnos.drop()
```

◇ **Actividad 7.4**: Crea en MongoDB una colección denominada Notas con dos
campos, el campo Nombre y el campo Nota. Introduce validaciones para que el
campo Nombre sea una cadena de caracteres y la nota un campo de tipo flotante de
doble precisión (double):

```
db.createCollection("Notas", {
  validator: {
    $jsonSchema: {
      bsonType: "object",
      required: [ "Nombre", "Nota" ],
      properties: {
        Nombre: {
          bsonType: "string",
          description: "debe ser una cadena de caracteres y es requerido"
        },
        Nota: {
          bsonType: "double",
          description: "debe ser un valor flotante y es requerido"
        }
      }
    }
  }
})
```

7.4.4. Inserción de documentos en MongoDB

La inserción de documentos en una colección de MongoDB se puede realizar mediante varios métodos, dependiendo del número de documentos a insertar y de la necesidad de operaciones adicionales durante la inserción. Los métodos principales son `insertOne`, `insertMany`, y `bulkWrite`.

insertOne

El método `insertOne` se utiliza para insertar un único documento en una colección. Es el método más sencillo cuando se trata de agregar un solo documento, especificando el documento como un objeto JSON. Por ejemplo, para insertar un documento una colección se utiliza el comando:

```
db.Notas.insertOne({
  Nombre: "Juan Pérez",
  Nota: 8.5
})
```

La shell de mongo responderá con un *acknowledged:true* si se insertó correctamente:

```
alumnos> db.Notas.insertOne({
...    Nombre: "Juan Pérez",
...    Nota: 8.5
... })
{
  acknowledged: true,
  insertedId: ObjectId('65ed8f01ed21b41bca189ea1')
}
```

Si por el contrario, se comete un error en la inserción, por ejemplo, cometiendo un error en el tipo de los datos Nota: "8.5" (alfanumérico), MongoDB devolverá un mensaje informativo:

```
alumnos> db.Notas.insertOne({
...    Nombre: "Juan Pérez",
...    Nota: "8.5"
... })
Uncaught:
MongoServerError: Document failed validation
```

```
Additional information: {
  failingDocumentId: ObjectId('65ed8f29ed21b41bca189ea4'),
  details: {
    operatorName: '$jsonSchema',
    schemaRulesNotSatisfied: [
      {
        operatorName: 'properties',
        propertiesNotSatisfied: [
          {
            propertyName: 'Nota',
            description: 'debe ser un valor flotante y es requerido',
            details: [
              {
                operatorName: 'bsonType',
                specifiedAs: { bsonType: 'double' },
                reason: 'type did not match',
                consideredValue: '8.5',
                consideredType: 'string'
              }
            ]
          }
        ]
      }
    ]
  }
}
```

Este comando insertará un documento en la colección `Notas` con un campo `Nombre` de "Juan Pérez" un campo `Nota` con el valor 8.5.

insertMany

Para insertar múltiples documentos en una sola operación, se utiliza el método `insertMany`. Este método toma un array de documentos como argumento, permitiendo una inserción eficiente de varios documentos. Por ejemplo:

```
db.Notas.insertMany([
  { Nombre: "Ana Gómez", Nota: 9.2 },
  { Nombre: "Luis Martín", Nota: 7.8 }
])
```

Este comando insertará dos documentos en la colección `Notas`, cada uno con los campos `Nombre` y `Nota` especificados.

bulkWrite

El método `bulkWrite` permite realizar una serie de operaciones de escritura en una colección, incluyendo inserciones, actualizaciones y eliminaciones, en una sola operación de lote. Este método es especialmente útil para realizar operaciones masivas con requisitos mixtos. Un ejemplo de uso para inserciones sería:

```
db.Notas.bulkWrite([
  { insertOne: { "document": { Nombre: "Carlos Ruiz", Nota: 6.5 } } },
  { insertOne: { "document": { Nombre: "Sofía Jiménez", Nota: 8.0 } } }
])
```

Este comando realizará inserciones múltiples en la colección `Notas`, cada una especificada dentro de un objeto `insertOne` en el array pasado a `bulkWrite`.

Cada uno de estos métodos ofrece flexibilidad para diferentes escenarios de inserción de documentos, desde la adición de un solo documento hasta operaciones masivas y complejas de escritura.

¿Sabías que . . . ? Mongodb tiene una extensa documentación que puedes acceder online desde https://www.mongodb.com/docs/manual/reference/

Docs Home → Develop Applications → MongoDB Manual

db.collection.bulkWrite()

Definition

db.collection.bulkWrite()

Performs multiple write operations with controls for order of execution.

Returns:
- A boolean `acknowledged` as `true` if the operation ran with write concern or `false` if write concern was disabled.
- A count for each write operation.
- An array containing an `_id` for each successfully inserted or upserted documents.

7.4.5. Realización de consultas en colecciones de MongoDB

La capacidad de realizar consultas eficientes es un componente esencial de MongoDB, permitiendo a los usuarios recuperar datos específicos de colecciones a través de una variedad de criterios de búsqueda. MongoDB ofrece una interfaz flexible y potente para la ejecución de consultas, utilizando el método `find()` para buscar documentos dentro de una colección.

Consultas básicas

Con el método `db.collection.find()` se realiza una consulta básica en MongoDB. Sin argumentos, este método recupera todos los documentos dentro de la colección especificada.

Por ejemplo:

```
db.Notas.find()
```

El comando devuelve todos los documentos almacenados en la colección Notas:

```
alumnos> db.Notas.find()
[
  {
    _id: ObjectId('65ed8f01ed21b41bca189ea1'),
    Nombre: 'Juan Pérez',
    Nota: 8.5
  },
  {
    _id: ObjectId('65ed914bed21b41bca189ea5'),
    Nombre: 'Ana Gómez',
    Nota: 9.2
  },
  {
    _id: ObjectId('65ed914bed21b41bca189ea6'),
    Nombre: 'Luis Martín',
    Nota: 7.8
  },
  {
    _id: ObjectId('65ed9152ed21b41bca189ea7'),
    Nombre: 'Carlos Ruiz',
    Nota: 6.5
  }
]
```

Consultas con criterios de selección

Para filtrar documentos basados en criterios específicos, `find()` puede tomar un documento de consulta como su primer argumento, especificando los campos y valores deseados. Por ejemplo, para encontrar todos los documentos donde el campo Nota sea mayor a 7:

```
db.Notas.find({ Nota: { $gt: 7 } })
```

Este comando utiliza el operador $gt (mayor que) para filtrar documentos cuya Nota sea mayor a 7.

MongoDB soporta una amplia gama de operadores de consulta que pueden ser utilizados para realizar búsquedas complejas, incluyendo operadores lógicos ($and, $or), de comparación ($gt, $lt, $eq), y más. Por ejemplo, para encontrar documentos que cumplan con múltiples criterios:

```
db.Notas.find({ $and: [{ Nota: { $gt: 5 } }, { Nota: { $lt: 8 } }] })
```

Este comando buscará documentos donde el valor de Nota sea mayor a 5 y menor que 8, utilizando el operador $and para combinar condiciones.

```
alumnos> db.Notas.find({ $and: [{ Nota: { $gt: 5 } }, { Nota: { $lt: 8 } }] })
[
  {
    _id: ObjectId('65ed914bed21b41bca189ea6'),
    Nombre: 'Luis Martín',
    Nota: 7.8
  },
  {
    _id: ObjectId('65ed9152ed21b41bca189ea7'),
    Nombre: 'Carlos Ruiz',
    Nota: 6.5
  }
]
```

De igual manera, existe el método textitfindone() que devuelve el primer documento que case con el criterio de búsqueda:

```
db.Notas.findOne({ "Nombre": "Ana Gómez" })
```

Proyección de campos

La proyección permite especificar qué campos de los documentos coincidentes deberían ser devueltos. Se logra incluyendo un segundo argumento en el método find(), un documento que especifica los campos que se tienen que devolver:

```
db.Notas.find({}, { Nombre: 1})
```

```
alumnos> db.Notas.find({}, { Nombre: 1})
[
  { _id: ObjectId('65ed8f01ed21b41bca189ea1'), Nombre: 'Juan Pérez' },
  { _id: ObjectId('65ed914bed21b41bca189ea5'), Nombre: 'Ana Gómez' },
  { _id: ObjectId('65ed914bed21b41bca189ea6'), Nombre: 'Luis Martín' },
  { _id: ObjectId('65ed9152ed21b41bca189ea7'), Nombre: 'Carlos Ruiz' }
]
```

Este comando devolverá solo el campo `Nombre` de todos los documentos en la colección `Notas`, excluyendo los demás campos.

7.4.6. Operadores para el comando find()

Suponiendo que se parte de dos documentos JSON con las siguientes colecciones:

```
{
  "usuarios": [
    {"id": 1, "nombre": "Ana", "edad": 25, "email": "ana@example.com"},
    {"id": 2, "nombre": "Luis", "edad": 30, "email": "luis@example.com"},
    {"id": 3, "nombre": "Marta", "edad": 22, "email": "marta@example.com"}
  ],
  "pedidos": [
    {"id_pedido": 1, "id_usuario": 1, "total": 90.5, "fecha": "2024-01-10",
        "id_producto": 1},
    {"id_pedido": 2, "id_usuario": 2, "total": 120.75, "fecha": "2024-01-12",
        "id_producto": 2},
    {"id_pedido": 3, "id_usuario": 1, "total": 60.4, "fecha": "2024-02-05",
        "id_producto": 1}
  ]
}
```

Este archivo representará una colección de usuarios, donde cada usuario puede tener asociados múltiples pedidos. Los usuarios y los pedidos estan en colecciones separadas..

Por otro lado, el siguiente documento tendrá una estructura donde cada producto puede tener asociadas múltiples reseñas en una lista.

```
{
  "productos": [
```

```
{
    "id_producto": 1,
    "nombre": "Laptop Profesional 15'",
    "precio": 1200.99,
    "reseñas": [
      {"autor": "Ana", "puntuación": 5,
          "comentario": "Excelente portátil, muy rápido."},
      {"autor": "Marta", "puntuación": 4,
          "comentario": "Buena, pero la batería podría durar más."}
    ]
  },
  {
    "id_producto": 2,
    "nombre": "Mouse Inalámbrico",
    "precio": 25.75,
    "reseñas": [
      {"autor": "Luis", "puntuación": 5,
          "comentario": "Ligero y cómodo, excelente para el trabajo."},
      {"autor": "Ana", "puntuación": 4,
          "comentario": "Está bien, pero no desliza en superficies lisas."}
    ]
  }
 ]
}
```

La inserción de estos datos en MongoDB se haría utilizando sentencias como las siguientes:

```
use miBaseDeDatos;

// Actualizar la inserción para usuarios (se mantiene igual)
db.usuarios.insertMany([
  {"id": 1, "nombre": "Ana", "edad": 25, "email": "ana@example.com"},
  {"id": 2, "nombre": "Luis", "edad": 30, "email": "luis@example.com"},
  {"id": 3, "nombre": "Marta", "edad": 22, "email": "marta@example.com"}
]);

// Nueva inserción para pedidos, ahora incluyendo id_producto
db.pedidos.insertMany([
  {"id_pedido": 1, "id_usuario": 1, "total": 1200.99, "fecha": "2024-01-10",
    "id_producto": 1},
  {"id_pedido": 2, "id_usuario": 2, "total": 25.75, "fecha": "2024-01-12",
    "id_producto": 2},
  {"id_pedido": 3, "id_usuario": 1, "total": 1200.99, "fecha": "2024-02-05",
    "id_producto": 1}
```

```
]);

use miBaseDeDatos;

db.productos.insertMany([
  {
    "id_producto": 1,
    "nombre": "Laptop Profesional 15'",
    "precio": 1200.99,
    "reseñas": [
      {"autor": "Ana", "puntuación": 5,
          "comentario": "Excelente portátil, muy rápido."},
      {"autor": "Marta", "puntuación": 4,
          "comentario": "Bueno, pero la batería podría durar más."}
    ]
  },
  {
    "id_producto": 2,
    "nombre": "Ratón Inalámbrico",
    "precio": 25.75,
    "reseñas": [
      {"autor": "Luis", "puntuación": 5,
          "comentario": "Ligero y cómodo, excelente para el trabajo."},
      {"autor": "Ana", "puntuación": 4,
          "comentario": "Funciona ok, pero no desliza en superficies lisas."}
    ]
  }
]);
```

Se puede usar el operador $in para consultar, por ejemplo, todos los pedidos realizados por Ana y Luis:

```
db.usuarios.find({
  "nombre": {
    "$in": ["Ana", "Luis"]
  }
})
```

MongoDB también ofrece operadores específicos para trabajar con arrays, como $elemMatch, que permite especificar múltiples criterios sobre los elementos de un array, asegurando que al menos un elemento del array cumpla con todos los criterios especificados:

```
db.productos.find({
...    "reseñas": {
...       "$elemMatch": {
...          "puntuación": 5
...       }
...    }
... })
[
  {
    _id: ObjectId('65eef95b77a1b302885fea6d'),
    id_producto: 1,
    nombre: "Laptop Profesional 15'",
    precio: 1200.99,
    'reseñas': [
      { autor: 'Ana',
        'puntuación': 5,
        comentario: 'Excelente portátil, muy rápido.'
      },
      { autor: 'Marta',
        'puntuación': 4,
        comentario: 'Bueno, pero la batería podría durar más.'
      }
    ]
  },
  {
    _id: ObjectId('65eef95b77a1b302885fea6e'),
    id_producto: 2,
    nombre: 'Ratón Inalámbrico',
    precio: 25.75,
    'reseñas': [
      { autor: 'Luis',
        'puntuación': 5,
        comentario: 'Ligero y cómodo, excelente para el trabajo.'
      },
      { autor: 'Ana',
        'puntuación': 4,
        comentario: 'Funciona ok, pero no desliza en superficies lisas.'
      }
    ]
  }
]
```

A continuación, se presenta un listado de los diferentes operadores que se pueden utilizar con el método find, en MongoDB:

```
# Igualdad
{campo: valor}

# Menor que
{campo: {$lt: valor}}

# Mayor que
{campo: {$gt: valor}}

# Menor o igual que
{campo: {$lte: valor}}

# Mayor o igual que
{campo: {$gte: valor}}

# Distinto de
{campo: {$ne: valor}}

# En un rango
{campo: {$in: [valor1, valor2, ...]}}
# No en un rango
{campo: {$nin: [valor1, valor2, ...]}}

# Existencia de un campo
{campo: {$exists: true}}

# Coincidencia exacta de una cadena
{campo: {$eq: "cadena"}}

# Coincidencia de una cadena (case-insensitive)
{campo: {$regex: /patrón/i}}

# Elemento en un array
{campo: {$elemMatch: {subcampo: valor}}}

# Tamaño de un array
{campo: {$size: tamaño}}

# AND
{$and: [{condición1}, {condición2}, ...]}
# OR
{$or: [{condición1}, {condición2}, ...]}
# NOT
{$not: {condición}}
```

7.4.7. Consultas con agregaciones

MongoDB ofrece potentes capacidades de agregación que permiten realizar operaciones complejas en los datos almacenados en las colecciones. Las agregaciones en MongoDB se utilizan para procesar y transformar datos de una manera flexible y eficiente:

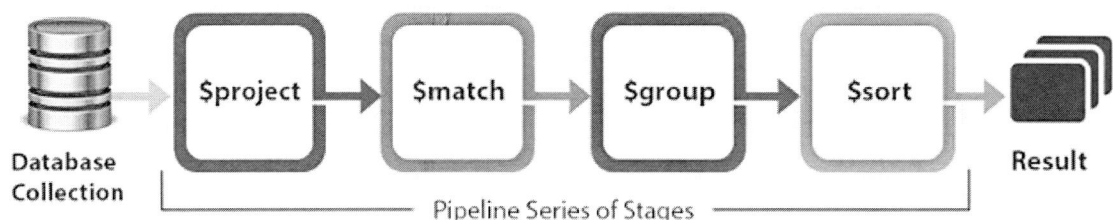

Figura 7.17: El pipeline de agregación en mongoDb

- **Pipeline de Agregación:** Las agregaciones en MongoDB se realizan utilizando un "pipeline"que consta de una secuencia ordenada de etapas. Cada etapa realiza una operación específica en los documentos de entrada y pasa los resultados a la siguiente etapa.

- **Operaciones de Etapa:** Cada etapa del pipeline de agregación realiza una operación específica. Algunas operaciones comunes incluyen filtrado, proyección, agrupación, ordenamiento y transformación de datos.

- **Operadores de Agregación:** MongoDB proporciona una amplia gama de operadores de agregación que se pueden utilizar en diferentes etapas del pipeline. Estos operadores permiten realizar cálculos avanzados, manipulación de arrays, búsqueda de texto completo y más:

  1. **$group:** Agrupa documentos según un campo específico y calcula agregaciones en los documentos agrupados.

  2. **$match:** Filtra los documentos de entrada para que solo pasen aquellos que cumplan con ciertos criterios.

  3. **$project:** Permite remodelar los documentos de salida, incluyendo, excluyendo o renombrando campos, así como creando nuevos campos calculados.

  4. **$sort:** Ordena los documentos de salida según uno o varios campos, en orden ascendente o descendente.

  5. **$limit:** Limita el número de documentos de salida que se retornan en la consulta.

6. **$unwind:** Descompone un campo de tipo array en múltiples documentos, uno por cada elemento del array.

7. **$lookup:** Realiza una operación de "join" entre dos colecciones, recuperando documentos de una colección secundaria y agregándolos a los documentos de la colección principal.

8. **$expr:** Permite utilizar expresiones de consulta en operaciones de agregación, lo que facilita la realización de comparaciones y operaciones lógicas más complejas.

9. **$addFields:** Agrega nuevos campos a los documentos de salida, utilizando expresiones de consulta.

10. **$group:** Agrupa documentos según un conjunto de campos y calcula agregaciones en los grupos resultantes.

- **Funciones de Agregación:** Además de los operadores, MongoDB también proporciona funciones de agregación que pueden utilizarse para realizar cálculos más avanzados dentro del pipeline de agregación.

- **Optimización y Rendimiento:** Al diseñar y ejecutar agregaciones en MongoDB, es importante considerar la optimización y el rendimiento. Esto incluye el uso eficiente de índices, la reducción del tamaño de los conjuntos de datos intermedios y la selección de las operaciones adecuadas para minimizar la carga en el servidor.

Ejemplos de agregaciones en MongoDB

1. **Agrupación y Conteo:** Calcular el número de pedidos por usuario.

```
db.pedidos.aggregate([
    {$group: {_id: "$id_usuario", totalPedidos: {$sum: 1}}}
]);
[ { _id: 1, totalPedidos: 2 }, { _id: 2, totalPedidos: 1 } ]
```

2. **Filtrado y Proyección:** Obtener los nombres y edades de los usuarios mayores de 25 años.

```
db.usuarios.aggregate([
    {$match: {edad: {$gt: 25}}},
    {$project: {nombre: 1, edad: 1, _id: 0}}
]);
```

```
[ { nombre: 'Luis', edad: 30 } ]
```

3. **Ordenamiento y Limitación:** Obtener los tres productos más caros.

```
db.productos.aggregate([
    {$sort: {precio: -1}},
    {$limit: 3}
]);
[
  {
    _id: ObjectId('65eef95b77a1b302885fea6d'),
    id_producto: 1,
    nombre: "Laptop Profesional 15'",
    precio: 1200.99,
    'reseñas': [{
        autor: 'Ana',
        'puntuación': 5,
        comentario: 'Excelente portátil, muy rápido.'
      },
      {
        autor: 'Marta',
        'puntuación': 4,
        comentario: 'Bueno, pero la batería podría durar más.'
      }]
  },
  {
    _id: ObjectId('65eef95b77a1b302885fea6e'),
    id_producto: 2,
    nombre: 'Ratón Inalámbrico',
    precio: 25.75,
    'reseñas': [{
        autor: 'Luis',
        'puntuación': 5,
        comentario: 'Ligero y cómodo, excelente para el trabajo.'
      },
      {
        autor: 'Ana',
        'puntuación': 4,
        comentario: 'Funciona ok, pero no desliza en superficies lisas.'
      }]
  }
]
```

4. **Combinaciones:** Supongamos que queremos obtener los nombres y edades de los usuarios mayores de 20 años, ordenados por edad de forma descendente.

```
db.usuarios.aggregate([
    {$match: {edad: {$gt: 20}}},
    {$project: {nombre: 1, edad: 1, _id: 0}},
    {$sort: {edad: -1}}
]);
[
  { nombre: 'Luis', edad: 30 },
  { nombre: 'Ana', edad: 25 },
  { nombre: 'Marta', edad: 22 }
]
```

7.4.8. Unión de colecciones con $lookup

El operador $lookup en MongoDB se utiliza para realizar una operación de **join** entre dos colecciones. Permite combinar documentos de una colección con documentos de otra colección, utilizando un campo común entre ellas. A continuación, se muestra un ejemplo de cómo utilizar $lookup con las colecciones de pedidos y usuarios para obtener información detallada sobre los pedidos, incluyendo los datos del usuario que realizó cada pedido:

```
db.pedidos.aggregate([
...     {
...         $lookup: {
...             from: "usuarios",
...             localField: "id_usuario",
...             foreignField: "id",
...             as: "usuario"
...         }
...     }
... ]);
[
  {
    _id: ObjectId('65eef95a77a1b302885fea6a'),
    id_pedido: 1,
    id_usuario: 1,
    total: 1200.99,
    fecha: '2024-01-10',
    id_producto: 1,
    usuario: [
      {
```

```
            _id: ObjectId('65eef95a77a1b302885fea67'),
            id: 1,
            nombre: 'Ana',
            edad: 25,
            email: 'ana@example.com'
          }
        ]
    },
    {
      _id: ObjectId('65eef95a77a1b302885fea6b'),
      id_pedido: 2,
      id_usuario: 2,
      total: 25.75,
      fecha: '2024-01-12',
      id_producto: 2,
      usuario: [
        {
          _id: ObjectId('65eef95a77a1b302885fea68'),
          id: 2,
          nombre: 'Luis',
          edad: 30,
          email: 'luis@example.com'
        }
      ]
    },
    {
      _id: ObjectId('65eef95a77a1b302885fea6c'),
      id_pedido: 3,
      id_usuario: 1,
      total: 1200.99,
      fecha: '2024-02-05',
      id_producto: 1,
      usuario: [
        {
          _id: ObjectId('65eef95a77a1b302885fea67'),
          id: 1,
          nombre: 'Ana',
          edad: 25,
          email: 'ana@example.com'
        }
      ]
    }
  ]
```

En este ejemplo, $lookup une la colección de pedidos con la colección de usuarios utilizando el campo "id_usuario" en la colección de pedidos y el campo "id" en la colección de usuarios. El resultado incluirá cada documento de la colección de pedidos con un nuevo campo llamado "usuario", que contendrá un array de documentos de la colección de usuarios que coincidan con el campo "id_usuario" del pedido.

El operador $lookup es útil para realizar operaciones de unión de datos en MongoDB, lo que permite combinar información de diferentes colecciones para realizar análisis más completos y sofisticados.

Para realizar un ejemplo de agregación con $group utilizando las colecciones proporcionadas, podríamos calcular el total de ventas por usuario. Aquí tienes el ejemplo de la consulta de agregación:

```
db.pedidos.aggregate([
    {
        $lookup: {
            from: "usuarios",
            localField: "id_usuario",
            foreignField: "id",
            as: "usuario"
        }
    },
    {
        $group: {
            _id: "$usuario.nombre",
            totalVentas: { $sum: "$total" }
        }
    }
]);
[
  { _id: [ 'Luis' ], totalVentas: 25.75 },
  { _id: [ 'Ana' ], totalVentas: 2401.98 }
]
```

7.4.9. Consultas para datos geoespaciales

MongoDB ofrece soporte para consultas geoespaciales, lo que permite almacenar y consultar datos basados en su ubicación geográfica. Para realizar consultas geoespaciales en MongoDB, es necesario utilizar un índice geoespacial y operadores específicos que permiten buscar documentos dentro de cierta distancia de un punto geográfico o dentro de una región específica.

Por ejemplo, dada esta colección correspondiente a una aplicación para alquiler de bicicletas, donde se puede buscar dónde están las bicicletas en un mapa, gracias a las coordenadas de logitud y latitud:

```
db.bicicletas.insertMany([
  {
    "owner": "Hipólito de Castro",
    "email": "hdc@riberadeltajo.es",
    "city": "Talavera",
    "country": "Spain",
    "location": {
      "type": "Point",
      "coordinates": [-4.83299, 39.96701]
    },
    "description": "Always garaged, never dropped or ridden in the rain",
    "image": "gs://sharemybike2023.appspot.com/bike2.jpg"
  },
  {
    "owner": "Hans Gunter Egelhoff",
    "email": "herregelhoff@telekom.de",
    "city": "Mönchengladbach",
    "country": "Germany",
    "location": {
      "type": "Point",
      "coordinates": [6.44758, 51.21041]
    },
    "description": "Sturdy bike, perfect for mountains",
    "image": "gs://sharemybike2023.appspot.com/bike3.jpg"
  },
  {
    "owner": "Antony Schooling",
    "email": "antonysch@lyon.fr",
    "city": "Lyon",
    "country": "France",
    "location": {
      "type": "Point",
      "coordinates": [5.15236, 45.62850]
    },
    "description": "small bike for long rides",
    "image": "gs://sharemybike2023.appspot.com/bike4.jpg"
  },
  {
    "owner": "Gerald Brennan",
    "email":"gerb@stjohns.ir",
    "city": "Cork",
    "country": "Ireland",
    "location": {
      "type": "Point",
      "coordinates": [-8.54055, 51.87621]
    },
    "description": "Have some craigh with a reliable bike",
```

```
      "image": "gs://sharemybike2023.appspot.com/bike5.jpg"
  }
]);
```

Para realizar consultas geoespaciales eficientes en MongoDB, hay que crear un índice geoespacial en el campo que contiene la ubicación de las bicicletas. En este caso, el campo location es el que contiene la información de la ubicación en formato GeoJSON. Se puede crear un índice geoespacial de la siguiente manera:

```
db.bicicletas.createIndex({ "location": "2dsphere" })
```

Una vez creado el índice, ya podemos consultar, por ejemplo, qué bicicletas hay disponibles cerca de Talavera de la Reina:

```
db.bicicletas.find({
  location: {
    $near: {
      $geometry: {
        type: "Point",
        coordinates: [-4.83299, 39.96701] // Coordenadas de Talavera
      },
      $maxDistance: 10000 // Distancia máxima en metros
    }
  }
});
[
  {
    _id: ObjectId('65ef02c677a1b302885fea75'),
    owner: 'Hipólito de Castro',
    email: 'hdc@riberadeltajo.es',
    city: 'Talavera',
    country: 'Spain',
    location: { type: 'Point', coordinates: [ -4.83299, 39.96701 ] },
    description: 'Always garaged, never dropped or ridden in the rain',
    image: 'gs://sharemybike2023.appspot.com/bike2.jpg'
  }
]
```

Esta consulta geoespacial en MongoDB busca bicicletas que estén cerca de las coordenadas especificadas de Talavera de la Reina. La consulta incluye:

- **$near**: Es un operador geoespacial que busca documentos cerca de una ubicación geográfica específica. En este caso, se buscan los documentos cerca de las coordenadas de Talavera de la Reina.

- **$geometry**: Define el punto de referencia para la búsqueda geoespacial. En este caso, especifica que hay que encontrar documentos cerca de un punto de tipo "Point"con las coordenadas proporcionadas.

- **coordinates**: Son las coordenadas de longitud y latitud del punto de referencia. En este caso, las coordenadas se proporcionan como [*longitud, latitud*].

- **$maxDistance**: Especifica la distancia máxima desde el punto de referencia dentro de la cual se deben encontrar los documentos. En este caso, se establece en 10000 metros, lo que significa que solo se buscarán bicicletas que estén a menos de 10 kilómetros de las coordenadas de Talavera de la Reina.

7.4.10. Realizar borrados en MongoDB

Para realizar operaciones de borrado en MongoDB desde la shell, se pueden utilizar dos métodos principales: `deleteOne` y `deleteMany`. Estos métodos permiten eliminar documentos de una colección que coincidan con un criterio especificado.

deleteOne

El método `deleteOne` se utiliza para eliminar el primer documento que coincida con el criterio de búsqueda especificado. Este es útil cuando se desea eliminar un único documento basado en su identificador único u otro criterio exclusivo.

```
db.Notas.deleteOne({ "Nombre": "Juan Pérez" });

alumnos> db.Notas.deleteOne({ "Nombre": "Juan Pérez" });
{ acknowledged: true, deletedCount: 1 }
```

deleteMany

Para eliminar múltiples documentos que coincidan con un criterio de búsqueda, se utiliza el método `deleteMany`. Esto es especialmente útil para limpiar documentos que ya no son necesarios o que cumplen con ciertos criterios.

```
db.Notas.deleteMany({ "Nota": { "$lt": 7.0 } });
```

En este ejemplo, se eliminarán todos los documentos de la colección `Notas` cuya nota sea menor a 7.0. Este método es poderoso y debe usarse con precaución, ya que afectará a todos los documentos que cumplan con el criterio especificado.

Estos comandos deben ejecutarse dentro de la interfaz de línea de comandos de MongoDB. Asegúrate de reemplazar los criterios de búsqueda con aquellos que se ajusten a tus necesidades específicas.

7.4.11. Búsqueda de texto en MongoDB

MongoDB ofrece capacidades de búsqueda de texto para facilitar la búsqueda de documentos que contengan un término específico o términos dentro de los campos de cadena de texto. Para habilitar la búsqueda de texto en una colección, primero se debe crear un índice de texto en el campo o campos que se desean buscar.

El siguiente comando en MongoDB crea un índice de texto en el campo `nombre` de la colección `productos`:

```
db.productos.createIndex({ nombre: "text" })
```

Una vez creado el índice de texto, puedes realizar consultas de búsqueda de texto utilizando el operador `$text` y `$search`. Por ejemplo, para buscar documentos en la colección `productos` que contengan la palabra *Ratón* en el campo `nombre`, usarías el siguiente comando:

```
db.productos.find({ $text: { $search: "Ratón" } })
[
  {
    _id: ObjectId('65f86d857aec7208ee56824d'),
    id_producto: 2,
    nombre: 'Ratón Inalámbrico',
    precio: 25.75,
    'reseñas': [
      {
        autor: 'Luis',
        'puntuación': 5,
        comentario: 'Ligero y cómodo, excelente para el trabajo.'
      },
      {
        autor: 'Ana',
        'puntuación': 4,
        comentario: 'Funciona ok, pero no desliza en superficies lisas.'
      }
```

```
      ]
    },
    {
      _id: ObjectId('65eef95b77a1b302885fea6e'),
      id_producto: 2,
      nombre: 'Ratón Inalámbrico',
      precio: 25.75,
      'reseñas': [
        {
          autor: 'Luis',
          'puntuación': 5,
          comentario: 'Ligero y cómodo, excelente para el trabajo.'
        },
        {
          autor: 'Ana',
          'puntuación': 4,
          comentario: 'Funciona ok, pero no desliza en superficies lisas.'
        }
      ]
    }
]
```

Con la búsqueda en texto, hay que tener en cuenta las siguientes cuestiones:

- Las búsquedas de texto completo son sensibles a las palabras clave y pueden incluir varias palabras y frases.

- Se pueden usar comillas para buscar frases exactas. Sin comillas, la consulta buscará documentos que contengan todas las palabras especificadas en $search, independientemente de su orden o proximidad.

- Un índice de texto puede abarcar múltiples campos, pero solo se puede tener un índice de texto por colección.

7.4.12. Actualización de campos en MongoDB

Para actualizar campos específicos dentro de documentos en MongoDB, se puede utilizar el método `updateOne`, `updateMany`, o `findOneAndUpdate`. Estos métodos permiten modificar los valores de los campos existentes o añadir nuevos campos a los documentos que coinciden con el criterio de búsqueda especificado.

A continuación, se muestra un ejemplo de cómo utilizar el método `updateOne` para actualizar el valor de un campo en el primer documento que coincida con el criterio de búsqueda:

```
db.nombreColeccion.updateOne(
    { nombreCampo: "valorAntiguo" },
    { \$set: { nombreCampo: "nuevoValor" } }
)
```

En este ejemplo, `nombreColeccion` debe ser sustituido por el nombre real de la colección. El primer argumento de `updateOne` es el criterio de búsqueda que identifica el documento a actualizar. El segundo argumento utiliza el operador `$set` para especificar el nuevo valor para `nombreCampo`.

Por ejemplo:

```
db.productos.updateOne(
    {"nombre": "Ratón Inalámbrico"},
    {\$set: {"nombre": "Ratón wifi"}}
)
```

7.5. Prácticas resueltas

Práctica 7.1: AirBNB Listings

Descarga del github de recursos el fichero listingsAndReviews.json :

1. **Instala MongoDB Compass**: Si tienes windows, el instalador habrá instalado por defecto la herramienta Compass para MongoDB. Si tienes linux, descárgalo de https://www.mongodb.com/try/download/compass , selecciona tu distribución e instálalo.

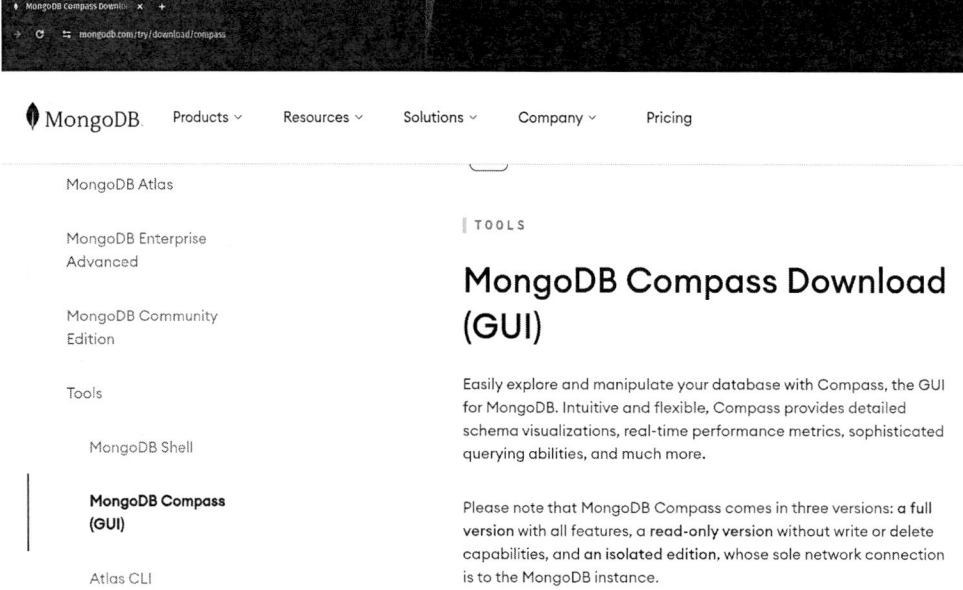

2. **Instala la colección en el servidor**: Muévete al directorio donde hayas descargado el archivo listingsAndReviews.json y ejecuta el siguiente comando:

```
mongoimport -h localhost:27017 --db sample_airbnb \
  --collection listingsAndReviews --file listingsAndReviews.json
```

Si todo ha ido correctamente verás el siguiente mensaje:

```
2024-03-21T20:06:03.300+0100  connected to: mongodb://localhost:27017/
2024-03-21T20:06:04.532+0100  5555 document(s) imported successfully.
0 document(s) failed to import.
```

3. **Conéctate con Compass al servidor de MongoDB**: Abre la aplicación Compass y conéctate a tu servidor local (127.0.0.1) en el puerto por defecto (27017):

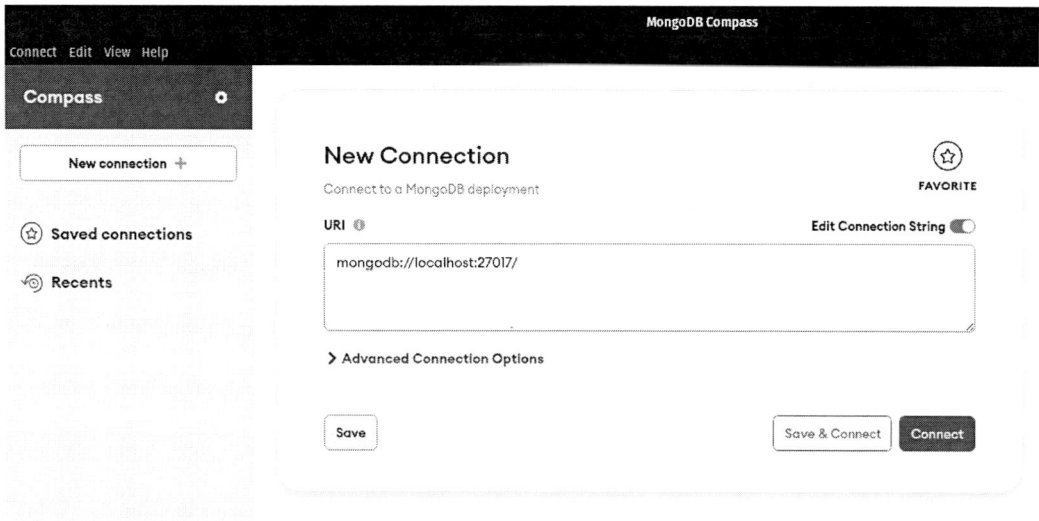

4. **Explora la colección que acabas de instalar**: en el menú del lado izquierda abre la base de datos sample_airbnb y consulta la colección listingsAndReviews.

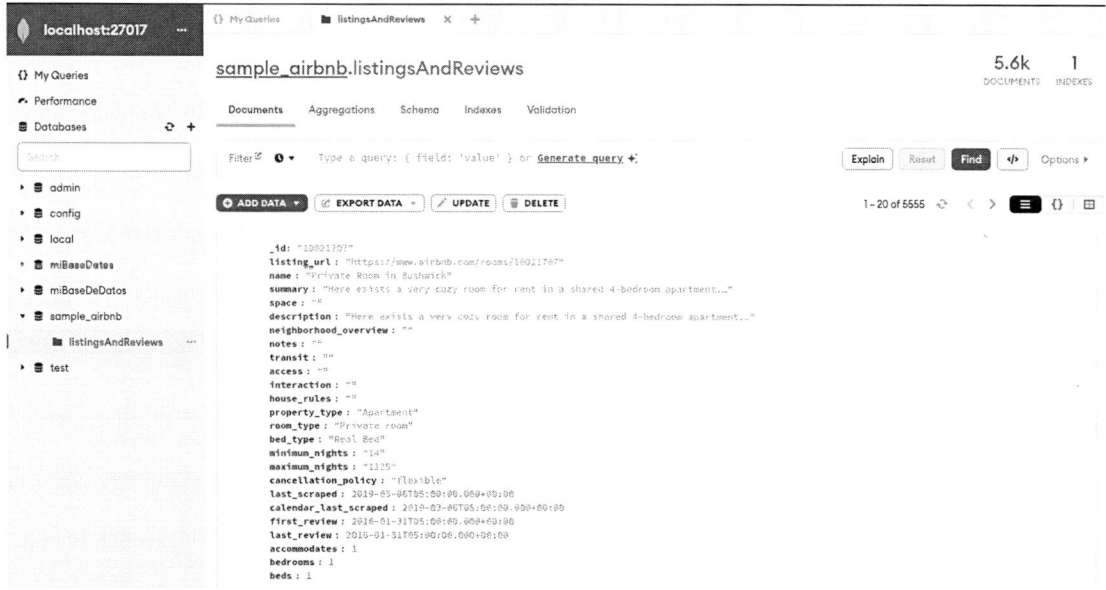

5. **Compara los resultados con la documentación**: Introduce la URL https://www.mongodb.com/docs/atlas/sample-data/sample-airbnb/ y mira la composición de los datos de la colección. Familiarízate con la estructura.

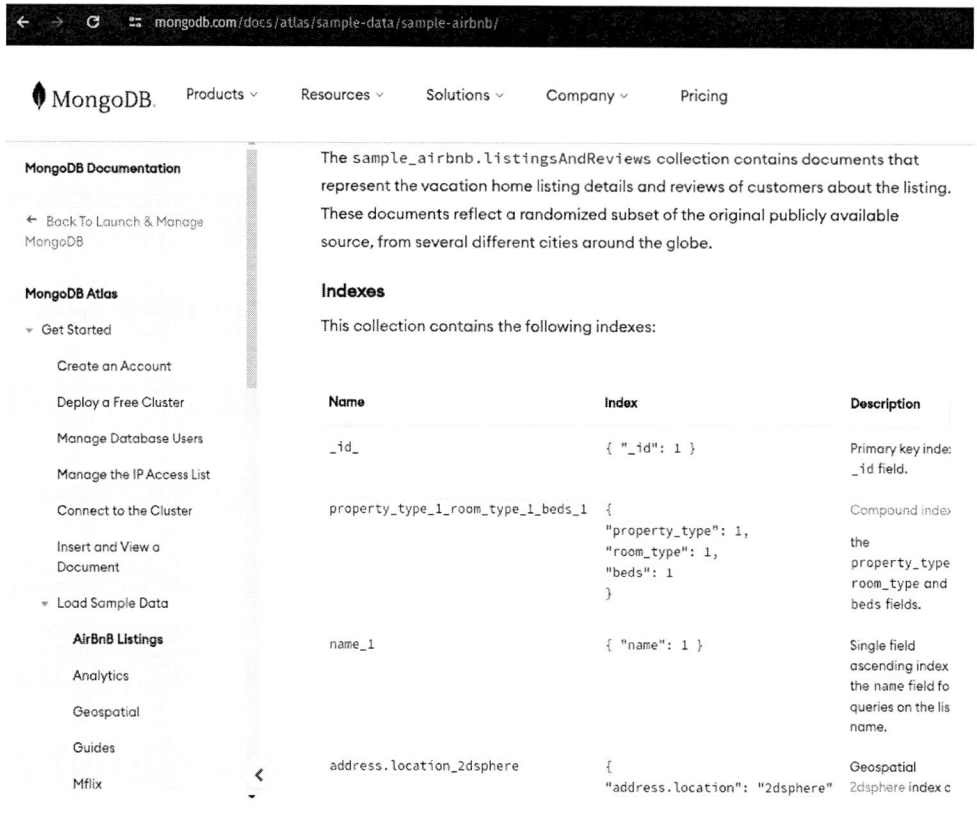

Práctica 7.2: Consultas con AirBNB Listings

1. Utiliza el método find para buscar los pisos ubicados en Portugal. Utiliza el campo "address.country_code": "PT":

```
db.listingsAndReviews.find({ "address.country_code": "PT" })
```

2. Utiliza el método countDocuments para contar los pisos ubicados en Portugal.

```
db.listingsAndReviews.countDocuments({ "address.country_code": "PT" })
```

3. Utiliza el método find con una proyección para sacar la url y la descripción de los pisos ubicados en España "address.country":"Spain".

```
db.listingsAndReviews.find({ "address.country":"Spain" },
{ // Proyección
        listing_url: 1,
        description: 1})
```

4. Utiliza el método find para sacar los pisos de estados unidos que no estén ubicados en New York (address.market).

```
db.listingsAndReviews.find(
   {
     "address.country": "United States",
     "address.market": { $ne: "New York" } // no están en New York
   },
   { // Proyección
        listing_url: 1,
        name: 1,
        description: 1,
        "address.market":1})
```

5. Calcular el precio medio, máximo y mínimo de los pisos por país ordenado descendentemente por precio medio:

```
db.listingsAndReviews.aggregate([
    {
        $group: {
            _id: "$address.country", // Agrupa por el país
            averagePrice: { $avg: "$price" }, // Calcula el precio medio
            maxPrice: { $max: "$price" }, // Encuentra el precio máximo
            minPrice: { $min: "$price" } // Encuentra el precio mínimo
        }
    },
    { $sort: { averagePrice: -1 } }
])
```

◇

7.6. Prácticas propuestas

Práctica 7.3: Consultas con AirBNB Listings - 2

Con la base de datos de AirBNB listings, realiza las siguientes consultas:

1. Localizar el primer elemento de la lista

2. Encontrar un listado por ID: Encuentra el listado con el ID específico '10116256'.

3. Listar propiedades con un número mínimo de noches: Encuentra todas las propiedades que requieren un mínimo de 14 noches.

4. Buscar propiedades por tipo de habitación: Encuentra todas las propiedades que ofrecen una habitación privada.

5. Buscar las propiedades dentro de un rango de precios: Encuentra propiedades con un precio por noche entre $10 y $20.

6. Listar propiedades con determinadas comodidades: Encuentra propiedades que ofrezcan tanto Wifi como Cocina.

7. Sacar propiedades por número de camas y baños: Encuentra propiedades que tengan al menos 2 camas y 1 baño.

8. Listar propiedades basadas en la puntuación de la revisión: Encuentra propiedades que tengan una puntuación de revisión de limpieza de al menos 8.

9. Encontrar propiedades por ubicación: Encuentra propiedades ubicadas en 'Bushwick'.

10. Listar propiedades con disponibilidad específica: Encuentra propiedades que no tengan disponibilidad en los próximos 30 días.

11. Buscar propiedades por el nombre del anfitrión: Encuentra todas las propiedades listadas por un anfitrión llamado 'Manuel'.

◇

Práctica 7.4: Otro tipo de consultas con AirBNB

1. Con el siguiente índice en la base de datos:

```
db.listingsAndReviews.createIndex({name: 'text', summary: 'text',
description: 'text'});
```

Crea una consulta de texto para sacar qué elementos de la base de datos contienen el texto 'ugly' en el nombre (name), resumen (summary) o descripción (description).

2. Con el siguiente índice geoespacial:

```
db.listingsAndReviews.createIndex({'address.location': '2dsphere'});
```

crea una consulta para listar los elementos que estén en un radio de 5 km de Badalona.

3. Elimina el índice que has creado en el punto 1 y vuelve a crearlo, esta vez incluyendo la columna "comments"

4. Utilizando el método deleteMany(), borra todos los elementos sin reseñas

5. Utiliza el método update() para incrementar en una unidad el número de camas del elemento con id='10021707'.

6. Añade 'Wifi gratuito' a la lista de comodidades (amenities) del listado con el id '21368282'.

7. Elimina todos los elementos con texto con la palabra "ugly":

8. Inserta un apartamento en Talavera de la Reina en la colección listingsAndReviews.

9. ¿Cuántas propiedades hay con un precio por noche entre $10 y $20?

◇

7.7. Resumen

Este capítulo introduce las bases de datos no relacionales, conocidas como NoSQL, fundamentales para aplicaciones modernas que requieren acceso a datos en la nube o en servidores locales para servicios API Rest y similares:

1. **Características de las BBDD No Relacionales:**
   Las bases de datos NoSQL, diferenciadas de las relacionales por su flexibilidad en el esquema de datos y su capacidad para escalar horizontalmente, ofrecen un enfoque alternativo eficiente en entornos de alta escalabilidad, variedad de datos y distribución geográfica.

   a) Diferencias entre BBDD NoSQL y BBDD SQL: Las principales diferencias radican en la estructura de datos, modelo de consistencia y escalabilidad, con NoSQL proporcionando estructuras más flexibles y modelos de consistencia.

   b) Diferencias en la forma de almacenar la información: Mientras las bases de datos SQL utilizan una estructura tabular con un esquema fijo, las NoSQL permiten una estructura de datos más flexible, favoreciendo el manejo de datos semi-estructurados y no estructurados.

   c) Formato JSON: Pares clave-valor: El formato JSON se destaca en NoSQL por su legibilidad y facilidad de uso en la comunicación entre sistemas web, permitiendo una estructuración eficiente de los datos.

2. **Los Sistemas de Gestión de Bases de Datos NoSQL**
   Se abordan los SGBD NoSQL, como MongoDB, que surgen como solución a las limitaciones de los sistemas relacionales para manejar grandes volúmenes de datos no estructurados y aplicaciones que requieren escalabilidad horizontal y alta disponibilidad.

3. **Herramientas para MongoDB**
   Se enumeran herramientas esenciales para el desarrollo, administración y monitorización de MongoDB, incluyendo MongoDB Compass, MongoDB Shell (mongosh) y MongoDB Atlas.

4. **Consultas sobre MongoDB**
   Se explica cómo realizar consultas en MongoDB, utilizando métodos como find() para buscar documentos dentro de colecciones basándose en criterios específicos.

5. **Operadores para el comando find()**
   Se detallan los operadores utilizados en las consultas MongoDB para filtrar datos, incluyendo operadores de comparación y lógicos.

7.8. Test de repaso

1. ¿Qué tipo de escalabilidad caracteriza a las BBDD SQL?

a) Horizontal

b) Vertical

c) No escalan

d) Escalabilidad Automática

2. ¿Cuál es una ventaja principal de las BD NoSQL en comparación con las SQL?

a) Mayor rigidez en el esquema de datos

b) Menor flexibilidad en los tipos de datos

c) Escalabilidad horizontal

d) Mejor soporte para transacciones ACID

3. ¿Qué permite la estructura flexible de una BD NoSQL?

a) Requiere un esquema riguroso

b) Limita la inserción de datos sin una estructura predefinida

c) Facilita la gestión de datos semi-estructurados y no estructurados

d) Todas las anteriores

4. ¿Cuál de los siguientes NO es un tipo de BD NoSQL?

a) Documentos

b) Clave-valor

c) Relacional

d) Grafos

5. Menciona una característica importante de MongoDB.

a) No soporta el almacenamiento de grandes volúmenes de datos

b) Usa un esquema rígido y predefinido

c) Ofrece alta flexibilidad y escalabilidad

d) Utiliza SQL para las consultas

6. ¿Qué método se usa para insertar múltiples documentos en MongoDB?

a) insertOne()

b) insertMany()

c) bulkWrite()

d) B y C son correctas

7. ¿Qué implica la escalabilidad horizontal en las BBDD NoSQL?

a) Aumentar el tamaño del hardware en un solo servidor.

b) Añadir más servidores a la infraestructura para distribuir la carga.

c) Mejorar el software sin cambiar la infraestructura física.

d) Reducir la cantidad de datos almacenados para mejorar el rendimiento.

8. ¿Qué es un sistema de BBDD orientado a documentos como MongoDB?

a) Almacena datos en estructuras tabulares con relaciones fijas.

b) Utiliza documentos para almacenar datos, que pueden tener estructuras complejas.

c) No permite cambios en el esquema una vez definido.

d) Es ideal para transacciones ACID.

9. ¿Qué operación en MongoDB permite la realización de consultas complejas?

a) find()

b) aggregate()

c) update()

d) delete()

Soluciones: 1.b,2.c,3.c,4.c,5.d,6.b,7.b,8.b,9.b

399

7.9. Comprueba tu aprendizaje

1. Enumera las principales diferencias entre las BD SQL y NoSQL.

2. ¿Cuáles son los tipos de escalabilidad y cuál es más característico de las bases de datos NoSQL?

3. Explica qué es la escalabilidad horizontal y por qué es beneficiosa para manejar grandes volúmenes de datos.

4. Nombra y describe cuatro tipos de bases de datos NoSQL.

5. ¿Cómo almacenan la información las bases de datos NoSQL?

6. Enumera 5 elementos fundamentales de una base de datos NoSQL.

7. ¿Qué es MongoDB y por qué se considera popular en el uso de NoSQL?

8. Explica la diferencia entre un documento y una colección en MongoDB.

9. Define los siguientes conceptos relacionados con MongoDB:

   - Documento
   - Colección
   - Base de datos
   - Clúster
   - Shard

10. Describe cómo se realiza la inserción de documentos en MongoDB.

11. ¿Qué operaciones permite el método 'bulkWrite()' en MongoDB?

12. Enumera y explica al menos tres operadores de consulta en MongoDB.

13. ¿Qué garantías de consistencia ofrece MongoDB?

14. Explica la diferencia entre los métodos 'insertOne()' y 'insertMany()' en MongoDB.

15. ¿Qué es una operación de agregación en MongoDB y para qué se utiliza?

16. ¿Qué implica la replicación en MongoDB y cuál es su propósito?

17. Describe cómo MongoDB maneja la seguridad de los datos.

18. ¿Cuáles son las principales herramientas de desarrollo para trabajar con MongoDB?

19. ¿Qué son y para qué sirven las herramientas de administración y monitorización en MongoDB?

20. Nombra y explica dos servicios de MongoDB en la nube.